OLDENBOURG GRUNDRISS DER GESCHICHTE

Oldenbourg Grundriss der Geschichte

HERAUSGEGEBEN
VON
LOTHAR GALL
KARL-JOACHIM HÖLKESKAMP
HERMANN JAKOBS

BAND 1A

GRIECHISCHE GESCHICHTE

VON
WOLFGANG SCHULLER

6., aktualisierte Auflage

R. OLDENBOURG VERLAG
MÜNCHEN 2008

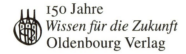
150 Jahre
Wissen für die Zukunft
Oldenbourg Verlag

Bibliografische Information der Deutschen Nationalbibliothek
Die Deutsche Nationalbibliothek verzeichnet diese Publikation in der
Deutschen Nationalbibliografie; detaillierte bibliografische Daten sind
im Internet über <http://dnb.d-nb.de> abrufbar.

© 2008 Oldenbourg Wissenschaftsverlag GmbH, München
Rosenheimer Straße 145, D-81671 München
Internet: oldenbourg.de

Das Werk einschließlich aller Abbildungen ist urheberrechtlich geschützt. Jede Verwertung
außerhalb der Grenzen des Urheberrechtsgesetzes ist ohne Zustimmung des Verlages
unzulässig und strafbar. Dies gilt insbesondere für Vervielfältigungen, Übersetzungen,
Mikroverfilmungen und die Einspeicherung und Bearbeitung in elektronischen Systemen.

Umschlaggestaltung: Dieter Vollendorf, München
Gedruckt auf säurefreiem, alterungsbeständigem Papier (chlorfrei gebleicht).
Satz: primustype R. Hurler GmbH, Notzingen
Druck: MB Verlagsdruck Ballas, Schrobenhausen
Bindung: Kolibri, Schwabmünchen

ISBN 978-3-486-58715-9

VORWORT DER HERAUSGEBER

Die Reihe verfolgt mehrere Ziele, unter ihnen auch solche, die von vergleichbaren Unternehmungen in Deutschland bislang nicht angestrebt wurden. Einmal will sie – und dies teilt sie mit anderen Reihen – eine gut lesbare Darstellung des historischen Geschehens liefern, die, von qualifizierten Fachgelehrten geschrieben, gleichzeitig eine Summe des heutigen Forschungsstandes bietet. Die Reihe umfaßt die alte, mittlere und neuere Geschichte und behandelt durchgängig nicht nur die deutsche Geschichte, obwohl sie sinngemäß in manchem Band im Vordergrund steht, schließt vielmehr den europäischen und, in den späteren Bänden, den weltpolitischen Vergleich immer ein. In einer Reihe von Zusatzbänden wird die Geschichte einiger außereuropäischer Länder behandelt. Weitere Zusatzbände erweitern die Geschichte Europas und des Nahen Ostens um Byzanz und die Islamische Welt und die ältere Geschichte, die in der Grundreihe nur die griechisch-römische Zeit umfaßt, um den Alten Orient und die Europäische Bronzezeit. Unsere Reihe hebt sich von andern jedoch vor allem dadurch ab, daß sie in gesonderten Abschnitten, die in der Regel ein Drittel des Gesamtumfangs ausmachen, den Forschungsstand ausführlich bespricht. Die Herausgeber gingen davon aus, daß dem nacharbeitenden Historiker, insbesondere dem Studenten und Lehrer, ein Hilfsmittel fehlt, das ihn unmittelbar an die Forschungsprobleme heranführt. Diesem Mangel kann in einem zusammenfassenden Werk, das sich an einen breiten Leserkreis wendet, weder durch erläuternde Anmerkungen noch durch eine kommentierende Bibliographie abgeholfen werden, sondern nur durch eine Darstellung und Erörterung der Forschungslage. Es versteht sich, daß dabei – schon um der wünschenswerten Vertiefung willen – jeweils nur die wichtigsten Probleme vorgestellt werden können, weniger bedeutsame Fragen hintangestellt werden müssen. Schließlich erschien es den Herausgebern sinnvoll und erforderlich, dem Leser ein nicht zu knapp bemessenes Literaturverzeichnis an die Hand zu geben, durch das er, von dem Forschungsteil geleitet, tiefer in die Materie eindringen kann.

Mit ihrem Ziel, sowohl Wissen zu vermitteln als auch zu selbständigen Studien und zu eigenen Arbeiten anzuleiten, wendet sich die Reihe in erster Linie an Studenten und Lehrer der Geschichte. Die Autoren der Bände haben sich darüber hinaus bemüht, ihre Darstellung so zu gestalten, daß auch der Nichtfachmann, etwa der Germanist, Jurist oder Wirtschaftswissenschaftler, sie mit Gewinn benutzen kann.

Die Herausgeber beabsichtigen, die Reihe stets auf dem laufenden Forschungsstand zu halten und so die Brauchbarkeit als Arbeitsinstrument über eine längere Zeit zu sichern. Deshalb sollen die einzelnen Bände von ihrem Autor oder einem anderen Fachgelehrten in gewissen Abständen überarbeitet werden. Der Zeitpunkt der Überarbeitung hängt davon ab, in welchem Ausmaß sich die allgemeine Situation der Forschung gewandelt hat.

Lothar Gall Karl-Joachim Hölkeskamp Hermann Jakobs

INHALT

I. Darstellung 1
   Der Gegenstand 1
     1. Minoisch-mykenisches Griechenland 2
     2. Die dunklen Jahrhunderte 6
     3. Die archaische Zeit 10
     4. Das klassische Griechenland – 5. Jahrhundert 30
     5. Das klassische Griechenland – 4. Jahrhundert 45

II. Grundprobleme und Tendenzen der Forschung 61
   Vorbemerkung: Allgemeine Literatur und Hilfsmittel 61
   A. Die Quellen 64
     1. Literarische Quellen 65
     2. Inschriften, Papyri, Münzen 68
     3. Archäologie 72
   B. Allgemeine Probleme 76
     1. Forschungsrichtungen 76
     2. Anthropologie 78
     3. Staatliches Leben 81
     4. Wirtschafts- und Sozialgeschichte 82
     5. Religion 88
     6. Sport 90
     7. Krieg 91
     8. Recht 92
     9. Geographie und Topographie 95
   C. Besondere Probleme 96
     1. Minoisch-mykenisches Griechenland 96
     2. Untergang Mykenes und dunkle Jahrhunderte 109
     3. Archaische Zeit 112
     4. Klassische Zeit – 5. Jahrhundert 128
     5. Klassische Zeit – 4. Jahrhundert 143
     6. Das dritte Griechenland 157

III. Quellen und Literatur 159
   A. Quellen 159
     1. Sammlungen von Quellen in Übersetzung 159
     2. Einzelne Autoren 159

3. Inschriften und spezielle Sammlungen 168
4. Papyri 169
B. Literatur 170
1. Allgemeines 170
2. Systematisches 173
3. Chronologisches 207
Bibliographischer Nachtrag 247

Anhang 255
Zeittafel 255
Abkürzungsverzeichnis 257
Register 261
Karten 273

VORWORT ZUR 3. AUFLAGE

Durch die Aufteilung des bisherigen Bandes „Griechische Geschichte" ergab sich die willkommene Gelegenheit, dringend notwendige Erweiterungen vorzunehmen. Teilweise folgten sie aus der Tatsache, dass in den letzten zehn Jahren sehr viel Neues hinzugekommen ist, insbesondere durch die das frühe Griechenland betreffenden archäologischen Forschungen sowie auf dem Gebiet der athenischen Demokratie. Zu einem anderen Teil aber konnte nun auf einige mir besonders wichtig erscheinende Gebiete etwas ausführlicher eingegangen werden, so auf die Archäologie als historische Quelle und auf die Frauengeschichte.

Für alles gilt, dass der Verfasser sogar eines solchen kurzgefassten Grundrisses kein automatisch Daten verarbeitender Computer ist, sondern ab und zu auch nach eigenen Vorstellungen gewichtet. Im Übrigen soll hier wie bei der früheren Fassung auch darauf hingewiesen werden, dass wegen der immer noch geforderten äußersten Knappheit der Forschungsteil nicht nur der wissenschaftliche Unterbau zur Darstellung ist, sondern auch eigene Informationen bietet, und dass aus Raumgründen manchmal nur bibliographische Angaben gemacht werden konnten.

Neben dem erneuerten Dank an die Leser des früheren Manuskriptes Sir Moses Finley (†), Philippe Gauthier, Rudolf Kassel, Gustav Adolf Lehmann, Detlef Lotze, Franz Georg Maier und Juri G. Vinogradov gilt jetzt der Dank für die Fertigstellung dieses in vielen Teilen neu geschriebenen Buches zunächst der Volkswagen-Stiftung. Sie gab mir durch ein Akademie-Stipendium nicht nur die Muße, die ungeheuer zugenommene Literatur zu verarbeiten – bei der Beschaffung und Sichtung war mir Christine Schnurr, ebenfalls durch die Volkswagen-Stiftung finanziert, dankenswert hilfreich –, sondern sie gab mir auch die Gelegenheit, auf einem gut zweiwöchigen Griechenland-Aufenthalt neue Kenntnisse und eine lebendige Anschauung vieler Sachverhalte zu gewinnen. Martin Dreher hat das neue Manuskript ganz durchgelesen und hilfreich Kritik geübt; Mathilde Bastian hat es ins Reine geschrieben; auch ihnen sei gedankt.

Wieder ist das Buch meinen Kindern gewidmet; mögen sie eines Tages finden, dass ich meine Mühe an keinen unwürdigen Gegenstand gewendet habe.

Konstanz, Sommer 1990   Wolfgang Schuller

VORWORT ZUR 6. AUFLAGE

Die Fortschritte der wissenschaftlichen Arbeit seit Erscheinen der letzten Auflage wiesen nicht den tiefgreifenden Charakter auf, der eine Neuorganisation des Buches nötig gemacht hätte. Daher werden die wichtigsten Neuerscheinungen zusammen mit einigen Ergänzungen in einem bibliographischen Nachtrag aufgeführt.

Die neugriechische Übersetzung des Werkes ist inzwischen in 4. Auflage erschienen.

Konstanz, Sommer 2008   Wolfgang Schuller

I. Darstellung

Der Gegenstand

Zu Beginn ist der Orientierung halber eine kurze Gegenstandsbestimmung erforderlich. Eine Griechische Geschichte beschäftigt sich mit der Geschichte des griechischen Volkes und der griechischen Zivilisation im Altertum; was das aber jeweils sei, ist großenteils durch allgemeine Konventionen bestimmt, denen hier ohne weitere Diskussion gefolgt wird. Man lässt die griechische Geschichte traditionell vor der endgültigen Herausbildung des historischen griechischen Volkes beginnen, das sich ethnisch aus Vorgriechen und den beiden griechisch sprechenden Einwanderergruppen der mykenischen Griechen und der Dorer (deren Einwanderung bestritten ist, s. u. S. 109) zusammensetzte: Entweder mit der Einwanderung der Dorer im 12. Jh. v. Chr. oder der mykenischen Griechen ab etwa 1450 oder, wie hier, sogar schon mit der minoischen Kultur vor 2000 v. Chr. Deren Träger waren zwar nach Sprache und Zivilisation keine Griechen, haben jedoch die erste Hochkultur auf dem Boden des späteren Griechenland begründet. Dort stießen dann mykenische Griechen mit ihnen zusammen, deren Kultur daraufhin stark minoisch geprägt wurde; möglicherweise gibt es sogar eine Kontinuität der minoischen Religion. Das Ende der griechischen Geschichte braucht uns hier nicht zu beschäftigen; jedenfalls trat sie mit der Ausdehnung der griechischen Zivilisation durch die und nach den Eroberungen durch Alexander den Großen in einen neuen Aggregatzustand, den Hellenismus, ein, der in einem anderen Band dieser Reihe dargestellt wird. Zeitliche Ausdehnung

Der Raum der griechischen Geschichte ist zunächst das Gebiet, in dem sich die historischen Griechen herausgebildet haben: Das sind Mittelgriechenland und die Halbinsel der Peloponnes mit den sie umgebenden Inseln, die Inseln und der größte Teil der Ostküste des Ägäischen Meeres, die großen Inseln Kreta, Rhodos und teilweise Zypern. Zur Zeit der Kolonisation wurden Teile der ägäischen Nordküste mit Städten besiedelt, die Propontis und der größte Teil der Küste des Schwarzen Meeres. Gleichzeitig wurden durch städtische Ansiedlungen auch die Küsten Unteritaliens, Südfrankreichs und Teile der spanischen Küste, fast ganz Sizilien und in Afrika die Cyrenaica in den Bereich der griechischen Geschichte einbezogen. Raum

1. Minoisch-mykenisches Griechenland

a) Das minoische Kreta

Chronologie

Die minoischen Kreter werden von uns nach dem König Minos der griechischen Sage so genannt, waren aber keine Griechen. Da ihre Schrift bisher nur bedingt lesbar ist, zeigt sich an ihrem Beispiel, in welchem Ausmaß, aber auch mit welchen Grenzen reine Archäologie zu unserer Kenntnis der historischen Sachverhalte beitragen kann. Schon die chronologische Einteilung ist archäologisch. Zum einen unterscheidet man nach dem Vorgang des Ausgräbers von Knossos, Evans, aufgrund der Stile der Keramik eine früh-, eine mittel- und eine spätminoische Epoche, von denen jede wieder in Untergruppen und diese ihrerseits noch weiter unterteilt werden. Dieses System wird seiner Differenzierungsmöglichkeiten wegen beibehalten werden müssen. Zum anderen unterscheidet man sehr viel anschaulicher, aber gröber nach den Epochen der archäologisch feststellbaren minoischen Geschichte die jungsteinzeitliche Periode, die durch den erstmaligen Gebrauch des Kupfers charakterisierte Vorpalastzeit (mit der also die Bronzezeit beginnt), die Zeit der älteren und die der jüngeren Paläste, die durch eine Erdbebenkatastrophe voneinander getrennt sind, und die Nachpalastzeit. Bekommt man so durch das Verhältnis der Stile bzw. Perioden zueinander eine relative Chronologie, so geschieht die Einordnung in unsere absolute Chronologie, also eine durch das Ausgehen von einem fixen Zeitpunkt charakterisierte Zeitrechnung, soweit das möglich ist, durch die Gleichsetzung aufgrund archäologischer Funde mit Perioden der sicherer zu datierenden ägyptischen Geschichte.

Herkunft und Entstehung

Auch der Frage der Herkunft und der ethnischen Zugehörigkeit der minoischen Kreter kann man sich mangels der Kenntnis ihrer Sprache nur archäologisch nähern. Es scheint so zu sein, dass die kretische Bevölkerung zu einem nicht unbedeutenden Teil aus Kleinasien eingewandert ist und dass auch sonst mancherlei Einflüsse auf Kreta gewirkt haben (Libyen?). Trotzdem ist die minoische Zivilisation etwas völlig Eigenes und nicht mit einer Art Summierung von Einflüssen zu erklären. Schon die Zeit vor den großen Palästen weist eine Vielzahl der Charakteristiken der späteren Hochkultur auf, wie die Verwendung der in Stein geschnittenen Siegel, die herausragende Rolle des Stieres in der Religion und die agglutinierende Bauweise der Häuser und Siedlungen. Was die minoische Zivilisation dann aber über andere vergleichbare spätneolithische und bronzezeitliche Kulturen in Europa heraushebt, ist die um 2000 einsetzende Errichtung der großen Paläste mit den damit zusammenhängenden politischen und sozialen Implikationen. Wie es zu diesem Sprung gekommen war, lässt sich, wie in anderen gleichgelagerten Fällen, nur hypothetisch erklären. Jedenfalls zeigen die Paläste in Knossos, Phaistos, später auch Mallia und Zakros, dass nun eine bisher nicht dagewesene Form der politischen und gesellschaftlichen Verhältnisse gefunden war, die noch am ehesten mit den altorientalischen Hochkulturen zu vergleichen ist. Diese Verhältnisse sind nur aus den archäologischen Befunden zu erschließen: Existenz und Architektur der großen Paläste lassen eine politische Konzentration in wenigen Zentren der Insel vermuten, obwohl wir Konkretes über ein Königtum oder gar über Könige nicht wissen; kleinere Anlagen wie Vathypetron, Archanes oder Tylissos könnten auf einen Adel hindeuten.

Aus der späteren mangelnden Befestigung der Paläste ergibt sich der Schluss, Äußere Ereignisse dass weder innere Unruhen noch äußere Angriffe befürchtet wurden. Die Fresken und plastischen Darstellungen erwecken den Eindruck einer unkriegerischen Kultur, die gleichwohl intensive Beziehungen zur Außenwelt hatte: Das ergibt sich aus der Verwendung von Schiffen, aus dem Fund minoischer Gegenstände vor allem in Ägypten und ägyptischer Gegenstände auf Kreta, aus der Erwähnung der minoischen Kreter als fiktiver Tributbringer in ägyptischen Inschriften und aus Siedlungen oder jedenfalls Außenposten minoischen Typus außerhalb Kretas, vor allem auf der Insel Thera (heute auch Santorin genannt), aber auch auf Melos (Phylakopi), Kythera, Kea, an der kleinasiatischen Küste (Milet), in der Südostägäis, insbesondere auf Rhodos; aber auch in Italien sind minoische Gegenstände gefunden worden – allerdings ist fraglich, ob solche Siedlungen und Stationen Teile einer größeren minoischen Außenherrschaft (Thalassokratie) waren. Archäologisch ist auch festzustellen, dass die Paläste um 1700 durch eine Erdbebenkatastrophe zerstört und danach sofort wieder aufgebaut wurden. Kontroverser ist die Erklärung für die Zerstörung um 1450, bei der Erdbeben, innere Aufstände oder eine Eroberung durch Feinde als möglich angesehen werden; der Vulkanausbruch auf Thera wird kaum noch als Ursache genannt, zumal er bereits um 1510 stattgefunden hatte.

Mit ziemlicher Sicherheit lässt sich aber sagen, dass bei der schließlichen Schriften Zerstörung die Herren auf Kreta mykenische Griechen gewesen waren. Das folgt weniger aus Kriegergräbern mit Beigaben, wie sie auf dem griechischen Festland üblich waren, als vielmehr aus ihrer Sprache. Diese kennen wir aus den hinterlassenen schriftlichen Zeugnissen, die aus Täfelchen bestehen, die mit der Linear B genannten Schrift beschrieben waren und durch die Brandkatastrophe konserviert worden sind. Schon die Minoer hatten eine Schrift, zunächst eine heute Hieroglyphen genannte Bilderschrift, dann eine aus ihr abgeleitete Buchstabenschrift, die Evans ihrer abstrakten Form wegen Linear A genannt hat und die noch nicht völlig entziffert ist. Aus Linear A ist Linear B entwickelt worden, das 1952 von Michael Ventris als eine Schrift erkannt worden ist, mit der nach aller Wahrscheinlichkeit eine frühe Form des Griechischen geschrieben wurde. Solche Inschriften auf Kreta sind auch außerhalb von Knossos (etwa Chania) gefunden worden.

Unabhängig von der bis heute noch nicht erfolgten sprachlichen Entzifferung Innerer Aufbau lässt sich sowohl aus dem Aufbau und den Darstellungen der Linear-A-Täfelchen unmittelbar als auch in Analogie zu Linear B zur inneren Struktur des minoischen Kreta sagen, dass sie den archäologischen Befund bestätigen: Es handelte sich um eine in den Palästen konzentrierte politische Zentralmacht (Könige erscheinen auch in den Tafeln nicht), die eine eigene Wirtschaft betrieb und von der Bevölkerung in einem durchorganisierten System Abgaben erhob (hiervon handeln die Tafeln vor allem), die im Palast angesammelt wurden. Aufgrund der bildlichen Darstellungen ist zu schließen, dass Frauen eine besonders hervorgehobene Stellung einnahmen; weitergehende, konkretere Aussagen über deren Rolle können aber nicht gemacht werden.

b) Das mykenische Griechenland

Ankunft der Griechen Die frühgriechisch sprechende Bevölkerung, von der die auf Kreta herrschende nur ein Teil war, war wohl schon um das Jahr 2000 im Zuge einer allgemeinen indogermanischen Einwanderung ins östliche Mittelmeerbecken nach Griechenland gekommen. Man nennt sie nach dem Herrschaftssitz Mykene auf der Peloponnes mykenische Griechen. Ihre in Linear B geschriebene Sprache sagt nichts über die ethnische Zusammensetzung aus. Es ist denkbar, dass eine griechische Oberschicht über Vorgriechen herrschte oder, eher zutreffend, dass sich die eingewanderten Griechen mit der Vorbevölkerung vermischt hatten, deren Sprache etwa noch in Ortsnamen auf -inthos und -issos bis heute weiterlebt.

Äußere Ereignisse Nach Jahrhunderten des Zusammenlebens und Verschmelzens begannen die mykenischen Griechen seit dem zweiten Drittel des Jahrtausends eine politisch bestimmende Rolle zu spielen. Einer der Gründe hierfür ist sehr wahrscheinlich die Verschmelzung mit der minoischen Zivilisation. Die materielle Kultur der Mykener war so von Kreta geprägt, dass Evans sie zunächst als einen Teil des minoischen Herrschaftsbereichs ansah: Die minoische Schrift ist als Linear B übernommen und der griechischen Sprache nur schlecht angepasst worden; die staatliche, gesellschaftliche und vor allem wirtschaftliche Organisation, die sich in den Täfelchen widerspiegelt, ist großenteils minoisch. Nicht minoisch ist außer der Sprache die Architektur, nach der man neben der differenzierten archäologischen Periodeneinteilung (Späthelladisch [SH] oder, was dasselbe ist, Mykenisch [Myk] mit Untergliederung in der Art der minoischen Stilabfolge) den zeitlichen Ablauf am sinnfälligsten einteilt. Zuerst ist sie in den Schachtgräbern von Mykene zu fassen, die von 1650 bis 1450 angelegt wurden, während die riesigen Kuppelgräber aus der Zeit vom 15. bis zum 13. Jahrhundert stammen. Ihren Höhepunkt erreichte die mykenische Architektur dann mit der Anlage der großen befestigten Paläste in Mykene, Tiryns, Midea in der Argolis, Pylos, Athen, Theben, Gla in Böotien, Iolkos in Thessalien und wohl auch Sparta im 14. und 13. Jahrhundert, deren Befestigungen trotz des Eindrucks von äußerer Macht Defensivbauwerke gegen neue Eindringlinge waren.

Räumlicher Bereich Das sind aber nur die spektakulärsten archäologischen Hinterlassenschaften der mykenischen Griechen. Daneben gibt es zahlreiche imposante Kuppelgräber, so etwa bei Marathon, in Orchomenos in Böotien, in Messenien und fast überall sonst

– wie überhaupt Griechenland übersät ist mit mykenischen Siedlungen und mit mykenischer Keramik. Die mykenische Zivilisation beschränkte sich nicht auf die Zentren, sondern überzog das ganze Land.

Das Einflussgebiet der mykenischen Griechen erstreckte sich aber nicht nur auf das europäische Festland. Sie herrschten über Kreta, siedelten auf den Inseln der Ägäis, in Kleinasien und bis Zypern, und ihre Exportkeramik ist von Sardinien, den Liparischen Inseln, Sizilien und Italien bis nach Vorderasien und Ägypten gefunden worden und war viel weiter verbreitet als die minoische. Ob die mykenischen Griechen allerdings als „Achäer" mit den in hethitischen Texten auftauchenden, irgendwo im Westen Kleinasiens zu lokalisierenden Aḫḫijawa zu identifizieren sind, ist nicht endgültig geklärt. Auch bei der mykenischen Expansion steht offen, ob man von einer ausgeprägten Seeherrschaft sprechen darf, zumal da selbst das griechische Festland nicht einheitlich zusammengefasst war, sondern wohl aus einzelnen Herrschaften bestand. Freilich scheint Kreta (mit Ausnahme des Ostteils) einheitlich unter der Herrschaft von Knossos gestanden zu haben. Noch der fassbarste Hinweis auf eine eventuelle politische Zusammenfassung ist die Stellung des Oberkönigs Agamemnon in dem unter dem Namen Homer überlieferten Epos der Ilias, das aus dem 8. Jahrhundert stammt. Jedoch handelt es sich hier nur um eine temporäre und lockere Stellung während des sagenhaften Trojanischen Krieges; vor allem aber ist der Quellenwert Homers und überhaupt der griechischen Sagen für die mykenische Zeit gering, wenn nicht eher sogar inexistent. Vielleicht sind in sie lebendige und zutreffende Erinnerungen darüber eingegangen, dass es in Griechenland (und Troja) mächtige Fürstentümer gegeben hatte, wenn diese Vorstellungen nicht sogar direkt auf die Palastruinen und Grabfunde zurückgehen, ohne dass eine echte Rückerinnerung vorliegt. Demgemäß sind starke Zweifel daran angebracht, dass es einen Trojanischen Krieg im prägnanten Sinne gegeben hat, nämlich als Zug eines unter dem mykenischen König in einer Koalition vereinten Griechenland, das Troja nach langer Belagerung erobert und vollständig zerstört habe – mykenische Kriegszüge gegen Troja, die nicht diese Spezifika aufweisen, sind dagegen durchaus anzunehmen.

Religiöse Vorstellungen freilich dürften kontinuierlich weitergegeben worden sein, und ebenso ist die Terminologie für staatliche und gesellschaftliche Institutionen im späteren Griechisch wieder zu finden. Konkret aber haben Wirtschaft, Staat und Gesellschaft der mykenischen Zeit mit Homer so gut wie nichts zu tun.

Der konkrete Aufbau der mykenischen Zivilisation um die verschiedenen Zentren ist uns durch die Linear-B-Inschriften einigermaßen bekannt, die außer auf Kreta auch in Pylos, Mykene, Tiryns und Theben gefunden wurden, allerdings noch nicht alle zweifelsfrei interpretiert worden sind. Daneben ist hervorzuheben, dass Inschriften in Linear B auch auf Gegenständen, insbesondere auf den typischen Bügelkannen vorkommen, die in Chania auf Kreta, aber auch in Mykene, Tiryns, Orchomenos und vor allem in Theben gefunden worden sind. Fest steht,

Innerer Aufbau; Linear B

dass die Gesellschaft und die politische Organisation überraschend komplex waren. Der König, mit dem Titel Wanax, hatte auch sakrale Funktionen; daneben gab es einen Lawagetas, möglicherweise Führer eines Laos genannten Volksteils oder militärischer Führer; es gab Bezeichnungen für Verwaltungsämter in der Zentrale und in den östlichen Distrikten von Pylos, für Ränge, für die verschiedensten Berufe (mehr als im späteren Griechenland bekannt), für Adels- und Volksschichten einschließlich eines Wortes, das später Sklave bedeutet, hier aber vielleicht eher Diener bezeichnet. Die Texte der Tafeln, die ja Verwaltungstexte sind, befassen sich neben gelegentlichen militärischen Verteidigungsmaßnahmen mit wirtschaftsorganisatorischen Fragen, vor allem mit der Zuordnung von Land, bei dem verschiedene rechtliche Nutzungs- und Besitztypen festzustellen sind, einschließlich der Nutzung durch Götter bzw. deren Priester. Ganz unminoisch war das Kriegswesen: Waffen und Kämpfe spielen in den archäologischen Denkmälern eine ungleich größere Rolle als im minoischen Kreta; die mykenischen Griechen hatten zudem den auch sonst im Vorderen Orient seit dem 2. Jahrtausend verwandten, von Pferden gezogenen Streitwagen.

Untergang Der Untergang des mykenischen Griechentums vollzog sich um 1200 genauso wenig geradlinig oder gar schlagartig wie seine Herausbildung. Zwar werden die Zerstörungen zumindest in der Argolis heute auf Erdbeben zurückgeführt, doch hauptsächlich wurde die mykenische Zivilisation durch Neuzuwanderer physisch zerstört und die Veränderungen zogen sich über einen Zeitraum von anderthalb Jahrhunderten hin. Vielerorts blieb die mykenische Bevölkerung ganz ungestört (Attika), anderswo gewann sie wieder die Oberhand oder lebte mit den Neuankömmlingen zusammen. Allerdings: Das Ergebnis war insofern überall dasselbe, als die in den Tontafeln fassbare Staats- und Gesellschaftsstruktur beendet wurde. Die nach den Zerstörungen auftretenden Neuankömmlinge waren im Übrigen nicht diejenigen, die die Zerstörungen herbeigeführt hatten, denn zwischen der Zerstörung und der Neubesiedlung liegen archäologisch nachweisbar zeitliche Zwischenräume. Die Zerstörenden zogen nach Osten und Süden weiter; man wird in ihnen vielleicht Angehörige der „Seevölker" zu erblicken haben, deren Ansturm erst von Ägypten unter den Pharaonen Merenptah und Ramses III. notdürftig aufgehalten werden konnte. Nach ihnen sickerten griechisch, vor allem Dorisch sprechende Stämme ein, wobei allerdings umstritten ist, ob sie überhaupt von außerhalb kamen (Dorische Wanderung) oder ob die Neusiedlung nur eine Art Umgruppierung innerhalb des bisherigen griechischen Siedlungsgebiets war.

2. DIE DUNKLEN JAHRHUNDERTE

Die folgende Zeit bis etwa zur Mitte des 8. Jahrhunderts wird die Dunklen Jahrhunderte (*dark ages*) genannt, weil wenig Konkretes von ihnen bekannt ist und weil das, was bekannt ist, von einem starken Rückfall auf fast allen Gebieten zeugt. Die Bevölkerungszahl nahm stark ab (erholte sich gegen Ende aber erheblich), die materielle Kultur verarmte nach Ausmaß wie Qualität, die politischen Institutionen verschwanden, man verlernte die Schrift (Linear B).

Auf der anderen Seite war diese Zeit diejenige, in der sich das historische griechische Volk herausgebildet hat. So entstanden jetzt aufgrund der geographischen Beschaffenheit sowie der komplexen Vorgänge der Einwanderung und der Auseinandersetzung mit der vorgefundenen Bevölkerung die in Sprache und innerer Struktur so unterschiedlichen griechischen Stämme und Staaten. Das Ionische, das im europäischen Mutterland auf Euböa und in Attika gesprochen wurde, repräsentierte die vordorische griechische Bevölkerung; ebenso das Äolische Böotiens und Thessaliens, obwohl sich hier die Eroberer durchgesetzt hatten; das Dorische und Nordwestgriechische von Messenien, Sparta, Argos, Korinth, Kreta bzw. Elis, Akarnanien und Ätolien sprachen die Neuankömmlinge, während die Arkader und die entfernten Kyprer von den Dorern unbehelligt geblieben waren und mit dem Arkado-Kyprischen einen frühgriechischen Dialekt sprachen. Vom 11. bis zum 9. Jahrhundert nahmen die Griechen endgültig (bis zur Vertreibung durch Kemal Atatürk im 20. Jahrhundert) in der sogenannten Ionischen Wanderung die Ägäis und deren kleinasiatische Ostküste in Besitz, wobei nicht nur Ioner dort siedelten und es auch keine einmalige Wanderung war: Im Norden saßen Äoler; im größten Abschnitt, dem mittleren, Ioner, an der Südspitze Dorer. Diese Besiedlung schloss nicht durchweg unmittelbar an die Neubesiedlung des Mutterlandes an und zeigt dadurch sowie durch die Beteiligung der Dorer, dass der Siedlungsvorgang nicht mechanisch als Fluchtbewegung vor den Eindringlingen verstanden werden kann.

Dass es sich trotz aller Unterschiede aber wirklich um die Herausbildung eines neuen, einheitlichen Volkes handelte, zeigt nichts besser als die Tatsache, dass es das frühgriechische Athen war, das in der Keramik mit dem geometrischen Stil die erste künstlerische Leistung dieser Zeit hervorbrachte. Mit dem Aufhören der Schriftkultur ist es wieder zu einem großen Teil die Archäologie, die uns zeitgenössische Quellen liefert, und das wegen der verstärkten Ausgrabungstätigkeit gerade der letzten Zeit in erstaunlichem Ausmaß, so dass das Dunkel dieser Epoche sich aufzuhellen beginnt. Wir haben jetzt Kenntnisse über Siedlungen und Gräberfelder dieser Jahrhunderte von Andros (Zagora), Chios (Emporio); Donoussa (Vathy Limenari), Euböa (Lefkandi), Kreta (Kommos), Melos, Paros (Koukounaries), Phokis (Kalapodi), Rhodos (Vroulia), Siphnos (Agios Andreas), Tenos (Xobourgo). Wir erkennen, dass mit den Dunklen Jahrhunderten das Eisen allmählich Verwendung findet und so die Bronzezeit aufhört; dass das Pferd nun nicht mehr nur Zugtier bei Umzügen und Wettkämpfen, sondern vor allem Reittier ist; dass die ersten Vorläufer der späteren Tempelbauten und die ersten Stadtanlagen entstehen, die wir als Vorläufer der Poleis im späteren Sinne bezeichnen können (auch in Kleinasien: Alt-Smyrna, Milet). Die Befunde der Gräber

Entstehung des historischen Griechentums

Archäologische Quellen

geben Aufschlüsse über die Religion, insbesondere über den Totenkult und die Jenseitsvorstellungen, jedoch sind sie und die in ihnen gemachten Funde auch von darüber hinausgehender Bedeutung. Dies gilt etwa für die Bevölkerungsentwicklung, wobei deutlich wird, dass keinesfalls eine kontinuierliche und durchgängige Bevölkerungsabnahme stattgefunden hat. Insbesondere die Fundstätte von Lefkandi auf Euböa, zwischen Chalkis und Eretria gelegen, weist gegen Ende des 11. Jahrhunderts sogar einen Aufschwung auf. Auch zeigen die orientalischen Grabbeigaben, dass der Verkehr zur See viel intensiver gewesen sein dürfte als bisher angenommen.

Lefkandi ist es auch, das durch sein sogenanntes Heroengrab Auskunft über frühe politische Institutionen liefert: ein prunkvolles Fürstengrab, in dem ein Mann und eine Frau zusammen mit Pferden bestattet sind. Es hat eine Verbrennung auf einem Scheiterhaufen stattgefunden, und da das Grab in das 10. Jahrhundert zu datieren ist, ist ein – für spätere Zeiten anzunehmender – Einfluss der homerischen Gedichte auszuschließen. Möglicherweise liefert Lefkandi also einen Hinweis auf fürstliche Herrschaftsformen in den Dunklen Jahrhunderten.

Homer Sonst aber erfahren wir über Staat, Gesellschaft und Wirtschaft so gut wie nichts unmittelbar, und der einzige Weg wäre der von Analogie und Rückschluss, wenn nicht in den Epen Ilias und Odyssee Dichtungen vorlägen, die vorsichtige Schlüsse auf die Dunklen Jahrhunderte zulassen. Diese Dichtungen wurden im 8. Jahrhundert wohl nacheinander (die Ilias ist älter) und wohl von mindestens zwei verschiedenen Dichtern – die in der Tradition ein einziger namens Homer sind – in ihre heutige Form gebracht und später schriftlich fixiert. Dieser Fixierung gingen Jahrhunderte mündlicher Verbreitung durch wandernde Sänger (Aöden) voraus, in denen der Stoff durch den Gebrauch fester Formeln, die auf ein hohes Alter der Epen schließen lassen, variierbar gemacht wurde. Da Ilias und Odyssee zu den kunstvollsten und lebendigsten Dichtungen der Weltliteratur gehören – auch heute noch nach vorhergehendem konzentrierten Einlesen so zu empfinden –, muss das Urteil über den allseitigen Abfall in den *dark ages* jedenfalls insofern entscheidend modifiziert werden. Dieser Stoff nun, der eine Episode aus der Sage vom Trojanischen Krieg und die der Heimkehr des Odysseus zum Gegenstand hat, ist zwar zunächst einmal ein poetischer, kein historischer. Gleichwohl ist er in der historischen Vergangenheit angesiedelt und bewahrt vermöge der Festigkeit der Überlieferungstradition einige grobmaschige Erinnerungen auch an die Dunklen Jahrhunderte.

Innerer Aufbau Danach standen an der Spitze der einzelnen griechischen Stammesgemeinden (Städte gab es noch nicht) Könige, die man sich weit weniger großartig vorzustellen hat, als es das durch mykenische Hinterlassenschaften inspirierte oder jedenfalls um der Wirkung willen übertreibende Epos tut oder als es unser Wort König nahelegt. Ihr Name *basileus* bezeichnete im mykenischen Griechisch kleinere Chefs, dem Wanax untergeordnet, dessen Titel sich als Anax bei Homer gehalten hat.

Unter dem König stand der Adel, der eine sehr selbstständige Position hatte und höchstwahrscheinlich nicht als ursprünglicher Geburtsadel aufzufassen ist, sondern einfach als die Gesamtheit der Mächtigsten; der König herrschte nicht unumschränkt, sondern hatte starke politische Rücksicht zu nehmen. Die Beziehungen der Großen untereinander waren durch einen ausgeprägten Ehrencodex bestimmt, in dem das Geben und Empfangen von Geschenken eine zentrale Rolle spielte (*gift-giving society*). Demgemäß hatte die (vornehme) Frau eine geachtete und nahezu gleichberechtigte Stellung. Militärisch und politisch konnte sie nicht mithandeln und nur in beschränktem Maße mitreden, jedoch hat sie aus der eigenständigen Verwaltung des (vornehmen) Haushalts großes Sozialprestige gezogen. Wenig Konkretes weiß man über die politische Stellung der nichtadligen Freien, die in der Volksversammlung nur selten und nicht ausschlaggebend an politischen Entscheidungen mitwirkten. Gleichwohl ergibt die genaue Analyse der homerischen Schilderungen für das Heer, dass hier entgegen dem oberflächlichen Eindruck nicht nur von Einzelkämpfen Adeliger vor dem Hintergrund unordentlich und undeutlich formierter Fußsoldaten die Rede ist, sondern dass wohlgegliederte Massenbewegungen von Truppenkörpern dargestellt werden, also durchaus schon so etwas wie eine sonst erst für später angenommene Phalanx – freilich käme es dabei auf eine besonders sorgfältige Datierung an.

Daneben gab es wenige Leute, die Spezialberufe ausübten. Neben den Sängern, Ärzten, Herolden waren es die Zimmerleute und Schmiede; sie stellten eine Zwischenschicht dar und übten ihr Gewerbe oft im Umherziehen aus, wie dies auch insbesondere die wenigen und wenig geachteten Kaufleute taten. Als unterste Schicht gab es Abhängige verschiedener Art und wenige Sklaven, deren soziale Position sicherer und erstrebenswerter sein konnte als die eines besitz- und schutzlosen Freien. Die wesentlichen Trennungslinien der Gesellschaft verliefen aber nicht horizontal nach Schichten, sondern vertikal: Die Gesellschaft war vor allem nach den Familien der Großen, den Häusern, gegliedert. Ein solches Haus (*oikos*) bildete eine vorrangig landwirtschaftlich produzierende Wirtschaftseinheit, an deren Spitze der jeweilige Vornehme, nicht mehr als ein größerer Bauer, stand, für den die Angehörigen des Hauses – Abhängige und Sklaven – produzierten. Daneben gab es, regional verschieden, freie unabhängige Bauern. Was es aber außer den drei dorischen und vier ionischen Stämmen, den Phylen (die allerdings keine überlokale Organisation darstellten), nicht gab, waren übergreifende gentilizische Einheiten. Staat und Gesellschaft setzten sich nur aus den nebeneinander bestehenden kleinen Einzelpyramiden der Häuser mit ihrem Personal zusammen, deren mächtigste die des Königs war.

3. Die archaische Zeit

a) Allgemeine Geschichte

Die Epoche Fast ruckartig verändern sich mit dem 8. Jahrhundert sowohl die Verhältnisse in Griechenland als auch das Ausmaß unserer Kenntnisse; beides hängt miteinander zusammen. Tempelbau, bildende Kunst, der neue orientalisierende Stil in der Vasenmalerei treten auf, die Schrift erscheint. Bildhauer, Architekten, Töpfer, Vasenmaler und Kunsthandwerker sind nun nicht selten durch Signaturen als Individuen erkennbar; zum ersten Mal entstehen individuelle schriftliche Reflexionen in Dichtung und Philosophie. Das Königtum ist fast überall abgeschafft und auch und erst recht das politische Leben ist von namentlich bekannten Einzelpersonen erfüllt. Die Küsten Süditaliens, Siziliens und, in der Folgezeit, des Schwarzen Meeres werden besiedelt – und fast gleichzeitig ergreift die griechische Welt eine tiefe Krise, in deren Verlauf an manchen Stellen Tyrannen kurzfristig die Macht ergreifen, an deren Ende jedoch der verfasste Staat mit starker Beteiligung nichtadeliger Schichten steht. Kaum gesagt, muss dieses pauschale Bild sofort relativiert werden. Die wirkungsmächtigsten griechischen Staaten, Athen und Sparta, passen nur sehr bedingt hinein. Beide waren schon durch ihre Ausdehnung keine Stadtstaaten im üblichen Sinn, und erst recht fallen weitere große Teile Griechenlands vor allem im Nordwesten heraus, die weiterhin Stammesstaaten ohne Polisbildung blieben. Trotzdem soll die Darstellung der archaischen Zeit (ein Begriff aus der Kunstgeschichte) mit generalisierenden Skizzen begonnen werden. Die erste Generalisierung wäre die, dass das Archaikum eine Welt von unerhörter Fülle, Vielfalt und Buntheit war.

Polis

Entstehung und Funktion der Polis In archaischer Zeit ist, soweit es ihn gegeben hat, der griechische Stadtstaat, die Polis entstanden. Das Wort Polis ist zwar das Wort, mit dem Aristoteles den entwickelten griechischen Staat benennt, und insofern und wegen zahlreicher auch inschriftlicher Zeugnisse ist es authentisch. Als unreflektierte, oft idealisierte Bezeichnung, die mit dem Griechentum als einer scheinbar höheren und den Realitäten entrückten Lebensform gleichgesetzt wird, ist es aber erst im 19. Jahrhundert aufgekommen. Nüchtern betrachtet war die Polis eine oft um eine befestigte Anhöhe herum gebaute städtische Siedlung, in der ein großer Teil der Bevölkerung wohnte, darunter auch der Adel. Auf dem landwirtschaftlich genutzten Umland wurde gearbeitet, aber in der Stadt, auf ihren Versammlungsplätzen, fielen die politischen Entscheidungen. Die Polis war die oberste politische Einheit in weiten Teilen Griechenlands, über ihr gab es außer dem Gefühl kultureller Zusammengehörigkeit, das sich in gesamtgriechischen sportlichen und musischen Wettspielen und gelegentlichen sakralen Zusammenschlüssen (Amphiktyonien) manifestierte, keine weitere Verbindung. Wie relativ wenig wichtig die Griechen selbst aber das Siedeln in der Stadt nahmen, zeigt die Tatsache, dass sie ihre Staaten nicht mit dem Namen der Stadt bezeichneten, also etwa „Athen", sondern als einheitlichen Personenverband der dort Wohnenden: „die Athener".

Die Entstehung der Polis – wie wir dieses spezifisch griechische Phänomen in Ermangelung befriedigender Definitionen trotz aller Bedenken ruhig nennen wollen – ist zwar immer noch weit davon entfernt geklärt zu sein, doch hat die intensive Ausgrabungstätigkeit außerhalb der großen Zentren auch hier erhebliche Erkenntnisfortschritte gemacht. Schon seit einiger Zeit ist durch die vergleichende Untersuchung von Gräberfeldern eine starke Bevölkerungsvermehrung an der Wende vom 9. zum 8. Jahrhundert festgestellt worden. Was sich jetzt weiter abzuzeichnen beginnt, ist eine eigenartige Bewegung in der Entwicklung der Siedlungen. Einerseits, und wohl hauptsächlich, wachsen die aus dem dunklen Zeitalter bekannten Siedlungen, oder es werden neue gegründet. Andererseits ist für das 8. Jahrhundert mehrfach festgestellt worden, dass ganze Siedlungen aufgegeben wurden – etwa Lefkandi auf Euböa, Turkovuni und Lathuresa in Attika, Siedlungen auf Paros und auf Andros. Möglicherweise liegt hier ein bewusstes Zusammenziehen, eine Siedlungskonzentration vor, die „Binnenkolonisation" genannt worden ist. Schließlich können wir für die Zeit um 800, teilweise noch vor der Zusammensiedlung der Dörfer, die ersten Tempelbauten feststellen, so etwa in Athen, Korinth, Eretria, Tiryns, Samos, Dreros auf Kreta, und daraus ist zu schließen, dass gemeinsame Kulte und ihre Institutionalisierung als Gemeinschaftswerk konstitutiv für die Polisentstehung gewesen sein dürften. Trotzdem aber sind die konkreten Vorgänge und Ursachen sowie die genauen Zusammenhänge mit den politischen Vorgängen noch weitgehend ungeklärt.

Staat und Gesellschaft

Die Beseitigung des Königtums ging undramatischer vor sich als in Rom. Das dürfte daran gelegen haben, dass die Könige ohnehin keine sehr herausgehobene Stellung innegehabt hatten und dass sie nicht Exponenten einer Fremdherrschaft waren. Das Ergebnis lässt sich aber mit Rom vergleichen. Der Adel (in Athen hießen die Adligen später Eupatriden = die von edlen Vätern Abstammenden, anderswo etwa Geomoren oder Gamoren = Grundbesitzer) teilte die Macht unter sich auf, indem er Ämter für die öffentlichen Funktionen der Rechtsprechung, des Kriegführens und der Beziehungen zu den Göttern schuf und reihum mit seinen Angehörigen je auf ein Jahr besetzte. Jeder der mehreren hundert griechischen Staaten hatte seine besonders ausgeprägte Staatsorganisation mit eigenen Bezeichnungen für die Institutionen, die freilich auch übereinstimmen konnten und im Ganzen ein einheitliches Grundmuster aufwiesen. In Athen hießen die politischen Ehrenbeamten Archonten (= Herrschende); dort bildeten sich allmählich heraus der Archon Eponymos, der dem Jahr den Namen gab, der Basileus, der die staatlichen Opfer zu vollziehen hatte und daher den Göttern

Adelsherrschaft

zuliebe vorsichtshalber die überkommene Bezeichnung „König' behalten hatte, der Polemarchos, der den Oberbefehl führte, und die sechs Thesmotheten für die Rechtsprechung. Die Aufteilung und zeitliche Begrenzung der Ämter sollten verhindern, dass einer der Herren zu viel Macht ansammelte und sich über die anderen erhob. Diesem Zweck diente auch die höchste öffentliche Instanz, der Rat, die Versammlung der Häupter der großen Familien, später aus den ehemaligen Beamten zusammengesetzt. In Athen war das vielleicht der Rat auf dem Areshügel, Areopag, in Sparta die Gerusia, Rat der Alten; tatsächlich sorgte er dafür, dass die richtigen Leute die Ämter versahen und ihr Amt im Interesse ihrer Standesgenossen ausübten. Verfassungen, gar schriftlich fixierte, gab es in dieser Welt der Bräuche noch nicht. Das nichtadlige Volk wurde in der Regel nicht gefragt, nur bei wichtigsten Gelegenheiten wie Krieg und Frieden konnte seine (ebenfalls nirgendwo formalisierte oder gar vorgeschriebene) Zustimmung eingeholt werden. Einen eigenen Priesterstand gab es nicht, sondern die Priesterstellen wurden wie weltliche Ämter von Adligen, auch von weiblichen, bekleidet.

Phylen und Phratrien Ebenso wichtig wie diese unmittelbar politische Organisation war die gentilizische nach Stämmen (Phylen), Phratrien und Geschlechtern (Gene). Phylen und Gene waren vielleicht überkommene Organisationsformen, haben sich aber wohl erst zu Beginn der Archaik herausgebildet. Sie hatten eigene Heroen, fiktive Stammväter, deren Kult in den Händen des Adels lag. Jüngeren Datums waren die Phratrien, wörtlich Bruderschaften, zu denen auch Nichtadlige gehörten und deren Aufgabe in späterer Zeit in der Regelung der personen- und familienrechtlichen Beziehungen der Phratrie-Angehörigen bestand. Sie wurden ebenfalls über die Kulte vom Adel beherrscht. Durch diese Verbände und durch ihre Kulte wurde der Zusammenhalt des sich aus den einzelnen Sozialpyramiden zusammensetzenden Volkes gewährleistet. Die durch Besitz und danach Abstammung definierten Adelsgeschlechter geboten unbestritten über ihre jeweiligen Gefolgsleute und andere Abhängige, und diese Stellung war dadurch gefestigt, dass sie über die Kulte die für alle lebenswichtigen Verbindungen mit den Göttern pflegten. Die Beziehungen der Adelsgeschlechter untereinander waren durch den Adelsrat, das Ämterwesen und die Adelsethik geformt. Der *oikos*, der auch kultisch selbstständige Großhaushalt, war die unterste soziale Einheit. Außerdem haben wir mit einer quantitativ schwer zu bestimmenden Anzahl von keinem *oikos* angehörenden Freien zu rechnen.

Frauen Dem *oikos* stand, wie in den homerischen Epen deutlich wird, die Frau vor, und an ihrer Stellung dürfte sich, sofern sie vornehm war, vorerst nichts geändert haben. Gewiss sind die prunkenden archaischen Korenstatuen Zeichen des hohen Sozialprestiges von Mädchen aus solchen Häusern. Allerdings setzt in der späteren archaischen Zeit doch die eigentümliche Entwicklung des Hetärenwesens und der Knabenliebe ein, die beide bei Homer nicht vorkommen. Für die nichtadeligen Frauen haben wir in dem um 700 anzusetzenden böotischen

Bauerndichter Hesiod eine erst recht bedenkliche Quelle. Nach ihm sind die Frauen nur ein notwendiges Übel, das auch eine wirtschaftliche Belastung darstellt. Doch ist es fraglich, wie weit das verallgemeinert werden kann.

Kolonisation

Diese hier idealtypisch für den Beginn der archaischen Zeit angenommene Ordnung war zu eben dieser Zeit bereits in Gefahr geraten. Die Bevölkerungszunahme, die möglicherweise die Polisentstehung und Binnenkolonisation mitverursacht hatte, bedrohte auf die Dauer die materielle Existenz der Bevölkerung, d. h. die Ernährung, und damit den sozialen Zusammenhalt. In dieser Situation kam es den Griechen zugute, dass ihre Beziehungen zur Außenwelt schon in den vorhergehenden Jahrhunderten intensiv gewesen waren, wovon die aus dem Orient stammenden Grabbeigaben zeugen. Diese Verbindungen gingen weniger von den Griechen als vielmehr von den Phönikern aus, die damals bereits als Händler die Ägäis und das westliche Mittelmeer befuhren und sich gelegentlich sogar dauerhaft innerhalb der einheimischen Ansiedlungen niederließen. Mit dem Übergang von den Dunklen Jahrhunderten zur Archaik begannen aber die Griechen ihrerseits das Mittelmeer zu befahren, zunächst um Erz- und Keramikprodukte gegen Metall und Luxusgüter zu tauschen. Am bekanntesten sind die chalkidischen Handelsniederlassungen in den heutigen Orten Al Mina und Sukas (antike Namen unbekannt) an der nordsyrischen Küste und auf Pithekussai, dem heutigen Ischia; in Pithekussai (vielleicht auch in Sukas) wurden Griechen dauerhaft ansässig und wohnten mit Phönikern zusammen. Dadurch und durch andere Fahrten wuchsen ihnen allmählich Kenntnisse der geographischen und ethnischen Verhältnisse der Küsten des Mittelmeeres zu, die sie in den Stand setzten, sich ab 750 in immer größerem Maße außerhalb des Mutterlandes dauerhaft, und zwar in Poleis, anzusiedeln.

Ursachen der Kolonisation

Diese Städtegründungen gingen so vor sich, dass aus den Muttersiedlungen Kolonistenabordnungen unter der Führung eines Adligen als Stadtgründers (Oikist) abgesandt wurden, wobei auch Angehörige unterschiedlicher Städte zusammen ausziehen konnten. Der Schutzgott der Siedler war regelmäßig Apollon, dann auch Zeus oder Hera, und einer der konstitutiven Akte der Stadtgründung im neuen Land war die Errichtung eines gemeinsamen Kultes. Außerdem wurde das Land gleichmäßig verteilt und eine gemeinsame Stadtanlage errichtet. Die Errichtung der politischen Institutionen ist gewiss nicht nur als eine Übernahme mutterländischer Polisorganisation zu verstehen, die ja ihrerseits noch gar nicht voll ausgebildet war, sondern es ist anzunehmen, dass die Gründung und Organisierung neuer Städte außerhalb des bisherigen Siedlungsgebiets auf die Organisierung in Griechenland selbst zurückgewirkt hat. Da die Auswanderer in Fällen der Not die Orakelstätten um Rat fragten, sammelten sich bei diesen, vor allem beim pythischen Apoll in Delphi sowie beim Zeusheiligtum von Olympia, immer mehr Informationen über die Kolonisationsmöglichkeiten an, so dass – die

Gründungsvorgang

Echtheit unserer Information vorausgesetzt – solche Orakelstätten zwar nicht zu Initiatoren der Kolonisation wurden, wohl aber vielleicht zu einer Art Koordinationszentrum. Frauen kamen in der Regel nicht mit, die Siedler nahmen sich ihre Frauen aus der einheimischen Bevölkerung. Das Verhältnis zu den Einheimischen war wohl zunächst relativ spannungsfrei, weil die Griechen dort siedelten, wo keine einheimischen Niederlassungen waren; freilich wurden gelegentlich doch Einheimische verdrängt, und vor allem später sahen sich die Griechenstädte zunehmendem Druck ausgesetzt.

Räumliche Ausdehnung — Auf diese Weise begannen zunächst die Chalkidier die Küsten Unteritaliens und Siziliens mit der Neugründung Kyme, Naxos, Leontinoi, Katane, Zankle (später Messana, daraus Messina) und Rhegion zu besiedeln. Korinth folgte über die westgriechische Insel Kerkyra mit Syrakus, Megara mit Megara Hyblaia, das seinerseits um 650 Selinus gründete. Rhodier und Kreter legten um 700 auf Sizilien Gela an, das 588 Akragas (Agrigent) gründete, und auch sonst wurden nicht alle Kolonien nur von Angehörigen einer einzigen Stadt gegründet.

Nach Unteritalien zogen Mittelgriechen, vor allem Achäer. Über Zakynthos gründeten sie Kroton, Sybaris (dieses gründete Poseidonia, das spätere Paestum), Metapont (zusammen mit Phokern); Lokrer gründeten Lokroi Epizephyrioi. Athen hatte keine vergleichbare Kolonie, als einzige spartanische wurde Tarent angelegt; an der nordadriatischen Küste entstanden Spina (heutiger Name) und Hadria, und die dorische Insel Thera begründete in einem dramatischen, gut überlieferten Vorgang Kyrene als einzige Kolonie auf afrikanischem Boden.

Der Norden der Ägäis wurde ebenfalls zuerst von den Chalkidiern kolonisiert, daher hat die Halbinsel Chalkidike ihren Namen. Die Insel Paros besiedelte die Insel Thasos, diese wiederum das Festland. Die Propontis wurde von äolischen Lesbiern, vor allem aber vom ionischen Milet besiedelt mit, am wichtigsten, Kyzikos und Abydos. Phokaia gründete Lampsakos, vor allen Dingen aber in einem dramatischen Vorgang – fast die ganze Bevölkerung einschließlich der Frauen und Kinder wanderte wegen der Bedrohung durch die Perser aus – im Westen Emporion (Ampurias), Massalia (Marseille), Nikaia (Nizza), Antipolis (Antibes); Phokäer neigten, anders als die meisten anderen, dazu, Handelsstützpunkte anzulegen und gerieten in militärische Auseinandersetzungen mit Etruskern und Karthagern. Von diesen 540 in der Seeschlacht bei Alalia (Korsika) besiegt, gründeten sie (neu) Elea in Unteritalien. Im Schwarzen Meer und der Propontis kolonisierte im 7. und 6. Jahrhundert Megara die wichtigen Städte Kalchedon und Byzantion (Istanbul), doch bestimmend in diesem Raum war Milet: Sinope, Trapezunt an der türkischen Küste, Dioskurias und, vielleicht, Phasis in Georgien, Olbia in Südrussland, Histria und Tomis (Constanța) in Rumänien wurden von dort aus gegründet; im 6. Jahrhundert wurde die Krim besiedelt, wo das Bosporanische Reich entstand.

Wirkung auf Nichtgriechen — Die Kolonisation hatte schließlich Wirkungen auf nichtgriechische Völker und Staaten im Westen und Osten. Inwieweit das griechische Vorbild auf die

Staatswerdung der Etrusker eingewirkt hat, kann hier offen bleiben; jedenfalls übernahmen die Etrusker das griechische Alphabet und importierten derart viele griechische Kunsterzeugnisse, dass ihre Nekropolen und Städte von den Ausgräbern zunächst für griechische gehalten worden waren. Weiter ist die griechische Präsenz in Mittelitalien und damit auch in Rom nicht nur der Sage nach, sondern auch nach den heutigen Ausgrabungsbefunden eine unstreitige Tatsache, wenngleich auch hier die konkreten Auswirkungen noch lange nicht geklärt sind. Nur durch die Ausgrabungen ist schließlich das kulturelle Einwirken des Kolonisationsgriechentums auf die Hallstatt-Kultur und die Kelten West- und Westmitteleuropas bekannt geworden – griechische Kunst- und Kunsthandwerksgegenstände wie Vasen oder der prächtige Kratēr im französischen Vix zeugen unmittelbar davon, ebenso mittelbar wohl die einheimische Produktion. Ähnliches lässt sich von den Skythen Südrusslands sagen, über deren Verbundenheit mit der griechischen Kultur auch Herodot berichtet.

Krise

Trotz des Bevölkerungsabflusses und der durch die Kolonisation sonst noch bewirkten Stabilisierung veränderten sich die gesellschaftlichen und politischen Verhältnisse aus verschiedenen Gründen, deren Zuordnung zueinander alles andere als geklärt ist. Jedenfalls begann auf der einen Seite im Adel ein Desintegrationsprozess. Einzelne Familien verarmten und sanken ab, während andere an Vermögen und Einfluss zunahmen und die Macht bei sich konzentrierten, etwa die Bakchiaden in Korinth oder die Penthiliden auf Lesbos. Dies wurde dadurch möglich und später beschleunigt – wohlgemerkt: nicht notwendig verursacht –, dass das Eigentum an Grund und Boden, der seit jeher die Basis des Vermögens gebildet hatte, durch die Übernahme des von den kleinasiatischen Lydern übernommenen und dann ausgebauten Geldwesens in Bewegung gekommen war. Außerdem nahm, ebenfalls durch das Geldwesen, aber auch durch die gewachsene Seetüchtigkeit gefördert, der Handel zu. Dessen Träger war neben den früheren nicht in die Gemeinschaft integrierten und daher mit Misstrauen betrachteten einzelnen Händler-Abenteurern nun der Adel bzw. Einzelne seiner Angehörigen, die auch auf diese Weise zu größerem Vermögen gelangen konnten. Durch all das wurde das Gleichheitsprinzip des Adels durchbrochen, was natürlich Unruhe zur Folge hatte.

Veränderungen im Adel

Das gesellschaftliche Gleichgewicht geriet aber nicht nur von oben aus der Balance. Trotz der Kolonisation nahm die Bevölkerung weiter zu. Das Land war also weiterhin knapp, noch dazu deshalb, weil freie Bauern sich zunehmend beim Adel verschuldeten und im Konfliktfall ihres Bodens verlustig gingen. Rücksichtslose Politik von seiten der adlig besetzten Ämter und womöglich auch ungerechte Rechtsprechung durch die dafür zuständigen Magistrate kamen hinzu, so dass hier Not zu weiteren Unruhen führte, die in dem Ruf nach Entschuldung und sogar Neuaufteilung des Bodens gipfelten. Gleichwohl wird

Unruhe von unten

man nicht ohne weiteres von einer übergroßen, dramatischen Verarmung sprechen können, weil, wie die weitere Entwicklung zeigt, hinreichend viele wohlhabende Bauern existiert haben müssen, die in ihrer Eigenschaft als Hopliten maßgeblichen Einfluss gewannen.

Frauen

Wandel der Frauenrolle

Möglicherweise hängt mit dieser Krise die – ebenfalls nur wahrscheinliche – Änderung in der Bewertung der Frau zusammen. Während in homerischer und früharchaischer Zeit zumindest die aristokratische Frau dem Mann gegenüber fast gleichberechtigt, jedenfalls aber hoch geachtet war, tritt im Laufe der Zeit anscheinend ein Wandel ein. Zwar ist aus den Gedichten der Sappho von Lesbos und auch aus den archaischen Korenstatuen nach wie vor auf eine angesehene Stellung der Frauen der Adelsgesellschaft zu schließen. Aber es treten nun auch die ersten Zeugnisse eines befremdlichen Frauenhasses auf, etwa bei dem böotischen Dichter Hesiod, dem dichtenden Soldaten Archilochos aus Paros, dem samischen Dichter Semonides. Wenn wir da hören, dass die Frau zu Hause sitze und esse, während der Mann draußen zu arbeiten habe, oder wenn vor der sexuellen Verführung durch Frauen gewarnt wird, die zudem zu viele Kinder zur Folge habe, dann liegt es nahe, auch hierin eine Wirkung der immer bedrängteren sozialen Situation zu sehen. Freilich sehen wir auch, dass in der archaischen Zeit das Hetärenwesen und die Homosexualität aufkommen, die beide Homer noch unbekannt waren, und sie sind wohl, da sie sich auf die Aristokratie beschränkten, nicht einfach auf soziale Ursachen zurückzuführen.

Hopliten und Staatsgründung

Die Landnot wurde nicht nur individuell empfunden. Vor und außer der Kolonisation versuchten die Poleis auch, innerhalb des bisherigen Siedlungsgebietes zu

Grenzkriege

einer Erweiterung des bebaubaren Landes zu kommen. So entstanden Grenzkriege, wie etwa der frühe um das Lelantische Feld zwischen Eretria und Chalkis auf Euböa, um Salamis zwischen Athen und Megara oder um die Kynuria-Ebene zwischen Argos und Sparta; auch die Unterwerfung Messeniens durch Sparta gehört hierher. Waren nun die Kriege zu Zeiten der Adelsgesellschaft von den Adligen selbst ausgefochten worden, wobei man auf das nichtadlige Volk, den Demos, eher zu Hilfszwecken zurückgegriffen hatte, so begann der Demos nun eine eigene Rolle zu spielen. Teils wegen des zunehmenden Bedürfnisses nach massiverer Unterstützung, teils wegen neuer waffentechnischer Möglichkeiten kämpften nun nach den Vorstufen der homerischen Zeit die freien Bauern in der von ihnen selbst gestellten und bezahlten Rüstung (*hoplon*, daher Hopliten) zu Fuß in der geschlossenen Formation der Phalanx, wenn auch durchaus zusammen mit Adligen und unter adligem Kommando. Die so gestiegene Bedeutung der wohlhabenderen Bauern brachte ihnen größere Mitspracherechte ein, als im traditionellen Adelsstaat üblich war, und dieser soziale und politische Aufstieg wiederum spricht gegen die Vorstellung einer durchgehenden Verelendung der Bevölkerung.

Zu dieser allgemeinen Unruhe mögen auch noch die relativ wenigen Personen beigetragen haben, die es als Handwerker oder Kaufleute zu Vermögen gebracht hatten und die eine gesellschaftliche Aufwertung erstrebten. Am ehesten ist deren Existenz und Einfluss noch in den Hafenstädten anzunehmen, eine wesentliche Rolle spielten sie gegenüber den anderen Faktoren aber nicht. Zwischenschichten

Die politischen Konflikte, die so in den meisten griechischen Stadtstaaten entstanden waren, wirkten sich unterschiedlich aus. In vielen Fällen – so jedenfalls die Tradition – einigte sich die gesamte Bürgerschaft auf einen Mann als Schiedsrichter (Aisymnetes) oder Versöhner (Diallaktes) der wegen besonderer in der Vergangenheit bewiesener Autorität und kraft besonderer Vollmachten Gesellschaft und Staat neu ordnete. Namentlich bekannt – wenngleich keineswegs immer historisch gesichert – sind durch spätere Traditionen Zaleukos von Lokroi Epizephyrioi in Süditalien (um 600), Charondas von Katane auf Sizilien (6. Jh.), Lykurg in Sparta, der ebenfalls eher sagenhafte Drakon und der nun allerdings historisch gesicherte Solon in Athen (Anfang 6. Jh.) sowie Pittakos in Mytilene auf Lesbos (7./6. Jh.). Sie alle führten mit ihren Reformen insofern vom reinen Adelsstaat weg, als sie schriftliche, öffentlich aufgestellte Gesetze (Solon; inschriftlich heute noch erhalten die von Gortyn auf Kreta, die um 450 erneuert und aufgezeichnet wurden), zum Teil sogar Verfassungen gaben, also durch die Schaffung von Rechtssicherheit eine Abkehr vom ungeschriebenen Comment der Adelsgesellschaft und dessen späterem Missbrauch vollzogen. Die öffentliche Aufstellung von Gesetzen fand in reicher Zahl allerdings auch ohne das Dazwischentreten eines solchen Schiedsrichters statt und zeugt von der selbstbewussten Souveränität der Bürgergemeinde. Auch sonst wurde das Adelsregiment sozusagen durch den Adel selbst durchlöchert. Gelegentlich wurde die Bekleidung eines Amtes nur noch an den Besitz geknüpft, also auch Nichtadligen zugänglich gemacht; der Demos erhielt mehr Mitspracherechte, soweit er Hoplitendienste leisten konnte. Auswüchse der bäuerlichen Verschuldung wurden beseitigt. Verfassungsstaat

Tyrannis

Dort aber, wo eine solche gütliche Einigung nicht zustande kam oder scheiterte, gab es nicht etwa eine Erhebung des Volkes, sondern ein Adliger usurpierte die alleinige Macht: der Tyrann. Die früheste Tyrannis (7./6. Jahrhundert) war die der Kypseliden in Korinth, mit ihrem Gründer Kypselos und seinem berühmteren Sohn Periandros (lateinische Form Periander); nach ihm erlosch die Herrschaft. Im benachbarten Sikyon gelangte das Geschlecht der Orthagoriden zur Tyrannis; die einzelnen Herrscher sind nur undeutlich überliefert, mit Ausnahme des vorletzten, Kleisthenes, der für das erste Viertel des 6. Jahrhunderts anzusetzen ist und dessen Sohn später gestürzt wurde. Von der Tyrannis des Theagenes von Tyrannis als Durchgangsstadium

Megara haben wir nur kümmerliche Nachrichten, und von seinem athenischen Schwiegersohn Kylon erfahren wir nur einen gescheiterten Putschversuch um 635. Weitaus erfolgreicher war in Athen Peisistratos, der in den Wirren der Zeit nach Solon die Macht nicht nur auf Dauer innehaben, sondern sie auch ungefährdet an seine Söhne Hippias und Hipparchos vererben konnte. Deren Sturz war nicht das Werk freiheitsdurstiger Athener, sondern Hipparchos wurde aus privater Rache ermordet und Hippias von den Spartanern gestürzt.

Auf den Inseln gab es etwa den Tyrannen Lygdamis von Naxos, Mitte des 6. Jahrhunderts, am intensivsten und gleichzeitig am verwirrendsten sind wir aber über die Tyrannis auf Lesbos informiert, nämlich durch die bruchstückhaft überlieferten Gedichte des Alkaios vom Beginn des 6. Jahrhunderts. Mehrere Tyrannennamen wechseln miteinander ab, Melanchros, Myrsilos, Pittakos, so dass wir durch dieses zeitgenössische Zeugnis authentisch erfahren, wie wenig eindeutig die politische Situation gewesen ist. Auf Samos schließlich herrschte gegen Ende des Jahrhunderts der berühmte Polykrates, der, eher die Ausnahme, sogar ein Seereich zu begründen versuchte, aber dann doch der neuen Großmacht Persien erlag – sein Tod durch die Hand der Perser war so scheußlich, dass Herodot ihn nicht beschreiben mochte, und seine Nachfolger waren nur noch persische Vasallen.

Die Tyrannis war eine Erscheinung, die zwar vielerorts, aber doch nicht überall auftrat; und wo sie auftrat, brachte sie es höchstens auf zwei, ganz selten auf drei Herrschergenerationen. Sie war also nur ein Durchgangsstadium und dazu kein notwendiges; viele Tyrannengestalten in ihrer manchmal düsteren Pracht (Periander von Korinth, Polykrates von Samos) verleiteten und verleiten freilich zu einer isolierten und überbetonenden Betrachtung. Dieses Düstere und überhaupt die negative Bewertung der Tyrannis als einer Herrschaftsform der reinen Unterdrückung ist aber großenteils erst spätere antike Tradition, die diese Herrschaftsform an der Freiheit des Verfassungsstaates maß, der ja im Allgemeinen der Nachfolger der Tyrannis war.

Herkunft und Herrschaft der Tyrannen — Zu ihrer Zeit aber waren die Tyrannen nicht nur gesellschaftsfähig, wie daraus hervorgeht, dass Tyrannen zusammen mit nichttyrannischen Gesetzgebern und Philosophen unter die Sieben Weisen gezählt werden (Periander), sie waren sogar beneidete Monarchen wie Kleisthenes von Sikyon, der sich für seine Tochter Agariste einen Ehemann unter Bewerbern aus dem gesamten griechischen Adel aussuchen konnte. Auch sonst pflegten die Tyrannen nach Möglichkeit ihre Verbindung zum Adel, dem sie großenteils selbst entstammten. Peisistratos ließ Adlige weiter die höchsten Ämter bekleiden und behielt sich nur informell die eigentlichen Entscheidungen vor; der Kult der Adelsgötter wurde eifrig gefördert (Athena- und Zeustempel in Athen) und die Tyrannen legten großen Wert darauf, gute Beziehungen zu den Orakeln, vor allem zu Delphi, zu haben und an den gemeingriechischen adligen Wettkämpfen teilzunehmen. Von vielen hören wir, sie seien Olympioniken gewesen. Obwohl die Tyrannen also einen betont adligen

Lebensstil pflegten, widersprach ihre schiere Existenz natürlich dem Grundprinzip der Adelsherrschaft, der Gleichheit unter den Adligen. Daher wurden sie teilweise von ihren Standesgenossen bekämpft und wehrten sich teils mit Einzelmaßnahmen wie Verbannung und Enteignungen, teils aber auch mit strukturellen wie der Phylenreform, die den über die Kulte ausgeübten Einfluss des Adels auf das Volk brechen sollte. Peisistratos etwa unterließ aber eine solche Reform, hatte sie offensichtlich nicht nötig.

Die Voraussetzungen zur Erringung der Tyrannis waren zum einen die Machtkämpfe innerhalb des Adels, zum anderen die Unzufriedenheit größerer Teile des Volkes; die Mittel waren oft einfach Geld und Söldner. So gelang es, die Herrschaft zu erringen und an der Macht zu bleiben. Dabei spielten zwar, etwa in der Hafenstadt Korinth und auf der Insel Samos, Gruppen von Handwerkern und Händlern möglicherweise eine Rolle, die entscheidende Schicht war aber nach wie vor der bäuerliche Demos, den zu befriedigen der Tyrann sich angelegen sein ließ. Das konnte durch wirtschaftliche Sanierung (etwa durch konfisziertes adliges Land) geschehen, aber auch durch Förderung bäuerlicher Kulte, und auch in dieser Hinsicht geriet der Tyrann in einen Gegensatz zum Adel. Äußere Herrschaften errichteten die Tyrannen nur in seltenen Fällen. Die peisistratidischen Aspirationen auf das kleinasiatische Sigeion waren weniger bedeutend, während der Kypselide Periander z. T. durch seine Söhne über Epidauros, Kerkyra und Poteidaia herrschte. Er wurde als Schiedsrichter in internationalen Streitigkeiten herangezogen, und seine dynastischen Verbindungen werden dadurch bewiesen, dass einer seiner Neffen den ägyptischen Königsnamen Psammetich erhielt. Unter seiner Herrschaft ist die Blüte der exportierten korinthischen Vasenproduktion anzusetzen. Polykrates' Seeherrschaft koalierte immerhin mit Ägypten und Persien, fiel aber wie jenes dem persischen Weltreich zum Opfer.

Die Tyrannis war also ein in sich ambivalentes Gebilde; der Tyrann kann weder nur als machtgieriger hypertropher Adliger noch als Werkzeug eines aufbegehrenden Demos betrachtet werden. Ihre historische Funktion war es aber, gegen die Adelsherrschaft den Weg für den verfassten Hoplitenstaat freizumachen, der sie in der Regel ablöste, und dieses Ergebnis teilt sie mit den anderen Formen der politisch-sozialen Auseinandersetzung in der Krise der archaischen Gesellschaft. Deshalb ist sie, kurzlebig, wie sie war, nur eine Erscheinungsform dieser Krise, freilich eine eindrucksvoll-spektakuläre.

Funktion der Tyrannis

Beziehungen zum Orient

Obwohl alle vorstehend geschilderten Ereignisse eines ihrer Charakteristika darin haben, dass sie sich ungestört durch äußere Einwirkungen entwickeln konnten, so waren doch die Beziehungen der Griechen zur damaligen zivilisierten Welt, d. h. zum Vorderen Orient, mannigfaltig. Zum einen spiegelt die griechische Geschichte der vorklassischen Zeit gewissermaßen negativ die altorientalischen Verhältnisse wider: Eben weil die altorientalischen Reiche nicht so weit nach

Westen übergriffen, war die griechische Entwicklung möglich, was durch den späteren persischen Angriff und seine Wirkung besonders deutlich wird; und weil im Osten gefestigte Staaten existierten, konnten die Griechen dort ihrerseits keine politische Macht ausüben. Zum anderen aber wirkte der Orient aktiv auf Griechenland ein. Mehr und mehr entdeckt man in der griechischen Mythologie orientalische Entsprechungen, wobei die Frage, ob gemeinsame Herkunft oder griechische Abhängigkeit anzunehmen sei, im letzteren Sinne zu beantworten ist. Die frühgriechische Philosophie entstand möglicherweise in bewusster Auseinandersetzung mit altorientalischem Denken; die archaischen Plastiken der Kuroi sind unverkennbar aus der ägyptischen Plastik entlehnt; der orientalisierende Vasenstil hat seinen (neuzeitlichen) Namen von den plötzlich auftretenden figürlichen und pflanzlichen Darstellungen, die eine Adaption orientalischer Vorbilder sind. Nichts macht den Unterschied zur Zeit der Dunklen Jahrhunderte anschaulicher als diese völlige Verdrängung des geometrischen Stils durch die elegante Fülle der jetzigen Vasenmalerei, und sie kam aus dem Osten. Ebenso deutlich muss die Übernahme der Schrift eingeordnet werden. Dass sie von den Phönikern übernommen worden ist, wussten die Griechen selber, und neuere Forschungen haben das nicht nur bestätigt, sondern dazu noch erschlossen, dass Schreibmaterial und Schreibunterricht ebenfalls phönikische Vorbilder hatten. Trotzdem haben die Griechen durch die Hinzufügung spezifischer Vokalzeichen diese Schrift erst zu einem universell verwendbaren Kommunikationsmittel gemacht, und wenn der Anstoß zur Übernahme der Kontakt mit phönikischen Händlern gewesen sein sollte, so haben die Griechen den Gebrauch der Schrift sofort erweitert und für alle Gegenstände des täglichen Lebens und zur Aufzeichnung von Dichtung herangezogen; die Schrift war in allen Schichten der Gesellschaft verbreitet, was gleichzeitig diese Gesellschaft selbst charakterisiert.

Auch politisch nahm man voneinander Notiz und wirkte aufeinander ein: Griechische Söldner kämpften in Ägypten gegen die assyrische Oberherrschaft und in Babylonien, in Ägypten hatten die Griechen mit der dort einzig von ihnen gegründeten Stadt Naukratis eine Handelsniederlassung, über die hinaus sie sich allerdings nicht ausbreiten durften, und die Griechen in Kyrene beteiligten sich an ägyptischen dynastischen Streitigkeiten. Der Ägypterkönig Amasis hatte ein Bündnis gegen Persien mit dem Tyrannen Polykrates („Ring des Polykrates"). Vor allem aber mit den kleinasiatischen Mächten waren die Griechen verbunden. Nicht nur, dass die Phryger- und Lyderkönige (Midas, Gyges, Kroisos) zum politischen und historischen Weltbild der Griechen gehörten – die Lyder waren mit der Münzprägung und möglicherweise mit Wort und Begriff Tyrann sogar Vorbild für die Griechen. Die Lyderkönige Gyges und Kroisos sandten wie die Griechen Weihgaben nach Delphi, Griechen besuchten den Königshof in Sardes, und als Kroisos dem Perserkönig Kyros unterlag, war es fast, als geschehe das den Griechen selbst. Fast; denn nach wie vor war für die Griechen die Welt eingeteilt in sie selbst und in die keine vernünftige Sprache sprechenden Barbaren (die Lallenden), denen sie sich trotz Anerkennung im Einzelnen kulturell und politisch haushoch überlegen fühlten. Wahr ist jedenfalls: Bei allen heute mehr als früher gesehenen Abhängigkeiten sind die Griechen in Kultur, Politik und Gesellschaft im Entscheidenden doch eigenständig und unverwechselbar gewesen.

b) Sparta

Nach dieser reichlich generalisierenden Skizze wäre es eigentlich nötig, einige griechische Regionen genauer zu betrachten, insbesondere das westliche Kolonisationsgebiet und die kleinasiatischen Griechen, welch letztere ja gerade in der archaischen Zeit die vitalste Rolle im griechischen kulturellen Leben gespielt haben. Aus Raumgründen kommen hier im Einzelnen aber nur Sparta und Athen zur Sprache. Spartas politische und soziale Struktur am Ende der archaischen Zeit unterscheidet sich am meisten vom bisher gezeichneten Bild. Es hatte nicht nur das Königtum seit der Einwanderungszeit behalten, sondern verfügte sogar über zwei Könige, je einen aus dem Geschlecht der Agiaden und dem der Eurypontiden; auch das ist wohl am ehesten aus den Vorgängen bei der Einwanderung und Konsolidierung zu erklären. Die Könige hatten den Oberbefehl im Kriege, waren aber sonst von dem später aufgekommenen Beamtenkollegium der fünf Ephoren beaufsichtigt, die vom Volk gewählt wurden. Das Volk waren die Spartiaten, Vollbürger, die auch die Ehrenbezeichnung Homoioi (= die Gleichen) trugen und deren Versammlung (Apella?) über die wichtigsten Angelegenheiten durch Abstimmung entschied. Der ehemalige alte Adelsrat war die Gerusia, dessen Angehörige, die 28 Geronten (mit den beiden Königen 30), später auch vom Volk gewählt wurden. Die Zahl der Spartiaten betrug zur Zeit der Perserkriege etwa 8000; sie waren auf dem spartanischen Herrschaftsgebiet weitaus in der Minderheit, zudem ihrerseits nicht homogen, sondern im Lauf der Entwicklung in verschiedene Untergruppen ausdifferenziert. Außer ihnen gab es zunächst noch die Bevölkerungsschicht der Periöken (= Herumwohner). Sie wohnten in eigenen Gemeinden, hatten keine politischen Rechte im Gesamtstaat, sondern nur die Verpflichtung zum Kriegsdienst, waren aber persönlich frei. Unzufriedenheit von ihrer Seite ist nicht überliefert. Ganz anders die dritte Schicht, die Heloten. Waren die Periöken vielleicht friedlich integrierte Teile der vordorischen Bevölkerung, so stellten die Heloten deren gewaltsam unterworfene Mehrheit dar, wenn sie auch in historischer Zeit wie alle anderen Lakedaimonier dorisch sprachen. Die Heloten hatten nicht nur keine Rechte, sie waren auch persönlich unfrei und hatten die landwirtschaftliche Arbeit für die Spartiaten zu besorgen, die sie an Zahl etwa um das Vierfache übertrafen. Sie waren allerdings, da sie nicht im Privateigentum standen und da nicht mit ihnen gehandelt wurde, keine Sklaven. Ihre Zahl hatte sich noch dadurch besonders vermehrt, dass die Spartiaten statt zu kolonisieren (einzige Ausnahme Tarent) den südwestlichen Teil der Peloponnes, Messenien, ganz unterworfen und die dorisch

<small>Innerer Aufbau</small>

<small>Periöken und Heloten</small>

sprechenden Messenier ebenfalls helotisiert hatten (Messenische Kriege im 8. und 7./6. Jahrhundert).

Auswirkungen des Helotenproblems Seit dem 6. Jahrhundert lebte der spartanische Staat in ständiger berechtigter Furcht vor Helotenaufständen, von denen es mehrere gegeben hat. Ihre prophylaktische Abwehr veränderte radikal die spartanische Gesellschaft und auch die Politik innerhalb Griechenlands – ein Prozess, der wohl erst im 5. Jahrhundert zum Abschluss kam. Während in Sparta früher Dichtung (Alkman, Tyrtaios) und bildende Kunst (Bronzen, Vasen, Elfenbeinschnitzerei) ebenso zu Hause waren wie im übrigen Griechenland, konzentrierten sich nun die Spartiaten ausschließlich auf militärische Übungen, um Helotenaufstände zu verhindern oder ihrer Herr zu werden. Des Lesens und Schreibens wohl einigermaßen kundig, brachten die Spartaner gleichwohl keinerlei Literatur hervor, und damit ist auch gesagt, dass die Gegenstände, die sich in Literatur äußern, in Sparta nicht existierten: Dichtung, Philosophie, Geschichtsschreibung. Sparta selbst war ein unansehnliches größeres Dorf ohne architektonische Hervorbringungen, und auch eine spartanische Münzprägung gab es nicht. Fremde wurden nur selten nach Sparta herein- und Nachrichten kaum hinausgelassen.

Frauen Die Spartiaten lebten in militärischer Zucht zusammen und ließen ihre Frauen auf den Landgütern. Diese Frauen genossen eine für griechische Verhältnisse ungewöhnlich selbstständige Stellung. Dass ihnen eine lockere Lebensführung nachgesagt wurde, liegt möglicherweise an allerlei – durch die Abschließung Spartas von der Außenwelt hervorgerufenen – Missverständnissen. Jedenfalls aber konnten sie Eigentümerinnen von Grundstücken sein und spielten auch im öffentlichen Leben eine geachtete Rolle. Das lag möglicherweise an ihrer Funktion als Mitglieder der spartiatischen Herrenschicht, die über die Heloten herrschte, und diese Rolle ist von den Frauen, nach zahlreichen Anekdoten zu urteilen, ganz verinnerlicht worden. Die Frauen scheinen danach das Kriegerideal für ihre *Erziehung* Männer und Söhne ganz übernommen zu haben, einschließlich der Behandlung der Heloten. Jährlich wurde diesen förmlich der Krieg erklärt, und in der streng geregelten Erziehung der jungen Männer (Agoge), in der zwecks Erzielung militärischer Tüchtigkeit und auch emotionalen Zusammenhalts im Kriege homosexuelle Beziehungen zwischen älteren und jungen Spartiaten institutionalisiert waren, spielten unerfreuliche Mutproben eine Rolle – etwa die, in einer Art nächtlichen Streifendienstes herumzuziehen und die aufgefundenen Heloten zu töten.

Wandel Dieser Wandel ist gewiss nicht von heute auf morgen und ebenso gewiss nicht aufgrund eines einmaligen durchdachten Gesamtentschlusses geschehen; auch ist chronologisch keine Eindeutigkeit zu erzielen. Lakonische Vasen etwa werden bis gegen 500 datiert, wobei allerdings fraglich ist, wer sie produziert hat. Jedenfalls ging Sparta im 6. Jahrhundert dazu über, mit den angrenzenden Staaten der Peloponnes außer dem Erbfeind Argos Verträge abzuschließen, in denen wohl auch bestimmt war, dass diese Staaten einen etwaigen Helotenaufstand nicht unterstützen würden. Diese Bündnisse wurden am Ende des Jahrhunderts in einem Bündnissystem unter Spartas Führung, dem heute so genannten Peloponnesischen Bund, zusammengefasst. Dieser Bund, das erste Bündnissystem in Griechenland, war allerdings so organisiert, dass Sparta zwar die militärische Führung im Kriegsfall besaß (und vorzüglich ausübte), dass aber bei der politischen Feststellung des Kriegsfalls durch die Bundesgenossen wenig spartanischer Druck angewandt wurde; insbesondere Korinth besaß großen politischen Einfluss. Trotz all dieser zahlreichen Abweichungen vom allgemeinen Bild der Entwicklung der griechischen Staaten – Kreta weist allerdings zahlreiche Ähnlichkeiten mit Sparta auf – ist Sparta eine der beiden bestimmenden Mächte der Folgezeit geworden, Grund genug, die Kategorien Regel und Ausnahme nur mit größter Vorsicht zu verwenden.

c) Athen

Wie Sparta hatte Athen an der Kolonisationsbewegung fast gar nicht teilgenommen (Sigeion und die thrakische Chersones sind untypische Ausnahmen), aber nicht deshalb, weil es seine Landprobleme durch innergriechische Unterwerfung wie Sparta in Messenien gelöst hätte, sondern weil sein ungewöhnlich großes Territorium homogen besiedelt war und offenbar zunächst ausreichte. Zu einem nicht näher bestimmten Zeitpunkt in den Dunklen Jahrhunderten hatte sich nämlich der Sage nach die ganze Halbinsel Attika mit 2550 km² zu einer politischen Einheit mit der Stadt Athen als Zentrum zusammengeschlossen, wobei die anderen dort existierenden Städte (etwa Rhamnus, Thorikos oder, spät, Eleusis) ihre politische Selbstständigkeit aufgegeben hatten; die archäologisch festgestellten Siedlungsbewegungen könnten ein Hintergrund für diese Überlieferung sein. Alle Bewohner Attikas hießen jetzt „die Athener" und bildeten das, was wir heute „Athen" nennen. *Synoikismos*

Solonische Reform

Das Kennzeichnende an seiner weiteren Geschichte war nun, dass die Charakteristika der Krise der archaischen Polis hier kumuliert, jedoch nacheinander auftraten. Wenn die Figur des Drakon historisch sein sollte, hätten wir in ihm schon im 7. Jahrhundert einen Gesetzgeber, der auf dem Gebiet des Strafrechts mit allerdings strengen Gesetzen Rechtssicherheit geschaffen hatte. Ebenso gab es bereits im 7. Jahrhundert den ersten (gescheiterten) Versuch durch den Adligen Kylon, eine Tyrannis zu errichten. Um die Jahrhundertwende herrschte erneut eine fast vorrevolutionäre Situation. Hauptstreitpunkte waren die Verschuldung eines Teils der Bauernschaft und die zu starke Ungleichheit des landwirtschaftlichen Besitzes sowie die hochmütige Willkür des Adels bei der Ausübung seiner politischen Macht. Trotzdem einigte man sich auf einen Schiedsrichter. Vermutlich 594/93 wurde der Adlige Solon zum Archon mit *Vorgeschichte* umfassenden Vollmachten gewählt, der in z. T. erhaltenen von ihm selbst öffentlich vorgetragenen Gedichten sein politisches Programm verkündet hatte bzw. später beschrieb. Solons Reformen bestanden in einem umfangreichen Gesetzgebungswerk auf zivil-, wirtschafts- und verfassungsrechtlichem Gebiet. Die Gesetze wurden öffentlich aufgestellt, auf hölzernen Tafeln, die wegen der Verderblichkeit des Materials nicht mehr vorhanden sind. Solons wichtigste und charakteristischste Maßnahmen waren die Entschuldung der Bauern und die Verfassungsreform. Durch die Entschuldung (Seisachtheia, Lastenabschüttelung) linderte er die schlimmsten Auswüchse der sozialen Not der Bauern, gewährte aber keine generelle Neuverteilung des Bodens. Die neue Verfassung aber war in vielerlei Hinsicht umstürzend. Zunächst einmal brach sie das Machtmonopol des Adels dadurch, dass die Übernahme der Archonten- und Schatzmeisterämter nicht mehr von der Herkunft abhängig war. Die schon früher bestehende Einteilung der attischen Bürger in Adlige, die im Krieg zu Pferde kämpften (Ritter), wohlhabende Bauern, die Hopliten waren (Zeugiten) und weniger (bis hin zu gar nichts) Besitzende (Theten) wurde so formalisiert, dass die Zugehörigkeit zur jeweiligen Klasse vom landwirtschaftlichen Vermögen abhängig gemacht wurde: Ritter war, wer mindestens 300 und Zeugit, wer 200 Scheffel (1 Scheffel – *medimnos* = ca. 52 Liter), erzeugte. Aus den Rittern wurden diejenigen mit über 500 Scheffeln ausgesondert, und nur sie durften die höchsten Ämter bekleiden. Immerhin war es nun auch Nichtadligen möglich, hohe Ämter zu bekleiden, und umgekehrt sanken verarmte Adlige ab.

Ebenso bedeutungsvoll für die Zukunft war, dass die Teilnahme des Volkes an der politischen Macht institutionalisiert wurde. In der Volksversammlung, der Ekklesia, entschied die gesamte freie Bürgerschaft die wichtigsten Fragen und wählte die Beamten; und als Volksgericht, Heliaia, entschied sie Klagen über deren Amtsführung. Schließlich wurde der Areopag in eine Versammlung der ehemaligen Archonten umgewandelt, also in seiner Zusammensetzung von der Bekleidung dieses Amtes abhängig gemacht. Vielleicht wurde auch ein weiterer Rat, der Rat der 400, geschaffen, der sich aus je 100 Mitgliedern (wohl aus allen Volksschichten) pro Phyle zusammensetzte und, mit nicht genau bekannten Kompetenzen, die Bedeutung des Areopags minderte.

Peisistratidische Tyrannis

Sofern sie eine dauernde Befriedung der inneren Verhältnisse Athens bezweckten, waren die solonischen Reformen ein Fehlschlag. Bald nach Ablauf von Solons Amtszeit kam es zu immer heftigeren Auseinandersetzungen zwischen verschiedenen politischen und sozialen Gruppierungen, in deren Verlauf Athen schließlich unter die Tyrannis kam, was Solon gerade hatte verhindern wollen. Der Adlige Peisistratos konnte sich um die Mitte des Jahrhunderts nach zwei vorhergegangenen Anläufen dauerhaft als Tyrann einrichten. Er ließ die Verfassung formell bestehen, sorgte aber dafür, dass die entscheidenden Posten von seinen Gefolgsleuten besetzt waren. Seine Herrschaft, die zunächst auf Geld, Söldnern und auswärtigen Verbindungen beruhte, sicherte er zusätzlich dadurch ab, dass er nach Möglichkeit alle Gruppen an seiner Herrschaft interessiert sein ließ. Die bäuerliche Bevölkerung wurde wohl durch eine großzügige Landverteilungspolitik endgültig befriedigt, so dass wir seitdem von ernsthafter Unzufriedenheit des ländlichen Demos nichts mehr hören; Peisistratos tat also das, was Solon nicht zu tun gewagt hatte. Gegen seine adligen Standesgenossen ging er nur vor, wenn sie seine Herrschaft gefährden konnten, beteiligte sie aber sonst so weit es irgend ging an der Herrschaft. So kolonisierte der Philaide Miltiades d.Ä. im Einvernehmen mit Peisistratos die thrakische Chersones für Athen, und nach dem Tode des Tyrannen nahm der Alkmeonide Kleisthenes unter der Herrschaft der Tyrannensöhne das Amt des Archon Eponymos wahr; im Jahr nach ihm war es Miltiades d.J., der spätere Sieger von Marathon. Peisistratos und seine Söhne förderten ebenfalls die Verehrung der der Adelswelt verbundenen Götter. Dem olympischen Zeus ließen sie in Athen einen Tempel bauen, dem Apoll einen weiteren in Delphi; auf der Akropolis entstand ein Athenatempel, und das Fest der Panathenäen, das unter den Tyrannen zum zentralen athenischen Fest ausgestaltet wurde, förderte den Zusammenhalt der Athener. Der Tyrann starb eines natürlichen Todes, und die Herrschaft ging reibungslos auf seine Söhne Hippias und Hipparchos über. Auch als Hipparchos aus persönlichen Gründen ermordet wurde und sich deshalb Hippias' Herrschaft verschärfte, so dass nun z.B. die Alkmeoniden ins Exil gingen, wurde die Tyrannis doch nicht von innen, sondern durch die Spartaner beendet. Um unter dem selbstherrlichen König Kleomenes ihren Einflussbereich nach Norden auszudehnen, wollten sie auch in Athen eine Oligarchie installieren und vertrieben den Tyrannen Hippias, der ins Exil nach Persien ging. Ihr eigentliches Ziel erreichten sie nicht. Ihr Kandidat Isagoras unterlag in einem inneren Machtkampf dem aus dem Exil heimgekehrten Alkmeoniden Kleisthenes, der sich auf große Teile des Volkes stützen konnte.

Charakter der Herrschaft

Ende der Tyrannis

Kleisthenische Reform

Von 507 datieren die Kleisthenischen Reformen, die vielleicht auch der Absicherung des eigenen Einflusses (bzw. der Ausschaltung des Einflusses der Gegner) dienen sollten. Sie wären aber wirkungslos geblieben, wenn sie an den Bedürfnissen des Volkes vorbeigegangen wären, und waren im Ergebnis jedenfalls eine entscheidende Etappe auf dem Wege zur Demokratie. Ihr Kern bestand darin, dass Kleisthenes, nach tyrannischem Muster, die alten Phylenverbände auflöste und neue, ebenfalls Phylen genannte Einheiten schuf, durch deren Konstruktion der kultisch-politische Einfluss des Adels gebrochen und das athenische Volk neu organisiert wurde.

Phylenreform

Attika wurde in drei Teile geteilt. Stadt (= Athen), Küste und Binnenland; jeder dieser drei Teile bestand seinerseits aus Zehnteln, Attika insgesamt also aus Dreißigsteln (Trittys, Plural: Trittyen). Die neuen Phylen wurden aus jeweils

drei Trittyen – einer aus jedem Landesteil – zusammengesetzt. Es gab ab nun also zehn Phylen, mit eigenen Phylenkulten und -heroen, deren Bevölkerung aus allen Teilen des Landes kam und aus alten Loyalitäten gelöst war. Die Grenzen zwischen den neuen personell-territorialen Einheiten verliefen oft durch bisher bestehende, was zur Auflösung der alten Kultus- und Loyalitätsgemeinschaften beitrug. Als unterste Territorial- und Personeneinheit nach den Trittyen beließ Kleisthenes weiterhin die Demen, Dörfer mit dazugehörigem Territorium. Sie hatten eigene politische Instanzen (z. B. Demarchen, etwa Bürgermeister) und waren für die kleisthenischen Reformabsichten deshalb wichtig, weil hier die Bürgerlisten geführt wurden, denn Kleisthenes nahm auch eine Reihe bisher Außenstehender in das attische Bürgerrecht auf. Von nun an sollte der Name eines Atheners nicht mehr aus dem eigenen und dem die (möglicherweise adlige und prestigehaltige) Abkunft bezeichnenden Vatersnamen bestehen, sondern zum individuellen Namen sollte nur der Name des Demos treten, aus dem der Betreffende stammte. Diese Äußerlichkeit symbolisierte die jetzt errungene staatsbürgerliche Gleichheit aller Athener; später war das nicht mehr nötig, so dass man dann neben dem Demotikon wieder den Vatersnamen nennen konnte.

Andere Maßnahmen Alle weiteren Maßnahmen des Kleisthenes sind, wie übrigens auch seine Persönlichkeit, undeutlich und schlecht überliefert. Erwähnt sei nur, dass er angeblich auch die Institution des Scherbengerichts geschaffen hat, von der in anderem Zusammenhang noch die Rede sein wird, und dass der Rat wegen der neuen Phylenstruktur neu zusammengesetzt werden musste: Statt je hundert Athenern aus vier Phylen bildete sich nun aus je fünfzig Athenern aus zehn Phylen ein Rat der 500, der vielleicht auch eine Erweiterung der Kompetenzen erfahren hat. Merkwürdigerweise hat sich nun diese künstliche Schöpfung des Kleisthenes, insbesondere die Phylenreform und die Institution des Rates, durchgesetzt, möglicherweise auch deshalb, weil die zehn neuen Phylen auch die zehn militärischen Einheiten darstellten, in denen das athenische Volk alsbald lange schwere Kämpfe siegreich durchfechten sollte.

d) Literatur, Religion, Kunst, Sport

Schrift Die untrennbare Verbundenheit des kulturellen mit dem politischen Leben wird schon bei der griechischen Schrift deutlich. Sie entstand am Ende der Dunklen Jahrhunderte (ausgebildet wohl in der 2. Hälfte des 8. Jhs.) als Übernahme der Buchstabenschrift von den Phönikern, die wohl als einzige Orientalen in dieser frühen Zeit mit den Griechen als Händler in Berührung gekommen waren. Die Schrift wurde den Bedürfnissen der Griechen angepasst: Aus der reinen Konsonantenschrift der Phöniker wurde durch Umbesetzung von Buchstaben, deren Lautwert im Griechischen nicht vorkam, und neu geschaffene Zeichen eine Schrift, die sowohl Konsonanten als auch Vokale darstellte. Welchen Zweck die Griechen mit der Übernahme der Schrift verfolgten, ist unklar, aber während bei

Linear B der Verwaltungszweck absoluten Vorrang hatte, ist es immerhin bemerkenswert, dass in dem neuen Alphabet schon sehr früh metrische Inschriften überliefert sind. Der stammesmäßigen und vor allem staatlichen Aufteilung der Griechen entsprach es, dass es eine Fülle von Alphabeten gab; man unterscheidet vier große Gruppen. In den meisten stand das Zeichen X für den von uns mit ch wiedergegebenen Laut; die Chalkidier sprachen es wie ks aus, und über deren Kolonie Kyme (Cumae) ist es dann über das etruskische in das lateinische, also unser Alphabet mit dieser Aussprache gekommen.

Die griechiche Dichtung ist ohne die Fähigkeit zu schreiben nicht zu denken. Die homerischen Epen sind zwar mündlich in den Dunklen Jahrhunderten geschaffen und überliefert worden, gewannen aber erst durch ihre schriftliche Fixierung in der archaischen Zeit dauerhafte Gestalt. Die homerischen Gesänge waren es auch, deren Inhalt kanonisch für die griechische Bildung der gesamten folgenden bis in die römische Zeit wurde; sie waren Lehrstoff in den Schulen. Für die archaische Zeit legten sie in großem Ausmaß auch den Inhalt der Religion (nicht die Riten des Kultes) fest. So wie es weder einen Priesterstand oder -beruf gab, so wenig gab es eine offizielle Theologie, und es war zunächst Homer, dann die späteren Dichter, die frei mit den Mythen schalteten und immer neue Varianten entwickelten, die genauso legitim waren wie alle vorhergegangenen. Dogmen gab es nicht. Homer Religion

Neben der hellen homerischen Götterwelt, die sowohl die Adelsreligion wie auch die allen gemeinsame und von allen gelebte Religion war, gab es aber Strömungen der Volksreligion, die teilweise früh- und vorgriechischer Herkunft waren und die in der Umbruchzeit des Archaikums sichtbar wurden: der Kult des Dionysos, eines Gottes, der nicht zu den zwölf olympischen Göttern gehört, die Mysterienkulte wie etwa den in Eleusis und die Jenseitsvorstellungen der Orphik.

Ganz nach dem äußeren Vorbild Homers und innerhalb der homerischen Götterwelt ist die zeitlich nächste große Dichtung verfasst, aber von einem konkreten Individuum, das von sich selbst spricht: die beiden umfangreichen Gedichtwerke des Böoters Hesiod. Es sind dies die religiöse Dichtung der Theogonie und die dem realen Leben entnommenen „Werke und Tage", letztere eine unschätzbare Quelle für die sozialen Zustände auf dem (böotischen) Lande um 700. Dieses Hervortreten von Individuen findet dann seinen überwältigenden Ausdruck in den Gedichten der ersten Lyriker, die bis heute nichts von ihrem Zauber verloren haben: Archilochos von Paros, Alkaios und Sappho von Lesbos. In kunstvollen Versmaßen und zu dem Zweck verfasst, von dem Dichter selbst, z. T. musikalisch, vorgetragen zu werden, beziehen sie sich auf die Kämpfe der Zeit ab 650, die Kolonisation, die Auseinandersetzungen im Adel, den Kampf gegen die Tyrannis, die eigene Liebe. In Sparta dichteten Alkman, möglicherweise aus Sardes in Kleinasien, und Tyrtaios, dessen Thema die politischen Auseinandersetzungen um den zweiten messenischen Krieg waren. Politisch und aus der Sorge um die Zukunft der städtischen Gemeinschaft entstanden sind auch die etwas späteren Gedichte des Theognis von Megara und Solons von Athen. Dichter

Philosophen   Die Lyrik (wie wohl auch die homerischen Gedichte) entstand und blühte im Osten, der durch die ionische Wanderung griechisch geworden war; so auch die Philosophie. In Abkehr von dem mythischen Denken, dem noch Hesiod in seiner Theogonie verhaftet war, stellten die milesischen Naturphilosophen Thales, Anaximander und Anaximenes im 7./6. Jahrhundert die Frage nach der rationalen Erklärung der Welt. Die Ionier Xenophanes aus Kolophon und Pythagoras von Samos wanderten im 6. Jahrhundert wegen der persischen Eroberung bzw. wegen der Tyrannis des Polykrates nach Westen, nach Unteritalien aus. Ihnen waren außer naturwissenschaftlichen anthropologische und ethische Fragen wichtig. Xenophanes, radikaler Kritiker der homerischen Götterwelt, führte ein Wanderleben, Pythagoras gründete eine bis in die Spätantike hinein wirkende Denk- und Lebensschule. Elea, südlich von Paestum, war von den ionischen Phokäern ebenfalls im Ausweichen vor den Persern 540 gegründet worden. Es war die Heimat des Parmenides, dessen Schüler daher Eleaten heißen und der in seiner Lehre vom Seienden und Nichtseienden ein dualistisches Weltbild entwickelte. In Ionien blieb trotz der Perser der in Paradoxien dialektisch denkende „dunkle" Heraklit aus Ephesos, der stark auf Nietzsche gewirkt hat. Die

Geschichts-   Vorstufen der Geschichtsschreibung sind ebenfalls ein Erzeugnis des nicht
schreibung   mutterländischen Griechentums und der Kolonialzeit. Schon in der Odyssee ist die bald darauf entstandene logbuchartige Literaturform angelegt, die zur praktischen Verwendung Entfernungen und Beschaffenheiten der Küstenrouten verzeichnete, woran sich Hinweise auf die möglicherweise gefährlichen einheimischen Bewohner anschlossen. Hekataios von Milet ergänzte die so entstandene geographische und ethnographische Erfassung der bekannten Welt dadurch, dass er in der Gestalt der Generationenrechnung (35 Jahre) chronologische Koordinaten für die Erfassung der Vergangenheit, also für die Geschichte schuf.

Tempel   Ein Teil der bildenden Kunst der archaischen Zeit ist heute noch zu sehen. Dies sind vor allem die steinernen Göttertempel dorischer Ordnung, verteilt über ganz Griechenland: Olympia, Delphi, Argos, Korinth, Kerkyra, Agrigent, Selinus und Poseidonia (Paestum) und viele andere. Sie waren als Häuser des Gottes gedacht, nicht als Opferstätte: Der Altar war vor dem Tempel. Ihre Existenz bezeugt den überwältigend starken religiösen Sinn der Griechen, der natürlich von den philosophischen Reflexionen und Visionen unbeeinflusst war. Sie waren die einzigen frühen Gemeinschaftsbauten der Städte, es gab keine Adels-, nicht einmal Tyrannenpaläste. Die anderen heute noch zu bewundernden Erzeugnisse

Großplastik,   der archaischen Kunst sind außer den Großplastiken der Jünglinge und Jungfrauen
Keramik   (Kuroi und Korai) individuelle Produktionen: die Vasen. Individuell deshalb, weil sie Produkte sowohl für Individuen darstellten, die Besteller, als auch von Individuen, den Töpfern und Malern; nur selten war ein Künstler Töpfer und Maler zugleich. Wie sehr die Hersteller individuelle Künstler waren und sich als solche empfanden, ist daran zu erkennen, dass viele von ihnen seit dem 6. Jahrhundert ihre

Werke signierten (Amasis, Exekias, Sophilos), wie es auch Architekten und später übrigens ebenfalls die Münzschneider taten.

War in den Dunklen Jahrhunderten Athen mit den Vasen geometrischen Stils in der Keramikproduktion führend gewesen, so hatte sich mit dem orientalisierenden Stil im Archaikum zunächst das Korinth der Kypseliden an die Spitze des griechischen Exports gesetzt, dessen Bedeutung man sich allerdings nicht übertrieben hoch vorstellen sollte. Dieser Stil ist neben der Schrift und den Inhalten vieler Mythen das dritte lebhafte Zeichen dafür, wie tief greifend die griechische Kultur vom Orient geprägt war. Vom 6. Jahrhundert an war es wieder Athen, das Korinth verdrängte und dessen Vasen man im ganzen Mittelmeergebiet und tief im Hinterland bis nach Mitteleuropa hinein findet; zunächst mit bildlichen Darstellungen, die schwarz auf die Oberfläche aufgetragen waren (schwarzfiguriger Stil), seit etwa 530 mit aus dem schwarzgefärbten Ton ausgesparten rötlich belassenen Figuren (rotfiguriger Stil). Wie sehr Sparta vor der einseitigen Konzentration auf das Militärische noch den Künsten aufgeschlossen war, ist an den lakonischen Bronzen oder an einem so monumentalen Kunstwerk wie dem bronzenen, aus Sparta oder der spartanischen Kolonie Tarent stammenden Kratēr von Vix im heutigen Frankreich zu sehen; auch die lakonische Keramikproduktion blühte, wenn die Chronologie stimmt, bis zum Ende des 6. Jahrhunderts. Sparta

Bei allen öffentlichen Betätigungen, zu denen auch die Kunst zählte, war in den Griechen ein Bedürfnis lebendig, sich mit anderen zu messen; diese Neigung dürfte aristokratischen Ursprungs sein und wurde dann später von den anderen Volksschichten übernommen. Diesem Bedürfnis nach Wettkampf (Agon) mit messbaren Leistungen entsprang die Stiftung von gesamtgriechischen Wettspielen zu Ehren eines Gottes in Leibesübungen und dichterischen, musikalischen, tänzerischen Darbietungen. Die ältesten und bekanntesten sind die alle vier Jahre stattfindenden Spiele für den Zeus von Olympia, die nach der Überlieferung 776 zum ersten Mal stattfanden; von großem Prestige waren auch die Pythien in Delphi, die Isthmien auf dem Isthmos von Korinth sowie die Nemeischen Spiele in Nemea bei Phlius; alle vier waren unter der Bezeichnung Panhellenische Spiele zusammengefasst. Die athenischen Panathenäen wurden nach diesem Vorbild eingerichtet und waren die berühmtesten der sich immer mehr ausbreitenden örtlichen Festspiele. Diese Spiele waren die einzige Form, in der das Bewusstsein der Griechen, ein einheitliches Volk zu sein, seinen organisatorischen Ausdruck fand. Sonst bestand die Gemeinsamkeit in den tatsächlichen Gegebenheiten der Sprache, der religiösen, kulturellen und politisch-sozialen Entwicklung, deren gemeinsame Charakteristika bei aller großen Verschiedenheit und bei allem Nachdenken um Jenseits und Welterklärung wohl doch in den drei Begriffen der Rationalität, der Individualität und des rationalen Gemeinschaftssinns der Individuen zusammengefasst werden kann. Gemeingriechische Spiele

4. Das klassische Griechenland – 5. Jahrhundert

a) Äußere Entwicklungen bis zur Jahrhundertmitte

Persien Am Ende der archaischen Zeit, um die Wende vom sechsten zum fünften Jahrhundert, stieß Griechenland, das sich bis dahin ungestört hatte entwickeln können, mit Persien zusammen, dem letzten und größten der altorientalischen Weltreiche. Es hatte unter Kyros dem Großen aus dem Geschlecht der Achämeniden in der Mitte des 6. Jahrhunderts die Nachfolge des Meder- und des Neubabylonischen Reiches angetreten, die ihrerseits das Assyrerreich überwältigt hatten. Unter Kyros wurde noch das Lyderreich des Kroisos erobert, unter seinem Nachfolger Kambyses schließlich Ägypten. Nach Thronfolgewirren gelangte als nächster Dareios I. auf den Thron, der das in seiner Grundstruktur weiterhin locker aufgebaute Reich übersichtlich organisierte (Satrapieneinteilung). Die Auseinandersetzung mit Griechenland hätte für Persien eine relativ unbedeutende Episode sein sollen. Seine früheren Begegnungen mit Griechen, etwa die mit Polykrates, waren Ereignisse minderer Größenordnung gewesen, und die von den Lydern geerbte Oberhoheit über die Griechenstädte der kleinasiatischen Küste schien auch problemlos zu sein. Nach der Eingliederung der Propontis und des nordägäischen Gebietes durch Dareios 513 konnte ein im Jahre 500 ausgebrochener Aufstand der ionischen Städte (der Ionische Aufstand) unter der Führung des Tyrannen von Milet, Aristagoras, 494 siegreich unterdrückt werden. Ein Teil der Griechen wurde nach Asien deportiert, und Persien wollte die Gelegenheit benutzen, auch das übrige Griechenland unter seine Herrschaft zu bringen. Ein Teil der Griechen des Mutterlandes, wie etwa Theben, war zur Unterwerfung bereit, andere aber nicht, darunter Athen und die führende Macht Griechenlands, Sparta.

Verlauf der Kämpfe 490 besiegten die Athener (mit Sklaven und Platäern) unter Miltiades d. J. mit ihrem Hoplitenaufgebot das persische Expeditionskorps unter Datis und Artaphernes bei Marathon in Attika. Nach erneuten persischen Rüstungen vereinigten sich 481 die abwehrwilligen Griechen in einem Bündnis, dem sogenannten Hellenenbund, unter Spartas Führung gegen Persien. 480 kamen die Perser unter König Xerxes mit ihrer ganzen Macht wieder und nahmen Athen ein, nachdem sie die griechische Stellung unter dem spartanischen König Leonidas bei den Thermopylen in Nordgriechenland umgangen und aufgerieben hatten. Bald darauf besiegten aber die Griechen – nach quälenden internen Divergenzen über die richtige Kriegführung – unter den Augen des Xerxes mit 200 athenischen Kriegsschiffen unter dem faktischen Kommando des Themistokles die persische Flotte, die vor allem aus phönikischen und griechischen Kontingenten aus Kleinasien bestand, bei der Attika vorgelagerten Insel Salamis. Im nächsten Jahr 479 besiegte der Hellenenbund unter dem Spartaner Pausanias das persische Landheer des Feldherrn Mardonios bei Plataiai in Böotien und vernichtete unter dem Spartanerkönig Leotychidas die persische Flotte bei dem Vorgebirge Mykale an der Mündung des Mäander in Ionien. Trotz dieser Siege, deren Endgültigkeit sich ja erst später herausstellte, hatten die Griechen der kleinasiatischen Küste und der vorgelagerten Inseln ein Interesse daran, die Kämpfe fortzuführen. Sparta musste wegen seiner labilen inneren Verfassung längere und weiträumige Kriege vermeiden und weigerte sich, zusammen mit dem ganzen Peloponnesischen Bund, an solchen Kämpfen teilzunehmen. An seine Stelle trat Athen, das mit der überwiegenden Mehrzahl der Städte der Inseln und Küsten der Ägäis 478 militärische Einzelbündnisse schloss. Im sich daraus bildenden Gesamtbündnis nahm es die Stellung des Hegemon ein, d. h. es hatte die militärische Führerschaft. Dieser Bund führte die Kämpfe gegen Persien so erfolgreich fort, dass er sich, an seiner Spitze zunehmend allein bestimmend Athen, nach einem glänzenden Land- und Seesieg an der Eurymedonmündung an der Südküste Kleinasiens in den sechziger Jahren sogar am Versuch Ägyptens beteiligte, von Persien loszukommen. Das schlug jedoch fehl, und in den fünfziger Jahren musste sich Athen unter starken Verlusten aus Ägypten zurückziehen. 449 kam der Seebund mit Persien in einer formlosen Abrede (dem Frieden des Kallias) überein, die Kämpfe einzustellen. Der Seebund jedoch war inzwischen durch die immerwährende Kriegführung aus einem hegemonial geführten, aber gleichberechtigten Bündnis zu einer Herrschaft Athens über die Städte der Ägäis geworden und blieb als solche mächtiger denn je bestehen: Der von allen beschickte Bundesrat auf der Kykladeninsel Delos mit seinen Abstimmungen war eingestellt worden; an seiner Stelle entschied der attische Demos, gab Bundesgesetze, verfügte nach Gutdünken über die Tribute, zu denen die freiwilligen Beiträge geworden waren, zog wichtige Teile der Gerichtshoheit an sich und regierte das in Bezirke aufgeteilte Bundesgebiet, dessen Städte fiktiv zu attischen Kolonien gemacht worden waren, durch ein eigens dafür geschaffenes Korps von (Ehren-)Beamten.

Erster Attischer Seebund

Die Beziehungen zum übrigen Griechenland, insbesondere zu Sparta, waren zunächst gut geblieben, obwohl Themistokles Athen zum Misstrauen Spartas gleich nach den Perserkriegen befestigen ließ. Ja, Sparta hatte Athen sogar in den sechziger Jahren gegen einen Helotenaufstand zu Hilfe gerufen. Darüber aber war es dann zum Bruch gekommen. Aus Furcht vor Beeinflussung wurden die Athener wieder weggeschickt, und in Athen fand in nicht geklärtem Zusammenhang mit der Expedition nach Sparta der endgültige Durchbruch der Demokratie statt. Alsbald brach offener Krieg zwischen Athen (mit dem Seebund) und Sparta und seinen Bundesgenossen aus, den das nunmehr durch die Langen Mauern mit dem Hafen Piräus verbundene Athen zu Lande zusätzlich zum Perserkrieg führte. Er wurde mit wechselndem Erfolg geführt und endete 446 mit einem auf dreißig Jahre abgeschlossenen Frieden.

Innergriechische Ereignisse

b) Innere Entwicklung bis zur Jahrhundertmitte

All diese äußeren Ereignisse waren von tief greifender Wirkung insbesondere auf die innere Entwicklung Athens in den rund fünfzig Jahren zwischen den Perserkriegen und dem Peloponnesischen Krieg, der sogenannten Pentekontaetie (*pentekonta* = fünfzig, *etos* = Jahr). Als nach dem Ionischen Aufstand klar wurde, dass es auch das europäische Griechenland mit Persien zu tun bekommen werde, war es in Athen der Themistokles, Archon Eponymos von 493, der den Kampf gegen Persien führen wollte, und zwar zur See. Zunächst konnte er sich nicht durchsetzen. Miltiades d.J., der als Angehöriger des Adelsgeschlechts der Philaiden womöglich ohnehin starkes Prestige hatte, als Herrscher auf der thrakischen Chersones Vasall des Perserkönigs gewesen war und die persische Kriegführung daher aus eigener Anschauung kannte, setzte die Landkriegsführung durch, die bei Marathon auch erfolgreich war. Bald darauf starb Miltiades, und Themistokles erneuerte seine eigenen Pläne. Zunächst galt es, seine Position innerhalb Athens zu stärken. Zu diesem Zweck erreichte er eine Verfassungsänderung, die darin bestand, dass die Archonten nicht mehr gewählt, sondern ausgelost wurden, ihnen also nur noch ein gesunkenes politisches Gewicht zukam. Gleichzeitig, gewissermaßen als Korrelat dazu, wurde zum ersten Mal von der Verbannung durch das Scherbengericht (Ostrakismos) Gebrauch gemacht. Alle politischen Gegner wurden auf diese nicht ehrenrührige Weise auf zehn Jahre durch Volksabstimmung des Landes verwiesen, so dass nur noch Themistokles in der informellen, rein politischen Stellung des Volksführers (*prostates tu demu, demagogos*) übrig blieb. Er konnte nun mit Unterstützung des einfachen Volkes seine Ziele durchsetzen: Bau einer Kriegsflotte von 200 Schiffen mit Hilfe der Einnahmen aus den kürzlich neu erschlossenen, staatlichen Silberminen von Laureion.

Diese Kriegsflotte siegte bei Salamis, nachdem kurz vorher zur Stärkung der inneren Einigkeit die Exilierten wieder aufgenommen worden waren, und sie war die Trägerin der weiteren Kämpfe gegen Persien im Seebund. Obwohl dadurch die besitzlosen freien Athener, die auf ihr dienten, an Selbstgefühl und Besitz (Beute!) gewannen und obwohl durch die themistokleischen Veränderungen Volk und Volksversammlung formell uneingeschränkt an der Macht waren, behielt der Adel mit seinem Prestige faktisch die politische Leitung. Sein Führer war der Philaide Kimon, der Sohn des Miltiades, der gute Beziehungen zu Sparta wollte (einer seiner Söhne hieß Lakedaimonios) und der auch in den Kämpfen gegen Persien an der Spitze des Seebundes stand; Themistokles wurde ostrakisiert, dann zum Tode verurteilt und starb als Tyrann von Magnesia am Mäander im persischen Exil. Erst mit dem Fehlschlag der athenischen Hilfe bei der Unterdrückung des Helotenaufstandes setzte sich die Demokratie ganz durch. Unter der Führung der Adligen Ephialtes und Perikles wurden 462 dem Areopag die letzten Rechte genommen, und die Rechenschaftslegung der Beamten (*euthynai*) wurde jetzt vor dem Volk abgelegt. Auch sonst machte der Demos nun erst von seinen Institutionen und Rechten vollen Gebrauch, die er seit Kleisthenes und Themistokles hatte und jetzt allenfalls weiter ausbaute. Jetzt erst setzen in nennenswerter Fülle die inschriftlich auf Stein erhaltenen Beschlüsse des Volkes von Athen ein. Diese Beschlüsse hatten meistens Seebundsprobleme zum Gegenstand, und daraus und aus anderen Gründen ist zu schließen, dass es der Seebund war, der als letzter Faktor die Demokratie zum endgültigen Durchbruch brachte. Obwohl sie nun in späterer Zeit, besonders auch im 4. Jahrhundert, entscheidend weiter ausgestaltet wurde, soll sie aus Platzgründen doch hier schon zusammenhängend dargestellt werden.

c) Die Demokratie

Institutionen

Das zentrale Organ der Demokratie war die Volksversammlung (Ekklesia), in der jeder männliche erwachsene Bürger Rede-, Antrags- und Abstimmungsrecht hatte. Sie musste im vierten Jahrhundert vierzigmal im Jahr zusammentreten, tat es im fünften gelegentlich aber noch öfter und, zweifelsfrei für das 4. Jahrhundert zu belegen, regelmäßig mit mehr als 6000 Teilnehmern (nötige Stimmenzahl für wichtige Gegenstände wie Verbannung durch das Scherbengericht [außerhalb der Volksversammlung], Erlass von Schulden gegenüber dem Staat, Einzelfallgesetze, Bürgerrechtsverleihung). Sie beschloss in eigener Zuständigkeit innerhalb später von ihr selbst festgelegter Beschränkungen über alle gewünschten politischen und militärischen Angelegenheiten.   *Volksversammlung*

Die Abstimmungen selbst erfolgten durch Handzeichen, aber die Stimmen wurden entgegen einer weit verbreiteten Meinung nicht ausgezählt, sondern abgeschätzt; auf diese Weise konnte das Ergebnis sehr schnell festgestellt werden. In einigen Fällen, wo es auf die genaue Anzahl der Stimmen ankam, musste mit Stimmsteinen (*psephoi*) abgestimmt werden. Da es sich in diesen Fällen immer um die zweite Lesung eines Antrages handelte, der schon in der vorhergehenden Sitzung debattiert und angenommen worden war, brauchte nur noch mit ja oder nein abgestimmt zu werden, und das geschah so, dass die Volksversammlungsteilnehmer schon beim Betreten der Pnyx, des Volksversammlungsplatzes, ihre Stimmsteine abgaben, die dann während der Sitzung ausgezählt wurden.

All diese Vorkehrungen hatten nicht nur zur Folge, dass allgemein keine überflüssige Zeit verschwendet wurde, sondern sie trugen auch dazu bei, dass die Dauer einer Volksversammlung wirklich kürzer war als allgemein angenommen wird, nämlich im Allgemeinen nicht länger als bis zum Mittag. So war also der Besuch der Volksversammlung viel eher auch für diejenigen zumutbar, die es sich nicht leisten konnten, ganze Tage diskutierend oder zuhörend zu verbringen. Nachmittags konnte dann nämlich Geschäften nachgegangen werden, und somit war auch auf diese Weise die Beteiligung Vieler an der Demokratie leichter gemacht worden.

Gericht   Das Volk selbst war auch das Gericht. 6000 Mitglieder, über 30 Jahre alt, wurden pro Jahr ausgelost und bildeten in ihrer Gesamtheit das Volksgericht (die Heliaia), die sich in einzelne Gerichtshöfe mit einer Mitgliederzahl von 201 bis 1501 aufteilte (Dikasterien), die für verschiedene Prozessgegenstände zuständig waren. Für die Beteiligung am Gericht gab es ab 457 Diäten. Oft wurde zunächst unter der Leitung eines der neun Archonten in einem Vorverfahren, oft durch einen durch Los bestimmten Schiedsrichter zur Sache verhandelt, Beweise erhoben, Zeugen vernommen usw., und den Parteien wurde nach Abschluss dieses Verfahrens ein Vorschlag zur Beilegung des Streites gemacht. Nur wenn eine der Parteien nicht einverstanden war, kam die Sache an das Volksgericht. Vor dem Volksgericht fanden also nur die – mittels der Wasseruhr zeitlich begrenzten – Parteivorträge statt, in die die Ergebnisse der Beweisaufnahme eingebaut waren. Das Gericht verhandelte nicht, beriet auch nicht, sondern stimmte sofort durch Stimmsteine über die alternativen Anträge der Parteien ab.

Dieses Verfahren ist gewiss teilweise aus dem Prinzip der Demokratie selbst zu erklären. Es gab keinen Juristenstand, kein wissenschaftlich durchgearbeitetes Recht, sondern das zu Gericht sitzende Volk sollte ohne Zwischenschaltung anderer Instanzen unmittelbar selbst Recht sprechen. Mindestens ebenso gewiss ist aber auch die Absicht, das Verfahren zeitlich nicht ausufern zu lassen, sondern durch straffe Durchführung jedem in Betracht Kommenden zu ermöglichen, ohne allzu großen Zeitverlust Richter zu sein. Das folgt auch aus der Prozedur der Bestimmung der Richter. Der Spruchkörper eines jeden Prozesses wurde morgens durch ein wohl durchdachtes Verfahren aus den sich zur Verfügung stellenden Angehörigen der 6000 Gerichtsmitglieder ausgelost. Da dieses Losverfahren nach Phylen, also aufgrund der Zehnteilung der Bürgerschaft, an zehn Stellen vor dem Gerichtsgebäude auf der Agora gleichzeitig vonstatten ging und da die Angehörigen jeder einzelnen Phyle noch einmal in zehn Abteilungen eingeteilt waren, war dieses an sich umfängliche Geschäft in wenigen Minuten abgetan, ebenso die daran anschließende Verteilung auf die einzelnen Spruchkörper.

Rat der 500   Der aus der gesamten Bevölkerung durch Los zusammengesetzte Rat der 500, in dem die 50 Vertreter jeder Phyle ein Zehntel des Jahres (eine Prytanie) die Geschäfte führten, traf alle außerhalb der Sitzungen der Ekklesia anfallenden Entscheidungen und koordinierte und kanalisierte die Beratungen. Ebenfalls seit 457 wurden auch den Ratsmitgliedern Diäten gezahlt, damit es sich jeder leisten konnte, diesen Dienst zu versehen; man musste über 30 Jahre alt sein und durfte insgesamt nur zweimal im Rat sitzen.

Für die ihm vorliegenden Anträge formulierte der Rat der 500 Beschlussvorlagen an die Volksversammlung aus (konkrete *probuleumata*) oder stellte die Sache ohne Beschlussvorlage zur Debatte (offene *probuleumata*). Bei konkreten *probuleumata* wurde in der Volksversammlung eine Vorabstimmung mit der Frage veranstaltet, ob überhaupt eine Debatte stattfinden solle. Wurde auch nur eine Hand für eine Debatte erhoben, fand sie statt; war dies nicht der Fall, war die Beschlussvorlage ohne Diskussion einstimmig angenommen, und da viele Tagesordnungspunkte Routineangelegenheiten betrafen, war das sehr oft der Fall.

Das dritte Organ neben der Ekklesie bzw. Volksgericht und dem Rat waren die Beamten, die als Exekutive ihr Amt ein Jahr lang bekleideten; auch hier war meistens die mehrfache Übernahme verboten. Die meisten wurden ausgelost, die übrigen von der Ekklesie gewählt, so die zehn Strategen, die militärischen Oberkommandierenden. Da die Archonten seit Themistokles nur noch durch Los bestimmt wurden und da man für das Strategenamt – ausnahmsweise – immer wieder gewählt werden konnte, konnte dieses dann ein politisch zentrales Amt sein, wenn sein Inhaber kraft seiner Persönlichkeit und seiner Politik auch Volksführer war; das war bei Perikles der Fall, der Jahr um Jahr zum Strategen gewählt wurde (aber jeweils immer nur als einer von zehn). Gewählt wurden auch die Inhaber hoher mit der Finanzverwaltung betrauter Ämter (die übrigens, um nicht Versuchungen zur Veruntreuung zu erliegen, begütert sein mussten), da es hier ebenso auf konkrete Fähigkeiten ankam wie bei den Strategen – umso bezeichnender, dass die Archonten ausgelost wurden. Es gab darüber hinaus eine Fülle weiterer Ämter mit so detaillierten Dienstvorschriften, dass jeder das Amt ohne Vorkenntnisse ausfüllen konnte. Die Beamten hatten sich vor ihrer Bestellung einer Prüfung ihrer staatsbürgerlichen Voraussetzungen (Dokimasia) zu unterziehen und unterlagen einer Rechenschaftspflicht (Euthynai). Schließlich sei noch auf eine Entdeckung hinsichtlich der Struktur des politischen Entscheidungsprozesses hingewiesen, die kürzlich gemacht worden ist. Während die moderne Gewaltenteilung nach gesetzgebender, ausführender und rechtsprechender Gewalt unterscheidet, scheint es in Athen eine andere Art der Trennung der staatlichen Gewalt gegeben zu haben, nämlich nach Initiative und Entscheidung. Ausgehend von einer Bemerkung des Aristoteles ist glaubhaft gemacht worden, dass die Organe der athenischen Demokratie, die das Initiativrecht hatten, keine Entscheidung treffen konnten, und dass die Organe, die entschieden, kein Initiativrecht hatten. Initiative hatten die Privatpersonen und die Ämter (Wahl- bzw. Losbeamte einschließlich des Rates der 500), sie konnten aber nichts entscheiden. Über die Anträge der Volksversammlung hatten die Nomotheten und die Gerichte zu entscheiden, sie erhielten jedoch nicht das Recht zu initiieren.

Beamte

Initiative und Entscheidung

Partizipation

Das Lebenselement der direkten athenischen Demokratie war es, jedem einzelnen Bürger unmittelbare, ja spontane Mitwirkung zu ermöglichen. Bestimmende Zwischeninstanzen waren ausgeschaltet. Es hat keine politischen Gruppierungen gegeben, die auch nur von ferne an Parteien oder Ähnliches erinnern.

Keine Zwischeninstanzen

Jeder, der wollte, hatte das Initiativrecht für Beschlüsse der Volksversammlung, und jeder, der wollte, konnte in der Volksversammlung das Wort ergreifen. Eine Sitzordnung nach irgendwelchen Stimmkörpern oder Gruppierungen gab es nicht. Die Abstimmungen gingen ohne Vorstrukturierungen oder irgendeinen organisierten Meinungsdruck vor sich. Dass das wirklich so war, ergibt sich nicht nur aus der hohen Teilnehmerzahl, sondern auch daraus, dass die Gegner der Demokratie gerade das, nämlich die so ausgeübte Herrschaft des Demos, anprangerten.

Übersichtlichkeit — Das Erfordernis der Teilnahme wirklich Aller an den Entscheidungsprozessen der Demokratie machte es nötig, dass das politische Handeln von jedem durchschaubar und praktizierbar war; die einzelnen Verfahren mussten übersichtlich und praktisch sein. Dieses Prinzip schlägt sich schon in der Verfahrensregelung der Schätzung des Abstimmungsergebnisses bzw. der Abstimmung beim Hineingehen und des Ablaufs eines gerichtlichen Verfahrens nieder. Auch das scharf durchdachte und in seiner abstrakten Beschreibung kompliziert klingende Auslosungsverfahren der Richter war im konkreten Ablauf klar und übersichtlich.

Hohe Beteiligung — Der Grad der Partizipation der Bevölkerung war ungewöhnlich hoch. Schon die Fülle der gefundenen Ostraka der Scherbengerichte des 5. Jahrhunderts und die Tatsache, dass Ostrakisierungen überhaupt stattgefunden haben, bei denen der Verbannte immerhin 6000 Negativstimmen erhalten musste, zeigen, dass die Beteiligung des Volkes sehr rege war. Umgekehrt zeigt die hohe Anzahl der auf Scherben geschriebenen Namen, dass aktiv politisch Tätige (die sich auch noch unbeliebt machten) ebenfalls weitaus zahlreicher waren, als man aufgrund der literarischen Erwähnung relativ Weniger meinen sollte.

Aber auch sonst war die Teilnahme hoch. Für den Rat der 500 im 4. Jahrhundert ist errechnet worden, dass die Bevölkerungszahl Athens nicht hoch genug war, um bei der Besetzung der Ratsherrenposten etwa nur die Begüterten zum Zuge kommen zu lassen. Das Los konnte jeden treffen, und jeder kandidierte automatisch. Ähnliches gilt für die Volksversammlung. Die Anzahl von über 6000 bei jeder der 40 Sitzungen pro Jahr ist erstaunlich hoch, und die auf Schnelligkeit bedachten Verfahren in der Ekklesia, die bewirkten, dass eine Sitzung in der Regel nicht in den Nachmittag hinein dauerte, sorgten dafür, dass auch weiter entfernt Wohnende es sich leisten konnten, in die Stadt zu gehen. Hinzu kommen die zahlreichen Ämter (ca. 700), Ausschüsse und Gerichte, die fast immer besetzt werden konnten. Eine höhere Beteiligung ist nicht vorstellbar.

Frauen

Ergibt sich so das Bild einer vollkommenen Demokratie, so sind sofort starke Modifikationen anzubringen. Die Frauen hatten nicht nur keine politischen Rechte (was für Gesellschaften vor dem 20. Jahrhundert n. Chr. nichts Besonderes ist), sie waren auch sonst für griechische Verhältnisse ungewöhnlich weit an

den Rand gedrückt. Zwar ist es eine Legende, dass die Athener ihre Frauen in einer Randexistenz
Art orientalischer Abgeschlossenheit gehalten hätten. Auf unverheiratete Frauen
allerdings wurde, wie es bis zur sexuellen Revolution unserer Tage auch sonst nicht
unüblich war, ein wachsames Auge geworfen, aber sonst waren die Frauen, etwa
die Marktfrauen in den Komödien des Aristophanes, gewiss aushäusig, und was
wir von ostentativem Aufenthalt in den vier Wänden lesen, ist Ausdruck vor-
nehmer oder vornehm sein sollender Zurückgezogenheit. Ebenso irrig ist, dass die
Athener ihre Frauen verachtet hätten. Grabmäler für und Grabgedichte auf Frauen
sind von anrührender Innigkeit, und die Stelle in der pseudodemosthenischen
Rede gegen Neaira (§ 122), die gerne als das Muster der zynischen Verachtung den
athenischen Frauen gegenüber zitiert wird, ist genau umgekehrt ein Zeugnis für ihr
hohes Sozialprestige.

Während sonst in Griechenland, unserem spärlichen Quellenmaterial nach zu
urteilen, Frauen als Grundstücks-, Sklaven- und Geldeigentümerinnen durchaus
am Wirtschaftsleben teilnehmen, gibt es für Athen jedoch trotz reichen Quellenmaterials dafür keine Hinweise. Wichtiger noch ist die frappierende Tatsache,
dass wir bei der Fülle von Quellen, die wir besitzen, in historischen Zusammenhängen nur drei Athenerinnen genannt finden, und alle drei sind Angehörige von Adelsfamilien. Mag die zurückgesetzte privatrechtliche Stellung der
Athenerin etwas mit der auch sonst besonders rigorosen Oikos- (Familien-)
Verfassung Athens zu tun haben, die sonstige Irrelevanz der Frauen ausgerechnet in der freiheitlichsten Verfassung nicht nur der alten Welt ist vielleicht
gerade eine notwendige Folge dieser demokratischen Verfassung. Je intensiver die
Demokratie praktiziert wurde, umso intensiver war sie, der Ausgangslage wegen,
Männersache.

Metöken und Sklaven

Ebensowenig am Staatsleben beteiligt waren die Metöken und die Sklaven. Metöken
Metöken (*metoikoi* = Mitwohner) waren länger in Athen lebende Ausländer. Sie
waren Freie, hatten eine bestimmte Steuer zu entrichten (*metoikion*) und mussten
die militärischen Verpflichtungen eines Bürgers erfüllen, wirkten aber nicht in den
politischen Institutionen mit und hatten nur bei besonderer Verleihung das Recht,
Grundeigentum zu besitzen. Landwirtschaftliche Produktion war also nach wie
vor der wichtigste Erwerbszweig des Atheners, und die Metöken waren darauf
verwiesen, sich in anderen Berufen, vor allem im Gewerbe und im Handel, zu
betätigen. Sie, die als durch die wirtschaftliche Betätigung definierte soziale
Gruppe noch am ehesten mit dem modernen Bürgertum zu vergleichen wären,
hatten also keinerlei Einfluss auf die Politik, strebten ihn auch nicht an. Im
Übrigen unterschied sich die soziale Stellung der Metöken, deren Zahl etwa ein
Viertel der Bürger betrug, von der eines Bürgers nicht.

Ganz anders die Sklaven. Zur perikleischen Zeit gab es um 100 000 männliche und Sklaven
weibliche Sklaven im Verhältnis zu ungefähr 40 000 erwachsenen männlichen

Bürgern. Das war ein extrem hohes Zahlenverhältnis zwischen Freien (zu denen auch die Metöken zu zählen sind) und Sklaven. Es galt aber in diesem Ausmaß nur für Athen und auch nur für die Mitte des 5. Jahrhunderts, als sich Athens zentrale Stellung im Seebund auswirkte; anderswo und zu späteren Zeiten ist eine niedrigere Zahl anzusetzen. Trotzdem war die wirtschaftliche Bedeutung der Sklaverei in Athen hoch. Sklaven arbeiteten außer als Haussklaven und in den Manufakturen vor allem in der Landwirtschaft und in den staatlichen, an Privatleute verpachteten Silberbergwerken, und obwohl für die Entlohnung der Sklaven nicht weniger gezahlt werden musste als für freie Arbeiter, belastete der Einsatz der Sklaven die Volkswirtschaft doch weniger, als es alleinige freie Arbeit getan hätte.

Wertung

Nimmt man nun noch hinzu, dass die athenische Demokratie nur zum geringeren Teil durch eigenständige Bestrebungen des Demos errungen war, sondern dass die Schritte auf dem Wege dahin teils aus Adelsrivalitäten resultierten, teils Rückwirkungen außenpolitischer Faktoren, insbesondere des Seebundes, waren, und vergegenwärtigt man sich, dass auch in der voll entwickelten Demokratie die Normalzahl von gut 6 000 Teilnehmern an der Volksversammlung in Relation zu der männlichen erwachsenen Gesamtbevölkerung zu der Größenordnung von 30 000 gesehen werden muss, dass überhaupt die politischen Entscheidungen nicht nur in einem „rationalen Diskurs" in der Volksversammlung fielen, sondern dass es Absprachen und Führungspersönlichkeiten gab sowie die aus (nicht demokratisierbarer) unterschiedlicher Bildung und Erziehung resultierende unterschiedliche Fähigkeit, in der Volksversammlung sich verständlich zu machen und selber zu verstehen – dann liegt das Verdikt nahe, es habe sich gar nicht um eine Demokratie gehandelt. Aber diese Einwände übersehen, dass es bei der Entstehung der Demokratie außer eigene Ziele verfolgenden Adligen auch einen Demos gegeben hat, dessen Unterstützung damit gewonnen wurde, dass man ihn zunehmend an der Herrschaft beteiligte, ein Ziel also, das jedenfalls von einem aktiven Teil der Bevölkerung angestrebt worden sein muss. Sie übersehen weiter, dass die Beteiligten selber – und zwar alle, sowohl die Angehörigen des Demos wie die seine Herrschaft Kritisierenden – von Demokratia, also von Demosherrschaft sprachen und die Demokratie damit zutreffend von den vorherigen Regierungsformen des Adels- und des Hoplitenstaates unterschieden. Dass Frauen keine politischen Rechte haben ist weiter ein Faktum, das vor dem 20. Jahrhundert n. Chr. überall eine politische Selbstverständlichkeit war, und dass Personen, die das Bürgerrecht einer staatlichen Gemeinschaft nicht besitzen, demgemäß von der politischen Mitwirkung ausgeschlossen sind, ist ja kein ganz abwegiger Gedanke. Das Messen der athenischen Demokratie an einem Ideal der uneingeschränkten und gleichen real ausgeübten Mitwirkung aller Bewohner eines Territoriums ist also unhistorisch. Schließlich wird übersehen, dass, selbst wenn man das doch tun will, der Grad der Partizipation, wie er in Athen innerhalb

Wirkliche
Demokratie

der gegebenen Gesellschaftsstruktur (und trotz der großen räumlichen Entfernungen in Attika) erreicht war und jahrhundertelang erfolgreich angedauert hat, in der bisherigen Menschheitsgeschichte nie wieder verwirklicht worden ist.

Trotzdem hat die Demokratie im athenischen Sinne nicht unausweichlich in der Logik der geschichtlichen Entwicklung gelegen. Zwar hat es im fünften Jahrhundert nach dem Sprachgebrauch des Thukydides auch in Argos und Mantineia Demokratien gegeben; im Allgemeinen hat sie sich aber in der Ägäiswelt nur deshalb dauerhaft durchgesetzt, weil Athen sie in den durchweg nicht demokratisch verfassten Städten des Seebundes künstlich eingeführt hat – als Mittel, seine Herrschaft aufrechtzuerhalten. In den anderen Städten war der Demos nämlich zu schwach, um aus sich heraus zu herrschen, war also immer auf die Unterstützung Athens angewiesen. Im Laufe der späteren Entwicklung hat sich dann freilich die Demokratie, einmal eingeführt, als die normale und nicht weiter bekämpfte, freilich auch nicht erkämpfte und von allen gelebte Staatsform durchgesetzt.

<small>Demokratie außerhalb Athens</small>

d) Der Peloponnesische Krieg

Das letzte Drittel des Jahrhunderts brachte den Zusammenbruch der athenischen Macht im Peloponnesischen Krieg, in dem sich Sparta mit dem Peloponnesischen Bund und Athen mit seinem Seereich gegenüberstanden. Er brach 431 wegen eines weiteren Ausgreifens Athens in Griechenland aus, oder zumindest wegen der Befürchtung, Athen werde immer mehr Griechenstädte unter seine Herrschaft bringen; der Anlass war ein Boykott Athens gegen Megara für das gesamte Seereich. Der Krieg verlief uneinheitlich in mehreren Etappen. Die ersten zehn Jahre standen noch im Zeichen der strategischen Konzeption des Perikles, der 429 an einer ganz Attika verheerenden Epidemie gestorben war: Evakuierung der ländlichen Bevölkerung zwischen die Langen Mauern und Angriffe auf feindliches Gebiet zur See. Die attischen Bauern kampierten also zwischen den Mauern, ein die Seuche fördernder Vorgang, und das peloponnesische Heer unter dem spartanischen König Archidamos (weswegen diese Etappe Archidamischer Krieg heißt) fiel mehrfach in Attika ein. Die Athener ihrerseits setzten sich in Pylos in Messenien unter dem Feldherrn Demosthenes und dem bis dahin nur als radikalen Demokraten hervorgetretenen nichtadligen Kleon fest und nahmen dabei, ein schwerer Schlag für den an Menschen knappen spartanischen Staat, 120 Spartiaten gefangen. Im Gegenzug versuchte ein spartanisches Heer unter Brasidas in Thrakien, Athens Bündnerstädte zum Abfall zu bringen. Bei dem Kampf um die Stadt Amphipolis fielen Brasidas und Kleon, und ein Friede wurde 421 geschlossen, der nach dem konservativen athenischen Verhandlungsführer Friede des Nikias heißt.

<small>Archidamischer Krieg</small>

Auf beiden Seiten war man mit dem Frieden nicht einverstanden. Korinth und Böotien hätten Athen lieber besiegt gesehen, und in Athen stellte sich der genialische Neffe des Perikles, Alkibiades, auf die Seite derjenigen, die Sparta niederringen wollten. Ein Stellvertreter-Krieg auf der Peloponnes misslang, immerhin aber wurde die neutrale Insel Melos gewaltsam von Athen annektiert – von Thukydides im Melierdialog (5,85–116) als Beispiel für den Zynismus der Macht für alle Zeiten gültig kommentiert. Schließlich machte sich Athen 415 in einer gewaltigen Flottenexpedition, auf Initiative des Alkibiades, aber gegen den Rat des Nikias, auf, Sparta auf Sizilien zu treffen, indem es in der sogenannten Sizilischen Expedition die Stadt Segesta gegen Syrakus unterstützte. In diesem Augenblick verließ Alkibiades, dem wegen des Verdachts des Religionsfrevels in Athen ein Prozess drohte, das Heer und ging nach Sparta. Auf seinen Rat griff Sparta 414 in Sizilien ein, mit dem Ergebnis, dass das athenische Heer 413 vernichtet wurde. Nikias war gefallen, Alkibiades jedoch hatte den Spartanern den zusätzlichen Rat gegeben, sich in der kleinen Stadt Dekeleia in Attika festzusetzen und Attika von dort aus planmäßig zu verwüsten. Das geschah seit 413 in dem Kriegsabschnitt, der danach Dekeleischer Krieg genannt wird. Der etwa gleichzeitige Ionische Krieg begann 412 dadurch, dass Sparta mit Persien einen Vertrag schloss, durch den seine neu geschaffene Kriegsflotte mit Hilfsgeldern ausgestattet wurde, wofür es die persische Oberhoheit über die kleinasiatischen Griechenstädte anerkannte. Trotz athenischer Seesiege (bei Kyzikos – unter dem wieder auf athenischer Seite kämpfenden, später aber erneut exilierten und dort umgekommenen Alkibiades – und bei den Arginuseninseln) siegte Sparta endgültig 405 bei Aigospotamoi. 404 zog der Oberkommandierende Lysander unter Flötenmusik in Athen ein; diese Musik wurde von Flötenspielerinnen der athenischen Oligarchen gespielt, die nun ihre Stunde gekommen sahen. Athen musste seine Mauern schleifen und Mitglied des Peloponnesischen Bundes werden. Nachdem im Jahr 411 unter dem Eindruck der Niederlagen der Demokratie schon einmal ein oligarchisches Zwischenspiel (Herrschaft der 400) stattgefunden hatte, regierten nun in Athen dreißig Oligarchen diktatorisch von Spartas Gnaden.

e) Die Westgriechen

Die Geschichte der Westgriechen in der nacharchaischen Zeit lässt sich durch einen Zufall der Geschichte ebenfalls so periodisieren wie die des Mutterlandes, und zwar deshalb, weil am Ende des 6. Jahrhunderts auf Sizilien die Zeit der Tyrannis beginnt – und übrigens nie mehr aufhörte: Sicilia nutrix tyrannorum (Orosius). Auch Unteritalien kannte Tyrannen um diese Zeit, so Aristodemos von Kyme, der, bezeichnend für das Westgriechentum, seine Stellung der durch Etrusker und Italiker bedrängten Situation der Stadt verdankte. Noch überwogen dort aber die innergriechischen Rivalitäten, denen 511 das sprichwörtlich üppige Sybaris gegen das rauhe Kroton zum Opfer fiel, woran vielleicht die Pythagoreer nicht unbeteiligt waren. Sie gaben, nach einer weit verbreiteten Tradition, in den unteritalischen Städten, die – natürlich – nichtdemokratisch verfasst waren, den Oligarchien ihren ideologischen Rückhalt und sind erst im Laufe des 5. Jahrhunderts allmählich mit den oligarchischen Verfassungen aus ihrer politischen Stellung vertrieben worden. Aber noch Archytas, der großen Einfluss auf Platon ausgeübt hat, war im 4. Jahrhundert mehrfach Stratege seiner Vaterstadt Tarent.

Auf Sizilien aber waren die Tyrannen großen Stils die politisch maßgebliche Kraft. Sie stützten sich auf Söldnerheere, gründeten Städte oder hoben sie auf, vereinigten sie mit anderen, verpflanzten Bevölkerungen hierhin und dorthin und machten zeitweise nahezu die ganze Insel zum Territorium von so etwas wie Flächenstaaten. Sie knüpften untereinander dynastische Verbindungen an, ließen Dichter (Aischylos, Pindar und Bakchylides) an ihren Hof kommen, hießen aber (trotz einer nicht einheitlichen Terminologie) nicht Könige und ließen anders als später die hellenistischen Könige ihr Bild nicht auf die Münzen prägen. Vielleicht lag diese reine Machtpolitik, diese Verfügung über die Bevölkerung, die dann auch kein eigenes Polisbewusstsein mehr aufbrachte, daran, dass Sizilien eben nicht ganz griechisch war, sondern dass dort noch einheimische Sikuler und im Westteil Karthager saßen, mit denen man im Streit lag. Sicher ist das aber nicht, denn zunächst entwickelte sich die Tyrannis ohne Auseinandersetzung mit diesen.

Tyrannis in Sizilien

Nur die wichtigsten Tyrannen seien genannt. Die ersten, das Brüderpaar Kleandros und Hippokrates in Gela, erweiterten das Territorium der Stadt schon durch Annexionen; ihr Nachfolger (490), der Befehlshaber der Reitertruppe, Gelon, Sohn des Deinomenes (wodurch die Dynastie Deinomeniden heißt), gewann Syrakus hinzu und ließ seinen Bruder Hieron als Statthalter in Gela zurück. In Syrakus hatte er die Macht nicht mit Hilfe der Unterschichten, sondern der Gamoren errungen; er gliederte die Söldner in die Bürgerschaft ein, und vielleicht hatte die Einführung des Münzgeldes in Syrakus überhaupt den Zweck, die Söldner bezahlen zu können. Mittlerweile war die ganze Insel unter tyrannischer Herrschaft. Außer dem syrakusanischen Reich gab es nur noch Anaxilaos von Rhegion (an der Stiefelspitze Italiens) und Zankle, das er wegen dort angesiedelter messenischer Exulanten in Messana umtaufte, und Theron von Akragas, der mit den Deinomeniden verschwägert war und der den Tyrannen von Himera, Terillos, abgesetzt und dessen Stadt eingegliedert hatte. Dieser und Anaxilaos riefen nun die Karthager zu Hilfe, die auch kamen und wohl im Jahre 480 (das Jahr von Salamis) bei Himera von Gelon vernichtend geschlagen wurden. Gelon war so mächtig, dass ihm von den mutterländischen Griechen sogar 481 der Oberbefehl über den Hellenenbund angetragen worden war.

Nach Gelons Tod 478 trat Hieron seine Nachfolge an und siegte 474, der Stadt Kyme zu Hilfe kommend, über die Etrusker. Sein Regiment war besonders glänzend, aber als er 466 starb, konnte sich sein Bruder Thrasybulos nur noch kurz an der Macht halten. Nun endeten auch die anderen Tyrannenherrschaften auf der Insel, und die Städte genossen ein verfassungsmäßiges Regiment, das in Vielem der Demokratie glich, in dem allmählich das Losverfahren und sogar eine

Kopie des Ostrakismos in Syrakus eingeführt wurde (Petalismos, nach *petalon* = Ölbaumblatt). Um die Mitte des Jahrhunderts versuchten die Sikuler unter ihrem hellenisierten Führer Duketios, sich von den Griechen unabhängig zu machen, was Syrakus und Akragas aber militärisch verhinderten. Unter den Griechenstädten brachen wieder endlose Kämpfe aus, deren Ursachen dunkel bleiben. Athen schloss mit einigen von ihnen Bündnisse von noch nicht endgültig geklärter Chronologie und Absicht – war damals schon an ein Ausgreifen nach Sizilien gedacht? Jedenfalls kam 427 der glänzende Redner Gorgias von Leontinoi nach Athen (dass die Redekunst besonders in Sizilien blühte und dort vielleicht sogar entstanden ist, mag mit den Prozessen zu tun haben, die die ununterbrochenen Vermögensumschichtungen der Tyrannen verursacht hatten), um die Athener zur Hilfe gegen Syrakus zu veranlassen, das Leontinoi gerade annektiert hatte. Daraus wurde nichts, weil Athen sich nur mäßig engagierte, und weil man sich bald auch gütlich einigte; als sich später das nichtgriechische Segesta nach einem vergeblichen Hilferuf an Karthago an Athen um Hilfe gegen Selinus wandte, kam Athen dem Ruf mit dem schon erzählten katastrophalen Ergebnis nach.

f) Geistiges Leben

Die griechische Kultur des 5. Jahrhunderts, die ganzen Epochen der späteren europäischen Geschichte zu Recht als Vorbild gegolten hat, ist von atemberaubender Vielfalt und Schöpferkraft, angesichts deren es eine Anmaßung ist, sie in einigen lakonischen Bemerkungen besprechen zu wollen. Noch in der Tradition der archaischen Zeit steht der thebanische Dichter Pindar, ohne den es Hölderlins Dichtung nicht gegeben hätte. Seine allein vollständig überlieferten Epinikien, kunstvolle Gedichte auf Sieger bei den vier panhellenischen Wettspielen, sind lebendige Zeugnisse aristokratischen Lebensstils in einer zunehmend nicht mehr aristokratischen Umwelt. Simonides von der Insel Keos dagegen war ein Dichter, der als aufgeklärter, intellektueller Virtuose der bisherigen Gedichtformen schon eher von der Adelswelt Abschied genommen hatte. Eine ganz neue, ungeheuer folgenreiche Literaturgattung war nun eine ausschließliche Schöpfung des sich demokratisierenden und dann demokratischen Athen: das Drama, insbesondere die Tragödie. Aus rein kultischen Aufführungen entstanden, wurden nach Anfängen Ende des 6. Jahrhunderts im 5. Jahrhundert jährlich an den Großen Dionysien drei Tage lang je drei Tragödien und ein Satyrspiel eines jeweils anderen Dichters aufgeführt, der sich mit seinen eigens und nur für diese eine Aufführung geschriebenen Stücken mit anderen um die Aufführung bewerben musste. Nur ein winziger Bruchteil der so entstandenen Stücke ist erhalten: je sieben Tragödien des Aischylos (von 80) und des Sophokles (von über 100) und achtzehn (von 80) des Euripides; von allen anderen gibt es nur Fragmente. Die erhaltenen Dramen werden auch heute noch gelesen und sogar aufgeführt, wobei

Euripides vielleicht seiner psychologischen Konflikte und seines Infragestellens von Konventionen wegen noch am ehesten Verständnis findet, während, unserem Zeitgeist entsprechend, Aischylos und Sophokles als fremder empfunden werden. Trotz Wegfalls fast aller Voraussetzungen und der Kenntnis der zeitgenössischen Anspielungen mit zunehmendem Erfolg wieder gespielt – über 2500 Jahre hinweg! – werden die attischen Komödien, d. h. die des einzig erhaltenen Aristophanes (11 von 44); auch sie wurden zu den Großen Dionysien (und Lenäen) aufgrund eines Wettbewerbs einmalig aufgeführt. Ihr unmittelbares Thema war die Tagespolitik (von der wir also, wenn wir es verstehen können, auf diese Weise viel erfahren), und so war das demokratische Athen, ja ganz konkret der Demos von Athen zum Teil Gegenstand, in allen Fällen der dramatischen Aufführungen aber Auftraggeber, Adressat und Zuschauer der ersten und kaum je wieder erreichten Dramenkunst der Geschichte.

Im fünften Jahrhundert und aus der aktuellen Situation entstanden auch die ersten, uns vollständig erhaltenen großen Prosawerke, beides Geschichts- bzw. Zeitgeschichtswerke; Zeitgeschichte ist die antike Geschichtsschreibung großenteils geblieben. Das erste ist die farbige Darstellung der Perserkriege durch Herodot aus Halikarnass in Kleinasien, der, lange Zeit in Athen lebend, in der Nachfolge der archaischen Geo- und Ethnographen weit in die Geschichte und Völkerkunde zurückgeht. So überliefert er uns in unzähligen Digressionen reichstes Material, aber auch eine wohlreflektierte, über ihre Quellen Rechenschaft ablegende Geschichtsschreibung, die, anders als ein flüchtiger Eindruck zu zeigen scheint, streng auf das Ziel der Erzählung der Perserkriege hin aufgebaut ist. Bezeichnenderweise ist es wieder ein Krieg, der Peloponnesische, der das zweite große Geschichtswerk hervorgebracht hat, das des Atheners Thukydides. Er hatte als athenischer Flottenkommandeur selbst am Krieg teilgenommen und war in dessen Verlauf exiliert worden. In seinem Buch verbindet er strenge Sachlichkeit in den Fakten mit sittlichem Urteil; seine nur das Politisch-Militärische gelten lassende und pessimistische Geschichtsauffassung, die nur bei Übernahme dieses Weltbildes illusionslos genannt werden kann, hat für die gesamte spätere, auch neuzeitliche, Geschichtsschreibung eine kaum zu überschätzende Prägekraft entwickelt; ebenso ist seine analytische Unterscheidung zwischen Anlässen und wirklichen Ursachen für historische Ereignisse und Prozesse eine der Grundkategorien der Geschichtswissenschaft geblieben. *Geschichtsschreibung*

In den Analysen des politischen Geschehens durch Thukydides drückt sich eine neue Denkströmung des 5. Jahrhunderts aus, die vor allem das philosophische Denken geprägt hat und die sich im heutigen Sprachgebrauch eines schlechten Rufes erfreut: die Sophistik. Ihr Name bedeutet ja Weisheitslehre, und Spitzfindigkeit und in den Dienst praktischer Zwecke und des z. T. sehr reichlichen Geldverdienens gestellte Dialektik waren nur die Kehrseite dieser ersten Aufklärung und radikalen Tat der Befreiung des menschlichen Geistes von allen Bindungen: Der Mensch selbst sei das Maß aller Dinge. Protagoras aus Abdera, *Sophistik* der in Athen zum Kreis des Perikles gehörte, gab mit diesem Satz die Quintessenz der sophistischen Bewegung. Der die ganze griechische Welt umfassende Einfluss des Gorgias aus dem sizilischen Leontinoi begann ebenfalls von Athen aus, wo er 427 als Gesandter seiner Vaterstadt war; vor allem er ist es gewesen, der nicht nur selber als glänzender Redner gewirkt hat, sondern die Redekunst (Rhetorik) ihrerseits zum Gegenstand der Reflexion und der Lehre gemacht hat.

Sokrates   In der Form oft sophistisch, daher auch als Sophist u. a. von dem konservativen Aristophanes in den „Wolken" angegriffen, lehrte Sokrates aber gerade nicht vordergründige Nützlichkeit und Vorankommen in der Welt, sondern warf im Gegenteil den Sophisten Leichtfertigkeit in der Argumentation und Hochstapelei vor. Ihm ging es um absolute Ehrlichkeit der sittlichen Erkenntnis und Lebensführung; er hat nichts Schriftliches hinterlassen, und seine Lehre kennen wir nur aus den Werken von Zeitgenossen und Schülern, insbesondere Platons. Von hässlichem Äußeren, war er eine bezwingende Persönlichkeit, und obwohl er die Götter ehrte, warf ihm der aufgrund der Zeitereignisse um seine Orientierung fürchtende attische Demos wegen seines Umgangs Oligarchenfreundlichkeit vor und verurteilte ihn letztlich deshalb durch das Volksgericht 399 zum Tode. Wie Sokrates seine Pflichten als attischer Bürger und Hoplit gewissenhaft erfüllt hatte, früher gegen einen gesetzwidrigen Strafprozess Einspruch erhoben und den dreißig Tyrannen Widerstand geleistet hatte, so unterwarf er sich selbst bei seinem Todesurteil dem Gesetz der athenischen Demokratie: Weil es rechtmäßig zustande gekommen war, lehnte er die an sich mögliche und ihm sogar nahe gelegte Flucht ab und trank den Schierlingsbecher. Sein Tod zeigt, welcher Taten der herrschende Demos fähig sein konnte, aber auch, durch welch hohes Ethos die demokratisch verfasste Polis getragen werden und welches Ausmaß an Loyalität sie hervorrufen konnte.

Die Religion, das zeigt der Prozess des Sokrates, war weiterhin und trotz der philosophischen Bewegungen und der Aufklärung eine bestimmende geistige Macht. Daher waren die großen und ihre Zeit überdauernden Bauten weiterhin Architektur Tempel: Der Aphaiatempel auf Ägina, der Zeustempel in Olympia und die erhaltenen Bauten auf der Akropolis von Athen sind Werke des fünften Jahrhunderts. Nun zeigt gerade die athenische Akropolis, dass auch neue außerreligiöse Kräfte wirksam waren. Zum einen wurde über den einzelnen Tempel hinaus eine ganze Anlage komponiert, deren Bestandteile zusammen wirken sollten: der Zugangsbau der Propyläen, der Hauptbau für Athena Parthenos (der Parthenon), der kleine Niketempel als Zeichen des endgültigen Sieges über Persien, und spät am Ende des Jahrhunderts das Erechtheion, das die Hilfe der altathenischen Götter im verloren gehenden Peloponnesischen Krieg bewirken sollte. Eine solche Anlage wurde zum anderen nicht nur aus inneren künstlerischen Gründen geschaffen. Thukydides lässt Perikles sagen, die Bauten sollten den Angehörigen des Attischen Seebundes zeigen, „dass sie von keinem Unwürdigen beherrscht" würden. Sie dienten also der Herrschaftsrepräsentation, ja der Herrschaftslegitimation. Die Oberleitung über die Anlage der Akropolis, die in dorischer und ionischer Ordnung ausgeführt wurde, hatte der athenische Bildhauer Phidias, der Schöpfer auch der Götterbilder der Athena im Parthenon und des Zeus in Olympia. Die Architekten des Parthenon waren Kallikrates und Iktinos (?), dieser jedenfalls der Erbauer des Apollon-Tempels von Phigalia (Bassai); die Propyläen wurden von Mnesikles gebaut.

Leider haben wir sonst von der Großbildhauerkunst des fünften Jahrhunderts nur sehr wenige Originale. Neben den anonymen Friesen des Parthenon, des Aphaiatempels auf Ägina und des Tempels B in Selinus auf Sizilien kennen wir von den großen Bildhauern Phidias, Myron aus dem böotisch-attischen Grenzgebiet und Polyklet aus Argos allenfalls spätere Kopien (von Myron etwa den Diskuswerfer im Thermenmuseum in Rom, von Polyklet den Doryphoros im Nationalmuseum von Neapel). Die bedeutenden Maler der Zeit wie Polygnot von Thasos (in Athen lebend) oder Zeuxis sind vollends nur noch Namen für uns. Anders immerhin die Vasenkunst, die in reicher Fülle heute noch zu sehen ist und deren Schöpfer aufgrund ihrer Werke in ihrer Individualität erfasst, wenn auch nicht immer mit Namen genannt werden können (Berliner Maler, Duris, Brygosmaler, Penthesileamaler). *Großplastik, Malerei* *Vasen*

Schließlich entstehen im fünften Jahrhundert, in der Zeit der endgültigen Durchsetzung des Verfassungsstaates und der Loslösung des Individuums aus hergebrachten Bindungen – beide Entwicklungen ergänzen sich hier noch – auch die ersten Porträtplastiken, obwohl die Demokratie es nicht gerne sah, wenn sich Einzelne allzu sehr heraushoben. Deshalb sind wohl auch die frühklassischen Porträts der großen Nonkonformisten Themistokles und Pausanias besonders ausdrucksstark, während das Perikles-Bildnis standardisierte Züge aufweist. Immerhin wissen wir dadurch, wie er und auch wie Sokrates, die großen Dramendichter und vielleicht Thukydides ausgesehen haben; die äußere Erscheinung der allermeisten anderen Persönlichkeiten aber bleibt trotzdem nach wie vor unbekannt. *Porträt*

5. Das klassische Griechenland – 4. Jahrhundert

Während das fünfte Jahrhundert auch insofern zu Recht klassisch heißt, als die politische Entwicklung wirkungsmächtig und in klaren Formen verlaufen ist, fehlen der Folgezeit diese Charakteristika. Das fünfte Jahrhundert sah den Verteidigungssieg über das persische Weltreich, die Herausbildung des Attischen Seebundes, die feste Etablierung der athenischen Demokratie, den Dualismus Athen-Sparta, den Peloponnesischen Krieg und schließlich die totale Niederlage Athens am Ende des Jahrhunderts, das insofern unabhängig von den Zufälligkeiten der von uns verwendeten christlichen Zeitrechnung tatsächlich einen sachlichen Einschnitt darstellt. Das vierte Jahrhundert dagegen stellt sich dem Beobachter, *Problem der Epoche* der nach solchen klaren Linien sucht, bis hin zum Alexanderzug als ein regelloses Gewirr von Zufälligkeiten dar, das keine geschlossenen Ereigniskomplexe oder dauerhaften politischen Organismen von einiger Bedeutung hervorgebracht hat. Freilich kommt es gerade hier sehr auf die Kriterien und Erwartungen an, die man an geschichtliche Vorgänge heranträgt und die sich für das fünfte Jahrhundert nicht nur aus einer heute kaum noch existierenden klassizistischen Tradition ergaben, sondern die sich durch die Vorgänge selbst von alleine einstellten. Wenn man vom fünften Jahrhundert aus blickt – und das taten übrigens in prononcierter Weise die Zeitgenossen, die entweder als Athener auf eine glorreiche Vergangenheit zurückzublicken meinten, die es wiederherzustellen gelte, oder denen sonst die vergangenen Verhältnisse als Maßstab galten –, dann ergibt sich leicht der Eindruck von Defiziten: etwa der Art, wie sie hier ein paar Sätze vorher formuliert wurden, oder so, dass man von einem Verfall oder einer Krise der griechischen Polis spricht.

Nun ist die Polis, also der Stadtstaat, gerade im 4. Jahrhundert und gerade auch außerhalb Athens, dann aber bis tief ins römische Kaiserreich hinein, eine sehr lebenskräftige und nicht wegzudenkende Organisationsform der antiken Welt gewesen, freilich neben und innerhalb von großräumigen Reichen, die später aufgekommen sind, den hellenistischen und dem römischen, und vor allem in diesem bald ohne politische Bedeutung. Deshalb ist die zweite Blickrichtung der Betrachtung die von der Folgezeit, also von der hellenistischen Epoche her, die versucht, im vierten Jahrhundert Elemente ausfindig zu machen, die diese Epoche ankündigen und vorbereiten. Auch hier also das Bestreben, die Zeit nur in Beziehung zu einer anderen zu sehen. Die dritte Möglichkeit ist dann eben die, die Epoche für sich zu nehmen und sie aus sich heraus zu verstehen. Alle drei Betrachtungsweisen haben ihre Legitimität, und im Folgenden wird versucht werden, ihnen allen nach Möglichkeit gerecht zu werden.

a) Ereignisgeschichte

Bis zum Aufstieg Makedoniens

Spartas Herrschaft Die politische Geschichte wird am übersichtlichsten durch die außenpolitischen Ereignisse und Zäsuren dargestellt und gegliedert. Nach dem Sieg über Athen und den Seebund errichtete Sparta, statt den Griechenstädten die versprochene Autonomie zu gewähren, durch den Einfluss des siegreichen Lysander eine noch drückendere Herrschaft als Athen. Es errichtete in den Städten Zehnmännerherrschaften (Dekarchien) und legte Besatzungen unter einem spartanischen Kommandanten (Harmosten) hinein. In Athen allerdings, das Sparta zum Missvergnügen seiner Alliierten Korinth und Theben nicht ausradiert hatte, tolerierte es alsbald die in einem Aufstand gegen das grausame oligarchische Regime der dreißig „Tyrannen" wieder zur Macht gekommene Demokratie, deren hervorragendster Vorkämpfer Thrasybulos war und die ihrerseits für die Oligarchen verschiedenen Typus eine Amnestie erließ, die denkwürdigerweise auch eingehalten wurde. Sparta gab überhaupt bald das Dekarchie- und Harmostensystem nach dem politischen Abtreten des allzu selbstherrlichen Lysander auf, da es einsah, dass es bei seiner Menschenknappheit und dem ständig drohenden Helotenaufstand nicht durchzuhalten gewesen wäre.

Zudem änderte sich die große außenpolitische Machtkonstellation sehr schnell. Sparta hatte ja den Peloponnesischen Krieg durch die finanzielle Unterstützung Persiens gewonnen und diesem die Griechenstädte des kleinasiatischen Festlandes überlassen, die durch die Perserkriege 479 befreit worden waren. Dann aber hatte es einen Usurpationsversuch des mit Lysander befreundeten Prinzen Kyros unterstützt, der jedoch scheiterte, und schließlich eröffnete es im Jahre 400 wieder den Krieg gegen Persien, um nicht durch die Preisgabe der kleinasiatischen Griechenstädte seiner eigenen Herrschaft im restlichen Griechenland zu schaden. Dieser in Kleinasien unter dem König Agesilaos geführte Krieg, an dem sich übrigens Athen als Bundesgenosse beteiligen musste, führte zu keinem durchschlagenden Erfolg, zumal der Athener Konon die persische Flotte befehligte. Er musste vollends abgebrochen werden, als sich 395 in Spartas Rücken ein militärisches Bündnis aus den sehr unterschiedlichen Partnern Korinth, Theben, Argos und Athen gebildet hatte, das, von Persien mit Geld unterstützt, Spartas Herrschaft beenden wollte. Auch dieser sogenannte Korinthische Krieg, der fast zehn Jahre dauerte, hatte keinen eindeutigen Erfolg; immerhin konnte Athen sich aus den drückenden Bestimmungen des Friedensvertrages von 404 lösen, errichtete nach Konons triumphalem Einzug in Athen die Langen Mauern wieder und trieb wieder eine eigenständige Politik, in deren Verlauf es sich unter Thrasybulos wieder in der Nordägäis und am Bosporos festsetzen konnte. Gleichwohl blieb Sparta die führende Macht in Griechenland. 386 wurde Frieden zwischen allen Parteien geschlossen, und zwar in der psychologisch demütigenden Weise, dass ihn ausgerechnet der Perserkönig einseitig auf der Grundlage der Autonomie der einzelnen Griechenstädte (freilich mit Ausnahme der kleinasiatischen) verkündete. Machtpolitisch bedeutete dieser seiner Herkunft wegen so genannte Königsfriede aber nicht, dass Persien etwa tatsächlich in Griechenland regiert hätte.

Korinthischer Krieg

Königsfrieden

Das zeigt der nun folgende Abschnitt der Geschichte, in dem Sparta, Athen und schließlich Theben versuchten, die Vorherrschaft in Griechenland zu erringen. Zunächst gerierte sich Sparta als Garant des Königsfriedens und ging überall in Wahrung der Autonomieklausel und seiner eigenen Stellung gegen Machtzusammenballungen vor. Es beendete 386 die Herrschaft Thebens über das unter diesem geeinte Böotien; es erzwang 385 die Auflösung der Großsiedlung Mantineia; 382 besetzte es die Kadmeia, die Burg von Theben; 379 wurde Olynth auf der Chalkidike von Sparta zum Frieden genötigt und gezwungen, einen staatsähnlichen Städtebund unter seiner Führung aufzulösen.

48   I. Darstellung

Zweiter Attischer Seebund
Im selben Jahr 379 aber befreite sich Theben von Sparta, verjagte die Besatzung und erneuerte den Böotischen Bund. Schließlich gelang es Athen 377, nachdem es schon vorher Einzelverträge abgeschlossen hatte, seinen Seebund wieder zu errichten, der nach wenigen Jahren fast denselben Mitgliederbestand aufwies wie hundert Jahre vorher der erste Seebund, sogar, wenn auch ohne die Städte des kleinasiatischen Festlandes, zusätzlich unter Einschluss Thebens. Allerdings waren nun vertraglich Begrenzungen der Kompetenzen Athens festgelegt, die bei allem offensichtlichen Bedürfnis der Mitgliedsstädte nach einem überregionalen Zusammenschluss wegen der Erfahrungen der Vergangenheit verhindern sollten, dass Athen wieder unumschränkte organisierte Herrschaft ausüben konnte. Es war ihm verboten, die Verfassungen zu beeinflussen, Truppen oder Beamte in die Städte zu entsenden, Tribut zu erheben (wohl aber gab es allgemeine Kostenbeiträge) und Kolonien im Seebundsgebiet anzulegen. Athenischen Privatleuten war es untersagt, Landbesitz im Seebund außerhalb Athens zu haben.

Thebanische Hegemonie
Thebens aktive Mitgliedschaft im neu geschaffenen Seebund war aber nur von kurzer Dauer, denn es ging nun seinerseits daran, unter seinen beiden führenden Staatsmännern Pelopidas und Epaminondas eine eigene Herrschaft in Griechenland aufzurichten. Es dehnte seinen Einfluss immer weiter aus, sogar bis nach Makedonien, dessen Prinz Philipp zeitweilig als Geisel in Theben war. 371 scheiterte einer der vielen Versuche, anstelle der rivalisierenden Bündnis- und Herrschaftssysteme einen gemeingriechischen Frieden (*koine eirene*) zu schließen, an Thebens Ansprüchen (bzw. an Spartas Versuch, diese Ansprüche einzuschränken), und im selben Jahr wurde Sparta in einer Vernichtungsschlacht bei Leuktra in Böotien von Epaminondas besiegt. Von 700 Spartiaten fielen 350, so dass Sparta nunmehr schon rein physisch nicht mehr in der Lage war, seine Herrschaft aufrechtzuerhalten. Die Situation, gegen die die Spartiaten seit Jahrhunderten Vorkehrungen getroffen hatten, war eingetreten. So gelang es Böotien 369, das helotisierte Messenien zu befreien, das von nun an nach Jahrhunderten der Knechtschaft wieder einen eigenen griechischen Staat bildete.

Der Aufstieg Böotiens unter Thebens Führung beunruhigte Athen, zumal da Böotien mit Persien in vertragliche Beziehungen trat und versuchte, einen Zugang zur Ägäis zu gewinnen und durch den Bau einer Flotte selber eine Seemacht zu werden. Athen näherte sich deshalb dem nun ungefährlich gewordenen Sparta wieder an und straffte die Seebundsorganisation, indem es wieder Athener in der Ägäis ansiedelte, freilich nicht im Gebiet von Partnerstädten. Thebens Anstrengungen gingen jedoch vorwiegend dahin, Spartas Einfluss auf der Peloponnes gänzlich auszuschalten und dessen Nachfolge anzutreten. Es griff dort mehrfach militärisch in Auseinandersetzungen ein, wobei lakonische Heloten und Periöken zwar teilweise unzuverlässig waren, im Ganzen aber doch zu Sparta

Ende der Machtbildungen
hielten. 362 blieb Theben in der Schlacht bei Mantineia zwar siegreich, jedoch fiel Epaminondas, und die Tatsache, dass es nach seinem Tod sofort mit der Vormacht Thebens in Griechenland vorbei war, zeigt, wie schwach verankert auch diese war.

Da Sparta endgültig kraftlos geworden war, wäre als ernst zu nehmende Macht nur noch Athen übrig geblieben. 357 brach aber, möglicherweise auf Initiative des Dynasten von Karien, Maussollos, oder auch wegen Athens strafferer Herrschaft im Seebund, ein Aufstand los, der von Athen nicht niederzuzwingen war (Bundesgenossenkrieg) und an dessen Ende 355 die athenische Macht sich nur noch auf die Kykladen und Teile der nördlichen Ägäis erstreckte.

Makedonien unter Philipp II.

Inzwischen war 359 im Norden, in Makedonien, ein Mann – zunächst nur als Regent – auf den königlichen Thron gekommen, dessen Regierung schicksalhaft für die ganze alte Welt werden sollte: Philipp II. Schon vorher hatte ein Einzelherrscher nördlich des bisherigen Hauptschauplatzes der griechischen Geschichte begonnen, entscheidenden Einfluss zu nehmen, der thessalische Tyrann Iason von Pherai. Er war 370 ermordet worden, womit auch Thessalien wieder in Einzelherrschaften zerfiel und seine Rolle sofort ausgespielt war. Auch Makedonien war kein einheitliches Reich. Die makedonischen Könige des Kerngebiets übten nur eine lockere Oberhoheit über die westlichen Landschaften der Lynkestis, Orestis und Elimiotis und ihre Fürsten aus, und selbst im eigentlichen Makedonien war die Königsherrschaft des Geschlechtes der Argeaden durch häufige Thronwirren gekennzeichnet, die für das Land jeweils unmittelbare politische Schwäche bedeuteten.

Innerer Aufbau

Dieses Königsgeschlecht ist von den Griechen als griechisch anerkannt worden, was sich seit König Alexander I., der zur Zeit der Perserkriege regierte, in der Teilnahmeberechtigung an den Olympischen Spielen ausdrückte. Die übrigen Teile des makedonischen Volkes waren für Griechenland keine Griechen, obwohl die heutige Wissenschaft aufgrund vor allem der Untersuchung der makedonischen Namen (Berenike = gr. Pherenike = Siegbringerin; von der Sprache selbst kennt man kaum zehn Worte) die ethnische Zugehörigkeit der Makedonen zum Griechentum festgestellt hat. Sozial gliederte sich das makedonische Volk in den Adel mit dem Ehrentitel Hetairoi (= Gefährten), der dem König militärisch zu Pferde diente, und die starke freie Bauernschaft, die ebenfalls unter persönlicher Bindung an den König als die Fußtruppe der Pezhetairoi (= Gefährten zu Fuß) diente. Städte im griechischen Sinne als autonome Körperschaften gab es in Makedonien nicht; die Küstenstädte Methone und Pydna waren freie Griechenstädte. Politisch war Makedonien so organisiert, wie wir uns annäherungsweise Griechenland zur homerischen Zeit vorstellen. Der König herrschte zwar, war aber durch sein politisches Verhältnis zum Adel und zu den freien Bauern in Bezug auf Thronfolge sowie Krieg und Frieden faktisch eingeschränkt. Dieses kleine und unstrukturierte Land brachte als Bedingung zur politischen Größe eine anscheinend sehr lebenskräftige, aktive und fähige Bevölkerung mit, und es fehlten nur noch die negative Voraussetzung der Schwäche der Umwelt und die positive eines befähigten Königs. Beides war um die Mitte des 4. Jahrhunderts gegeben.

Phillipps Aufstieg   Philipp, dem ehrgeizige Ziele für sein Land und die eigene Stellung auch subjektiv zuzuschreiben sind, begann zunächst damit – in der Nachfolge früherer makedonischer Könige – die Einzelfürstentümer zu festen Bestandteilen Makedoniens zu machen und die weiter westlich siedelnden illyrischen Stämme abzuschlagen. Die Gewinnung der Vormacht in Griechenland war ein weitaus langwierigerer Prozess mit vielen Vor- und Rücksprüngen, der der Natur der Machtlage nach vor allem eine Auseinandersetzung mit Athen wegen der allmählichen Eingliederung von dessen Verbündeten in Nordgriechenland war. In Athen bildeten sich zwei politische Lager: Im einen standen die geschworenen Feinde Philipps, die, mit dem Redner Demosthenes an der Spitze, die Unabhängigkeit Athens und Griechenlands prinzipiell bedroht sahen. Die Anhänger des anderen Lagers bestritten entweder diese Gefahr oder sahen sie nicht als Gefahr an, sondern erblickten in der Vorherrschaft Makedoniens die einzige Möglichkeit für eine Einigung Griechenlands und für stabile Verhältnisse; diese Politik vertraten die politischen Schriftsteller und Redner Isokrates und Aischines.

Überwältigung Griechenlands   In Nordgriechenland beschritt Philipp den Weg der Annexion. 357 wurde das auch von Athen beanspruchte Amphipolis erobert, 356 das mit athenischen Kolonisten besiedelte Poteidaia, 354 Athens Verbündeter Methone, 348 eroberte und zerstörte Philipp Olynth, das Haupt des chalkidischen Staates. Die thrakischen Fürstentümer wurden nach und nach eingegliedert, so dass 342 ganz Thrakien makedonisch war. Mittelgriechenland wurde durch kombinierte politische und militärische Mittel genommen. Nachdem Philipp 353 die nach Norden ausgreifenden Phoker, einen durch die Gunst der Umstände und durch Plünderung der Kasse von Delphi zu kurzfristiger Hegemonie emporgetragenen mittelgriechischen Stamm, in Thessalien besiegt hatte, zog er sich wieder zurück, so dass er 346 mit dem nach der olynthischen Katastrophe ermüdeten Athen auf der Grundlage des Status quo Frieden schließen konnte (den Frieden des Philokrates). Im selben Jahr fasste Philipp politisch in Mittelgriechenland Fuß. Er wurde anstelle der Phoker Mitglied der delphischen Amphiktyonie, der der Schutz des delphischen Orakels anvertraut war, und einige Jahre später wählten ihn die Thessaler zu ihrem politischen Oberhaupt (Tagos).

Die entscheidende letzte Phase begann spätestens 340, als Philipp auf die Meerenge des Bosporos vorrückte, die Stadt Perinth an der Nordküste der Propontis belagerte und für die Versorgung Athens bestimmte Getreideschiffe abfing. Es gelang Demosthenes, große Teile Griechenlands von der alle angehenden Bedrohung zu überzeugen und eine Koalition gegen Philipp zustande zu bringen, der sich 339 auch Böotien anschloss, als Philipp schon herannahte. 338 besiegte aber das makedonische das griechische Heer bei Chaironeia, und das politische Griechenland ist seit dieser Schlacht nie mehr wieder maßgeblich handelndes Subjekt der Geschichte geworden.

Makedoniens Herrschaft   Theben wurde politisch entmachtet und besetzt, Athen dagegen blieb frei, wenn auch sein Seebund aufgelöst wurde, und ein Zug nach Süden brachte den politischen Anschluss aller anderen Staaten außer Sparta, das noch einmal, gegenüber Argos, territorial beschnitten wurde. Philipp brachte nun die zunächst nur auf Macht gegründete Abhängigkeit Griechenlands in eine politische Form, die das griechische Selbstgefühl möglichst schonte und die ihn in den Stand setzte, den schon länger erwogenen und ihm von griechischer Seite nahe gelegten Plan einer Eroberung von Teilen Persiens auszuführen, möglicherweise überhaupt sein eigentliches politisches Ziel. 337 wurde unter Anknüpfung an frühere Hegemonien und an den Gedanken des Allgemeinen Friedens (*koine eirene*) in Korinth der nach dieser Stadt genannte Korinthische Bund geschaffen. In dieser Organisation waren die Griechenstädte durch Repräsentanten in einem Bundesrat anteilmäßig vertreten, nicht aber Philipp. Er war der Feldherr des Bundes und wurde 337 von diesem offiziell mit dem als Rachefeldzug stilisierten Krieg gegen Persien beauftragt, den er 336 begann. Im selben Jahr wurde er ermordet; dass aber der Krieg mit so ungeheurem Erfolg von seinem Sohn Alexander wieder aufgenommen werden konnte und so bleibende Folgen hatte, ist ein Zeichen dafür, dass es sich um tief verankerte historische Vorgänge handelte, denen freilich die Persönlichkeiten der beiden Makedonienkönige die konkrete Ausformung verliehen, die manchmal prägender sein kann als allgemeine, anonyme Strukturen und Prozesse.

Die Griechen der Kolonialgebiete

Die Geschichte des Westgriechentums im 4. Jahrhundert wurde entscheidend von der Auseinandersetzung mit den mächtigen Nichtgriechen und in diesem Rahmen von Syrakus bestimmt. Nach der Niederlage Athens wurden wieder die Karthager als Hilfe in Streitigkeiten zwischen sizilischen Städten gerufen, was zu einem nicht einkalkulierten karthagischen Vordringen auf der Insel führte. Dagegen richtete sich der Widerstand unter dem 406 von den Syrakusanern zum außerordentlichen Strategen gewählten Dionysios, der nach anfänglicher Respektierung der Demokratie bald zum Tyrannen wurde, ja zum Tyrannen par excellence. Es ist seine Erscheinung, die stark auf das Bild der älteren Tyrannis zurückgewirkt hat. Es gelang ihm, die Karthager auf Dauer vom größten Teil der Insel zu vertreiben, die syrakusanische Herrschaft wieder über große Teile Siziliens, ja auch Unteritaliens und sogar der Adriaküste auszudehnen. In der gesamtgriechischen Welt repräsentierte er die stärkste politische Macht, die freilich auf die Entwicklung im griechischen Mutterland keinen entscheidenden Einfluss nehmen konnte. Nach seinem Tode 367 zerfiel unter den Rivalitätskämpfen zwischen seinem Sohn Dionysios II. und seinem Schwager Dion das syrakusanische Reich, überall bildeten sich einzelne Tyrannenherrschaften, bis die Syrakusaner 344 einen seltsamerweise erfolgreichen Hilferuf gegen Karthago und gegen das politische Chaos an ihre alte Mutterstadt Korinth richteten. Von dort kam Timoleon nach Syrakus, positiv ausgewiesen dadurch, dass er an der Ermordung seines tyrannischen Bruders beteiligt war. Ihm gelang es, dort und in ganz Sizilien nicht

Dionysios

Timoleon

nur die Karthager wieder zurückzudrängen, sondern auch die Tyrannen zu vertreiben, eine nichtdrückende Vereinigung der sizilischen Städte zu gründen und in Syrakus den Verfassungsstaat wiederzuerrichten. Nach Erfüllung seiner Aufgabe dankte er ab – freilich flammten alsbald die inneren Kämpfe wieder auf. In Unteritalien sahen sich die griechischen Städte einem zunehmenden Druck von Seiten der italischen Stämme ausgesetzt. So ist schon am Ende des 5. Jahrhunderts Poseidonia lukanisch geworden und erhielt später den Namen Paestum. Gegen diesen Druck bildete sich der Italiotische Bund, der zusammen mit militärischer Hilfe aus Griechenland bewirkte, dass das Vordringen der Einheimischen nur langsam vorankam; es ging aber eben doch weiter.

Unteritalien

Eine ähnliche Entwicklung machten die West- und die Nordküste des Schwarzen Meeres mit. Auch hier begannen die einheimischen Stämme der Thraker, Geten, Skythen und Taurer teils individuell in die Städte einzudringen, teils von außen auf sie zu drücken. Wahrscheinlich ist die Gründung des Bosporanischen Reiches an der Straße von Kertsch eine Antwort auf einen solchen Druck.

b) Politische und soziale Charakteristika

Die chronologisch erzählte Ereignisgeschichte zeigt uns also ein ständiges Ringen um die Vorherrschaft im griechischen Mutterland, aus dem schließlich eine halbgriechische Macht als Sieger hervorging. Die Frage der Antriebe ist sehr komplex und muss hier auf sich beruhen bleiben. Es lassen sich aber noch weitere allgemeine Erscheinungsformen der griechischen Politik erkennen, die hier nun nicht chronologisch und daher verwirrend, sondern nach Sachgesichtspunkten kurz aufgeführt werden sollen.

Koine eirene

Als erstes sei erwähnt, dass die Griechen des Mutterlandes immerhin an die zehn Mal im 4. Jahrhundert versucht haben, ihre unentwegten kriegerischen Rivalitäten durch einen alle Staaten verpflichtenden Frieden zu beenden, den sogenannten Allgemeinen Frieden, die *koine eirene*. Durch ihn sollte ein kollektiver Friedenszustand garantiert werden, der jedoch daran scheiterte, dass sich nicht alle Mächte an ihm beteiligten und es immer eine Macht gab, die ihr Hegemoniestreben weiter verfolgte.

Außer diesem nun überall und immer auftretenden Hegemoniestreben als solchem hatte sich auch dessen Basis über ganz Griechenland verbreitet, nämlich der über die Einzelpolis hinausreichende machtpolitische Zusammenschluss zu größeren Einheiten. Das konnte auf die verschiedenste Weise geschehen und reicht in dem einen oder anderen Fall weiter in die Vergangenheit zurück, wirkte sich in seiner Gesamtheit aber erst im 4. Jahrhundert aus. Aus dem 5. Jahrhundert übernommen war die Form der Symmachie mit einer führenden Macht an der Spitze; weiterhin bestand der Peloponnesische Bund mit Sparta. Der Zweite Attische Seebund dagegen war von Athen aus wohl in der Absicht neu ge-

Äußere Machtbildungen

gründet worden, seine frühere Herrschaft wiederherzustellen, musste aber doch nach dem Prinzip der Autonomie für die Städte organisiert werden, und athenische Versuche, davon wieder wegzulenken, führten zum allmählichen Ende des Bundes. Im Korinthischen Bund von 337 hatte dann Philipp II. in politisch ingeniöser Weise die Konstruktion der bisherigen Symmachien mit der der *koine eirene* verbunden und dieses Bündnis zum Garanten seiner Herrschaft über Griechenland machen können. Auf der Peloponnes hatten sich zu Beginn des Jahrhunderts Argos und Korinth für ein paar Jahre zu einem Staat vereinigt, und auch die Städte auf der Chalkidike hatten sich unter Olynths Führung zu einem so festen Gebilde zusammengeschlossen, dass man von einem chalkidischen Staat zu sprechen gewöhnt ist. Die Spartaner zerstörten ihn mit der Begründung, er verletze die Autonomieklausel des Königsfriedens; nicht lange danach wurde er neu begründet und konnte sich bis zur Eroberung durch Philipp halten. Dasselbe Argument hatten die Spartaner gegen die festen Bindungen erhoben, die Böotien unter Thebens Führung zusammengeschlossen hatte, freilich ohne dass sie sich durchsetzen konnten. Selbst die schon seit langem geeinte Landschaft Phokis konnte eine ephemere Großmachtrolle spielen.

Eine weitere Form des Zusammenschlusses war der Bund (*koinon*): ohne führende Macht, durch freie Vereinbarung der beteiligten Städte nach dem Repräsentativsystem (nicht immer unbestritten) auf landschaftlicher und Stammesgrundlage gegründet, teils aber auch schon gegenüber Andersstämmigen offen; wir kennen den Arkadischen, den Achäischen und den Ätolischen Bund. Diese Organisationsform, teilweise auf langer Tradition beruhend, sollte für die spätere Zeit maßgeblich werden, ebenso die z. T. physische Zusammenlegung von Orten, d. h. ihrer Bewohner, zwecks Steigerung der politischen Macht (Synoikismos). So hatten sich schon am Ende des 5. Jahrhunderts rhodische Städte politisch vereinigt, und 367 wurde die künstliche, aber lebenskräftige arkadische Stadt Megalopolis aus 40 Dörfern gegründet. Aus der umgekehrten Absicht hatte Sparta 385 das arkadische Mantineia in fünf Dörfer aufgelöst, die sich nach 370 aber wieder zusammenschließen konnten.

Dass Philipp II. überhaupt ganz neue Städte gründete und nach sich benannte (Philippoi [das in der römischen Geschichte berühmt gewordene Philippi] und Philippopolis), lenkt den Blick auf die monarchische Staatsform überhaupt, die im 4. Jahrhundert wieder auflebte, wenn auch nur an den Rändern der griechischen Welt. Neben den makedonischen Königen wurden die Könige von Zypern (Euagoras, Nikokles) von Isokrates in politischen Schriften als positive, vorbildhafte Erscheinungen gewürdigt, ebenso der spartanische König Agesilaos, ja sogar der Gründer der Achämenidendynastie Kyros der Große als das Muster eines Königs verherrlicht (beide Männer durch Xenophon). Dass Platon seine politischen Vorstellungen durch den syrakusanischen Tyrannen Dionysios II. zu verwirklichen versuchte, ist zwar inzwischen widerlegt worden, aber erwähnt werden muss, dass überhaupt die Tyrannis nach dem Zwischenspiel des 5. Jahrhunderts wieder eine praktizierte Regierungsform wurde. Genannt seien neben den vielen sizilischen und unteritalischen Tyrannen nur Euphron von Sikyon (ehemals Führer der sikyonischen Demokraten), Timophanes von Korinth (der Bruder des Timoleon), Onomarchos von Phokis, Iason von Pherai, Hermias von Atarneus und Assos (ein Freund des Aristoteles) und der Platonschüler Klearch von Herakleia am Pontos, der Erbauer der ersten öffentlichen Bibliothek.

Auch sonst scheint das 4. Jahrhundert eine Zeit gewesen zu sein, in der die bedeutende politische Persönlichkeit sich entweder über die Institutionen der Polis hinwegsetzen konnte oder ihnen überhaupt erst Effektivität verlieh. Das fing mit Alkibiades und Lysander am Ende des Peloponnesischen Krieges an und zeigte sich später etwa in Timoleons Wirken auf Sizilien. Auch Thebens Vormachtstellung in Griechenland hatte offenbar auf der Person des Epaminondas beruht, da sie mit seinem Tode sofort wieder endete. Bemerkenswert sind auch die

Söldnerführer vielen Söldnerführer, die teils für ihre Stadt kämpften und von dieser gelegentlich sogar ausgeliehen wurden oder aber kraft ihrer Fähigkeit und der ihrer Truppen auf eigene Faust in Kriege und Aufstände eingriffen, vornehmlich im persischen Herrschaftsbereich: die Athener Konon und Chabrias (siehe auch den Zug der 10 000, der von Xenophon in der Anabasis beschrieben wurde) oder der spartanische König Agesilaos, der gegen 360 über achtzigjährig, nachdem er sich an ägyptischen Wirren beteiligt hatte, auf dem Wege nach Kyrene starb.

Verfassungskämpfe Schließlich war auch die Frage der Staatsform in Bewegung gekommen. So wie durch Bünde und Synoikismen die politische Macht bewusst herstellbar zu sein schien, so scheint auch die jeweilige Staatsform nur als die Funktion der Energie ihrer Anhänger aufgefasst worden zu sein. Obwohl sich auf lange Sicht doch ein Zug zur Demokratie herausbildete, hing die Frage, ob Oligarchie oder Demokratie – oder gar die Tyrannis – herrschen sollte, noch geraume Zeit von ständig wechselnden politischen, vor allem außerpolitischen Konstellationen ab. Die Verfassungskämpfe, die an sich eine lange Tradition hatten, verquickten sich nun unentwirrbar mit den Auseinandersetzungen um die außenpolitische Zugehörigkeit, wurden immer erbitterter und wollten kein Ende nehmen. Es kam zu förmlichen Massenabschlachtungen wie etwa 392 in Korinth oder um 370 in Argos, wo über tausend Menschen mit Knüppeln erschlagen wurden (Skytalismos). Fast jede Stadt hatte exilierte Gruppen außerhalb ihrer Grenzen.

Soziale Kämpfe Es kamen starke soziale Spannungen hinzu, die wieder aus einer relativen Überbevölkerung resultierten und teilweise den politischen Kämpfen die Schubkraft lieferten. Teile Griechenlands wurden von Räuberbanden durchzogen, und die Existenz von Söldnerführern zeigt an, dass das Söldnerwesen erheblich zugenommen hatte und zu einem prägenden Faktor geworden war. Die soziale und politische Unruhe in Griechenland wurde als so stark empfunden, dass Philipp II., wie gesagt, von Seiten athenischer politischer Schriftsteller aufgefordert wurde, durch Eroberungen im Perserreich neue Siedlungsplätze zu schaffen und so die Verhältnisse in Griechenland zu stabilisieren.

Es fragt sich allerdings, wie es mit dem objektiven Ausmaß dieser Unzuträglichkeiten bestellt war. Bemerkenswerterweise war nämlich Athen selbst, wie auch Theben, nicht durch soziale Unruhen gekennzeichnet. Die Bauernschaft war nach wie vor wirtschaftlich befriedet – eine Bodenkonzentration etwa in den Händen der Wohlhabenden gab es nicht –, ebenso die Stadtbevölkerung. Immerhin scheint sich möglicherweise insofern ein Strukturwandel angebahnt zu haben, als wegen der Zunahme der Eigenherstellung traditioneller athenischer Exportprodukte anderswo – wir wissen es von den Vasen – der Export etwas zurückging. Jedoch hatte Athen seine Stellung als wirtschaftliches Zentrum der Ägäis aus der Zeit des Ersten Attischen Seebundes im Großen und Ganzen bewahren können, und infolge davon wurden Handels- und Reedereigeschäfte nicht nur zunehmend von in Athen lebenden Nichtathenern – Metöken und anderen – getätigt, sondern es fielen in diesem Bereich auch die Statusschranken zwischen diesen und den athenischen Bürgern. Hier begann also die Polis über ihre traditionellen Grenzen hinauszutreten. Im politischen Leben trat eine Änderung gegenüber dem 5. Jahrhundert ein, als die Einheit des Politiker-Feldherrn aufhörte und eine Art Arbeitsteilung Platz griff zwischen solchen, die sich vornehmlich als Soldaten betätigten (Iphikrates, die Söldnerführer), und solchen, die als Redner oder sonst in den Techniken der Verwaltung – insbesondere der Finanzverwaltung – bewährte Männer immer wieder als Lenker der Politik hervortraten (Demosthenes, Aischines; Kallistratos, Eubulos). Allerdings wird man nicht sagen können, dass diese Trennung ganz scharf vorgenommen wurde, ebensowenig wie eine scharfe Absonderung dieser politisch besonders aktiven Personen etwa als professioneller Soldaten- oder Politikerstand zu beobachten ist. Ebensowenig gab es politische Gruppierungen, die auch nur von ferne als politische Parteien im heutigen Sinne bezeichnet werden könnten. Nicht einmal die in der Antike gerne vorgenommene Unterscheidung zwischen Arm und Reich hat die Politik prinzipiell bestimmt, und wenn es politische Zusammenschlüsse gab, so waren sie – nach dem Ende der oligarchischen Vereinigungen – von aktuellen Fragen hervorgerufen und waren allenfalls organisatorisch so bestimmt, dass sie sich locker um einen führenden Politiker als Person herum gruppierten.

Auf der anderen Seite ist das vierte Jahrhundert die Epoche, in der die athenische Demokratie organisatorisch-institutionell ihre vollkommene Ausgestaltung gefunden hat – obwohl in der jetzt festzustellenden Zunahme der Regelungen vielleicht schon das Bewusstsein davon zu erkennen ist, dass sie ohne diese Regelungen aus dem Ruder laufen würde. Freilich war das Schaffen von formalen Regelungen seit den Staatsgründungen der archaischen Zeit (auch dort Antwort auf anders nicht zu steuernde Entwicklungen) dem griechischen politischen Denken selbstverständlich und ist in diesem Fall, da es eine Selbstbeschränkung oder Kanalisierung der Demokratie bedeutete, auch ein Zeichen bewundernswerter politischer Klugheit gewesen.

Ausgestaltung   In die Zeit nach den Erfahrungen des Peloponnesischen Krieges und seiner inneren Erschütterungen fällt nämlich nicht nur die nicht genug zu bestaunende wirkliche Einhaltung der Amnestie gegenüber der Masse der Beteiligten an der oligarchischen Herrschaft in der Nachfolge der Dreißig. Auch die Schaffung des Nomothesieverfahrens ist hier anzusetzen, welches bedeutete, dass die Volksversammlung anscheinend aus Einsicht in die Notwendigkeit ruhiger, über die Tagespolitik hinausgehender Überlegungen die Kompetenz für den Erlass dauerhafter und für alle geltender Vorschriften – eben Gesetze – an die jeweils aus den 6000 Geschworenen auszulosenden Nomotheten abgab. Ebenso übertrug die Volksversammlung im vierten Jahrhundert verschiedene gerichtliche Kompetenzen an die Volksgerichte. Freilich verlor sie nie ihre endgültige Souveränität, was daraus hervorgeht, dass sie in – wenigen – dringenden Fällen die abgegebenen Kompetenzen doch wieder selber ausübte. Nicht durchbrochen wurde aber die Regelung aus der Mitte des Jahrhunderts, genau vier Volksversammlungen in jeder Prytanie abzuhalten, also vierzig im Jahr, nicht mehr und nicht weniger. Diese Vorschrift, die möglicherweise zusammen mit der Einschränkung der Urteilsgewalt der Ekklesie getroffen wurde, hatte vielleicht auch den Zweck, die Ausgaben für Sitzungsgelder zu begrenzen, ist aber jedenfalls auch als Selbstbeschränkung der Volksversammlung aufzufassen, die verhindern sollte, dass sich Augenblicksstimmungen allzu ungehemmt auswirkten.

„Krise der Polis"   Die oft angenommene Krise der griechischen Polis im 4. Jahrhundert hat es also weder in einem unmittelbaren, etwa ökonomischen, noch im politischen Sinn gegeben; schließlich ist die Polisstruktur für die gesamte antike Folgezeit die maßgebende geblieben. Was es aber gegeben hat, war neben dem Verlust außenpolitisch-militärischer Macht die Tatsache, dass es innerhalb der griechischen Welt zu stärkeren Verflechtungen kam und dass das Griechentum immer stärker in den orientalischen Raum übergriff, dass aber das Bewusstsein der Griechen großenteils weiterhin auf Selbstständigkeit und Autarkie oder auf Herrschaft im Rahmen der Polisverfassung gerichtet war. Den Verhältnissen im Orient müssen wir uns also zum Abschluss zuwenden.

Persien   Falls das Perserreich jemals monolithisch gewesen sein sollte, im 4. Jahrhundert war es das nicht mehr. Zwar war es durch die Verhältnisse in Griechenland in die Lage gekommen, zeitweilig eine Art Schiedsrichterrolle zu spielen, sah sich aber selbst ständiger Gefahr der inneren Auflösung ausgesetzt. Ägypten war von 408 bis 343 abgefallen, und seine Wiedereroberung war nur der Energie Artaxerxes' III. Ochos zu verdanken. Ebenso ist er es gewesen, der den großen, über zehn Jahre dauernden Satrapenaufständen in den westlichen Satrapien 356 ein Ende gemacht hat – auch in Persien hing also allzu viel von den subjektiven Fähigkeiten des jeweiligen Herrschers ab. Obwohl der gänzliche Verfall verhindert werden konnte, blieben die Tendenzen zur relativen Selbstständigkeit mancher vor allem kleinasiatischer Untergebener des Großkönigs bestehen, sei es – schon in den achtziger Jahren – König Euagoras von Zypern, seien es weiterhin Satrapen, seien es einheimische Dynasten wie Maussollos von Karien. Dieser erkannte zwar – wie auch vor ihm ein lykischer König mit dem bezeichnenden Namen Perikles – die persische Oberhoheit an, trieb aber neben der zeitweiligen Beteiligung am Satrapenaufstand eine eigene Politik innerhalb der griechischen Welt, indem er sich mit Athens abgefallenen Bundesgenossen gegen dieses verbündete.

Besonders hervorzuheben ist aber die zunehmende, wenn auch noch unorganisierte griechische Einwirkung auf den Orient. Schon die bildende Kunst nahm immer mehr griechische Züge an, und auch wenn das jedenfalls teilweise darauf zurückzuführen ist, dass griechische Künstler im Orient arbeiteten, so ist gerade das ein Zeichen der Zeit: die griechische Auswanderung in den Osten und das sonstige Eingreifen von Griechen in Auseinandersetzungen dort. Auswanderer waren entweder Griechen, die als unterlegene Partei in innerstädtischen Auseinandersetzungen fliehen mussten, oder aber Söldner, die sich in persische Dienste oder in die Dienste von gegen die persische Zentralgewalt Kämpfenden begaben: von den 10 000 griechischen Söldnern angefangen, über deren Unterstützung von Kyros' Usurpationsversuch Xenophon in seiner Anabasis berichtet, über den spartanischen König Agesilaos und den athenischen Feldherrn Chabrias, die den Ägyptern bei ihren Kämpfen gegen Persien beistanden, bis hin zu dem rhodischen Bruderpaar Mentor und Memnon, von denen der letztere anscheinend der fähigste Gegner Alexanders des Großen auf persischer Seite war. Noch in der Schlacht von Gaugamela (331) kämpften griechische Söldner für Persien.

Griechen im Orient

c) Geistiges Leben

Wenn das politisch-soziale Leben des 4. Jahrhunderts nicht mit den Stichworten Krise und Orientierungslosigkeit, sondern – wie hier – mit Vielfalt und Potenzialität umschrieben wird, so gilt das in erhöhtem Maße für das kulturelle Leben. Das 5. Jahrhundert hat in Dichtung und Geschichtsschreibung klassische, d. h. normsetzende und immer wieder gelesene und gedeutete Werke hinterlassen, das vierte in der Philosophie und der Redekunst.

Platon, der Schüler des Sokrates, beteiligte sich nach und wohl auch wegen dessen Hinrichtung nicht am politischen Leben seiner Vaterstadt Athen. In der von ihm gestifteten Kultgemeinschaft im Hain des Heros Akademos (Akademie) außerhalb der Stadt entwickelte und lehrte er von 385 bis zu seinem Tode 348/7. Diese Philosophie in ihrer Komplexität schlagwortartig zu kennzeichnen wird hier vermieden, zumal Platon selbst sagte, ihr Eigentliches sei schriftlich nicht zu vermitteln. Immerhin muss darauf aufmerksam gemacht werden, dass Platon, obwohl er die alleinige Wirklichkeit von Ideen behauptet, die hinter der platten Realität stünden, das Gegenteil eines unpolitischen und unverbindlichen Denkers gewesen ist. Er hat nicht nur im „Staat" und in den „Gesetzen" grundlegend über das menschliche Zusammenleben nachgedacht und ein Modell dafür entworfen, er hat auch mehrfach, wenn auch mit geringem Erfolg, in die Politik der sizilischen Metropole Syrakus eingegriffen.

Platon

Aristoteles   Sein aus Stageira auf der Chalkidike stammender ehemaliger Schüler Aristoteles, bis in die Neuzeit hinein „der Philosoph" genannt, verkörperte mit seinem Wirklichkeitshunger eine andere Philosophie. Im Heiligtum des Apollon Lykeios, dem Lykeion bei Athen (Lyceum), sammelte er – als Metöke – seit 335, z. T. durch seine Schüler, immense Materialien zu allen Wissensgebieten (so etwa Polisverfassungen in 158 Büchern). Seine philosophischen Schriften stellen eine staunenswerte und für die europäische (und arabische) Geistesgeschichte ungeheuer folgenreiche Verarbeitung dieses Wissens – ja sogar teilweise die Begründung von Wissensgebieten selbst – dar: Logik, Naturwissenschaften, Metaphysik, Ethik, Politik (Verarbeitung der Polisverfassungen), Rhetorik, Poetik. Auch Aristoteles selbst hatte nicht nur als lehrender und veröffentlichender Philosoph wirken wollen (seine Schule heißt auch Peripatos, angeblich weil er auf- und abgehend [*peripatein*] lehrte), sondern war auch mit der aktiven Politik verknüpft. Mit dem Adoptivvater seiner Frau, dem Tyrannen Hermias von Atarneus, verband ihn eine enge Freundschaft, und Philipp II. machte ihn zum Erzieher seines Sohnes Alexander, der er bis 340 war; nach Alexanders Tod 323 musste er als Makedonenfreund Athen verlassen.

Xenophon   Es war aber nicht Aristoteles allein, der über das konkrete öffentliche Leben nachgedacht hat. Erwähnt sei hier nur der athenische Spartafreund und Sokratesschüler Xenophon mit seiner Schrift über den Staat der Lakedaimonier und mit seinen ökonomischen Schriften, die freilich nicht als Wirtschaftswissenschaft missverstanden werden dürfen. In den Hellenika hat er das Geschichtswerk des Thukydides fortgesetzt. Aristoteles konnte sich in seiner Betrachtung der Geschichte der athenischen Verfassung auf Vorgänger stützen, die schon vor ihm z. T. mit der Absicht, durch Berufung auf die Vergangenheit ihre politischen Ziele zu legitimieren, Fakten und Ansichten über die athenische Vergangenheit gesammelt Atthiden   und zu athenischen Lokalgeschichten (Atthiden, Singular: Atthis) zusammengestellt hatten. Auch die außerathenische Geschichte wurde nun auf breiter Basis in Universalgeschichten (etwa durch Ephoros aus Kyme in Kleinasien) dargestellt.

Rhetorik   Neben der Philosophie hat das 4. Jahrhundert die schriftlich überlieferten Werke der Redekunst als klassische Literatur hervorgebracht; wir haben Gerichtsreden in Zivil- und Strafprozessen und politische Reden. Gerichtsreden verfasste der athenische Metöke syrakusanischer Abstammung Lysias. Der auch für spätere Zeiten sprichwörtlich redegewaltige Athener Demosthenes schrieb und hielt vor allem politische Reden im Interesse der antimakedonischen Politik, während Aischines, sein Widerpart, einen Ausgleich mit Makedonien anstrebte. Eine ähnliche Politik verfolgte gegen Ende seines fast hundertjährigen Lebens Isokrates, der in der ersten Jahrhunderthälfte auf die Wiedererrichtung des Seebundes hingearbeitet hatte und dessen Meinungen in vielen politischen Schriften ausgedrückt wurden, die er in der Form von Reden veröffentlichte.

Die Dichtung erlebte in den Komödien Menanders erst gegen Ende des Jahrhunderts wieder eine Hochblüte. Bezeichnend auch für das Selbstverständnis der Zeitgenossen ist, dass seit 386 frühere Stücke der klassischen Zeit wieder aufgeführt wurden, die an sich ja nur zur einmaligen kultischen Aufführung gedacht waren. Die bildende Kunst dagegen hat weiter glänzende Namen aufzuweisen, die z. T. wieder sprichwörtlich für die ganze Gattung standen und so für die als normsetzend angesehene Qualität der Werke sprechen. Der Maler Apelles aus Kolophon gehört dazu, von dem allein Alexander der Große gemalt sein wollte, dessen Werke aber nicht erhalten sind. Der Bildhauer, der Alexander angeblich allein porträtieren durfte, war Lysipp aus Sikyon, ebenso berühmt wie Praxiteles aus Athen. Sie und die vielen anderen Bildhauer zeichneten sich gegenüber dem 5. Jahrhundert durch eine bewegtere, dem individuellen Ausdruck offenere Kunst aus. Die Baukunst bestand in der Weiterentwicklung der Grundformen der Vergangenheit, wie das Theater von Epidauros zeigt, und begann, etwa im Grabmal des karischen Dynasten Maussollos, dem Maussolleion, in Auseinandersetzung mit neuen politischen Gegebenheiten neue Formen zu entwickeln.

<small>Dichtung</small>

<small>Bildende Kunst</small>

Im 4. Jahrhundert befand sich die griechische Welt in einem Wandlungsprozess. Bei nach wie vor grundsätzlich bestehender Vitalität der Polis drängte die politisch-soziale Entwicklung doch auf die Überwindung der Polisgrenzen hin; im geistigen Bereich fand eine weitere Steigerung des Individualismus statt, der nun nicht mehr das Korrelat zu einem Gemeinschaftsgefühl war, sondern der sich von der Gemeinschaft abwandte oder im universalen Wissensdrang über sie hinausdrängte. Es ist schwer zu sagen, welche Entwicklung Griechenland genommen hätte, wenn es sich selbst überlassen geblieben wäre. Die weitere Entwicklung kam aber nicht von innen heraus, sondern durch den Anstoß von außen, durch die Vorherrschaft Makedoniens. Mit seiner Eroberung Asiens wurden die Tendenzen und Möglichkeiten der griechischen Entwicklung in eine neue Richtung gewiesen.

<small>Die Epoche</small>

II. Grundprobleme und Tendenzen der Forschung

VORBEMERKUNG: ALLGEMEINE LITERATUR UND HILFSMITTEL

In den letzten Jahren erschienen mehrere deutschsprachige Gesamtdarstellungen der Alten Geschichte insgesamt, die sich als erste Einführung auch für die griechische Geschichte eignen: DAHLHEIM [151] (schwungvoll), GEHRKE [168] (kondensiert, präzise), GEHRKE/SCHNEIDER [159] (Arbeitsbuch). Die beste erzählende moderne Darstellung in deutscher Sprache der griechischen Geschichte selbst ist immer noch Bd. 3 der Propyläen Weltgeschichte [127]. Insbesondere die Beiträge von A. HEUSS führen vornehmlich die politische Geschichte gut, klar und gedankenreich geschrieben vor (ohne Anmerkungen); daneben tritt die deutsche Übersetzung der Fontana Ancient History mit den auf unsere Epochen bezüglichen Bänden von MURRAY [137] und DAVIES [139], wo gut lesbare Darstellung und Diskussion mit der Vorstellung exemplarischer Quellen verbunden sind. Das frühere Standardwerk von Hermann Bengtson wurde durch CLAUSS [163] abgelöst, der inhaltliche Überblicke gibt, sowie VOLLMER u. a. [166] und SCHULLER [165], Ersterer unter Betonung des technisch-praktischen Apekts, Letzterer durch Vorstellung spezifisch-exemplarischer Sachverhalte. Die *Einleitung in die griechische Philologie* [167: NESSELRATH (Hrsg.)] bietet in ihren Einzelartikeln viel mehr als der Titel vermuten lässt, nämlich einen dicht gedrängten, mit Sachverhalten voll gepackten Abriss aller Zweige der griechischen Altertumskunde. Dazu tritt die Cambridge Ancient History (CAH) [130], deren Neuauflage jetzt bis zum 4. Jh. gediehen ist. Zur Ergänzung insbesondere für moderne Entwicklungen in der französischen und angelsächsischen Literatur sind die regelmäßigen Literaturberichte in der Revue historique hinzuzuziehen, die, von ÉD. WILL begonnen [128] und von F. BOURRIOT fortgesetzt [142] allerdings erst mit der archaischen Zeit einsetzen. Eine Zwischenstellung nehmen die beiden Bände Le monde grec et l'Orient [131; 133] ein, die von ÉD. WILL herausgegeben und größtenteils von ihm verfasst sind. Sie sind Darstellungen (von ca. 500 an) und geben gleichzeitig konzentrierte Literaturangaben zu einzelnen größeren Komplexen. Jetzt treten auf dem neuesten Stand die Werke der Sammlung La nouvelle Clio hinzu, bis jetzt C. BAURAIN [154] und P. BRIANT u. a. [148]. Schließlich sind eindrucksvoll mate-

Gesamtdarstellungen

rialreich (auch mit Abbildungen) die Griechenland betreffenden beiden Bände der Routledge History of the Ancient World OSBORNE [152] und HORNBLOWER [141].
Eher nach Sachgruppen geordnet ist die Griechische Geschichte von WEILER, mit ausführlichen Literaturangaben und intensiver Forschungsdiskussion [145]; dicht an den Quellen erzählt SEALEY [144], und einen guten Überblick über die politische Geschichte bietet WELWEI [140]. Die zwar vor allem auf Gesellschaft und Wirtschaft konzentrierten Werke von AUSTIN/VIDAL-NAQUET [439] (ausführlicher Quellenteil, s. auch u. S. 83) und GSCHNITZER [135] sind auch für die allgemeine Geschichte von Wichtigkeit, und schließlich ist auch das monumentale Werk von STE. CROIX [136] trotz seines Titels eine Fundgrube für anregende und weiterführende Beobachtungen und Diskussionen zu allen Gebieten des griechischen Lebens. Ebenso betont POMEROY u. a. [156] die integrale, alle Gebiete umfassende Geschichtsauffassung, und charakteristisch ist, dass die unter CARTLEDGES Herausgeberschaft erschienene History of Ancient Greece in der deutschen Übersetzung richtigerweise Kulturgeschichte heißt [155]. Den Höhepunkt dieses alle Gebiete umfassenden, also vor allem kulturhistorischen Geschichtsverständnisses stellt das Jahrhundertwerk *I Greci*, herausgegeben von S. SETTIS [150], dar. Lehrreich ist das übersichtliche ehemalige DDR-Hochschullehrbuch, nicht zuletzt im Hinblick auf Gewichtungsunterschiede im Laufe der verschiedenen Auflagen, das verdientermaßen nach der friedlichen Revolution noch einmal aufgelegt worden ist [143]; eine vorbildliche knappe Zusammenfassung ist LOTZE [158]. Skizzen bedeutender Personen bietet BRODERSEN [157], und schließlich sei noch die für einen breiteren Leserkreis gedachte illustrierte Darstellung der griechischen Geschichte durch den Verfasser dieses Buches selbst erwähnt: SCHULLER [153]. Trotz all dieser Werke neueren Datums aber haben die klassischen Werke zur griechischen Geschichte von BELOCH, BUSOLT und MEYER (s. u. S. 76f.) nichts von ihrer Bedeutung verloren und sind für ernsthafte Arbeit immer heranzuziehen.

Nachbarwissenschaften   Die Wissenschaftsgeschichte wird durch den Dokumentenband NIPPEL [164] lesenswert und lesbar vertreten, CHRIST [209, 220, 223] erschließt die vor allem deutsche Wissenschaftsgeschichte, AMPOLO [222] gibt einen zusammenfassenden Abriß zur griechischen Geschichte. Den augenblicklichen Stand der Forschung umreißen GEHRKE [219] und RAAFLAUB [221]. Publikumswirksam war die unbegründete Behauptung BERNALS, die klassische Zivilisation hätte afroasiatische bzw. ägyptische Wurzeln [201], zwei der vielen Zurückweisungen sind LEFKOWITZ/ROGERS [202] und LEFKOWITZ [203]. Die griechische Literatur ist ausführlich und gleichwohl sehr lesbar zusammenfassend dargestellt durch LESKY [332]; Handbücher sind VOGT [334] und EASTERLING/KNOX [335]. Die Philosophie ist sehr ausführlich behandelt durch die klassische Darstellung von GUTHRIE [343]; einzelne Philosophen durch ERLER/GRAESER [360]; siehe auch Philosophie der Antike [345/346]; MITTELSTRASS [348] weist auf neuzeitliche Wirkungen der griechischen Philosophie hin.

Ein zuverlässiges Nachschlagewerk ist *Der kleine Pauly* [170], dessen fünf Nachschlagewerke Bände auch in einer Taschenbuchausgabe zur Verfügung stehen. Ausführlicher – übrigens nicht immer – informiert jetzt der im Entstehen begriffene *Neue Pauly* [181], zu dessen Verdiensten es gehört, auch die Antikerezeption in eigenen Bänden zu behandeln. Das *Lexikon Alte Kulturen* [178] gibt sehr empfehlenswerte knappe erste Informationen. Die bildliche Darstellung der antiken Mythologie wird erschlossen durch das Lexicon Iconographicum Mythologiae Classicae (LIMC) [176]; die griechischen Personennamen durch FRASER/MATTHEWS [177] und OSBORNE/BYRNE [180], speziell die Alte Geschichte durch SPEAKE [179].

Die jährliche Bibliographie zur Altertumswissenschaft ist *L'année philologique* [191], die zur Archäologie die vom Deutschen Archäologischen Institut herausgegebene *Archäologische Bibliographie* [190]; äußerst praktisch GULLATH [192]. Über die geographischen Verhältnisse (und Ausgrabungen) orientieren die zahlreichen Atlanten zu Archäologie und Geschichte (unten S. 172 f.).

A. DIE QUELLEN

Wichtigkeit der Quellen

Obwohl im ersten Teil dieses Buches hin und wieder auf Zweifelsfragen aufmerksam gemacht worden ist, sind die Dinge im Allgemeinen dort doch reichlich glatt dargestellt worden. Das hatte zwar für die Herstellung der ersten Bekanntschaft mit den Sachverhalten seine Berechtigung, erweckt jedoch den Anschein eines Grades von Gewissheit, der in Wirklichkeit nicht besteht. Um das zu begründen, muss zunächst und nachdrücklich auf das einfache, aber alle weiteren Fragen vorentscheidende Faktum hingewiesen werden, dass wir alles, was wir zu wissen meinen, nur dann wissen können, wenn wir von ihm Nachrichten aus der Zeit selber haben. Oder umgekehrt ausgedrückt: Es erscheint in naiver Weise selbstverständlich, dass wir Kenntnisse von den Griechen des Altertums haben. Diese Tatsache ist jedoch angesichts der zeitlichen und geistigen Entfernung und der unendlichen Zerstörungen im Laufe der Jahrtausende höchst staunenswert. Und in der Tat überwiegen die Nachrichten, die wir nicht haben, die vorhandenen bei weitem, so dass also die historischen Quellen, schon allein was ihre Anzahl betrifft, in hohem Maße lückenhaft sind. Aber auch soweit sie existieren, bedürfen sie eines komplexen Interpretationsverfahrens, weil sie großenteils in sich unvollständig und zudem sehr voraussetzungsreiche Gebilde sind, die das, was uns interessiert, kaum je unmittelbar, eindeutig und in unseren Begriffen aussagen. Von diesen Prämissen ausgehend sollen nun die wichtigsten Quellengattungen und Quellen für die griechische Geschichte zusammen mit den sie erst verständlich und benutzbar machenden Nachbar- und Hilfswissenschaften vorgestellt werden. Das soll und kann hier freilich nicht in der Weise einer systematischen Quellenkunde geschehen, die ihren Platz in den Einführungen in die Alte Geschichte hat [sehr gut zusammenfassend KLOFT in 161: BOSHOF/DÜWELL/KLOFT, 27–109; spezielle methodische Diskussion der Verwendung der literarischen, epigraphischen, archäologischen und numismatischen Quellen bei 100a: CRAWFORD; 100b, 101: PELLING], sondern immer nur unter dem Gesichtspunkt ihrer Aussagekraft für die Geschichte und unsere historische Fragestellungen.

Übersetzungen

Im Folgenden werden aus Raumgründen nur knappe, allgemein charakterisierende Bemerkungen gemacht und Literaturhinweise gegeben; auf die ausführlichen Angaben in Teil III wird verwiesen. Bei schriftlichen Quellen wurde auf Texte mit Übersetzungen Wert gelegt, der Not der Sprachunkenntnisse gehorchend, jedoch muss deutlich gesagt werden, dass auch die beste Übersetzung irreführende Fehler haben und oft die Abschattierungen der Texte, auf die es ankommt, nur unzureichend wiedergeben kann. Trotzdem sind die Quellensammlungen, die schriftliche Quellen jeden Typus mit Übersetzungen enthalten, wertvoll und hilfreich, auch wegen der erklärenden Hinzufügungen der Verfasser, die auch dem Fachkollegen etwas sagen. CRAWFORD/WHITEHEAD [2] ist umfangreich, mit sehr vielen literarischen Texten, für die es auch andere Übersetzungen in Fülle gibt; RHODES [3] ist knapper und übersichtlicher; FORNARA und HARDING [4 und 5] bestehen großenteils aus Inschriften; STANTON [8] beschränkt sich auf die athenische Politik, RILINGER [9] hat das tägliche Leben im Auge. Besonders nützlich ist die dreibändige Übersetzung von Inschriften durch BRODERSEN u. a. [10]; AREND [1] bringt deutsche Übersetzungen aller Quellengattungen, ist jedoch relativ wenig umfangreich.

Bei den literarischen Quellen außerhalb der Geschichtsschreibung musste ganz streng ausgewählt werden – sonst hätte eine Literaturgeschichte vorgelegt werden müssen. Glücklicherweise gibt es neuerdings die zweisprachige Serie zu Literatur und Philosophie bei Reclam, die außer Texten auch hilfreiche Angaben zur Forschungsliteratur enthält [337].

1. LITERARISCHE QUELLEN

a) Geschichtsschreibung

Als erstes muss die Geschichtsschreibung erwähnt werden, und zwar deshalb, weil alle anderen Quellengattungen zwar teilweise härtere Fakten liefern, diese aber ohne das Band der Sinnzusammenhänge, das die zeitgenössische Geschichtsschreibung liefert, leicht isoliert bleiben. Diese Sinnzusammenhänge sind wiederum historisch bedingt, müssen also ihrerseits aufgrund unserer Fragestellungen interpretiert werden. Da nun der von den griechischen Geschichtsschreibern hergestellte Zusammenhang nicht nur eine interpretierende Auswahl, sondern sogar die Konstituierung dessen bedeutete, was überhaupt Geschichte sei [233: ALONSO-NÚÑEZ], sind wir von ihm auch besonders abhängig: Seit und durch Herodot, vor allem aber Thukydides ist Geschichte – wegen ihrer Ausgangsfrage nach den Wirkungszusammenhängen, die die zum Gegenstand der Untersuchung gemachten großen zeitgenössischen Kriege erklären könnten – gleichbedeutend mit politischer (und militärischer) Geschichte [28: STRASBURGER; 229: MOMIGLIANO 5]. Obwohl Herodot auch politische Geschichte schrieb und daher nicht als bloßer, womöglich naiv fabulierender Kulturhistoriker gesehen werden darf [17: SHIMRON], ist sein Geschichtsverständnis doch umfassender als das des Thukydides. Nicht nur das, was wir heute Kulturgeschichte nennen würden, spielt bei ihm eine Rolle; auch die Frauen finden, anders als bei Thukydides, Beachtung. Die Konzentration auf Politisch-Militärisches durch Thukydides, verbunden mit einem pessimistischen Menschenbild, ist zwar sehr folgenreich, ja prägend gewesen, jedoch fragt es sich, ob das nicht eine Verengung bedeutet [31: HORNBLOWER hebt weitere Qualitäten des Thukydides hervor], erst recht dann, wenn man diese zwar eindrucksvolle, aber doch persönliche Sicht für angeblich illusionslos und objektiv richtig hält, was

Funktion der Geschichtsschreibung

Herodot, Thukydides

sie nicht ist [233: SCHULLER]. Die faktischen Angaben, die beide machen, beruhen zunächst auf mündlichen Berichten und eigenen Erfahrungen; bei divergierenden Aussagen verließ sich Herodot auf sein eigenes Gefühl von der Richtigkeit, während Thukydides schon Ansätze einer Quellenkritik entwickelte, wie etwa die Heranziehung inschriftlichen Materials, obwohl er, anders als Herodot, nur in den seltensten Fällen mitteilt, wie er zu seinen Ergebnissen gekommen ist. Die Debatte darüber, wie zuverlässig Herodots Angaben sind, ist wohl noch nicht abgeschlossen (gegen die Zuverlässigkeit FEHLING [18]; zum Teil scharfe Entgegnungen von PRITCHETT [20], NESSELRATH [22], SHRIMPTON/GILLIS [21]; beachtenswerte Kritik bei SCHREIBER [34]). Immer ist jedoch zu beachten, dass beide sich großenteils auf mündliche Überlieferung stützen, die erheblichen Deformationen unterliegen konnte, so auch noch im 4. Jahrhundert [232: THOMAS und 231: RAAFLAUB].

Xenophon   Xenophon dagegen, der letzte vollständig erhaltene Historiker der klassischen Zeit (bis 362) [46: GRAY; 48: TUPLIN; 51: KRENTZ] ist, obwohl er auf einfacherem Niveau das Konzept des von ihm fortgesetzten Thukydides übernommen hat, u. a. wegen seiner spartafreundlichen Neigungen bisweilen stark parteiisch [vgl. z. B. S. 146f.; dazu 45: PROIETTI]. Von den anderen Historikern des 4. Jahrhunderts (zum Geschichtsverständnis 235: WILL) wären der aus Kyme in Kleinasien

Fragmente, Diodor, stammende Ephoros und Theopomp von Chios zu nennen [98: FLOWER]. Eine
Plutarch   wesentliche Bereicherung unserer Kenntnisse stellt ein ägyptischer Papyrus mit Teilen eines Geschichtswerkes dar, das möglicherweise von Theopomp stammt [Hellenika von Oxyrhynchos; 54: MCKECHNIE/KERN]. Generell sind überhaupt von diesen Werken, außer Xenophon, nur zerstreute Fragmente erhalten, die, zusammen mit allen anderen Historikern, in dem monumentalen Werk FELIX JACOBYS gesammelt, das jetzt dankenswerterweise von GUIDO SCHEPENS fortgeführt wird [117] und von H. STRASBURGER zusammenfassend charakterisiert wird [228]. Immerhin ist in der Weltgeschichte des zur augusteischen Zeit schreibenden Kompilators Diodor [59, Übersetzung; s. auch 60] und in den Biographien des kaiserzeitlichen Schriftstellers Plutarch viel Material aus einer Vielzahl von guten Quellen erhalten [228: STRASBURGER, 28–30].

b) Staatstheorie und Philosophie

Eine Quellengattung, die unmittelbare Aussagen zu geschichtlichen Sachverhalten macht, sind die Schriften, die sich systematisch mit politischen, sozialen und wirtschaftlichen Fragen beschäftigen. Die früheste erhaltene ist eine polemische, antidemokratische, aber die Sachverhalte scharf beobachtende und analysierende Schrift über den athenischen Staat und die athenische Demokratie

Pseudo-Xenophon aus dem 5. Jahrhundert. Sie wurde nur deshalb überliefert, weil sie irrigerweise als von Xenophon stammend angesehen wurde (daher auch Pseudo-Xenophon
Xenophon genannt). Der wirkliche Xenophon hat eine Schrift über den spartanischen Staat

verfasst [53: REBENICH], und über Geschichte und Organisation des öffentlichen Lebens in Athen im 4. Jahrhundert besitzen wir eine kleine Schrift, den „Staat der Athener", die Ende des 19. Jahrhunderts auf einem Papyrus entdeckt wurde [Übersetzung: 81, Kommentar 84: RHODES]. Ob sie von Aristoteles selbst Aristoteles
stammt, ist umstritten, ist aber auch angesichts des Wertes der Informationen, die das auf etwas früheren attischen Lokalchroniken [Atthiden; dazu: 97: HARDING] beruhende Werkchen bietet, verhältnismäßig unerheblich. Erst mit ihrer Hilfe war es möglich, die athenische Verfassung zusammenhängend darzustellen und zu verstehen, wobei freilich zu beachten ist, dass viele Angaben des 4. Jahrhunderts über das 5. und das 6. Jahrhundert ihrerseits politisch-propagandistische Konstruktion [1220 und 1242: RUSCHENBUSCH] oder sonst deformiert sind (s. S. 152 f.).

In der Art dieser athenischen Verfassungsgeschichte hat man sich die 158 lokalen Verfassungsgeschichten vorzustellen, die Aristoteles als Material für sein zusammenfassendes Werk „Politik" gesammelt hat, das über seinen staatstheoretischen Gehalt hinaus (der Mensch ein Gemeinschaftswesen (*zoon politikon*), vollkommener Staat, Typen und Wandel der Staatsformen) eine Fülle von historischen Einzelinformationen bietet. Ebenso sind die sogenannten öko- Ökonomische
nomischen Schriften von Xenophon [Kommentar: 49: POMEROY] und Pseudo- Schriften
Aristoteles sowohl für das wirtschaftliche Denken des 4. Jhs. (s. dazu S. 153 f.) als auch für Einzeltatsachen wichtig. Dagegen steht in den platonischen Platon
staatstheoretischen Schriften (Politeia [Staat]; später die Nomoi [Gesetze]) vornehmlich das Bild des Idealstaates selbst im Vordergrund. Überhaupt ist die philosophische Literatur überwiegend Quelle für die Geistesgeschichte der Zeit, und insofern ist auch das monumentale Werk BRUNSCHWIG/LLOYD über „Das Wissen der Griechen" [361] heranzuziehen, das eine griechische Wissenschaftsgeschichte bis in die Spätantike darstellt.

c) Dichtung und Reden

Auch die Dichtung ist vor allem für die Geistesgeschichte aufschlussreich, und doch Dichtung
war sie großenteils unmittelbare politische Äußerung: von den Gedichten des Alkaios angefangen, die er für seine Hetairie in der Auseinandersetzung mit den lesbischen Tyrannen schrieb [1265: RÖSLER], über Solon, der sein politisches Programm in Gedichten publik machte [332: LESKY, 150; 1304: OLIVA], Aischylos' „Schutzflehende", in denen das erste dichterische Zeugnis über die athenische Demokratie vorliegt [129: EHRENBERG 266–274; zuletzt mit weiterer Literatur 723: RÖSLER] bis hin zu Aristophanes [1435: NEWIGER], dessen Materialfülle so umfassend ist, dass eine Art Soziologie der athenischen Gesellschaft aufgrund seiner Stücke geschrieben werden konnte [1417: EHRENBERG] – freilich ist bei der unmittelbaren Beziehung der Tragödie auf aktuelles Tagesgeschehen höchste Vorsicht geboten [100: PELLING]; siehe auch [540: RUBEL, 371–376]. Sehr

Reden viel direkter in die politische Auseinandersetzung führen zwei Literaturgattungen des 4. Jahrhunderts. Politische Flugschriften, oft in der Form einer fiktiven Rede, sowie Schriften an und über Könige (etwa der Areopagitikos, der Panathenaikos, der Philippos des Isokrates [67], der Agesilaos des Xenophon) geben Auskunft über politische Bestrebungen der Zeit. Wirkliche Reden, die freilich immer für die spätere Herausgabe stilistisch und inhaltlich überarbeitet wurden, geben uns als Gerichtsreden unmittelbar Einblick nicht nur in das athenische Rechts-, sondern auch ins soziale Leben und stellen uns als politische Reden vor der Volksversammlung direkt in die aktuelle Tagespolitik – Aischines [79: HARRIS] und Demosthenes [74: CARLIER; 75: SEALEY] wären hier vor allem zu nennen, von letzterem etwa die Philippischen Reden und die Rede über den Kranz, in der er eine Summe seiner Politik zieht [72: WANKEL; 76: SCHULLER]; siehe auch unten S. 151 f.

2. INSCHRIFTEN, PAPYRI, MÜNZEN

a) Inschriften

Die wissenschaftliche Auswertung der literarischen Quellen ist Aufgabe sowohl der Klassischen Philologie als auch der Alten Geschichte; die Sammlung, Wiederherstellung und Erschließung der unmittelbaren Quellen Gegenstand so-
Epigraphik genannter Hilfswissenschaften. Die Epigraphik [242: GUARDUCCI (umfassend, mit Abbildungen); 241: KLAFFENBACH; 244: ROBERT; 249: WOODHEAD; 245: TRACY (Handschrift eines Steinmetzen); 247: THREATTE (Grammatik); 249: BERARD u. a. (orientierende Bibliographie); 251: BODEL (übersichtliche und gleichzeitig eindringliche Einführung)] befasst sich mit den Inschriften, d. h. mit dem, was meistens mit der Absicht der Überlieferung von den Zeitgenossen auf dauerhafte Materialien wie Stein und Bronze geschrieben worden ist. Hierdurch sind viele Einzelheiten insbesondere des öffentlichen Lebens überliefert, die sonst nicht bekannt wären oder durch die wir die literarische Überlieferung kontrollieren
Arten von können, die aber, umgekehrt, ohne diese oft schwer zu interpretieren sind. Zu den
Inschriften wichtigsten Arten gehören die Volksbeschlüsse zu innen- und außenpolitischen Fragen, aus denen neben dem unmittelbaren politischen Inhalt viel über die Funktionsweise der jeweiligen Stadt zu entnehmen ist [die wichtigsten – neben anderen Inschriften – bis zur Alexanderzeit kommentiert herausgegeben in 110: MEIGGS/LEWIS und 109: TOD; Spezialuntersuchungen zu Struktur und Inhalt athenischer Volksbeschlüsse von HENRY, 645 und 664; Proxeniedekrete bei 648: WALBANK; Übersetzungen 10: BRODERSEN u. a.]. Weiter sind die außenpolitischen Staatsverträge des dauerhaften Aufschreibens wert erachtet worden [111: BENGTSON/WERNER, Staatsverträge II, auch mit literarisch überlieferten Verträgen].

Soweit die Probleme der Epigraphik darin bestehen, zerstörte Teile wiederzugewinnen, sollen sie hier auf sich beruhen bleiben; ebenso soll nicht weiter die Selbstverständlichkeit ausgebreitet werden, dass präzise Kenntnisse erforderlich sind, so dass etwa zwischen Grab- und anderen Denkmälern trotz mancher äußeren Ähnlichkeiten zu unterscheiden ist; hier soll nur auf das Problem der Authentizität aufmerksam gemacht werden. Es ist schon gesagt worden, dass in den Atthiden des 4. Jahrhunderts versucht wurde, politische Positionen durch Berufung auf eine zu diesem Zweck fingierte Vergangenheit zu legitimieren. Da Inschriften nun, auch noch für uns, prima facie einen hohen Beweiswert haben, stellte man auch nachträglich Inschriften her, die bestimmte politische Ansichten oder Ansprüche stützen sollten. Die Aufgabe der heutigen Wissenschaft ist nun nicht nur, das Alter der Inschrift selbst und des in ihr aufgezeichneten Textes zu bestimmen, was aufgrund äußerer Anzeichen wie Schrift- und Rechtschreibungsart sowie Stilkriterien noch verhältnismäßig einfach ist, sondern auch zu klären, ob der materielle Inhalt authentisch ist. Die (griechische) Antike hatte nämlich nicht den strengen Authentizitätsbegriff wie wir, der bei der Überlieferung eines Dokumentes, wie es etwa ein Volksbeschluss ist, Wörtlichkeit verlangt. Wegen der großen Bedeutung, die Literarisch-Stilistischem zukam, war es sogar legitim, entsprechende Umformungen vorzunehmen. Unter diesen Bedingungen nun die wenigstens inhaltliche Richtigkeit von Inschriften zu sichern, erfordert wegen des regelmäßigen Fehlens anderer kontrollierender Überlieferung eine sehr komplexe Argumentation. Wenn strenge Maßstäbe angelegt werden, ist das eine fast unlösbare Aufgabe, zumal wenn man bedenkt, dass die uns vorliegenden literarischen Quellen, die zur Kontrolle geeignet wären, wahrscheinlich auch den Verfassern solcher epigraphischer Dokumente zur Verfügung gestanden haben und infolgedessen nur Zirkelschlüsse produzieren. Zwei Beispiele seien genannt: Eine kyrenische Inschrift des 4. Jhs., die durch Zitierung angeblicher Bestimmungen aus der Zeit der Kolonisation von Thera aus jetzt Theräern Rechte in Kyrene garantierte und eine 1952 von MICHAEL JAMESON [1513] gefundene, im 4. Jh. verfasste, aus dem 3. Jh. stammende Inschrift, die die Evakuierung der Athener durch Themistokles bereits vor der Schlacht an den Thermopylen beweisen sollte [zuletzt 1525: ROBERTSON; 1526: HAMMOND, alle für annähernde Echtheit].

Diese Probleme können bei solchen Inschriften nicht auftreten, die nicht für eine dauerhafte Überlieferung gedacht waren, sondern nur für den unmittelbaren Gebrauch angefertigt wurden und zufällig erhalten geblieben sind. Das ist etwa der Fall bei den Inschriften in Linear B, die nur deshalb überliefert worden sind, weil sie durch die Brände konserviert wurden, in denen die mykenischen Orte untergingen (Näheres unten S. 109 f.). Ihre Interpretation zeigt besonders eindringlich die Schwierigkeiten, vor die der Historiker bei Fehlen einer literarischen Überlieferung gestellt ist, etwa bei Verzeichnissen von Frauen, Männern und Knaben in Pylos, die verschiedene Interpretationen zulassen: es könnten abhängige Arbeiter sein, was auf Palastwirtschaft hindeuten würde, oder Flüchtlinge, was dann näher zu identifizierende kriegerische Konflikte bedeutete [1105: HILLER/PANAGL, 108–116]. Ebenfalls nicht in Dokumentierungsabsicht be-

Ostraka schrieben sind die Scherben beim athenischen Ostrakismos, die leider längst noch nicht alle ausgewertet sind, die aber erhebliche, über die literarische Überlieferung hinausgehende Aufschlüsse versprechen; auch hier hängt manches mangels literarischer Anhaltspunkte in der Luft [vorläufig dazu 640: VANDERPOOL] (näheres unten S. 131 f.).

Sammlungen   Obwohl ständig neue Inschriften gefunden werden – was einen großen Reiz der Epigraphik ausmacht –, versucht man doch, sie in Vollständigkeit anstrebenden Publikationen zu sammeln, d. h. in den Inscriptiones Graecae [103], die nach geographischen Gesichtspunkten geordnet und auch nicht vollständig sind, wobei jedoch z. T. schon 3. Auflagen in Vorbereitung bzw. erschienen sind. Daneben gibt es selbstständige Publikationen teils nach anderen Gesichtspunkten, teils ebenfalls nach geographischen Regionen. Wichtig sind wegen ihrer Praktikabilität die Auswahlsammlungen; neben den schon genannten von MEIGGS/ LEWIS und TOD muss noch DITTENBERGER [106 und 107] erwähnt werden. Neufunde und neue Lesungen werden regelmäßig im Supplementum Epigraphicum Graecum (SEG) [104] sowie im Bulletin Epigraphique [105] publiziert.

b) Papyri

Sämtlich ohne Absicht der dauernden Überlieferung abgefasst sind die Papyri, d. h. die aus dem Mark der Papyrusstaude hergestellten Blätter, auf denen schon in der vorhellenistischen Zeit öffentliche Dokumente und private Aufzeichnungen niedergelegt wurden. Sie sind, auch die Archivexemplare, sämtlich verwittert. Erhalten geblieben sind dagegen aus dem ptolemäischen Ägypten königliche Gesetze, Verwaltungsakten, literarische Werke, Privatbriefe u. a., und zwar wegen des heißen und trockenen Klimas [243: TURNER und 250: RUPPRECHT]. Ganz überwiegend bezieht sich der Inhalt dieser Dokumente auf die hellenistische Zeit; da jedoch die in Ägypten lebenden Griechen die griechische archaische und klassische Literatur lasen, ist viel von ihr auf Papyri erhalten (so z. B. Aristoteles' „Staat der Athener"), so dass die Papyrologie auch für diese Zeit wichtig ist.

Publikationen   Zusammenfassende Papyruspublikationen – mit, wie gerade bei Papyruseditionen häufig, interpretierender Übersetzung – bestehen in kommentierten Auswahl-Veröffentlichungen [121: HUNT/EDGAR, 122: HENGSTL/HÄGE/KÜHNERT] oder in der fortlaufenden Veröffentlichung der an einem Ort gefundenen Stücke aller Art [z. B. 120: Oxyrhynchus Papyri].

c) Münzen

Aussagekraft   Die Aussagekraft der Münzen [allgemein 258: GÖBL, 1, 265: KROLL zum Aussagewert 26–28; 242–260; 259: ALFÖLDI; jetzt vor allem 268: HOWGEGO] ist nicht so unmittelbar wie die der bisher besprochenen Quellen. Sie wird aus dem Münzbild sowie aus dem Metall, der Anzahl und der Verbreitung der Münzen gewonnen. Das Münzbild gibt zunächst Aufschluss darüber, von wem die Münze geprägt wurde: Die prägende Stadt erscheint inschriftlich in dem (abgekürzten) Genitiv ihrer Bewohner und in einer oft mythologischen oder sonst sinnbildlichen Darstellung der Stadt oder des Stadtgottes. Sehr selten findet man chronologische Angaben, so dass die Herstellung der Chronologie eine schwierige Aufgabe ist, dadurch erleichtert, dass wegen der unterschiedlichen Abnutzung der Prägestempel für die Vorder- und Rückseite chronologische Reihen aufgestellt werden können [258: GÖBL, 1, 220 f. mit Tabelle 5 in Bd. 2]. Ebenso selten stellen die Münzbilder politische Ereignisse unmittelbar dar, die oft nur erschlossen werden können. Da aber jede politische Einheit (Stadt, Städtebund, Königreich) in den meisten Fällen eigene Münzen prägte, ein wesentliches Zeichen ihrer Eigenstaatlichkeit, sagt die schiere Existenz (oder Nichtexistenz) von Münzen jedenfalls darüber etwas aus. Demgemäß ist seit einiger Zeit die Meinung vorherrschend, den Münzen und der Münzprägung vor allen Dingen Status- und Prestigecharakter und deutlich weniger ökonomische Funktion zuzubilligen; dagegen wandte sich vorwiegend mit Beispielen der makedonischen Prägungen MARTIN [263], verallgemeinerte seine Position jedoch zu sehr. Sehr viel größer ist der Informationswert der Münzbilder für Kunst und Religion.

Die Münzen selbst, d. h. ihre Anzahl, ihr Material, ihr Münzfuß und ihre Fundumstände geben wichtige besiedlungs- und wirtschaftsgeschichtliche Aufschlüsse [252: LE RIDER; 258: GÖBL, 1, 244–246; 1506: FIGUEIRA]; vgl. auch S. 121 f. zum Ursprung der Münzwirtschaft. Wirtschaftlich war nämlich die Münze nichts anderes als das Metall selber, aus dem sie bestand [1608: SCHÖNERT-GEISS, 413] – meistens Silber, ganz selten Gold, später und mit nur interner Funktion Kupfer – und dessen volles Gewicht durch den ausgebenden Staat vermittels der Prägung verbürgt wurde. Demzufolge ist die Menge von Münzen ein wichtiges Indiz für die Wirtschaftskraft eines Staates (d. h. konkret für die Ergiebigkeit der in seinem Machtbereich befindlichen Edelmetallminen), insbesondere aber vermittelt die durch Münzfunde [258: GÖBL, 1, 224–227] festzustellende Reichweite seines Geldes eine Vorstellung von Art, Ausdehnung und Intensität seines Außenhandels [für die besonders häufigen athenischen Münzen 1608: SCHÖNERT-GEISS, 412–414; mehr dazu s. S. 124]. Den historischen Aussagewert der Münzen hat JONES [256] großenteils zu Unrecht in Frage gestellt; direkt setzt sich GÖBL [258: 1, 243–249] mit zutreffenden Argumenten damit auseinander, während CRAWFORD auf S. 80 f. des Wiederabdrucks von JONES die früheren direkten und indirekten Reaktionen zusammenstellte.

Publiziert werden die Münzen wegen ihrer großen Anzahl ebensowenig wie die Papyri in vollständigen Corpora, sondern außer in Fund- und Einzelpublikationen zusammenfassend in Museums- und Sammlungskatalogen [258: GÖBL, 1, 268- 272]; sehr informativ sind die nach Landschaften geordneten Literaturüberblicke speziell zur griechischen Numismatik in der Zeitschrift Chiron.

Publikationen

3. Archäologie

Gegenstand der Archäologie sind die materiellen Hinterlassenschaften der Antike, und zwar ganz überwiegend die schriftlosen, wie die Grabanlagen, die Gebrauchsgegenstände, die Werke der Architektur bis hin zu den ganzen Siedlungen selbst (die oft in großen Grabungsberichten veröffentlicht werden), die Kunstwerke. Hier können nur ganz allgemeine Hinweise auf einführende und Übersichtswerke gegeben werden: Kürzlich sind gleichzeitig zwei übersichtlich-pragmatische Einführungen erschienen, von denen man nicht weiß, welcher man den Vorzug geben sollte: BORBEIN/HÖLSCHER/ZANKER [302] und SINN [303]. Zur Kunst allgemein BOARDMAN u. a. [273], PEDLEY [300]; zur Skulptur FUCHS [283] und BOARDMAN [279, 292]; zu den Vasen (s. auch unten S. 73) COOK [270]; SIMON [278]; BOARDMAN [277, 279]; WEHGARTNER [285]; SCHEIBLER [276; 284: auch Produktion und Handel]; NOBLE [297, Technik]; zu den Tempeln GRUBEN [291]; zum Stand der Archäologie Griechenlands SNODGRASS [295]; zu naturwissenschaftlichen Methoden (u. a. Ausgrabung, Datierung, Echtheit) MOMMSEN [289] und LEUTE [293]; zur Stellung der Archäologie in der heutigen Gesellschaft ANDREAE [280]. Vor allem die Kunstwerke sind natürlich Forschungsobjekte eigenen Rechts [allgemein zur Auswertung archäologischer Denkmäler 287: NIEMEYER, 97–114, 130–134]. Aber auch sie haben eine historische Dimension, insbesondere dann, wenn Kunst, Religion und tägliches Leben als eigenständige und als das politisch-gesellschaftliche Leben sowohl beeinflussende als auch von ihm beeinflusste Bereiche menschlichen Daseins betrachtet werden; dazu etwa VERBANCK/DONNAY [281] und BORBEIN [298].

Aber auch die politische, die gesellschaftliche und die Wirtschaftsgeschichte können nur bei Strafe der eigenen Unzulänglichkeit auf den Beitrag der Archäologie verzichten [197: HUMPHREYS, 109–129; 271: MAIER; 295: SNODGRASS, 36–66 (sehr skeptisch); 301: MORRIS]. Das ist dann unmittelbar einsichtig, wenn die Schriftquellen fast oder ganz fehlen. Die minoische, die mykenische und die Geschichte der Dunklen Jahrhunderte wären ohne Archäologie nicht zu schreiben [die archäologischen Denkmäler der mykenisch-homerischen Zeit aufgearbeitet durch die noch nicht beendete Serienpublikation 858: Archaeologia Homerica], und Ähnliches gilt von der Geschichte der griechischen Kolonisation und der Kolonien, die sich neben epigraphischen und numismatischen Quellen zunehmend auf die Archäologie ausrichtet [zusammenfassend immer noch am besten 1376: BOARDMAN], wodurch literarische Angaben, wie etwa die Gründungsberichte des Thukydides über die sizilischen Städte, Bestätigung erfahren. Von großer Bedeutung ist es, wenn Ausgrabungsunternehmen die historische Entwicklung und Bevölkerungszusammensetzung von Siedlungen (und Gräberfeldern) und deren Außenbeziehungen aufhellen [966: RENFREW, 1189: MORRIS, 1163: HODKINSON/HODKINSON, 1163: LOHMANN; 464: JAMESON; 842: PIERART/TOUCHAIS]. Freilich scheint man gelegentlich ihre Mög-

lichkeiten zu überschätzen, so wenn Morris für seine archäologischen Forschungen in Anspruch nimmt, durch sie nachgewiesen zu haben, dass „the Greeks invented politics" mit „binding decisions through open discussion" [1189, 2f.].
Aus der Fülle der archäologisch-historischen Probleme, von denen ein Teil im jeweiligen Sachzusammenhang besprochen wird, seien einige besondere herausgegriffen, zunächst das der Bedeutung der bemalten Keramik als Indiz für die Rolle und das Ausmaß des Handels; vorzüglicher Überblick über die Problematik bei Morel [438]; ausführliche Untersuchungen bei Garlan [442] und Empereur/Garlan [443]. Außer an den Orten ihrer Produktion sind viele Vasen auch weit außerhalb gefunden worden, als wichtigste die korinthischen Vasen seit dem Ende des 8. Jahrhunderts vor allem im Westen, und seit dem Anfang des 6. Jahrhunderts auch attische Vasen, großenteils in etruskischen Gräbern. Daraus ist zum einen der Schluss gezogen worden, dass der Export der Vasen ein wesentlicher Handelsfaktor Korinths bzw. Athens gewesen sei. Diese Auffassung übersah, dass andere Exportartikel, wie etwa Öl oder Wein oder Textilien, einen sehr viel größeren Umfang haben konnten, nur eben anders als die Keramik nicht erhalten geblieben sind. Zudem ergibt sich, dass trotz der großen absoluten Anzahl der attischen Vasen (heute nachweisbar 40 000) das Produktionsvolumen innerhalb der in Betracht kommenden zwei Jahrhunderte relativ gering war, wozu noch kommt, dass auch die Anzahl der an der Vasenherstellung Beteiligten niedrig lag (höchstens 400–500 gleichzeitig). Das spricht also für eine geringe volkswirtschaftliche Bedeutung der Vasenherstellung. Auch ein zweiter Schluss aus der Fülle der gefundenen Vasen erweist sich als unzutreffend. Aus der angenommenen Höhe der Produktion in Athen glaubte man auf einen entsprechend intensiven athenischen Außenhandel schließen zu können, der nach Absatzmärkten gedrängt und unter staatlichem Schutz gestanden habe, so dass man die Verdrängung der korinthischen Vasen durch die attischen als den Ausdruck einer rivalisierenden Politik zweier Handelsmächte interpretierte. Genaueres Hinsehen zeigt aber eben, dass die Produktion relativ gering war und dass zudem der Vertrieb der Vasen großenteils von nicht athenischen Zwischenhändlern vorgenommen wurde, so dass von großräumiger Handelspolitik im neuzeitlichen Sinne nicht die Rede sein kann [die frühere Auffassung etwa bei 424: Meyer, 105 f.; 125: Beloch, 268–273; die Gegenargumente bei 428: Cook sowie für den Export in die Griechenstädte des Schwarzen Meeres 1360: Dimitriu/Alexandrescu, 33 f., 36; vgl. auch 276: Scheibler, 665–667]. Ähnlich wurde von Rostovtzeff ein Grund für die von ihm angenommene Krise der griechischen Polis im 4. Jahrhundert in einem an den Vasenfunden abgelesenen angeblichen Niedergang des Handels gesehen (s. u. S. 149 f.), wogegen entsprechende Argumente stehen [197: Humphreys, 119 f.; 439: Austin/Vidal-Naquet, 116 f.], die auch hier für eine völlig andere Struktur und Funktion von Produktion und Handel in der griechischen Geschichte sprechen, als wir sie heute kennen.

<small>Keramik</small>

Gesellschaftliche Dimension
Ein weiteres, insbesondere methodisches Problem ist die Frage, inwieweit man aus archäologischen Hinterlassenschaften auf politisch-gesellschaftliche Zusammenhänge schließen kann. Ein jüngstes Beispiel, das einige Publizität gewonnen hat, ist die Entdeckung gleichmäßig gebauter Typenhäuser durch die Archäologen HOEPFNER und SCHWANDNER [290] an mehreren Stellen Griechenlands, insbesondere aber im Piräus des 5. Jahrhunderts. Die Archäologen glaubten, dass diese Gleichmäßigkeit der Architektur etwas mit der etwa zur selben Zeit zum Durchbruch gekommenen Demokratie zu tun habe, wogegen gleich im Vorwort MEIER nicht zu Unrecht Widerspruch einlegte, u. a. mit den Argumenten, dass Reihenhäuser für sich genommen überhaupt nichts aussagten und dass das athenische demokratische Gleichheitsdenken sich nur auf politische, nicht auf soziale oder wirtschaftliche Gleichheit bezog. Ein daran anschließendes Colloquium [721: SCHULLER] löste die Frage natürlich nicht, zeigte aber einerseits, dass die Deutung solcher Bauten im Kontext zu geschehen hat – und das ist hier die Demokratie – und andererseits, dass Historiker lernen müssen, mit archäologischen Befunden besser umzugehen. So ist es für sie ein Armutszeugnis, dass die Frage, aufgrund welcher Bedingungen plötzlich in Griechenland das Porträt erscheint und wie es zu erklären ist, dass die athenische Demokratie zunächst wieder porträtfeindlich war, großenteils Archäologen überlassen wird [296: FITTSCHEN].

Porträt

Sagenbilder
Ein letztes hier beispielhalber kurz dargestelltes Problem ist das der historisch-gesellschaftlichen Deutung griechischer Mythen auf Vasenbildern [ikonographischer Niederschlag der attischen Demokratie auf Vasen bei 711: HOLLEIN] und öffentlichen Gemälden. Grundlegend sind hier zunächst die Gesamtdarstellungen SCHEFOLDS [514, 516, 525, 527] zusammen mit weiteren seiner Forschungen. BOARDMAN hat in mehreren Beiträgen [1272 und 1284 mit früheren Nachweisen] herausgearbeitet, dass die attische Ikonographie in spätarchaischer und frühklassischer Zeit hinsichtlich der Sagendarstellungen durchaus politischen Charakter trägt. Zur Tyrannenzeit steht Herakles im Vordergrund [286: LISSARAGUE/THELAMON], mit dem sich möglicherweise der Tyrann identifizierte, nach dem Sturz der Tyrannis und der Begründung des in die Demokratie übergehenden Verfassungsstaats tritt Theseus an seine Stelle, der später sogar als mythischer Begründer der Demokratie überhaupt gilt, und schließlich bildet sich die Sage von der Abwehr der Amazonen durch Theseus als ein Reflex der Perserabwehr. Diese Forschungen sind weiter verfeinert worden [1267: GLYNN; 1275: SHAPIRO] und haben Ablehnung [1292: MOORE], nachdenkliche Einwände [1296: COOK] und weitere Vertiefung [1333: BRANDT] gefunden. In der Tat muss genau überlegt werden, inwiefern private Auftraggeber in ihrer Bildwahl etwas mit tyrannischer Selbstdarstellung zu tun haben und inwiefern man überhaupt aus Vasenbildern, so anspielungsreich sie gemeint sein können, scharf auf konkrete politische Ereignisse schließen kann. Das Problem ist ähnlich gelagert wie bei politischen Anspielungen in der attischen Tragödie (s. u.

S. 138), und hier wie dort wird bisweilen über das Ziel hinausgeschossen. Aus dem öffentlichen Gemälde der Amazonenschlacht in der Stoa Poikile an der athenischen Agora und aus der Rückholung der angeblichen Gebeine des Theseus durch Kimon folgt jedoch, dass diese Thematik durchaus verbreitet war und nicht nur privat-willkürlichen Charakter hatte. Auch hier bietet also die Archäologie als Kunstgeschichte dem Historiker eine willkommene Bereicherung seines Quellenmaterials, freilich nur demjenigen Historiker, der nicht nur politische und Sozialgeschichte für seinen Gegenstand hält; in diesem Sinne sei auf SIEWERT [1473] hingewiesen.

B. ALLGEMEINE PROBLEME

1. FORSCHUNGSRICHTUNGEN

Forschungs- Der mangelnde Raum verbietet es, auf die Forschungsgeschichte einzugehen; es
geschichte muss auf die Aufzählungen bei BENGTSON [134; 1–16], WEILER [145; 11–23], SCHULLER [165, 40–51] und NIPPEL [164] verwiesen werden; dazu noch CHRIST mit Lebens- und Werkabrissen wichtiger Althistoriker [220] sowie mit seinen zusammenfassenden Arbeiten [209, 218]. LOSEMANN informiert über den Nationalsozialismus und die Antike [210] sowie NÄF [212] über die Rezeption der athenischen Demokratie in Deutschland bis 1945 (trotz Bemühens um Objektivität nicht frei von nachträglich gutem Gewissen) über das Fach im Dritten Reich, DEMANDT über die Alte Geschichte an der Berliner Universität [211]. Für die Forschungsgeschichte der großen Nachbarwissenschaften der Klassischen Philologie und der Archäologie vgl. SANDYS [205] sowie das großartige Buch von PFEIFFER [208], das nur bis 1850 geht, bzw. SCHIERING [207] sowie die Jubiläumsbände verschiedener im vorigen Jahrhundert gegründeter Archäologischer Institute wie des Deutschen Archäologischen Instituts Athen [214: JANTZEN] oder der British School at Athens [213: WATERHOUSE]. Es soll nur auf zweierlei eigens aufmerksam gemacht werden: Zum einen auf die Selbstverständlichkeit, dass die wissenschaftliche Erforschung der griechischen Geschichte, seit es sie seit dem Anfang des 19. Jahrhunderts gibt, mit Historismus

Historismus, und Positivismus in eben diesem Jahrhundert natürlich immer Ausdruck
Positivismus gleichzeitiger geistesgeschichtlicher und wissenschaftlicher Strömungen war, zum anderen aber nachdrücklich darauf, dass entgegen einer weitverbreiteten Meinung in Deutschland mit Ausnahme der Griechischen Geschichte von CURTIUS [gerechte Würdigung bei 220: CHRIST, 123–143] kaum je klassizistische Verherrlichung und Kult bedeutender Personen ihre Sache war. Ja, schon ihr erstes Werk, die „Staatshaushaltung der Athener" von AUGUST BOECKH, 1817 veröffentlicht, war fast aus einem antiklassizistischen Affekt heraus geschrieben: „Zum Ziele nahm ich die Wahrheit, und ich bedaure nicht, wenn die unbedingte Verehrung der Alten gemäßigt werden muss, weil sich ergibt, dass, wo sie Gold berührten, auch ihren Händen Schmutz anklebt." [Bd. 1, 3. Aufl. Berlin 1886 (ND Berlin 1967), 2; zu BOECKH siehe: „August Boeckh, 1785–1876 (sic! statt 1867). Forscher, Hochschullehrer, Zeitgenosse", WZ Berlin 36 (1987) Heft 1, 1–78]. Dieser positivistischen und historistischen Grundrichtung entstammen die drei immer noch zu benutzenden, weil als letzte direkt aus den – vor allem literarischen – Quellen gearbeiteten Griechischen Geschichten, die sich aber eben bemerkenswerterweise keineswegs nur auf die politische Geschichte beschränkten, sondern die Sozial-, Wirtschafts- und Kulturgeschichte mit behandelten: BE-

LOCH [125], BUSOLT [123] und EDUARD MEYER [124]. Nur das Werk des ingrimmig-eigenwillig urteilenden BELOCH ist vollendet worden; BUSOLT kam wegen seines minuziösen, alles registrierenden Arbeitsstils nur bis zum Ende des Peloponnesischen Krieges (und konnte die „geistigen Kämpfe", S. VII, dieser Zeit nicht mehr behandeln), während EDUARD MEYER die griechische Geschichte zwar bewußt mit Philipp II. enden ließ, damit aber auch gleichzeitig die ja eigentlich beabsichtigte Geschichte des gesamten Altertums abbrechen musste; er hat darunter auch die altorientalische und altägyptische Geschichte verstanden, die er aus eigener Quellen- und Literaturkenntnis hatte bearbeiten können, die ihn aber dann in seiner Gesamtdarstellung nicht mehr zum Hellenismus oder gar zur römischen Geschichte kommen ließ [über ihn zuletzt 216: LEHMANN, mit gerechter Würdigung seiner politischen Haltung; zum Briefwechsel BELOCH-MEYER vgl. 215: POLVERINI]. Bewunderungswürdig sind alle drei, wenn auch keine die Breitenwirkung hatte, wie sie MOMMSENS Römischer Geschichte zuteil wurde. Das war eher bei CURTIUS der Fall gewesen, vor allen Dingen aber bei der Griechischen Geschichte des liberalen Unterhausabgeordneten GEORGE GROTE in England.

Die jetzige Lage des Faches ist die, dass an eine selbstständige Gesamtdarstellung aus der ungeheuer angewachsenen Zahl an Quellen, Quellengattungen und Sekundärliteratur heraus erst recht nicht mehr zu denken ist, nicht einmal durch die Unternehmen, an denen mehrere Autoren beteiligt sind – auch die CAH [130] kann so etwas nicht darstellen, obwohl sie diesem Ideal noch am nächsten kommt. Aber nicht nur solche eher technischen Schwierigkeiten stehen dem im Wege, es kommen konzeptuelle hinzu, die in vordergründigem Sinne auch quantitative sind, in zweierlei Richtung. Zum einen wird unter griechischer Geschichte wegen unserer angewachsenen Kenntnisse im Allgemeinen auch die der minoischen und mykenischen Zeit begriffen, und weiter kommt hinzu, dass mehr und mehr die wechselseitigen Einwirkungen in den Blick geraten, denen die Griechen und ihre Nachbarn unterlagen, seien es die altorientalischen Hochkulturen, seien es die nichtgriechischen Nachbarvölker insbesondere im Kolonialgebiet. Zum anderen erfordert gerade die Zunahme der Kenntnisse über alle Lebensbereiche, die in der praktischen Arbeit natürlich eine immer stärkere Spezialisierung zur – richtigen – Folge hat, dass man sie zueinander in Beziehung setzt – eine Forderung, die etwa von Seiten der französischen Historikerschule um die Zeitschrift „Annales" für Teilgebiete erhoben wird. Dabei hilft hier eine Zusammenarbeit der getrennten Disziplinen: Zwar haben Archäologie und Klassische Philologie die Forschungsergebnisse der Alten Geschichte in der Vergangenheit häufiger herangezogen als diese deren Ergebnisse (was zum Teil damit zusammenhängt, dass die Althistorie, aus der Klassischen Philologie hervorgegangen, sich von ihr abgrenzen zu müssen glaubte), zwar bezieht man in der Alten Geschichte neuerdings zunehmend Archäologisches mit ein – aber immer noch oft eher als Lieferung von Informationen für tra-

Gegenwärtige Situation

Verhältnis zu den Nachbarwissenschaften

ditionelle Fragen des jeweiligen Faches, weniger im Sinne einer alle Lebensäußerungen umfassenden Geschichte. So vereinte die auseinanderstehenden Fächer zunächst die französische anthropologisch-strukturalistische Schule um JEAN-PIERRE VERNANT, die Mythos, Geistesgeschichte und politische und Sozialgeschichte zu vereinen suchte und dabei auch in ihren religionsgeschichtlichen Arbeiten dazu neigte, in eleganten Formulierungen historisch sich Sperrendes zu glätten. Auch archäologische Publikationen dieses Umkreises haben oft den Charakter der essayhaften Improvisation [286: LISSARAGUE/THELAMON; 218: BERNARD/VERNANT]. In Deutschland haben die um das politische Denken der Griechen kreisenden Bücher CH. MEIERS [397, 713] eine Affinität zu dieser Denkrichtung, wenngleich er sich mehr im geistesgeschichtlichen Bereich ohne den Rückgriff auf Ethnologie bewegt. Jetzt kann mit Befriedigung festgestellt werden, dass es zahlreiche Gesamtdarstellungen durch jeweils verschiedene Gelehrte gibt, die in energischem Zugriff einer solchen integralen Geschichtsdarstellung zum Erfolg verholfen haben: BRIANT u. a. [148]; POWELL [149]; SETTIS [150]; OSBORNE [152]; BAURAIN [154]; POMEROY u. a. [156]; NESSELRATH [167]; CARTLEDGE [155].

2. ANTHROPOLOGIE

Kulturwissenschaftliche Wende

Die größte Wende, die die gesamte Geschichtswissenschaft seit dem 2. Weltkrieg betrifft, möchte ich als anthropologische oder kulturwissenschaftliche Wende bezeichnen. Es macht übrigens tief nachdenklich zu sehen, wie diese Richtung fast lautlos, ohne vorhergegangene konzeptuelle Diskussionen, zur tonangebenden geworden ist, obwohl gerade für die Alte Geschichte zu fragen wäre, ob denn das Quellenmaterial ausreicht. Freilich wird richtigerweise nach wie vor Politik- und Gesellschaftsgeschichte getrieben, aber völlig verabschiedet wurde der marxistische oder jedenfalls marxisierende wissenschaftliche Ansatz. Das ist in der Sache selbst gewiss kein Schade; es verwundert nur, um es noch einmal zu sagen, die geräuschlose Selbstverständlichkeit des Vorgangs.

Die anthropologische Wende bedeutet, dass alle Lebensäußerungen des Menschen und dieser selbst zum Gegenstand der Forschung gemacht werden. Das trifft sich denn doch mit der in den früheren Auflagen dieses Buches erhobenen ähnlichen Forderung nach einer „integralen Geschichtsschreibung" und braucht daher nicht noch einmal eigens begründet zu werden; stattdessen wird die Sache selbst vorgeführt. Im Zentrum der anthropologischen Neuorientierung auch der griechischen Geschichte steht die – ja eigentlich auf der Hand liegende – Erkenntnis, dass die Menschheit aus zwei unterschiedlichen Geschlechtern besteht und dass es darauf ankommt, die Rolle beider Geschlechter je für sich und im Verhältnis zueinander im historischen Wirken zu bestimmen. Dass das bisher kaum geschehen war, liegt nun allerdings an der ebenfalls auf der Hand liegenden Tatsache, dass auf den im Vordergrund des Interesses stehenden Gebieten der politischen, militärischen und, bedingt, sozialen Geschichte Frauen gar nicht oder nur teilweise in Erscheinung traten, so dass eine Thematisierung der Geschlechtergeschichte gegenstandslos war.

a) Geschlechtergeschichte

Geschlechtergeschichte ist, jedenfalls jetzt noch, vorwiegend Frauengeschichte; eigentliche *gender studies* gibt es vorläufig fast nur im Zusammenhang mit der Betrachtung der Sexualität (rühmliche Ausnahme 590: ZOEPFFEL). Ihre wissenschaftliche Bearbeitung ist, wie andere Gebiete auch, den Bedingungen der allgemeinen Geistesgeschichte unterworfen; auch und vor allem das ist der Grund, weshalb sie heute mit der fortschreitenden Gleichberechtigung der Frau immer intensiver betrieben wird. Dickleibige positivistische Arbeiten erschienen im 19. Jahrhundert, dann folgten eher kokett-patriarchalische Kurzdarstellungen, und erst seit der neuen Frauenbewegung gibt es, neben andersgearteten Hervorbringungen, wieder eine seriöse Frauenforschung. Es gibt intensive Methodendiskussionen, von denen SKINNER [578] und CAMERON [588], weiter die Diskussion zwischen SKINNER, LEFKOWITZ, HALLETT [Helios 12,2 (1985) 3–37] genannt seien, eindrucksvoll HEINE [581, besonders 162–183] sowie 599: RABINOWITZ/RICHLIN und 611: LOVÉN/STRÖMBERG. Im Allgemeinen wird, von gelegentlichen temperamentvollen Überspitzungen abgesehen, nüchterne Forschung getrieben [Gesamtdarstellungen mit z. T. ausführlichen Bibliographien häufen sich: 571: SAVALLI; 573: POMEROY; 575: ARRIGONI; 576: SCHULLER; 591: CLARK; 596: SCHMITT PANTEL; 602: FANTHAM u. a.; 603: HAWLEY/LEVICK; 604: BLUNDELL; 609: REEDER (prachtvoller Ausstellungskatalog mit wichtigen Essays)].

Auch die Thematik hat sich immer weiter aufgefächert. Es wird die Stellung der Frau in einzelnen Staaten betrachtet [598: WALTERS; 605: SCHNURR-REDFORD; 613: COHEN; 616: SCHAPS; 617: BLUNDELL; zur Frage der angeblichen Eingeschlossenheit 589: COHEN und wieder 605: SCHNURR-REDFORD], für Sparta 597: DETTENHOFER und für Theben 1455: DEMAND. Vor allem wird Übergreifendes abgehandelt, etwa die Art und Weise, wie die Frau in der Dichtung erscheint, zunächst überhaupt im Mythos [577: LEFKOWITZ, 610: LYONS], dann bei Homer [579: LATACZ], in der Tragödie [594: DES BOUVRIES] und bei Aristophanes [600: TAAFFE], auch in der Kunst [584: RIDGWAY; 585: DU BOIS (psychoanalytischer Ansatz)]; Dichterinnen behandelt 587: SNYDER. Die rechtliche Stellung der Frau wird jetzt intensiv betrachtet [592: JUST; 593: SEALEY; 606: FOXHALL; 612: GAGARIN; 613: COHEN] sowie ihre wichtige öffentliche Funktion als Priesterin [608: KRON] und ihre Stellung in der (meist griechischen) antiken Medizin [615: KING und 359: SCHUBERT/HUTTNER (kommentierte zweisprachige Quellensammlung)]; zum Tod im Kindbett 568: LORAUX und 582: VEDDER, zur Mutterschaft 601: DEMAND, zum Alltag 572: KAMMERER-GROTHAUS.

Frauengeschichte

Zur Frage eines angeblich früher existierenden Matriarchats RÖDER u. a. [607] sowie WAGNER-HASEL [595], die überzeugend darlegt, dass derartige Theorien wegen ihres diffusen Charakters für die unterschiedlichsten weltanschaulichen Zwecke eingesetzt werden konnten.

Männergeschichte Die Männergeschichte ist demgegenüber schwach entwickelt. Explizit ist von ihr die Rede in 921: FOXHALL/SALMON, sonst ist es die Vaterrolle, die untersucht wird [885: MARTIN; 909: STRAUSS].

b) Liebe und Sexualität

Im Zentrum des Verhältnisses der beiden Geschlechter zueinander steht natürlich die Liebe, oder, wie heute überwiegend gesagt wird, die Sexualität – diese Bezeichnung hat natürlich ihre Berechtigung und ist gewiss etwas anderes als Liebe; dass dieser Begriff aber in der heutigen Literatur so gut wie gar nicht mehr erscheint, obwohl die Quellen hier durchaus nicht schweigen, sagt einiges über die heutige geistige Situation aus. Demgemäß hat es in den letzten Jahren eine wahre Flut von Büchern über die griechische Sexualität gegeben [589: REINSBERG; 893: SIEMS; 894: HALPERIN u. a.; 896: WINKLER; 904: MAURITSCH; 916: STEWART; 920: LARMOUR u. a.], von denen immerhin eines auch Liebe und Leidenschaft im Titel führt: BINDER/EFFE [907], und natürlich darf dabei auch die Bisexualität nicht fehlen [906: CANTARELLA]. Das Hetärenwesen freilich ist schon seit längerem dargestellt worden durch HERTER [876], s. jetzt etwa DAVIDSON [918] und HARTMANN [928]. Die Homosexualität freilich war aus guten Gründen schon immer Gegenstand seriöser Forschung, denn zum einen war sie konstitutiv für den spartanischen und kretischen Gesellschaftsaufbau [782: CARTLEDGE; 844: GEHRKE], zum anderen war sie auch sonst in der griechischen Gesellschaft weit verbreitet [882: DOVER; modifizierend 884: PATZER], wenngleich die allgemeine Meinung, sie sei vollständig akzeptiert gewesen, so nicht zutrifft [888: RAINER; 892: COHEN]. Sexualität, bis hin zur Pornographie – ein heute besonders „fashionables" Thema – in der Kunst ist schließlich ebenfalls der Gegenstand mehrerer Arbeiten [905: RICHLIN; 912: NEVETT; 914: KAMPEN; 917: KOLOSKI-OSTROW/LYONS].

c) Sonstiges

Über das Verhältnis der Geschlechter zueinander hinaus werden nun auch alle anderen Dimensionen des menschlichen Lebens untersucht, teils in übersichtsartigen Darstellungen, teils in eindringlichen Untersuchungen. So die allgemeine Lebensführung und der Alltag, oft auf Grund archäologischer Befunde: STROCKA [890], GARLAND [898], BERNHARD-WALCHER [902], VILLANUEVA-PUIG [903], FOX [99] (historische Auswertung der „Charaktere" des Theophrast), DAVIDSON [918] (ein besonders lebensvolles Bild des Lebens im klassischen Athen) und noch einmal GARLAND [923]. An besonderen Gegenständen wäre zu nennen Wohnen und Haushalt (materialreiche Gesamtdarstellung HOEPFNER [925]), die Symposien [897: MURRAY, 899: SLATER, 900: SCHMITT PANTEL], das Reisen [926: GIEBEL], die Lebensführung von und das Verhältnis zu den Behinderten [911: DILLON; 913: GARLAND], die Medizin insgesamt [354: KRUG] (siehe auch oben S. 79), und schließlich der Tod [886: GARLAND]. Ein weiteres Feld ist das Verhältnis der Griechen zu den sie umgebenden Fremden, hier nur einige Hinweise auf je verschiedenes Herangehen an dieses Thema: 901: LOUIS, 910: DIHLE, 924: BÄBLER, 927: HÖLSCHER und 23: BICHLER.

3. STAATLICHES LEBEN

Die Kenntnis und systematische Erfassung des staatlichen Lebens (Bedenken gegen die Anwendung des Begriffs „Staat" bei 417: QUARITSCH) ist in den letzten Jahren insbesondere durch die Aktivitäten M. H. HANSENS und des von ihm gegründeten *Copenhagen Polis Center* entscheidend gefördert worden, die sich meistens um die griechische Polis drehen – teils in systematischer Bestandsaufnahme, teils in definitorischen und funktionalen Einzeluntersuchungen. Ihr wissenschaftlicher Ertrag ist so groß, dass das Hauptproblem darin zu bestehen scheint, neue Titelvariationen für die zahlreichen Publikationen zu finden [402: HANSEN; 404: WHITEHEAD; 407: HANSEN; 409: HANSEN/RAAFLAUB; 410: HANSEN; 411: HANSEN/RAAFLAUB; 413: HANSEN; 414: HANSEN]. Aber auch anderswo wird die Polis – sagen wir unbekümmert: der Stadtstaat – weiteren Analysen und zusammenfassenden Darstellungen unterzogen: MURRAY/PRICE [398]; MOLHO u. a. [399], im Vergleich zum mittelalterlichen Italien; WELWEI [416], besonders übersichtlich und transparent. Die oligarchische Staatsform fasst zusammen OSTWALD [423] (zur Oligarchie in Athen s. S. 141 f.). _{Polis}

Drei weitere Aspekte des politischen Lebens der Griechen haben die besondere Aufmerksamkeit der Forschung gefunden: Einmal die überstaatlichen, wenn man so will die internationalen Beziehungen, freilich nur im innergriechischen Rahmen, also die Formen der Amphiktyonie, der Symmachie und der Bundesstaaten [400: TAUSEND; 405: BALTRUSCH; 412: BECK]. Weiter ist darüber nachgedacht worden, was eigentlich im innerstaatlichen Leben als Gesetz bezeichnet und was darunter verstanden wurde [408: BEHRENDS/SELLERT; 421: LÉVY]; als empirische Basis dafür kann die kommentierte Sammlung der Beschlüsse der griechischen Stadtstaaten angesehen werden [115: RHODES/LEWIS]. Schließlich ist dem politischen Denken von seinen Ursprüngen bis zu der Frage nachgegangen worden, wie es sich zur politischen Praxis verhielt [401: RAAFLAUB/MÜLLER-LUCKNER; 416: SCHULLER; 423: ROWE/SCHOFIELD]. _{Spezielle Fragestellungen}

4. Wirtschafts- und Sozialgeschichte

a) Wirtschaftsgeschichte

Eine besondere Betrachtung erfordert die Wirtschaftsgeschichte, und das nicht deshalb, weil sie besonders gut erforscht wäre, sondern weil im Gegenteil die Wissenschaft sich mit ihr immer noch sehr schwer tut, obwohl ihre Wichtigkeit früh erkannt worden ist [zu BOECKH s. S. 76; dazu noch: es „sollte, wer den historischen Werdeprozess verstehen will, mit dem Studium der Wirtschaftsgeschichte beginnen" 125: BELOCH, I 1,2], und obwohl mit den „Münsterschen Beiträgen zur Antiken Handelsgeschichte" eine wichtige neue, speziell wirtschaftsgeschichtlich ausgerichtete Zeitschrift gegründet worden ist. Über das Abstecken von Konzepten ist man noch nicht wesentlich hinausgekommen, und diese Konzepte, die vor allem für die griechische Geschichte entwickelt wurden, sollen hier vorgestellt werden [gute Zusammenfassung 439: AUSTIN/VIDAL-NAQUET 1–27]. Es stehen sich zwei Grundkonzepte gegenüber, ein modernisierendes und ein gewissermaßen historisches, neuerdings anthropologisch variiert. Das modernisierende Konzept bestand darin, in der Antike ähnliche Entwicklungen zu sehen wie in der europäischen Neuzeit; man sah Industrie, Welthandel, Märkte und Kampf um Märkte, aus dem sich außenpolitische Konflikte erklären lassen. Das sozialgeschichtliche Pendant dazu wäre für die klassische griechische Geschichte die angebliche Existenz eines den Adel ablösenden Bürgerstandes, dessen wirtschaftliche Betätigung Handel und Gewerbe sind. Die Vertreter dieser Auffassung waren explizit vornehmlich EDUARD MEYER [424] und K. J. BELOCH für die archaische und klassische Zeit; implizit und nicht weiter begründet vertrat diese Auffassung auch H. BENGTSON in seinem Handbuch, wenn er etwa den Ausbruch des Peloponnesischen Krieges auf einen „Zwist der Handelsmächte Athen und Korinth" zurückführte und mit dem Vasenexport in Verbindung brachte [134: 225].

Modernisierendes Konzept

Die Gegenpositionen – eine immer noch eher modernisierende Mittelstellung nahm HEICHELHEIM [426] ein – bestehen im Kern darin, dass sie eine Eigengesetzlichkeit der griechischen (und antiken) Wirtschaft behaupten; sie sind in ihren weiteren Einzelheiten nur schwer auf einen einheitlichen Nenner zu bringen. Die Konzeptionen von E. MEYER und BELOCH waren gegen die Vorstellungen des Nationalökonomen KARL BÜCHER gerichtet gewesen [die kontroversen Artikel nachgedruckt in 431: FINLEY], der gemeint hatte, die moderne Volkswirtschaft hätte ihre Vorstufen in einer für das Mittelalter typischen „Stadtwirtschaft" gehabt, der für die gesamte Antike eine primitive „geschlossene Hauswirtschaft" vorausgegangen sei, eine Wirtschaft also, in deren Zentrum der einzelne Haushalt (*oikos*) gestanden habe, während über den *oikos* hinausgreifende Wirtschaftsbeziehungen keine Rolle gespielt hätten. Unter dem mittelbaren Einfluss Max Weberschen Denkens [206: HEUSS, 539–545, 554] vertrat dann in den

BÜCHER/ HASEBROEK

zwanziger Jahren JOHANNES HASEBROEK [425] ohne Bezug auf Mittelalter und Neuzeit wieder die Auffassung von einer relativen Einfachheit der vorhellenistischen Wirtschaft. Als Charakteristika sah er rein mengenmäßig das absolute Überwiegen der landwirtschaftlichen Produktion und den geringen Umfang von Handwerk und Handel, was sich strukturell darin ausgedrückt habe, dass beide großenteils von Metöken und Sklaven getragen worden seien. Handels- und Gewerbeinteressen hätten also aus beiden Gründen keinen Einfluss auf politische Entscheidungen gehabt; diese seien im wirtschaftlichen Bereich dadurch bestimmt gewesen, die Versorgung der Bevölkerung sicherzustellen und allenfalls fiskalisch durch Zölle und Hafengebühren vom Handel zu profitieren.

Ein dritter Abschnitt dieser Konzeption wurde nach dem Zweiten Weltkrieg erreicht, diesmal durch außerdeutsche Forschungen vornehmlich aus der Schule von M. I. FINLEY und der Annales-Gruppe [eine vorläufige Zusammenfassung bieten 439: AUSTIN/VIDAL-NAQUET; Kritik von DAVIES an der französischen ursprünglichen Ausgabe, in: Phoenix 29 (1975) 93–102; sowie, auch für die römische Antike, 440: FINLEY; Kritik etwa von PLEKET, in: Mnemosyne, ser. 4, 29 (1976) 208–218 sowie von einem marxistischen Standpunkt DI BENEDETTO, in: Klio 60 (1978) 619–621. FINLEY selbst erwidert in Kap. 7, S0.177–207 der zweiten Auflage auf einige Kritiken, auch auf KOHNS und THOMPSON, s. unten S. 84]. Hier wird HASEBROEK unter Einbeziehung der Arbeiten KARL POLANYIS [197: HUMPHREYS, 31–75] weitergeführt, wobei als zentraler Gesichtspunkt das ökonomische Denken und das Wertesystem der Griechen fungieren [dieser Gesichtspunkt besonders deutlich bei 197: HUMPHREYS, 136–158], die verhindert hätten, dass die griechische Wirtschaft sich in moderner Weise gestaltete (Investitionen). Das wirtschaftliche Verhalten sei dem gesellschaftlich-politischen in zweierlei Weise untergeordnet gewesen, indem zum einen die Individuen in politischen Statusbegriffen (Freier, Metöke, Sklave) mit den damit implizierten politischen und nicht in ökonomischen Verhaltensweisen gedacht hätten. Zum anderen hätten auch die Individuen als Kollektiv, d. h. als Staat sich wirtschaftlich nur in dem von HASEBROEK gemeinten sehr eingeschränkten Sinn verhalten.

Neo-Historismus

Dieses Konzept ist gegenwärtig nicht mehr als eben ein Konzept; geteilt wurde es anscheinend zunehmend im ehemals staatsmarxistischen Bereich [447: AUDRING], und richtigerweise wird bereits davor gewarnt, es ohne Kontrolle durch die konkreten Sachverhalte zu verabsolutieren [198: NIPPEL; ein nicht nur im Titel geistreicher Aufsatz; ausführlich differenzierend jetzt 448: NEESEN]. Eine aus den Quellen geschöpfte Wirtschafts- und Gesellschaftsgeschichte in diesem Sinne wäre erst noch zu schreiben, wobei gleich gesagt werden soll, dass das angesichts der Quellenlage vielleicht immer ein Wunsch bleiben muss. Immerhin fehlt es heute an einer deutlich formulierten Gegenposition, und manche Beobachtungen aus dem archäologischen Bereich scheinen sich gut einzufügen (vgl. S. 121 f. zu den Münzen und S. 150 zur Keramik). Anderseits ist das Bild zu geschlossen und vernachlässigt gegenläufige Erkenntnisse, etwa dass mögli-

Kritik

cherweise in Athen doch mehr unternehmerisches Bewusstsein existierte [vgl. außer bei PLEKET, a. a. O., 214f. noch KOHNS zu FINLEY in: GGA 230 (1978) 130], und stellt sich die Frage nicht, inwieweit die als gegeben angenommenen Wertvorstellungen ihrerseits bedingt sind.

All diese Probleme resümiert jetzt die auch anschauliche und materialreiche Einführung von KLOFT [453]; eine neue Sicht bei CARTLEDGE [456]. Das Geld- und Bankwesen, von dem im chronologischen Zusammenhang die Rede sein wird, wird für Athen zusammenhängend untersucht von MILLETT [449] und COHEN [450], wichtige Analysen auch bei FIGUEIRA [1506] und SAMONS [1511]. Die griechische Landwirtschaft, die wichtigste Produktionsform, hat endlich ausgiebige Darstellungen gefunden [451: WELLS; 452: ISAGER/SKYDSGAARD; 454: BURFORD; 456: HANSON].

Topographie Schließlich sei eine in letzter Zeit an Intensität gewinnende Forschungsrichtung erwähnt, die aus topographischen Gegebenheiten (zur Topographie unten S. 95) Anhaltspunkte für Wirtschaft und Gesellschaft zu gewinnen sucht. RUSCHENBUSCH versucht, durch diese Methode Bevölkerungsgrößen und Sozialstruktur zu berechnen [zuletzt 382], wobei die Gefahr besteht, moderne Daten zu unmittelbar zum Vergleich heranzuziehen [zutreffend 445: HALSTEAD].

b) Sklaverei

Forschungs- Am Anfang der modernen Forschungsgeschichte der antiken Sklaverei [Forgeschichte schungsbericht 466: BROCKMEYER] stand eine grundfalsche Zahl. Der spätantike Autor Athenaios berichtet (670c), am Ende des 4. Jhs. habe es in Athen 400 000 Sklaven gegeben. Diese Zahl, an die auch BOECKH glaubte, fügte sich gut in die vornehmlich vom römischen Material ausgehende These von Marx (und Engels), die antike Gesellschaft sei dadurch gekennzeichnet, dass sie auf der Arbeit von Sklaven beruht habe, über denen die freien Sklavenhalter ein von Rentnermentalität geprägtes Leben geführt hätten. Obwohl im 19. Jh. die antike Sklaverei eingehend untersucht wurde und obwohl noch EDUARD MEYER ihr modernisierende Ausführungen gewidmet hatte, in denen er ihr deshalb einen „modernen Charakter" im Verhältnis zum Mittelalter zusprach, weil „es dem Sklaven unter günstigen Verhältnissen ebensogut möglich war, wie dem modernen industriellen Arbeiter, zu Wohlstand und Reichtum zu gelangen" [457: 211], so wurde in der Folgezeit eine ernsthafte Beschäftigung mit ihr einerseits dadurch verhindert [Ausnahme 458: WESTERMANN], dass die Forschung andere, z. T. klassizistische Themen mehr anzogen, andererseits dadurch, dass die Marxschen Ansichten von der Sklavenhaltergesellschaft in der Sowjetunion in vergröberter Weise in ein welthistorisches Entwicklungsschema (Urgesellschaft, Sklavenhaltergesellschaft, Feudalismus, Sozialismus, Kommunismus) gepresst waren und auch dadurch wenig anziehend wirkten.

Nach dem Zweiten Weltkrieg wurde der Sklaverei sehr viel mehr Aufmerksamkeit gewidmet [einen Überblick gibt 458: WESTERMANN, mit der Besprechung von STE. CROIX in: CR, N.S. 7 (1957) 54–59]: Im Westen deshalb, weil man von der Sache her ihre Wichtigkeit erkannte – hervorzuheben etwa die sorgfältigen terminologischen Studien von GSCHNITZER [462] oder die Darstellungen von KLEES [463 und 469] – und weil man die undifferenzierte Betrachtung im nun erweiterten sowjetischen Machtbereich korrigieren wollte [461: VITTINGHOFF]. Im Osten stieg das Interesse deshalb, weil man wohl einsah, dass nur eine nüchterne Bestandsaufnahme weiterhilft. Mit Ausnahme einiger unterschiedlicher Akzente (hüben Neigung zum Herunterspielen, drüben Neigung zum Überbetonen und hoher herrschaftspolitischer Stellenwert der Frage nach der Periodisierung, der Gesellschaftsformationen, der Sklaverei – vgl. die z. T. feinen Nuancen zwischen 174: LdA, 546 einerseits und der 1. Aufl. von 1971, 513 andererseits) war man sich über die Grundtatbestände und über die einzuschlagenden Forschungsrichtungen einig [sehr nützlich, wenn auch gegenüber der westdeutschen Sklavenforschung nicht gerecht urteilend 467: FINLEY]: Die Zahl von Athenaios ist viel zu hoch (tatsächliche Größenordnungen s. S. 86); die Anzahl der Sklaven variierte nach Ort und Zeit erheblich: in Mittelgriechenland z. B. gab es sie erst seit dem 4. Jh.; an der Schwarzmeerküste spielt sie eine geringe Rolle in der Landwirtschaft [1365: PIPPIDI, 67], am höchsten war sie in Athen. JAMESON [464; große Bibliographie] hält an einer großen Anzahl von Sklaven fest, während WOOD [708] großenteils eigenständig arbeitende Bauern und infolgedessen relativ wenig Sklaven erkennt. Zusätzlich gab es eine Fülle von Abstufungen der Unfreiheit [epochemachend 459: LOTZE]. An die Abschaffung der Sklaverei dachte niemand, auch die Sklaven nicht.

Wichtige Fragen bei der Einordnung der Sklaverei sind die nach ihrer Entstehung, ihrer wirtschaftlichen Funktion sowie ihrer Wirkung im sozialen und politischen Prozess – schwierig zu beantworten, da sie über das rein Faktische hinausgehen. Der Anstieg der in der archaischen Zeit geringen Sklavenzahl seit dem 6. Jh. und die Umwandlung der bisherigen Haussklaverei in eine kommerzialisierte Kaufsklaverei könnten mit der Etablierung der Geldwirtschaft, dem Aufkommen des Gewerbes und den größeren Kriegen zu tun haben, wobei die Sklaven vor allem Nichtgriechen und Kriegsgefangene waren, die traditionellerweise versklavt wurden. Ihre Rolle in der Gesellschaft kann nicht nur aufgrund der formalen, rechtlichen Eigenschaft als Sklave, d. h. als in individuellem Eigentum stehender verkaufbarer Sache bestimmt werden, sondern es muss auf ihre konkrete Tätigkeit abgehoben werden. Neben vielfältigen anderen Tätigkeiten kamen Sklaven vor allem im Bergbau, in der Landwirtschaft und im Handwerk zum Einsatz, arbeiteten aber oft – selbst im Bergbau [456: LAUFFER, 8–13] – Seite an Seite mit Freien für dieselbe Entlohnung, von der sie freilich einen Teil ihrem Eigentümer abgeben mussten.

Wirkung   Die Wirkung der Sklavenarbeit wird in zweierlei Richtung betrachtet – und hier wäre noch am meisten Raum für Kontroversen, wenn das Thema noch aktuell wäre. Wirtschaftlich stellt sich die Frage, wie weit die Sklavenarbeit billiger war als freie Arbeit und wie weit insofern der materielle Zustand des griechischen Lebens durch die Existenz von Sklavenarbeit bedingt war [im Ergebnis bejaht von 460: FINLEY]. Politisch-bewusstseinsmäßig wird gern auf das auffällige Faktum verwiesen, dass das Höchstmaß an Demokratie und staatsbürgerlicher Freiheit, das in der athenischen Demokratie erreicht worden ist, mit einer Rekordanzahl von Sklaven einhergeht, wobei nicht nur auf das angebliche Komplementäre beider Fakten hingewiesen wird, sondern auch kausale Abhängigkeiten gesehen werden [460: FINLEY, 72].

Diese Frage sowie das quantitative Ausmaß der vor allem von HASEBROEK betonten „Rentnergesinnung" [425, etwa 16f. 34f.] mit ihren Folgewirkungen sollten genauer untersucht werden, wozu selbstverständlich auch die möglichst genaue Fixierung der Sklavenzahl gehört – was allerdings wegen der Unsicherheit der Zahlenangaben sehr schwierig ist [vgl. zu allem 1417: EHRENBERG, 186–196; 468: GARLAN mit den marxistischen Fragen, ob die griechische Gesellschaft eine Sklavenhaltergesellschaft und die Sklaven eine Klasse gewesen seien]. Aber: Es ist zu konstatieren, dass das Thema der antiken Sklaverei mit dem Zusammenbruch der marxistischen Parteidiktaturen plötzlich fast ganz aus der wissenschaftlichen Diskussion verschwunden ist. Das ist schade, sagt aber einiges über Forschungsantriebe aus.

c) Gesellschaft

Äußere Einflüsse   Obwohl sich die griechische Gesellschaft in ganz großem Rahmen gesehen ohne machtpolitischen Druck von außen hat entwickeln können, war sie doch von äußeren Beeinflussungen keineswegs frei, und die Griechen waren sich dessen in vieler Beziehung auch bewusst. Insbesondere ist die kulturelle Entwicklung der archaischen Zeit entscheidend durch die Übernahme altorientalischer und ägyptischer Elemente bestimmt worden (s. S. 29), aber auch sonst waren die Griechen in doppelter Weise mit dem und mit den Fremden konfrontiert: innerhalb Griechenlands selbst durch die dort lebenden Fremden und nach außen durch die Verbindung mit anderen Völkern und Kulturen. Beiden Aspekten gehen LOUIS [901] und DIHLE [910] nach.

Nichtstaatliche Organisationsformen   Zunehmend ist sich die Forschung der Tatsache bewusst geworden, dass die griechische Gesellschaft nicht lediglich mit den staatlichen Institutionen und der horizontalen Schichtung zu erfassen ist. Das Zusammenleben der Menschen war nicht nur entscheidend durch die Religion (s. im Folgenden), durch die Wertvorstellungen [880: PEARSON; 881: DOVER] und durch das Recht (s. S. 92–94), sondern auch durch konkrete Organisationsformen bestimmt, die nicht unmittelbar staatlichen Charakter nach unserem Verständnis hatten [gleichwohl noch einige Hinweise auf Übergreifendes: 388: FINLEY über das politische Leben im Altertum und 312: JONES mit einer detaillierten, positivistischen Übersicht über die konkreten Organisationsformen des öffentlichen Lebens, allerdings ohne die Westgriechen, wohl aber auch mit gentilizischen Verbänden, s. u.; zum Sport, gerade in seinen gesellschaftlichen Bezügen: 936: WEILER und 935: SANSONE].

Das ist zum einen die Familie, deren Eigengesetzlichkeit zunehmend Beachtung findet [zusammenfassend 883: LACEY; eingehendere Untersuchungen 919: POMEROY und 922: COX] und über die wir insbesondere durch ihre Rolle im Recht Bescheid wissen [367: WOLFF]. Die Ehe war nicht mehr als die Institution, die die Fortpflanzung und den Zusammenhalt des Vermögens in der Familie sichern sollte und wurde in den griechischen Poleis als unverzichtbare Grundeinheit der Gesellschaft angesehen, auf der die Geschlechterverbände aufbauten (s. gleich unten) [zum Konkubinat 667: SEALEY].

Hinsichtlich der nichtstaatlichen Organisation kann die Rolle der Einteilung in Phylen, Phratrien, Gene und Orgeonen nicht genug betont werden, und zwar in zweierlei Hinsicht: Zum einen die Tatsache überhaupt, dass jeder Angehörige der freien Bürgerschaft Mitglied in einem dieser Kultvereine war, die intern mit Wahlen, Vermögen und Ämterträgern wie die ganze Polis selbst konstruiert waren und sich deshalb auch inschriftlich verewigten [s. etwa 363 und 364: FERGUSON]. Welche zentrale Rolle die Phylen gespielt haben, ist im Zusammenhang mit der Tyrannis und mit Kleisthenes deutlich gemacht worden (s. S. 25 f.). Zum anderen wird nach Vorarbeiten von ANDREWES [366, 367] zunehmend die (wohl richtige) These vertreten, dass diese ganzen scheinbar uralten gentilizischen Einrichtungen künstliche Schöpfungen der archaischen Zeit und ein wesentliches Element der Konstituierung der Polis überhaupt sind [376: ROUSSEL; 375: BOURRIOT; vgl. auch 391: WELWEI; vorzüglich Zusammenstellung 390: JONES] – was demjenigen unmittelbar einleuchtet, der sich daran erinnert, wie problemlos sich die künstlichen zehn kleisthenischen Phylen durchgesetzt haben. *Gentilizische Organisationen*

Darüber hinaus ist auf zwei Ausformungen öffentlichen Verhaltens wenigstens kurz hinzuweisen, die überstaatlichen öffentlichen Charakter hatten. Erstens spielte diejenige informelle Verpflichtung eine konstitutive Rolle für das öffentliche Leben, die darin bestand, freiwillig als Wohltäter für seine Stadt aufzutreten [umfassend 395: VEYNE; Gegenpositionen bei 383: GAUTHIER]. Zweitens waren die Verpflichtungen gegenseitiger Freundschaften in aristokratischen oder oligarchischen Kreisen in archaischer und nachklassischer Zeit so stark, dass sie über die Polisgrenzen hinweg Vorrang gegenüber den Verpflichtungen für die eigene Polis haben konnten; nur der Demos konnte sie in klassischer Zeit zeitweilig überspielen [389: HERMAN]. *Wohltäter*

Freundschaft

Schließlich sei auf mentalitätsgeschichtliche Gesichtspunkte hingewiesen. In seinem Stasis-Buch [387] kommt GEHRKE zu dem Schluss, dass die Permanenz und Unerbittlichkeit, mit der die inneren Kämpfe ausgefochten wurden, möglicherweise im griechischen Volkscharakter gelegen hätten, eine dankenswert un- *Bürgerkrieg* moderne und gewiss auch angreifbare Ansicht. Ebenso anti-griechenbegeistert ist seine Betonung der bedeutenden und akzeptierten Rolle, die die Rache im griechischen öffentlichen Verhalten gespielt hat [891].

Freiheit   Zum Abschluss ein erfreulicherer Begriff, die Freiheit. Auch er ist eine griechische Erfindung, umso eindrucksvoller, als er nicht selbstverständlich ist. Die historischen Bedingungen innen- und dann außenpolitischer Art, unter denen er sich im archaischen und klassischen Griechenland herausgebildet hat, sind von RAAFLAUB [384] herausgearbeitet worden, und es zeigt sich, dass „Freiheit alsbald als das Recht Athens und seines Demos verstanden wurde, andere zu unterdrücken" [671: RAAFLAUB und 1464: GALPIN] – so dass dieser Abschnitt also doch unerfreulich endet.

5. RELIGION

Forschungs-   Die Anziehungskraft der griechischen Religion [Einführung 526: MUTH; Gegeschichte   samtdarstellungen 513: BURKERT; 531: ZAIDMAN/SCHMITT PANTEL; 539: PRICE (einführend, gleichwohl substanziell) 535: PARKER (Athen); 529: FARAONE/OBBINK (Magie); 533: GARLAND (neue Götter); 538: LLOYD (Gottesbegriff)] auch in unseren Tagen beruht nicht zum wenigsten darauf, dass ihre Mythen als zeitlos empfunden werden. Deshalb ist es legitim, ihnen Gemeinsamkeiten zu entnehmen, etwa die Charakteristika der einzelnen Götter herauszuarbeiten [509: LLOYD-JONES; 511: SCHWABL; 522: PÖTSCHER], was in der Forschung so weit gehen konnte, dass an die Realität der griechischen Götter in unserer Gegenwart geglaubt wurde [505 und 507: OTTO; ähnlich auch die Werke KARL KERENYIS]. Der Spott, der daran geübt worden ist: OTTO müsste dann auch Stiere opfern [zitiert bei 519: SIMON, 11], hatte in der Sache insofern Recht, als diese Betrachtungsweise die historischen Bedingungen und Entwicklungen vernachlässigte – was ja aber nicht der einzig anzulegende Gesichtspunkt sein muss [509: LLOYD-JONES, 159] –, vor allem jedoch deshalb, weil die griechische Religion, die ja keine Dogmen und keine Theologie kannte, nicht nur aus den Mythen, sondern mindestens ebenso [513: BURKERT, 99] aus den praktizierenden Kulten und Riten bestand. Die neuzeitliche Erforschung der griechischen Religion [ausführliche Überblicke bei 508: NILSSON I, 3–13; 145: WEILER, 134–147; vorzüglich 524: HENRICHS] ging zuerst von den Mythen aus [zu ihnen 519: SIMON; 515: KIRK; 521: GRAF; 523: BREMMER; 514, 516, 525, 527: SCHEFOLD; 534: DOWDEN], um dann doch noch im 19. Jh. nicht nur die Kulte, sondern auch zum Vergleich andere Religionen einzubeziehen. Mit Hilfe der Ethnologie werden Ursprung und anthropologische Grundstrukturen der griechischen Religion erforscht und zahlreiche Parallelen gezogen [Kritik bei 524: HENRICHS], so dass der Uneingeweihte staunen mag, im Zusammenhang mit der griechischen Religion etwa von Schamanentum zu hören [513: BURKERT, 320, 446]. Dieses Erstaunen resultiert dann aber aus einem klassizistischen Erbteil, dem die von Nietzsche nachdrücklich betonten „dunklen" Seiten der griechischen Religion unbekannt geblieben sind [510: BURKERT]. Die homerischen Götter, ja fast durchweg die Götter der Dichtung, sind olympische, „helle" Götter, aber sie zeigen eben nur die eine Seite. Freilich gilt es, bei aller Erkenntnis der primitiven Ursprünge der griechischen Religion nicht zu vergessen, dass diese dann eben keine primitive, magische Religion geblieben ist und dass insofern die ethnologischen Parallelen einschließlich der Entlehnungen aus vorderasiatischen Vorstellungen [513: BURKERT, 196] ihre Grenzen haben [so nicht nur 509: LLOYD-JONES, 157; sondern auch 508: NILSSON I, 11].

Die Forschung fragt darüber hinaus nicht nur nach Ursprung und Inhalten der Religion, sondern sie will sie auch „verständlich machen durch Einordnung in einen umfassenden Funktionszusammenhang" [394: BURKERT, 25]. Damit sind die Wechselbeziehungen zwischen der Religion und den psychologischen, soziologischen und auch politischen Gegebenheiten gemeint [518: EASTERLING/MUIR, einführend; jüngstes Beispiel 540: RUBEL]. Hier soll nur auf das Faktum besonders hingewiesen werden, dass die Religion in mannigfacher Weise die ganze griechische Geschichte hindurch sehr viel gegenwärtiger – und damit auch wirksamer – war als heute vielfach angenommen. Das gesamte private und öffentliche Leben war von Religiösem durchwirkt, angefangen mit der Bestattung und dem Totenkult [513: BURKERT, 293–300] über die politische Rolle der Orakel [zu Delphi 506: PARKE/WORMELL], ihre dominierende Rolle bei der Kriegführung [547: PRITCHETT, Bd. 3], die Staatskulte mit ihren unzähligen z. T. tagelangen öffentlichen Festen, die das Jahr ausfüllten [513: BURKERT, 343–370; besonders intensiv in Athen: 623: DEUBNER; 700: PARKE; 661: SIMON] und zu denen ja auch die Theateraufführungen gehörten, über die Kulte der Phylen, Phratrien, Geschlechter [513: BURKERT, 384; vgl. auch S. 87] und die Mysterienkulte [528: BURKERT], die Anrufung der Götter bei Volksbeschlüssen, die sakralen Aspekte des Rechtslebens [471: LATTE], insbesondere die tägliche Verwendung des ebenfalls die Götter anrufenden Eides vor Gericht und bei Privatgeschäften [513: BURKERT, 380f.] bis hin zu Opfern und Götteranrufungen bei sonstigen alltäglichen Handlungen wie Ausfahrten zur See und Weintrinken [513: BURKERT, 122]. Daneben sind die persönliche Frömmigkeit des privaten Gebets, Opfers und Orakelbefragens sowie die volkstümlichen Arten der Religionsausübung und der religiösen Vorstellungen zu berücksichtigen, die sich von denen der gewissermaßen hochliterarischen durchaus unterschieden [513 und 530: MIKALSON] und die ein weiteres Zeugnis dafür sind, dass auch in späteren Zeiten trotz eventueller, aber eben nur teilweiser Entleerung bisheriger Formen ein starkes religiöses Bedürfnis nach wie vor da war – wie die Verurteilung des Sokrates zeigt.

Demgemäß konnte die Religion zur Stabilisierung von Herrschaftsverhältnissen dienen, und das schon von alters her [504: NILSSON; vgl. aus neuerer Zeit etwa 512: SIMMS; 647: MIKALSON; 537: HELLSTRÖM/ALROTH]. Die alten Phylenkulte etwa, die die Adelsherrschaft stützten und die Kleisthenes

Funktion der Religion

Religion im Herrschaftsprozess

deshalb durch neue Kulte (aber eben Kulte!) ergänzt und damit politisch neutralisiert hatte [1224: LEWIS 30–34; 1246: KRON], oder die Tatsache, dass die im Ersten Attischen Seebund an Athen gebundenen Städte auch kultisch durch Teilnahme an den Panathenäen [532 und 536: NEILS] bei Athen gehalten werden sollten [1430: SCHULLER, 112–118], zeigt das deutlich. Freilich wäre es grundfalsch, hier nur Machiavellismus am Werk zu sehen, der gutgläubige Religiosität für säkularisierte Zwecke ausnutzte. Religion war bei allen Beteiligten Medium des politischen Handelns [513: BURKERT, 383–388], und nichts zeigt besser, dass bei der Funktion der Religion im Herrschaftsprozess beide Seiten Aktivität entfalteten, als die Tatsache, dass der spätere hellenistische Herrscherkult nicht orientalischen, sondern griechischen Vorstellungen entsprang und zum nicht geringen Teil gerade auf Initiative der Städte zurückging [CHRISTIAN HABICHT, Gottmenschentum und griechische Städte, 2. Aufl., 1970].

6. SPORT

Bedeutung des Sports

So seltsam es angesichts der heutigen Überschüttung mit Sportnachrichten klingen mag: In der griechischen Antike hatte der Sport eine größere Bedeutung als heute; oder so: Der Sport war mehr in das öffentliche Leben der Städte integriert als heute. Das folgt, um nur einige Sachverhalte zu benennen, daraus, dass das Gymnasion, also die sportliche Übungsstätte, wie die anderen öffentlichen Gebäude unabdingbarer Teil einer jeden Stadt und mitten in ihr gelegen war, oder daraus, dass auch Politiker Sieger in wichtigen, vor allem den Panhellenischen Spielen, sein konnten, was erheblich zu ihrem Prestige beitrug. Demgemäß hat die Erforschung des griechischen Sports schon lange vor der anthropologischen Wende eingesetzt. Epochemachend war INGOMAR WEILERS Buch über den Sport bei den Völkern der alten Welt [936], in dem er auf vergleichender Basis einen besonderen „agonalen Geist" der Griechen bestritt. Die besondere sportliche Aktivität der Griechen ist als aristokratisches Verhalten zu erklären, das sich im Lauf der Entwicklung auf breitere Schichten ausgedehnt hat [s. oben S. 29; zur Sache 931: PLEKET]. Inzwischen sind zwei zusammenfassende Darstellungen erschienen: DECKER [941] und SINN [942], letztere als Ausstellungskatalog mit zahlreichen Abbildungen archäologischer Provenienz. Von den großen internationalen Spielen sind Monographien über die Pythischen, Isthmischen und Nemeischen Spiele ein Desiderat; immerhin enthält RASCHKE [938] entgegen seinem Titel auch Beiträge darüber. Zu den Panathenäen siehe oben S. 29. Demgegenüber sind die Olympischen Spiele wegen ihrer – scheinbaren – Wiedererweckung in der Neuzeit, aber auch wegen ihrer führenden Stellung in der Antike immer wieder Gegenstand von Gesamtdarstellungen [933: EBERT; 943: SINN; 940: COULSON/KYRIELEIS] und von Einzelforschungen. So wird dargelegt, dass es einen angeblichen allgemeinen Olympischen Frieden nie gegeben hat, sondern nur freies Geleit für die Teilnehmer und Neutralität des Ortes, was übrigens auch für andere Spiele galt [934: LÄMMER], und der Frage nachgegangen, inwiefern die Olympien in der gemeingriechischen Politik eine Rolle spielten [930: HÖNLE], was ebenfalls auch für andere Spiele zu untersuchen wäre.

Zunehmend findet das Gymnasion als der Ort, an dem in den Poleis für die Bürger der Stadt die sportliche Betätigung stattfand, Beachtung [945: MANN; 944: WALLNER (entgegen dem Titel nicht auf Olympia beschränkt), und es werden einzelne Sportarten untersucht [939: POLIAKOFF, weitere Nachweise bei 941: DECKER]. Eine besonders ergiebige Quellengattung sind die dichterischen Epigramme, die auf den Basen von Siegerstatuen angebracht waren [933: EBERT] und die zahlreiche Nachrichten über die Sportarten und ihre Praktizierung sowie über die Herkunft und sonstige Stellung der Sportler vermitteln. Die spätarchaischen Siegeslieder der Dichter Pindar und Bakchylides auf Sieger bei panhellenischen Spielen stellen Höhepunkte der Weltliteratur dar – auch das etwas, was den heutigen Sport vom griechischen unterscheidet.

7. KRIEG

Vielleicht wegen der Perhorreszierung alles Militärischen nach dem Zweiten Weltkrieg in Westdeutschland hatte ein wesentlicher Bereich der griechischen Geschichte hier seit Jahrzehnten so gut wie keine wissenschaftliche Aufmerksamkeit gefunden, nämlich der Krieg als Phänomen für sich. Das war früher anders [das Handbuch 541: KROMAYER/VEITH ist 1928 erschienen], wird außerhalb unbefangener gehandhabt und ändert sich auch hier allmählich. Eine gut lesbare und schön illustrierte Übersicht ist DUCREY [555]; zahlreiche einzelne Probleme behandelt das immer heranzuziehende monumentale Werk von PRITCHETT [547]; eine sehr willkommene Quellensammlung ist SAGE [114]; über das Phänomen der Schlachten LLOYD [561] und über die Kriegsregeln OBER [562]. Die sozialen Ursachen und Wirkungen des Krieges werden untersucht bei GARLAN [545], VERNANT [553] sowie in den Sammelbänden PROST [565] und Guerres et sociétés [566]. Die Waffen selbst werden bei SNODGRASS [552] beschrieben; die Wirkung des Krieges auf das religiöse Bewusstsein bei RUBEL [540]; vgl. auch die Literatur bei WEILER [145, 270 f.]. *Allgemeines*

Zahlreiche Einzelprobleme werden behandelt: die frühe Kriegführung bei GREENHALGH [1147], die athenische Marine bei JORDAN [549], die Belagerungstechnik bei GARLAN [546], die Befestigungstechnik bei LERICHE/TRÉZINY [554], Militärarchitektur bei ADAM [551]; die Befestigung Attikas (in großem Maßstab erst ab dem 4. Jahrhundert) bei OBER [1646], LAUTER [323] und MUNN [559]; die (In-)Humanität der Kriegführung bei KIECHLE [544] und die Behandlung der Kriegsgefangenen bei DUCREY [543]; die Beteiligung Unfreier bei WELWEI [548]. Sämtliche Arbeiten betrachten ihre Gegenstände nicht nur für sich, *Einzelnes* sondern sehen sie im Zusammenhang mit der gesellschaftlichen und politischen Entwicklung. In der Tat verdient der Krieg als eine elementare, sozusagen, Lebenstatsache besondere Beachtung. Nicht nur wegen seiner großen Häufigkeit in Griechenland, sondern wegen der Tatsache, dass und wie er auf die Struktur von Gesellschaft und Politik einwirkte [556: MEIER; 557: HANSON; 558: RICH/ SHIPLEY; die beiden oben genannten Sammelbände], z. B.: Er war ein auslösender Faktor bei der Heranbildung des Hoplitenstaates [s. S. 16 f. sowie 557: HANSON], die Perserkriege und die Kriege des Ersten Attischen Seebundes haben die Vollendung der athenischen Demokratie und die erste antike Reichsbildung bewirkt [652: SCHULLER, 434 f.; 1430: DERS., 164 f.]; Kriege waren in Wirkung und Gegenwirkung eng mit der Geschichte des 4. Jhs. verbunden [560: BURCKHARDT; 564: SCHULZ], und der Krieg war eine der wesentlichen Bedingungen für die Sklaverei (s. S. 85).

8. Recht

Das griechische Recht der Poliswelt, seine Herausarbeitung als eigenständiges Recht im Rahmen der bisher vom römischen Recht geprägten antiken Rechtsgeschichte ist eines der zahlreichen Verdienste HANS JULIUS WOLFFS [489]. Es wird insoweit seit jeher von der althistorischen Lehre und Forschung behandelt, als es sich um öffentliches Recht (Verfassungsrecht, Volksbeschlüsse, außenpolitische Verträge) oder um Rechtspflegeorgane (Dikasterien, Rat, Beamte) handelt. Auch das Rechtsdenken, im Gegensatz zum Recht selbst und zu seiner Praxis, erfreut sich größeren Interesses [klassisch 472: WOLF; eigenartig aufgebaut,

Forschungssituation aber wertvoll 491: TRIANTAPHYLLOPOULOS]. Weitgehend unberücksichtigt und den Rechtshistorikern und Philologen überlassen blieb lange Zeit das Zivilrecht [weniger das Strafrecht: 473: MACDOWELL, 482: RUSCHENBUSCH, 490: COHEN, 662: SEALEY], dessen Prozeduren und Inhalte jedoch in ihrer Eigenschaft als praktiziertes Rechtsleben selbst und als Ausdruck politischer und gesellschaftlicher Verhältnisse von immenser Wichtigkeit sind. In den gängigen Einführungen, Handbüchern und Bibliographien taucht das Gebiet des Rechts so gut wie gar nicht auf. Das liegt zum einen wohl an der generellen Rechtsfremdheit unseres Bildungswesens, dann aber auch daran, dass auch an die ohnehin kleine Zahl der griechischen Rechtshistoriker selbst die „Einordnung der ermittelten Fakten in allgemeinere geschichtliche und juristische Zusammenhänge" als Anspruch erhoben werden musste [485: WOLFF, I f.]. Gleichwohl hat sich vieles gebessert.

Bedeutung des Gerade das Rechtsleben stand sehr viel mehr als heute im Zentrum des Lebens;
Rechtslebens man denke nur daran, dass ein wesentlicher Anstoß der Staatsgründungen am Ausgang der archaischen Zeit darin lag, dass die adlige Rechtspflege willkürlich war und daher das Bedürfnis nach Rechtssicherheit befriedigt werden musste [die

Bedeutung der archaischen Zeit für die Entwicklung des Prozesses und für die Gesetzgebung bei 493: GAGARIN; die in erstaunlicher Dichte inschriftlich erhaltenen archaischen Gesetze gesammelt und kommentiert bei 112: KOERNER und 113: EFFENTERRE/RUZÉ; weitere Gesetze bei 116: ARNAOUTOGLOU]. Von der engen Bindung an das öffentliche Leben zeugen die Rolle der politischen Prozesse im Athen des 4. Jhs. [eine Übersicht gibt 1606: MOSSÉ] sowie die Tatsache, dass die athenischen Bürger in ihrer Eigenschaft als Mitglieder der drei- und vierstellig besetzten Volksgerichte ständig mit Prozessen zu tun hatten. Wichtige Prozesse, nicht nur politische, sind der Gegenstand von CAREY [500] und von BURCKHARDT/UNGERN-STERNBERG [503], ihre gesellschaftlichen Auswirkungen behandelt HUNTER [497], Prozesse auf der Bühne analysiert SCAFURO [501]. Auch spricht die literarische Veröffentlichung der Prozessreden der attischen Redner für die starke Stellung des praktischen Rechtslebens in der Öffentlichkeit. Das Recht der griechischen Poleis [474: WOLFF, I; 481: BERNEKER], von dem wir weitaus am besten das attische kennen [immer noch unentbehrlich 470: LIPSIUS; 483: HARRISON; 649: MACDOWELL; 488: BISCARDI (mit Schwächen); 496: TODD] – die anderen Rechte aber doch so weit, dass von einem griechischen Recht mit gemeinsamen Grundstrukturen und nicht bloß vom attischen gesprochen werden kann [zu Sparta 492: MACDOWELL] –, war aber anders als das klassische römische Recht der späten Republik und Kaiserzeit u. a. wohl wegen des Fehlens eines Juristenstandes nicht wissenschaftlich durchgebildet [485: WOLFF, 5,13]. Die konkreten Rechtsregeln waren Gesetze (Nomoi), die entweder kraft Tradition und hohen Alters galten oder die von der Volksversammlung bzw. den Nomotheten beschlossen waren [siehe oben die Sammlungen von KOERNER, EFFENTERRE/RUZÉ und ARNAOUTOGLOU].

Das Verfahren [zum attischen Prozess 487 und 494: THÜR], das Zivil- und Strafprozesse nicht trennte, spielte sich, von Ausnahmen und bestimmten Verfahrensabschnitten abgesehen, vor den Volksgerichten ab. Kläger und Beklagte (bzw. Ankläger, der bei Obsiegen prämiert wird, und Angeklagter) hielten zusammenhängende Prozessvorträge, die ihnen in den meisten Fällen andere, meistens berufsmäßige Redenschreiber, verfasst hatten und in welche die einschlägigen Gesetzvorschriften und die vorher niedergelegten Zeugenaussagen eingearbeitet waren. Ohne weitere Vernehmung und Beratung stimmte das Gericht dann geheim ab. Aus diesem Verfahren folgten einige Charakteristika des attischen Rechts, die in engem Zusammenhang mit der demokratischen Staatsform standen [diesem Zusammenhang gehen nach 676: OSBORNE und 701: GARNER; hier ist der Anspruch nur teilweise eingelöst]: Das Urteil wurde von aus dem souveränen Volk ausgelosten Richtern in bis zu 6000 Personen umfassenden Gerichtshöfen gefällt, die natürlich rechtsunkundig waren. Die Folge war, dass die einschlägigen Vorschriften von den Parteien selbst benannt werden mussten und dass eine geistige Durcharbeitung nicht möglich war. Die weitere Folge war, dass es auch keine Rechtsliteratur gab, da der Adressat fehlte. Auch die Redenverfasser

Verfahren

Folgen

kümmerten sich vor allem um die rhetorischen Qualitäten des Vortrags, da es mehr auf das Beeindrucken der Richter ankam als auf juristische Begründungen, zumal keinerlei Vernehmungen stattfanden [sehr anschaulich 477: WOLFF]. Das alles hatte nun aber nicht etwa zur Folge, dass wir es mit einem primitiven Recht zu tun hätten – das attische Recht hatte zwar archaische Züge, war aber im Ganzen nicht nur ein durchgebildetes Instrument, sondern wurde auch ständig verfeinert und neuen Gegebenheiten angepasst [vgl. etwa S. 155 den Hinweis auf 1616: PEČÍRKA, 25–27; außerdem 476: WOLFF]. Die Folge war vielmehr das Paradox, dass neben der großen Bedeutung, die der Rhetorik zukam, ein strenger Gesetzespositivismus herrschte [475: MEYER-LAURIN; 478: WOLFF, 110–115], d.h. ein Festhalten am geschriebenen Gesetz, um Willkür möglichst zu vermeiden – was keinesfalls heißt, dass Gesetze nicht ausgelegt werden durften, ja mussten (und daher gewiss auch falsch ausgelegt wurden). Es war aber prinzipiell gefordert, sich an die Gesetze zu halten und nicht etwa übergesetzliche Billigkeitsgesichtspunkte zur Geltung zu bringen [das ist gegenüber 495: HILLGRUBER, 105–120 gesagt]. Damit ist eine deutliche strukturelle Parallele zu der „starren Ordnung" in der Regelung der Finanzverwaltung gegeben, die allein die demokratische Beteiligung vieler erloster attischer Bürger an diesem wichtigen Teil der Staatsgeschäfte ermöglichte [JONES in: 371: GSCHNITZER, 226].

Inhaltliches

Auf Einzelheiten des materiellen Rechts kann hier nicht eingegangen werden [zum Recht in Bezug auf Frauen 593: SEALEY]; es seien nur ein paar Tatsachen der Rechtskultur der griechischen Polis aufgeführt. Ihnen ist gemeinsam, dass sie alle stark archaische Züge aufweisen und trotzdem den jeweils veränderten wirtschaftlichen Bedingungen angepasst werden konnten [485: WOLFF, 14; 479: DERS., 533] – anders als in Rom, wo die Rechtskundigen der Senatsaristokratie auch die Rechtsstruktur elastisch weiterentwickeln konnten, während die Demokratie oder die Hoplitenpoliteia zwecks Vermeidung von Willkür und Chaos gezwungen waren, an alten Grundformen festzuhalten. So haben die Griechen seltsamerweise nie den Begriff des gegenseitig verpflichtenden Vertrages gekannt, sondern sind immer bei sich zwar ergänzenden, aber einseitigen Erklärungen und Verfügungen stehengeblieben [479: WOLFF, 524f. und passim]; sie haben beim Begriff des Kaufes immer an dem einfachen Gedanken festgehalten, dass das Eigentum an der Sache ausschließlich durch Bezahlung des Kaufpreises übergehe, konnten also nur unter der Hilfskonstruktion eines fiktiven Darlehens zur wirtschaftlich wünschenswerten Anerkennung des Kreditkaufes gelangen [479: WOLFF, 485–488]; schließlich ist ausgesprochen archaisch die Vorstellung, dass die Gerichte in ihrem Urteil nicht eine Leistungsverpflichtung aussprachen, sondern nur den privaten Zugriff des (obsiegenden) Klägers sanktionierten [Begriff der *praxis*, 479: WOLFF, 493f.].

9. GEOGRAPHIE UND TOPOGRAPHIE

Wie wichtig historische Geographie ist, wird insbesondere in der griechischen Geschichte wohl jedem klar, der durch Reisen einen physischen Eindruck von den geographischen und topographischen Gegebenheiten bekommt. Nicht umsonst sehen die Annales-Schule und Teile der archäologischen Wissenschaft auch in geographischen Faktoren eine entscheidende Determinante der Geschichte – für den, der nur auf Sozialgeschichte achtet, freilich unverständlich. In letzter Zeit hat die topographische Forschung im deutschsprachigen Raum besonders durch die Aktivitäten GEHRKES [828; allgemein über die physische Beschaffenheit Griechenlands; auch 319; 326] und die geographische Forschung durch OLSHAUSEN [327, 328] einen neuen Aufschwung genommen. Das grundlegende Werk ist nach wie vor – neben den topographischen Artikeln von ERNST MEYER in der RE [vgl. auch 305 und 308] – 306: PHILIPPSON/KIRSTEN; für Reisende gedacht, aber mit soliden wissenschaftlichen Informationen sind KIRSTEN/KRAIKER [310] und KIRSTEN [314]. Etwa gleichzeitig ist MYRES [307], das ebenso wie die beeindruckenden Bände über die griechische Topographie von PRITCHETT [309] vornehmlich historisch ausgerichtet ist. Eigens über Athen informieren JUDEICH [304], das trotz Vorarbeiten leider immer noch nicht wirklich ersetzt ist [über neuere archäologische Ergebnisse 311: HILL], vor allem aber TRAVLOS [313, Athen und 320, Attika, mit Nachtrag zu Athen]; die athenische Agora ist sehr anschaulich dargestellt von CAMP [324] mit Modifikationen von FRANCIS/VICKERS [322] und STEUBEN [325]. Ganz Griechenland (heutiges Staatsgebiet, also ohne Kleinasien und die Kolonialgebiete) stellt MÜLLER [318] detailliert mit ausführlichem Bild- und Kartenmaterial dar und bietet weit mehr als den eigentlich nur vorgesehenen topographischen Kommentar zu Herodot. FINLEY [185] und BRANIGAN [187] geben kartographische Übersichten über die gesamten Ausgrabungsstätten der Antike, während STILLWELL [173] und LAUFFER [175] Nachschlagewerke sind, in denen man die wichtigsten Orte des Altertums bequem und umfassend aufgeführt findet. Ein historischer Atlas im eigentlichen Sinne ist der Große Historische Weltatlas [184], wegen der Register ist für das Auffinden der jeweiligen Orte allerdings jetzt nach KIEPERT [183] HAMMOND [186] zu benutzen. Alle sind jetzt überflügelt durch den großartigen (und sehr teuren) Atlas zum griechischen und römischen Altertum 189: TALBERT.

C. BESONDERE PROBLEME

1. Minoisch-mykenisches Griechenland

Alle Probleme der ägäisch-minoisch-mykenischen Zivilisationen werden in den jeweils unter einem bestimmten Thema stehenden Tagungen der Internationalen Ägäiskonferenzen behandelt und vorbildlich und schnell publiziert [974, 976, 977], worauf hier ein für alle Mal verwiesen sei.

a) Das minoische Kreta

Forschungs-geschichte
Dass es überhaupt ein minoisches Kreta gab, wissen wir erst seit Beginn des 20. Jahrhunderts, d. h. seit Beginn der Ausgrabungen durch ARTHUR EVANS in Knossos 1899 [979]. Seitdem sind vornehmlich von englischen, italienischen und griechischen Ausgräbern außer Knossos die Paläste von Phaistos mit Hagia Triada im Süden [994: LEVI] und Kato Zakro im Osten [1023: PLATON] ausgegraben worden; daneben einzelne Stadtanlagen, am wichtigsten Mallia, sogenannte Herrensitze und Nekropolen. Forschungsberichte sind selbst schon dicke Bücher [1017: HILLER], wozu jetzt noch die Ausgrabungen auf Thera kommen [1052: SCHACHERMEYR, 69–85]; über die Geschichte der Ausgrabungen auf Kreta berichtet zusammenhängend SCHIERING [995], sehr guter Überblick bei BICHLER/ HAIDER [833], die Archäologie der Paläste bei GRAHAM [1032]; Sammelband KRZYSZKOWSKA/NIXON [1007].

Entstehung
Das erste wichtige Problem ist die Frage, wie es zur minoischen Hochkultur gekommen ist. Das berührt sich mit der Frage nach den Triebkräften der Entstehung von menschlicher Zivilisation im Ägäisraum überhaupt [946: RENFREW; 950: SCHACHERMEYR], dessen frühester eigener Kulturkreis die Kykladenkultur war [zusammenfassend 949: der Ausstellungskatalog, dazu 969: BARBER, frühe Skulpturen 964: GETZ-PREZIOSI]; zu den Ägäiskulturen insgesamt SCHACHERMEYR [960], BOUZEK [963], BUCHHOLZ [970]. Auf Kreta war diese Stufe in der vorpalatialen Periode erreicht, wobei die Frage offen bleibt, inwieweit hier eine eigenständige Entwicklung vorlag oder mit Einflüssen oder gar mit Einwanderungen von außerhalb zu rechnen ist [985: BRANIGAN, insbes. 196–202; 996: HILLER, 71–115, 221–213]. In der Diskussion ist auch, inwieweit in den Bestattungen der kretischen vorpalatialen Tholoi soziale Differenzierungen zu entdecken sind [1008: BLASINGHAM; 1009: CHERRY, 40 (dagegen); 1021: BRANIGAN]. Eine weitere Frage ist die, was für Vorgänge zur Errichtung der Paläste und der in ihnen fassbaren Zivilisation (vgl. jedoch S. 3, 97) geführt haben. Die Thesen des Geologen H. G. WUNDERLICH [Wohin der Stier Europa trug, 1972], wonach die Paläste Totenstädte gewesen seien, wurden von NOLL [986], NEUTSCH [992]

sowie SCHIERING [995: 233–240] mit Recht zurückgewiesen, obwohl eine eigentliche Diskussion nie stattgefunden hatte. Die Forschungen BRANIGANS haben nun gezeigt, in wie starkem Maße sich die Elemente der Palastzeit schon vorher herausgebildet hatten [s. nur die Architekturgrundrisse auf S. 45, 58, 60. 62 von 985]; gleichwohl ist der Übergang nicht gänzlich fließend gewesen [Problemskizzen bei 1009: CHERRY; 1010: LETHWAITE; 962: CHERRY; 1029: WARREN; 1035: BRANIGAN]. Wie die schließliche Konzentration von Wirtschaft und Politik in Palastwirtschaft und Königtum entstanden ist, muss weiter offen bleiben. Man kann nur aus der von archäologischen Befunden nahegelegten allgemeinen Zunahme von Bevölkerung und handwerklichen Fähigkeiten sowie aus der neuen Verwendung von Bronze mit all ihren Implikationen auf zunehmende Arbeitsteilung und daraus auf soziale Differenzierung schließen [985: BRANIGAN, 114–125, 179–195; 993: GEISS]. In den großen Linien leuchtet das natürlich so weit ein, dass es sich dabei schon fast um Selbstverständlichkeiten handelt. Auf Vermutungen bleibt man aber immer dann angewiesen, wenn man konkreter werden will, etwa wenn man, wie vor allem GEISS, stark auf Zwangsläufigkeiten und auf „Handel" abhebt, dessen Intensität zur Konzentrierung der politischen Macht geführt habe.

Ähnlich ist die Frage nach der Struktur von Staat und Gesellschaft [1007: KRZYSZKOWSKA/NIXON; 1019: HÄGG/MARINATOS] im Allgemeinen deshalb verhältnismäßig unkontrovers, weil die archäologischen Quellen nur pauschale Aussagen erlauben, so dass eine echte Diskussion etwa über die Frage der Existenz eines Königtums [Theokratie: 1030: NIEMEIER] und eines Adels nicht möglich ist. Die Architektur der großen Paläste mit ihren Vorratsräumen sowie die Struktur der Linear-A-Inschriften deuten unmissverständlich auf eine zentrale Wirtschaft hin. In dieser Situation bedeutet H. VAN EFFENTERRES Deutung des zentralen Platzes und der angrenzenden Gebäude in Mallia an der Nordostküste als politischer Versammlungsplatz und Sitz einer Ratskörperschaft (Agora und Prytaneion) [982: 142f.; vorsichtiger in bezug auf das „Prytaneion" 984: AMOURETTI, 82f.; vgl. auch 1003: VAN EFFENTERRE] eine vielleicht „abenteuerliche" [WILL, RH 238 (1967) 391, Anm. 1] Differenzierung des unstrukturierten Einheitsbildes. Sie hat aber den methodischen Vorteil für sich, die Frage aufzuwerfen, ob nicht neben einer zentralen Monarchie (ohne wirklich greifbares Königtum) auch noch andere politische Organisationsformen gestanden haben könnten – nicht zu verwechseln mit der dann wirklich kühnen Behauptung, hier hätte man die erste griechische Polis vor sich [1005: DAMIANI INDELICATO]. Ernster allerdings ist die These zu nehmen, die spätere griechische Religion habe sich aus der minoischen entwickelt und insofern bestehe in diesem einzigen Fall eine Kontinuität zwischen dem minoischen Kreta und Griechenland [nach 504: NILSSON, I, 303–315, 338–343; die wohl eher zutreffende Gegenposition 947: RUTKOWSKI]. Eine versuchsweise Deutung der Darstellung von Stieren mit darüberspringenden Menschen als tödliche Kämpfe findet sich bei PINSENT [1017; mit C. G. THOMAS, LCM 9

Staat und Gesellschaft

Frauen (1984) 136 f.]. Zur Rolle der Frauen sind heranzuziehen NIXON [1013; zweifelnd] und NIEMEIER [1027; Oberpriesterin]; zum Stand der Erforschung der Sprache von Linear A HEUBECK [1016]; zur Frage der Menschenopfer WALL u. a. [1026].

Außenbeziehungen Mit den immer mehr zunehmenden archäologischen Funden hat nun eine Diskussion darüber eingesetzt, welche Deutungen die zahlreichen minoischen Gegenstände in der südlichen Ägäis sowie in Italien zulassen. Kann man von einer durchorganisierten Seeherrschaft (Thalassokratie) sprechen [1019: HÄGG/MARINATOS] oder lediglich von einzelnen minoischen Siedlungen [wohl nur Ialysos auf Rhodos und Kastri auf Kythera; 1031: COLDSTREAM/HUXLEY]? Gab es Handelsstationen oder doch nur einen allgemeinen kulturellen Einfluss [ausführlich zu einem Heiligtum in Phylakopi auf Melos, aber mit übergreifenden Ergebnissen 966: RENFREW]? Am intensivsten erforscht ist Akrotiri auf Thera (Santorin) [1015: DOUMAS; 1018: MARINATOS; 1107: VANSCHOONWINKEL (mit Bibliographie)], ebenfalls ausgiebig erfasst sind die Beziehungen zu Ägypten, besonders wichtig für die Chronologie [1001: MERRILLEES/EVANS; 958: GODART; 968: WACHSMANN; 973: HAIDER]; dort ist die allgemeine Diskussion um die Deutung der minoischen Funde besonders intensiv, wobei Konsens darüber zu bestehen scheint, dass dauerhafte Ansiedlungen noch am wenigsten anzunehmen sind [952: MEE; 953: BARBER; 1004: BRANIGAN; 1006: DAVIS; 959: MELAS; 1098: PALSSON HALLAGER; 1022: VAGNETTI, minoische Funde in Italien aus mykenischer Zeit; 965: MARAZZI, Handelsgesichtspunkt; 1033: MELAS, Zusammensicht der Möglichkeiten].

Ursachen der Zerstörung Ausgesprochen heftig geführte Kontroversen knüpften sich an die Fragen der Chronologie und der Ursachen des Endes der minoischen Kultur auf Kreta [die beste Gesamtdarstellung 973: HAIDER]. Hier soll nur auf zwei dieser Fragen eingegangen werden, vorwiegend hinsichtlich der Fragestellung und der historischen Konsequenzen. Die erste Frage ist die nach der Ursache der endgültigen Zerstörung von Knossos (und damit des Hauptortes des minoischen Kreta und, seine zentrale Stellung vorausgesetzt, der minoischen Kultur überhaupt). Die Frage ist deshalb Gegenstand der Diskussion, weil durch MARINATOS, den späteren Ausgräber von Thera, 1939 die Idee geäußert worden war, der Vulkanausbruch von Thera, der die Zerstörung dieser Insel und ihre heutige Form verursacht hat, habe eine ungeheure Flutwelle zur Folge gehabt, die im Verein mit dem dichten Aschenregen Knossos und Kreta zerstört hätte [980]. Auf die Beantwortung verschiedener Einzelfragen kommt es hierbei an: 1. Sind auf Kreta, und zwar an der Nordküste und insbesondere an den Siedlungen wie Mallia und Knossos, Zerstörungen eines Charakters und Ausmaßes festzustellen, die auf eine große Flutwelle schließen lassen, und: Gibt es Aschenschichten von relevanter Dicke? 2. Welchen Charakter hatte der Vulkanausbruch von Thera, d. h. welche Folgen in Bezug auf Flutwelle und Aschenregen hat er gehabt? 3. Wie ist das chronologische Verhältnis von der Zerstörung von Thera und der von Knossos? Nach der letzten Untersuchung [998: PICHLER/SCHIERING, mit Literatur; vgl. auch 1052: SCHACHERMEYR, 82–86; sowie 1000: FRIEDRICH/PICHLER/SCHIERING und 1015: DOUMAS, 142–146; Gegenmeinung etwa 983: PAGE sowie 1017: PLATON, der jedoch von 999: PICHLER/SCHIERING keine Kenntnis genommen hat] gibt es 1. archäologische Befunde, die bei einer Flutwelle hätten weggespült sein müssen; die Dicke der Aschenschicht ist minimal; 2. nach Charakter und Struktur der erstarrten Lavamassen auf Santorin ist der Vulkan so sukzessive ausgebrochen und wieder in sich zusammengesunken, dass eine Flutwelle nicht entstehen konnte; 3. die auf Kreta gefundene letzte Keramik vor der Zerstörung ist von einem späteren Stil („Meeresstil") als die Keramik, die auf Thera zur Zeit von dessen Zerstörung existiert hat (ein Argument, das die Gleichzeitigkeit der jeweiligen Stile auf Thera und Kreta zur Voraussetzung hat), so dass der Ausbruch des theräischen Vulkans etwa 50 Jahre früher stattgefunden hätte als die Zerstörung von Knossos [1002: NIEMEIER]. Das Problem hatte sich zu einem Forschungsgebiet ausgewachsen, zu dem eigene Kongresse veranstaltet wurden, deren letzter ein ähnliches wie das hier vertretene Ergebnis gehabt hat [998: POPHAM].

Eine ganz andere Frage ist die positive nach den Ursachen der Zerstörungen auf Kreta, die Eliminierung der Vulkantheorie vorausgesetzt. Der jetzige Stand der Dinge hängt eng mit der genauen Untersuchung der sogenannten mykenischen Kriegergräber von Knossos [1011: MATTHÄUS; 1091: DRIESSEN/MACDONALD; 1012: NIEMEIER; 1100: KILIAN-DIRLMEIER] und mit der endgültigen Ausgrabung des bisher „unexplored mansion" in Knossos [1020: POPHAM] sowie den zeitgenössischen ägyptischen Darstellungen zusammen [vgl. jedoch 1024: NIEMEIER, der die Aussagekraft der Darstellungen im Grab des Vezirs Rechmire im ägyptischen Theben leugnet]. Danach scheint es so zu sein, dass man möglicherweise zwei mykenisch-griechische Machtergreifungen zu unterscheiden hat: Etwa 60 Jahre nach den alsbald wieder beseitigten leichteren Zerstörungen durch das Thera-Erdbeben gab es 1450 einen Dynastiewechsel mit nachfolgenden von Menschenhand herbeigeführten Zerstörungen, und um 1375 folgte eine Eroberung vom griechischen Festland aus durch jene Leute, die das in den Linear-B-Täfelchen greifbare Frühgriechisch sprachen. Sie erlagen ihrerseits dem Seevölkersturm um 1200.

Durch diese Forschungsergebnisse bahnt sich nun auch die Lösung eines ehemals heiß umstrittenen Problems an: Hat der endgültige Untergang kurz nach 1400 oder um 1200 stattgefunden? Ausgangspunkt dieser Kontroverse war die Tatsache, dass Schrift und Sprache der Linear-B-Täfelchen (zur Entzifferung s. S. 103 f.), die im Zerstörungshorizont von Knossos gefunden wurden, nahezu identisch mit denen der unbestritten auf ca. 1200 datierten Täfelchen von Pylos auf der Peloponnes sind. Hier wäre also eine ca. zweihundertjährige Entwicklung spurlos an Schrift und Sprache vorübergegangen, was, eine gewisse Standardisierung vorausgesetzt, an sich nicht notwendig ausgeschlossen sein muss. Zur Entscheidung dieser Frage hing nun alles von der Datierung der knossischen Täfelchen und diese wiederum davon ab, wo und in welchem datierbaren Zusammenhang sie gefunden worden sind. Eben das war kontrovers, weil die

Datierung des Untergangs

Angaben des Ausgräbers EVANS durch den Sprachwissenschaftler L. R. PALMER in Zweifel gezogen worden sind [Übersichten des Streitstandes bei 1105: HILLER/ PANAGL, 40–49; 1075: HALLAGER 7–10; 973: HAIDER, 40–47]. Unbestritten ist natürlich das Ausgangsfaktum, dass der Fundort der Tafeln das letzte Bauwerk vor der Zerstörung durch Feuer war, wodurch eben die Lehmtafeln fest gebrannt worden und so erhalten geblieben sind. Datiert werden die Tafeln nun durch die Keramik, die mit ihnen zusammen gefunden worden ist, und die betreffende Keramik datiert, ebenfalls unbestritten, um 1400 oder kurz danach – bestritten aber ist, ob diese Keramik wirklich zusammen mit den Tafeln gefunden wurde [über die Verlässlichkeit der EVANSSCHEN Angaben 1075: HALLAGER, 11 f.], oder in Wirklichkeit unter dem Fußboden gelegen hatte, auf dem die Tafeln lagen. (Die Auseinandersetzung darüber wird mit Hilfe der von EVANS' Assistenten Makkenzie geführten Grabungsbücher – zu ihm 1036: MOMIGLIANO – mit ausgesprochen philologischen Kriterien geführt, ein Zeichen dafür, wie die bei der Ausgrabung selbst bestehende Situation nur noch sehr behelfsmäßig rekonstruiert werden kann.) Wenn dem nun so war, dann ist der Palast, in dem die Tafeln lagen, über demjenigen errichtet worden, in dem die Keramik von 1375 lag, also später. Wann später, ist eine Frage für sich [1075: HALLAGER, 90 f.; 996: HILLER, 156 f.].

Die historischen Konsequenzen sind also [dazu, kontrovers, 996: HILLER und 1073: NIEMEIER]: Da die Sprache der Linear-B-Tafeln mit großer Wahrscheinlichkeit eine Frühform des Griechischen ist (vgl. S. 103 f.) und überall im festländischen Gebiet der mykenischen Kultur gefunden wurde, bedeutet das Vorkommen der Tafeln in Knossos, dass dort eine ähnliche, d. h. mykenische Herrschaft bestanden hat, wie auch immer sie im Anschluss an die Zerstörung fünfzig Jahre nach dem Vulkanausbruch von Thera installiert worden ist. Da Tafeln mit Linear B vor allem in Knossos gefunden worden sind, wird geschlossen, dass zu dieser Zeit Knossos die politische Zentralgewalt dargestellt habe. Liegt die Zerstörung wirklich um 1375, dann hätte die mykenische Herrschaft nur verhältnismäßig kurz gedauert. In der Folgezeit, in der auf dem Festland die mykenische Kultur in Blüte stand, hätte auf Kreta 175 Jahre lang eine Art Dämmerzustand geherrscht, und die Benutzer des knossischen Palastes während dieser „reoccupation"-Periode wären unorganisierte Siedler („squatters") gewesen. Erfolgte dagegen die Zerstörung erst um 1200, dann wäre die kretische Entwicklung mit der auf dem Festland genau parallel verlaufen, und Knossos wäre die ganze Zeit über ein voll funktionierender mykenischer Herrensitz gewesen. Allmählich [961: ÅSTRÖM/PALMER/POMERANCE] neigt sich die Waage der letzteren Lösung zu [so schon 1155: HEUBECK, 28–30].

b) Das mykenische Griechenland

Anfänge

Dass die griechisch sprechenden Träger der mykenischen Kultur – neuester Forschungsstand 1137a: DEGER-JALKOTZY u. a. – erst nach Griechenland eingewandert sind, ist großenteils akzeptiert [zur Gegenmeinung 1054: HOOKER, 15 f.]; die Frage ist nur, wann und wie das geschehen ist. Die eine Möglichkeit ist die, dass die Einwanderung zu Beginn des mykenischen Zeitalters (oder Späthelladikums) geschah, das archäologisch durch die Schachtgräber von Mykene und die „kretisierende" Keramik gezeichnet ist [zu Attika 1117: HAGEL/LAUTER]. Dann wären die hier Eingewanderten die Träger der neuen Entwicklungen gewesen. Solche Einwanderungen hätten aber nach allen anderen Parallelen zu urteilen über die genannten Änderungen hinaus sonstige kulturelle Brüche und archäologische Spuren etwa von Zerstörungen hinterlassen müssen, die nicht festzustellen sind [1042: BUCK, 207–209; 950: SCHACHERMEYR, 243; 1054: HOOKER, 16]. Hier hilft, als zweite Möglichkeit, nur der Gedanke einer allmählichen Entwicklung, die (zusammen mit der Annahme minoischer Handwerker) durch eine Art Summierung zu dem bezeichneten Ergebnis geführt habe [1042: BUCK; 1054: HOOKER, 55 denkt an die Wirkung ausgedehnten „Handels", wogegen ich generell Skepsis hege (s. S. 82 f.); zum Problem 1056: DICKINSON]. Danach wären also die griechisch sprechenden Bevölkerungsteile schon im Land gewesen und ihre Einwanderung müsste zu einer Zeit erfolgt sein, für die Zerstörungen belegt sind. Das ist nun der Fall seit den Perioden Frühhelladisch (FHell) II und vor allem III (also am Ende des 3. Jahrtausends), die zahlreiche Zerstörungen der frühbronzezeitlichen Siedlungen aufzuweisen haben, so dass wir hier den historischen Ort der „Ankunft der Griechen" hätten [950: SCHACHERMEYR, 1 191, 241 f.; temperamentvolle Skepsis 1051: HAMPL; viel späterer Termin 1123: DREWS (um 1600); traditionelle Ansicht 1126: DIAMANT sowie 1104: HILLER].

Über dieses einfache Ergebnis hinaus gibt es im Detail eine Fülle ungelöster Fragen. Die harmloseste ist noch die die Bezeichnung „Griechen" betreffende. Natürlich waren die Einwanderer von FHell II/III keine Griechen im späteren Sinne, sondern nur Leute, die – mangels anderer Kandidaten für diesen Vorgang – jedenfalls in Teilen eine Sprache mitbrachten, aus der sich das spätere mykenische Griechisch entwickelte, das seinerseits von dem Griechisch Homers immerhin durch über ein halbes Jahrtausend getrennt ist. Auf welcher Stufe sich die Sprache von FHell III befand und von wem sie gesprochen wurde, ist vollkommen unbekannt und wird es wohl auch bleiben. Mit einiger Sicherheit ist Negatives zu sagen: Sie war keine einheitliche von allen gesprochene Sprache, und das deshalb nicht, weil der Zerstörungs- und Einwanderungsvorgang sehr komplex und alles andere als einheitlich war (vgl. auch S. 109 zur Dorischen Wanderung). Er zog sich zum einen über so große Zeiträume hin und hatte so verschiedene archäologische Erscheinungsformen, dass er auf keinen „gemeinsamen Nenner gebracht werden" kann [950: SCHACHERMEYR, 192]. Besonders deutlich ist das an der Keramik abzulesen, insbesondere an der grauen, sogenannten minyischen Ware. Bis vor kurzem meinte man, sie sei von den Einwanderern mitgebracht worden [1042: BUCK, 209], doch inzwischen konnten Funde in der Argolis und auf Euböa vor die Zerstörung datiert werden [1034: HOOKER, 25f.], so dass die einfache Gleichsetzung dieser Keramik mit den Zerstörungen und der Einwanderung nicht möglich ist. Auch ist ja nicht immer mit Sicherheit gesagt, dass die Zerstörungen von denen stammen, die sich endgültig niederließen (vgl. S. 110). Schließlich wird immer wieder eine positive Identifizierung der Einwanderer nach geographischer und ethnisch-sprachlicher Herkunft versucht, die hier auf sich beruhen bleiben soll. Es handelt sich um das Indogermanenproblem, dessen jetziger Forschungsstand annimmt, dass die nach ihren Grabhügeln so genannten Stämme der Kurgan-Leute aus dem Gebiet der heutigen Ukraine nach Griechenland einwanderten [1061: HOLMBERG]. SCHACHERMEYR ist dabei wohl zuzustimmen, wenn er im Rückblick auf frühere Identifizierungs-Moden vor der „Gefahr einer Kurgan-Manie" warnt [950, 190]. Hier soll es genügen, die Einwanderung nach Griechenland, die das Mittelhelladikum einleitete, ohne weitere Differenzierung in den Zusammenhang der ersten großen indogermanischen Welle zu stellen, die etwa die vedischen Inder nach Indien brachte und im Vorderen Orient das Hethiterreich und das Auftreten der Hurriter zur Folge hatte [noch einmal 1123: DREWS].

Herkunft der Einwanderer

Grabungen

SCHLIEMANN Dass wir überhaupt die mykenische Kultur kennen, verdanken wir dem etwas beängstigenden Genie des Mecklenburgers HEINRICH SCHLIEMANN, der im vorigen Jahrhundert nach einer erfolgreichen Laufbahn als Kaufmann die homerischen Epen wörtlich nahm und, vor allem, in Troja und Mykene einfach anfing zu graben – und fündig wurde [1037–1039: SCHLIEMANN; seine Autobiographie: 1040]. Schon zu Lebzeiten erregte er Unglauben und auch – mitverursacht durch seine mehr als selbstbewusste Persönlichkeit – Ärgernis, und es spricht eigentlich nur für ihn, dass kürzlich noch der Streit um ihn mit besonderer Heftigkeit tobte. Während die einen in SCHLIEMANN einen lügnerischen Psychopathen sahen [1112: CALDER/TRAILL], ergriffen andere leidenschaftlich für ihn Partei [1113 und 1122: BLOEDOW], aber allmählich wird wieder nüchtern seine Leistung gewürdigt [1144: KORRES; 1130: CALDER/COBET; 1134: COBET; eine besondere Episode 1136: ALLEN]. In der Tat scheint SCHLIEMANN es wirklich mit der Wahrheit in Äußerungen über sich selbst und seine Funde nicht immer genau genommen zu haben, und manche seiner Fundberichte und Funde müssen eingehend überprüft werden, was freilich auch sonst nötig ist (vgl. oben S. 99f. über die knossischen Linear B-Täfelchen), jedoch schießt derjenige übers Ziel hinaus, der SCHLIEMANNSCHE Charaktereigenschaften unter in psychiatrischen Handbüchern gefundene Definitionen subsumieren und damit das Urteil gesprochen haben will. Gewiss war er kein Gentleman, sondern ein rücksichtslos-genialischer Kerl, dem die Wissenschaft viel verdankt; wir Epigonen müssen freilich seine Ergebnisse unter die Lupe nehmen und tun das auch – am besten in aller Ruhe.

Die Übersicht über den heutigen Grabungsbefund erleichtern einige neuere Publikationen erheblich: ein Forschungsbericht ist KILIAN [1125]; eine knappe Zusammenfassung gibt TAYLOUR [1075]; die Bibliographie bis 1980 bei HOOKER [1069]; ein üppig illustriertes Handbuch ist MARINATOS/HIRMER [948]; eine topographisch geordnete sehr detaillierte Zusammenstellung aller Ausgrabungen und Funde ist HOPE SIMPSON [1071]; die Burgen des griechischen Festlandes führt ausführlich vor IAKOVIDIS [1079]; eine hilfreiche Übersicht über die Keramik bietet MOUNTJOY [1132]. Zu den Fundstätten in der Ägäis zusammen mit einer Diskussion, ob es sich um Ansiedlungen oder Handelsposten gehandelt habe [952, 957 und 1127: MEE; 953: BARBER; 1097: DIETZ; 1107: VANSCHOONWINKEL; 1118: COURTOIS; zu den Fundstätten und Handelsplätzen im Westen 954: HOLLOWAY; 1088, 1087: VAGNETTI]. *Übersichten*

Entzifferung von Linear B

Fast alle unsere Informationen und Schlüsse über Staat und Gesellschaft des mykenischen Griechentums stammen von den Tontäfelchen, die in Linear B geschrieben sind [Einführung 1069: HOOKER]; auf den Quellenwert Homers wird noch eingegangen. Deshalb muss zunächst ein Wort zur Entzifferung gesagt werden. MICHAEL VENTRIS, der Entzifferer, hatte ursprünglich gar nicht damit gerechnet, Griechisch vor sich zu haben; er nahm an, es sei Etruskisch [1047: CHADWICK, 50; 1052: SCHACHERMEYR, 7 Anm. 8]. Erst durch die Analyse der als topographische Bezeichnungen erkannten Schreibungen kam er fast widerwillig dazu, ein sehr archaisches Griechisch anzunehmen [1047: CHADWICK 62–64, 66], und diese 1952 ausgesprochene Erkenntnis hat sich inzwischen fast überall als zutreffend durchgesetzt. Trotzdem sind Einwände formuliert worden, deren kurze Erörterung hier zugleich der Kennzeichnung der Schrift dienen soll. Linear B besteht – immer nach der VENTRISSCHEN Entzifferung – aus 91 Lautzeichen (und über 150 Ideogrammen, d. h. Zeichen, die die Sache selbst bedeuten, die sie darstellen, aber nicht lautlich wiedergeben). Da von den Lautzeichen nur ca. 70 in ihrem Lautwert gedeutet waren, d. h. ca. 20 noch unentziffert waren, wurde gefolgert, dass die Entzifferung der 70 falsch sein müsse, da, wie bei einem Kreuzworträtsel, eben alles stimmen müsse; die Hartnäckigkeit des Widerstandes der nicht entzifferten Zeichen beweise die falschen Prämissen der (angeblich) entzifferten (GRUMACH). Dagegen wurde eingewandt, dass die ausstehenden zwanzig selten seien und nicht ins Gewicht fielen [1046: KERSCHENSTEINER, 25]. *Einwände*

Da die Zeichen zu zahlreich sind, um Einzellaute darzustellen, aber zu wenige, um eine Bilderschrift zu sein, werden sie als Silbenzeichen interpretiert, die immer mit einem Vokal enden. Daraus ergibt sich für die Schreibung des (Früh-)Grie- *Merkmale von Linear B* chischen eine Anzahl von Problemen: Die griechischen Silben gehen häufig auf einen Konsonanten aus, außerdem gibt es Konsonantenhäufungen. Diesen Problemen begegneten die Schreiber, indem sie Silbenzeichen verwendeten, deren Vokalwerte nicht gesprochen wurden. In der Schrift wurde außerdem weder zwischen „l" und „r" noch zwischen Aspirata (ph), Media (b) und Tenuis (p) unterschieden. Die Skeptiker meinen daher, dass Linear B viel zu unpraktisch sei, um für das Griechische benutzt worden zu sein – die Entzifferung sei daher falsch. Noch dazu seien die Silbenzeichen nach den genannten Schreibregeln mehrdeutig und ihre Auflösung daher willkürlich. Dem wurde entgegengehalten, dass die Schrift eben aus früheren Schriften (Linear A und der kretischen Hieroglyphenschrift) entwickelt worden sei, die sich für ganz anders strukturierte Sprachen entwickelt hatten. Außerdem erforderte der Zweck der Linear-B-Schrift, vor allem die Buchungsvorgänge, gar keine genaue Lautwiedergabe und die theoretische Vieldeutigkeit sei in praxi sehr begrenzt [1043: HEUBECK, 16f.]. Eindrucksvoll ist die Tatsache, dass in der griechischen Chorlyrik sprachliche Bestandteile identifiziert werden konnten, die nicht aus Homer, sondern aus dem mykenischen Griechisch stammen [1108: TRÜMPY]. Ein amüsantes Nebenfaktum ist, dass mit Hilfe eines Fingerabdruckexperten der schwedischen Polizei sogar Individuen unter den Schreibern der Tafeln identifiziert werden konnten [1096: ÅSTRÖM/SJÖQUIST]; die Schreiber von Pylos und ihr System bei PALAIMA [1121]. Der Historiker, mittlerweile doch wohl ohne Gefahr, dem Wunsch als dem Vater des Gedankens zu erliegen, wird die gelungene Entzifferung anerkennen. Die bisher erzielten Erkenntnisse können wegen ihrer Fülle schlechterdings nicht mehr das Ergebnis zufälliger Kombinationen sein, die auch anders ausfallen könnten, und wenn BLEGEN, der amerikanische Ausgräber von Pylos, VENTRIS vorsichtig gefragt hatte: „Is coincidence excluded?" [1047: CHADWICK, 81], so muss man diese Frage heute bejahen [1155: HEUBECK, 23–54].

Gesellschaft und Staat

Nun zu ein paar Fällen aus dem staatlich-gesellschaftlichen Bereich, die zeigen, mit wievielen Tücken man trotzdem zu rechnen hat. Das Hauptproblem ist methodischer Art und hängt mit der Eigenart der Quellen zusammen. Die Archäologie und Homer (s. u.) geben nur vage Anhaltspunkte; das Entscheidende sagen die Linear-B-Tafeln. Diese Tafeln sind keine Dokumente, die an andere gerichtete Aussagen machen wollen wie etwa die Inschriften der späteren griechischen Geschichte, sondern sie sind nur die zufällig durch Brand konservierten Notizen der staatlichen Bürokratie für den internen Dienstgebrauch. Sie erklären also nichts, sondern setzen alles voraus, so dass man auf immanente Interpretation angewiesen ist. Nun entsprechen viele einschlägige Wörter der Texte späteren griechischen Begriffen, und die Frage ist, wie weit man von diesen auf die Bedeutung jener zurückschließen darf. Noch am wenigsten Schwierigkeiten

wa-na-ka macht die Person mit dem Titel *wa-na-ka*. Sie erhält die höchste Landzuteilung, *te-me-no*, rangiert in Aufzählungen an erster Stelle und hat anscheinend kultische Funktionen, so dass ihre Identifizierung mit dem König naheliegt, dessen Existenz auch wegen der zentralen Burgen und Paläste archäologisch erschlossen werden kann. Demzufolge spricht nichts dagegen, im griechischen Wort (W)Anax, das (höchster) Herr bedeutet und bei Homer der Titel Agamemnons ist, das Pendant dazu zu sehen, wobei womöglich auch Götter als *wa-na-ka*, „Herr", angeredet worden sind [1105: HILLER/PANAGL, 280f.; 1054: HOOKER, 184, 206–208; RUIJGH bei 1137a: DEGER-JALKOTZY, 521–535].

Der *ra-wa-ke-ta* bietet mehr Probleme. Er muss die zweitwichtigste Persönlichkeit nach dem Wanax gewesen sein, weil er als einziger außer diesem eine – geringere – Landzuteilung erhielt [1044: WUNDSAM, 50]. Im Übrigen hatte er ähnliche Funktion wie der König [1044: WUNDSAM, 57], aber insbesondere strittig ist, ob er besondere militärische Funktionen hatte oder gar der Vertreter eines dem Königtum opponierenden Adels gewesen ist [1044: WUNDSAM, 58, dagegen 1048: PALMER, 173f.]. Etwas weiter kommt man höchstens, wenn man die Etymologie und, trotz aller methodischen Probleme, Homer-Parallelen zu Hilfe ruft. Wenn *ra-wa-ke-ta* mit Lawagetas umschrieben werden kann, bedeutete der Titel Führer des Lawos, also nach homerischem Sprachgebrauch der kriegerische Adel [1043: HEUBECK, 65f.]. Ebenso herrscht in Bezug auf einen weiteren Titel nur etymologisch Einigkeit: Der *e-qe-ta* wird als *hepetas*, als hochgestellter Gefolgsmann gedeutet, wohl des Königs; unklar ist aber, ob seine Funktionen militärisch, kultisch oder beides waren [1044: WUNDSAM, 127–129; 1048: PALMER, 174f.; 1105: HILLER/PANAGL, 285f.]; für die Deutung als reine militärisch-politische Gefolgschaft entscheidet sich DEGER-JALKOTZY [1062] aufgrund eingehender philologischer und gefolgschaftssoziologischer Untersuchungen. Schließlich ist der Titel *qa-si-re-u* von allgemeinem Interesse. Nach seinem sachlichen Zusammenhang bezeichnet er eine offizielle Aufsichtsperson in den Schmiedewerkstätten, die zwar sozial über das einfache Volk herausgehoben war, jedoch nicht zur Führungsschicht gehörte. Etymologisch scheint nun aus *qa-si-re-u* das spätere griechische Wort für König, Basileus, hervorgegangen zu sein [zu allem 1044: WUNDSAM, 115f.; 1133: CARLIER]. Daraus könnte sich in Verbindung mit dem Zurücktreten des Titels und der Funktion des Wanax der Schluss ergeben, dass diese kleineren Beamten in den Wirren des Zusammenbruchs und der Dunklen Jahrhunderte kleine Könige geworden wären.

Nun zwei Kollektivbegriffe. Dass *da-mo* das Pendant zu Damos, Demos = Volk ist, ist einleuchtend und unbestritten. Wenn man aber von der Funktion dessen ausgeht, was *da-mo* genannt wird, vermeidet man besser jeden Bezug auf „Volk". Denn in der mykenischen Gesellschaft ist *damo* ein anscheinend personell genau abgegrenzter Personenkreis von fixierter Rechtsstellung, fast in der Art einer juristischen Person. Land war in seiner Verfügungsgewalt genau wie in der von Einzelpersonen und konnte von ihm wie auch von diesen vergeben werden; viele Einzelheiten sind strittig [1044: WUNDSAM, 156f., 159; 1048: PALMER, 176f., 1088:

PALMER]. Der spätere Begriff Demos ist nur durch komplizierten Bedeutungswandel, vielleicht in der Art des Basileus, zustandegekommen. Ebenfalls in der Diskussion ist das Wort *do-e-ro*. Auch hier ist die Etymologie verführerisch, denn es ist unstrittig das Wort, aus dem später *dulos*, Sklave, geworden ist. Hinzu kommt ein sachlicher Gesichtspunkt. Ein *do-e-ro* steht immer zusammen mit einem Genitiv, den als Possessivus aufzufassen hieße, dass wir es schon in mykenischer Zeit mit der klassischen Sklaverei zu tun hätten. Hier ist aus zwei Gründen Vorsicht geboten. Erstens gibt es zwar tatsächlich namenlose *do-e-ro*, die nur in dem Namen dessen, dem sie zugeordnet sind, aufgeführt werden, aber auch andere, die Grundstücksinhaber sind, sowie weitere, die als *do-e-ro* von Göttern, also nicht von realen Einzelpersonen figurieren [1105: HILLER/PANAGL, 287 f.; ein interessantes Sonderproblem – Sklaven oder Flüchtlinge? – ibid. 105–116]. Spricht man daher (wie ja auch bei der Unfreiheit der historischen Zeit) besser von verschiedenen Arten von Abhängigkeitsverhältnissen, so rangiert darunter zwar wirklich eine so absolute Art, dass sie als reine Sklaverei bezeichnet werden muss. Dabei sollten aber, zweitens, angesichts der bürokratischen Wirtschaftsstruktur der mykenischen Gesellschaft die Assoziationen an Kaufsklaverei mit blühendem Sklavenhandel möglichst unterbleiben.

Noch einige Hinweise auf wichtige Themen. Die verwickelte gesellschaftliche Schichtung, die man sich nicht in einfacher Pyramidenform vorstellen kann und in der es verschiedene Arten der Landzuweisung und Berufsgruppen – Beispiele bei GREGERSEN [1134b und c] gab, bei HEUBECK [1043: 74–95], HILLER/PANAGL [1105: 126–192, 213–240] sowie knapp mit Schaubildern KILIAN [1086]. Diskutiert wird immer noch die Frage der *oka*-Tafeln, wobei strittig ist, ob darin überhaupt Verteidigungsmaßnahmen reflektiert werden [auf die Landwirtschaft bezogene Organisationsmaßnahmen sieht in ihnen 1094: UCHITEL], und wenn ja, ob es dringende (Abwehr zerstörender Einfälle) oder Routinemaßnahmen waren [zu allem 1105: HILLER/PANAGL 117–125; 1054: HOOKER, 189 f.; 1082: BAUMBACH; 1084: MÜHLESTEIN; 1091: DRIESSEN/MACDONALD]. Die Frage der Identifizierung der in hethitischen Texten vorkommenden Aḫḫijawa mit den Achäern und die der Wilusa mit Ilion (Troja) wird inzwischen einheitlich eher positiv beantwortet [1080: GÜTERBOCK; 1076: MELLINK; 1099: LEHMANN, 51–54], wenngleich es „still a matter of faith" ist [1111: GÜTERBOCK, 33] und doch wohl nicht zu dem Schluss berechtigt, daraus folge die Annahme eines einheitlichen mykenischen Reiches [dazu 1050: MUHLY] oder gar der Historizität des Trojanischen Krieges (s. u.); zum Verhältnis Mykene – Hethiter SCHACHERMEYR [1103] und BRYCE [1129].

Homers Quellenwert

SCHLIEMANN hatte seine Entdeckungen gemacht, weil er Homer Wort für Wort für wahr hielt – eine ganz antike Einstellung übrigens. Seine Idee der Identität von Homer und der historischen mykenischen Welt – die ja durch die reale Existenz von Städten und Palästen in Troja, Mykene und Pylos so handgreiflich bestätigt schien – wurde noch 1962 energisch von WACE/STUBBINGS [759] verfochten, allerdings seltsamerweise ohne Notiz von den mittlerweile reichlich vorgebrachten gegnerischen Argumenten zu nehmen, die heutzutage die Forschung bestimmen.

Die generelle Frage lautet nicht nur, ob wir in Homer eine schriftliche Quelle für die mykenische Zeit haben, sondern ob Homer überhaupt eine historische Quelle für irgendeine Zeit ist [allgemein zu Homer 1192: LATACZ; 1209: POWELL/MORRIS]. Die Alternativen sind diese: Homer ist entweder reines Produkt dichterischer Imagination oder enthält Informationen über historische Ereignisse im weiteren Sinne, d. h. über politisches, gesellschaftliches, religiöses Verhalten und über die materiellen Verhältnisse. Im zweiten Fall, der weithin angenommen wird, ergeben sich als die weiteren Alternativen, dass Homer entweder ein – mit Abweichungen – kohärentes Bild eines historischen Zustandes entwirft oder dass die Epen aus einer Mischung verschiedener Epochen bestehen. Im ersteren Fall wäre zu entscheiden, ob es die mykenische Welt ist, die der Dunklen Jahrhunderte oder die seiner eigenen Zeit. Bei der zweiten Möglichkeit wäre allenfalls von Fall zu Fall eine historische Information zu entnehmen, wobei hier die Gefahr von Zirkelschlüssen nahe liegt, oder aber es wäre konsequenterweise der Verzicht auf das Heranziehen Homers als selbstständige historische Quelle hinzunehmen. Methodisch wird vor allem der Weg beschritten, dass man homerische Angaben mit den Ergebnissen der Archäologie vergleicht, etwa hinsichtlich der Metallurgie, der Waffen oder der Begräbnissitten; das versagt natürlich bei so wichtigen Tatbeständen wie dem inneren sozialen und politischen Aufbau oder dem Familienrecht. Die Gründe für die Ablehnung der mykenischen Zeit als historischen Hintergrund Homers bestehen zur Hauptsache in der Feststellung, dass die Gesellschaft, die Homer beschreibt, in ihrer vorwiegend ländlichen Einfachheit radikal von dem komplizierten politischen und gesellschaftlichen palastwirtschaftlichen Organismus unterschieden ist, der sich, selbst unabhängig von der Frage der Entzifferung, aus den Linear-B-Texten ergibt [kurz 1157: FINLEY, 44; ausführlicher 1139: DERS.; 1092: HEUBECK; vgl. etwa auch 1141: LESKY, 57 („alles viel einfacher")]. Weiter kommt es bei dieser Frage auf das Gewicht an, das man der sagenhaften Überlieferung zubilligt, d. h. konkret darauf, ob man die mündliche Tradierung der mykenischen Geschichte über die Jahrhunderte hinweg in die archaische Zeit hinein für einigermaßen unverfälscht halten darf. Abgelehnt wurde diese Möglichkeit schon von HAMPL [1150], jetzt ausführlich und breit argumentierend von ULF [1193], PATZEK [1194] und Kullmann [1213b und c], die meinen, alle durch die Archäologie bestätigten Angaben zur materiellen Kultur seien aufgrund schon damals gemachter Entdeckungen mykenischer Überreste entstanden. Bestätigt wird diese Auffassung durch die Erkenntnis, dass Homer die heroischen Schlachtschilderungen der Ilias ausschließlich seiner Imagination verdankt [1214: HELLMANN]. Im Übrigen hängt dieses Problem mit der Frage der *oral*

<small>Überhaupt historische Quelle?</small>

<small>Sagen</small>

oral poetry — poetry allgemein zusammen, das hier nicht entschieden werden kann [vgl. die Sammlungen 1152: KIRK und 1156: LATACZ]. Ein konkreter Testfall hierfür ist jedoch die Frage, wieweit die geographisch-politischen Vorstellungen, die in der Aufzählung der Griechenkoalition im zweiten Buch der Ilias (dem sogenannten Schiffskatalog) vorkommen, mit den aus Archäologie und Linear-B-Forschung gewonnenen Kenntnissen übereinstimmen. Diese Übereinstimmung scheint über allgemeine, eher vage Erinnerungen nicht hinauszukommen [1049: HILLER, 212; CHADWICK, in 102: VENTRIS/CHADWICK, 415; anders jedoch 1071: HOPE SIMPSON und 1215: LATACZ].

Trojanischer Krieg — Eng verknüpft damit ist die Frage nach der Historizität des Trojanischen Krieges und damit der Oberhoheit Mykenes in Griechenland. Troja selbst hat, wie etwa Mykene und Tiryns, existiert [siehe die Ausgrabungen KORFMANNS (u. Kap.) oder etwa 1072: PODZUWEIT; 1110: MELLINK], und es gibt anscheinend durch Krieg zerstörte Schichten (VI und VIIa). Die präzise Frage jedoch, ob Troja tatächlich wie im Epos beschrieben durch eine griechische Koalition unter Führung des Königs von Mykene zerstört worden ist, muss offen bleiben. Die weitere, und interessantere, historische Konsequenz wäre die, dass wir auf diese Weise einen mit eventueller Ausnahme der Aḫḫijawa-Frage sonst nicht gegebenen Anhaltspunkt für eine wenn auch etwas diffuse politische Einheitlichkeit des mykenischen Griechenland hätten. Da für den Trojanischen Krieg direkte Hinweise nicht vorliegen, kommt es zum einen darauf an, ob die Zerstörung von Troja VI oder VIIa in eine Zeit fällt, in der archäologisch ein starkes mykenisches Griechenland (wenn auch vielleicht schon in Schwierigkeiten befindlich, vgl. etwa die Atriden-Sage) möglich war. Trojas Bedeutung selbst tritt durch die Ausgrabungen M. KORFMANNS [1135 und 1137] immer mehr in den Vordergrund, und daher dürfte es „viele Trojanische Kriege" (J. LATACZ) gegeben haben; den Trojanischen Krieg im prägnanten Sinn, aus dem man konkrete Schlussfolgerungen ziehen könnte, hat es, bis zum Beweis des Gegenteils, nicht gegeben [1078: COBET].

Die jetzige Situation ist charakterisiert durch eine seltsame Spannung zwischen vollständiger Leugnung jeglicher Erinnerung an die mykenische Zeit – und damit auch der Historizität des Trojanischen Krieges – und einer suggestiv und mit erheblicher Medienunterstützung vorgetragenen Fast-Identifizierung insbesondere der Ilias mit wirklichem historischem Geschehen. In der Tat konnte vor allem LATACZ frühere Hypothesen – Aḫḫijawa, Wilusa – zum Teil auf Grund allerneuester Funde erhärten, jedoch ist nach wie vor nicht hinreichend erklärt, warum sich bei angeblicher kontinuierlicher Erinnerung un der Festigkeit gerade der hexametrischen Form des Epos außer allenfalls allergröbsten äußeren Sachverhalten sonst keinerlei Spuren der mykenischen Zeit im Epos erhalten haben sollen. Es wird jetzt wohl mehr denn je auf eine präzise Fragestellung ankommen.

2. Untergang Mykenes und dunkle Jahrhunderte

a) Untergang und Neuanfang

Traditionell ging man davon aus, dass die mykenischen Residenzen durch auswärtige Eroberer in einer großen Wanderungsbewegung zerstört worden seien; diese Eroberer hätten sich dann dort angesiedelt und seien mit dem griechischen Stamm der Dorer identisch. Hier wird also der Untergang und die Neubesiedlung in einem Akt gesehen und womöglich der ganze Vorgang Dorische Wanderung genannt. Dass es so nicht gewesen ist, ist heute nahezu allgemeine Meinung [zusammenfassend, mit vielen Literaturangaben und kritisch Stellung beziehend 1099 und 1207: LEHMANN; aspektreich 1169: DEGER-JALKOTZY; das ganze Problem von allen Seiten ausleuchtend der vorzügliche Sammelband 1180: MUSTI; Spätdatierung 1205: PARKER]. Unstreitig ist, dass sich die Zerstörungen, das Verlassen von Siedlungen und die sehr viel weniger zahlreichen Neuansiedlungen über einen Zeitraum von anderthalb Jahrhunderten hingezogen haben (von ca. 1200 bis 1050) und dass es in dieser Zeit immer wieder Neuanfänge gegeben hat. In Tiryns ist es dort erst nach der Zerstörung zur größten räumlichen Ausdehnung gekommen, deren Neuplanung nur bei stabiler politischer Organisation und ohne Abwanderung denkbar erscheint [1060: KILIAN/PODZUWEIT, 470].

Dorische Wanderung

Obwohl in den Argumentationen die verschiedenen Ebenen nicht immer auseinandergehalten werden, soll hier versucht werden, zunächst auf die archäologischen Befunde und dann auf die Bedeutung der griechischen literarischen, d.h. sagenhaften Überlieferung einzugehen. Das Grundproblem besteht aus drei Möglichkeiten, nämlich ob die Zerstörungen durch Naturereignisse hervorgerufen wurden, ob sie Angriffe von außen, d.h. durch einfallende Völker(teile), oder von innen waren, d.h. durch Kriege zwischen den mykenischen Staaten und/oder Aufständische hervorgerufen wurden. Für die Argolis und Messenien wurden dezidiert Erdbeben als ursächlich genannt [1074: KILIAN; 1072: PODZUWEIT, 68f.]. Für interne Auseinandersetzungen haben sich CHADWICK [1144] und HOOKER [1054, 168–180] ausgesprochen. HOOKER hält die Kandidaten, die als Eindringlinge in Frage kommen (insbesondere die in den Vorderen Orient weitergewanderten Seevölker und von außen kommenden Dorer) für nicht bewiesen und meint, der archäologische Befund vertrage sich gut mit der griechischen Sagentradition, die von inneren Auseinandersetzungen vor und nach dem Trojanischen Krieg und von einer Rückkehr der dorischen Herakliden spreche: Es habe keine Neueinwanderung von Dorern gegeben, sondern das dorische Element sei das zur mykenischen Zeit unterdrückte gewesen. Rein archäologisch argumentiert eine Vertreterin der Gegenposition: DEGER-JALKOTZY [1059] geht von den letzten Ergebnissen der österreichischen Ausgrabungen in Aigeira an der Nordküste der Peloponnes aus und ordnet die

Archäologie

Ergebnisse in ein Gesamtbild ein, das auch das Adriagebiet umfasst. Sie stellt für Aigeira fest, dass dort neben mykenischer Keramik eine andere Art anzutreffen ist, die – wie in Mykene – wegen ihrer Menge, Größe und Form an Ort und Stelle hergestellt sein, also von anderen Leuten als den dort ebenfalls siedelnden Mykenern stammen muss (63f.), die im Ergebnis aber immer wieder den Mykenern weichen mussten (8f.); demgegenüber ordnet PODZUWEIT [1072, 69f.] diese Keramik – deren Anteil am Gesamtaufkommen zudem sehr gering ist – einheimischer Produktion und nicht später Eingewanderten zu; Verteidigung: [1171] DEGER-JALKOTZY.

Trotzdem ist wohl immer noch mit der entscheidenden Rolle der Seevölker beim Zusammenbruch der mykenischen Kultur zu rechnen (trotz der Tatsache, dass für Attika keine Gewaltanwendung nachzuweisen ist) [so auch 1099, 1207: LEHMANN]. Viele Erscheinungen der Umbruchzeit lassen sich zwar im Einzelnen durchaus durch innere Entwicklungen erklären [der Reihe nach besprochen bei 1054: HOOKER, 142–148], angesichts der einmütig als eingedrungen bezeichneten Objekte (etwa a. a. O. 146) und der allgemeinen Unruhe in Ägäis und Vorderem Orient ist aber mit Zuzug von außen zu rechnen. Dieser ist freilich als Teil eines langen und komplexen Prozesses anzusehen, in dem auch Erdbeben und innere Entwicklungen eine Rolle gespielt haben dürften und dessen einzelne Phasen von Wirkung, Gegenwirkung und neuen Elementen zwar nie gänzlich aufgeklärt werden, aber archäologisch doch immer differenzierter eingesehen werden können. Ebenso spricht wohl immer noch am meisten dafür, dass die späteren Dorer eingewandert sind und keine schon länger ansässige Bevölkerungsgruppe waren, wobei das wichtigste Argument die sprachliche Verwandtschaft mit der Bevölkerung in Nordwestgriechenland ist [E. RISCH, Kleine Schriften, Berlin und New York 1981, 279–281; 1162: VAN SOESBERGEN; 770: CARTLEDGE, 75–101; Kontroverse zwischen CHADWICK und RISCH bei MUSTI: 1180, 3–35]. Ich bevorzuge die rein archäologische Argumentation auch deshalb, weil ich die außerhomerischen Sagen (zu Homer gleich unten) nicht für Quellen halte, die einen eigenständigen Wert haben [erstaunlich direkte Heranziehung in den Beiträgen von STUBBINGS in 130: CAH]; als Illustration und Bestätigung anders gewonnener Erkenntnisse oder als archäologisch und sprachwissenschaftlich zu verifizierende Hypothesen [so die vorzügliche Übersicht 1045: BUCK] mögen sie ihren Wert haben. Das Problem ist weiter streitig; EDWARDS [1063] setzt sich für die selbstständige Heranziehung der Sagen ein, während PRINZ [1263] sie für nachträgliche Konstruktionen hält, die dann nicht einmal mehr bestätigenden Charakter haben können, und dieser Ansicht ist zuzustimmen.

Vor allem archäologisch sind die Belege für das Eindringen der Griechen an der kleinasiatischen Westküste, das ebenfalls nicht als Wanderung in großem Stil vorzustellen ist und das, obwohl es sich nicht nur um Ionien, den Mittelteil, handelt, Ionische Wanderung genannt wird [1145: SNODGRASS, 296–359; die sprachlichen Ergebnisse bei 333: SCHMITT].

b) Dunkle Jahrhunderte

Homers Quellenwert

Musste man Homer als Quelle für die mykenische Zeit ausschließen (s. o. S. 106 ff.), so fragt es sich, ob diese Dichtung, die im 8. Jahrhundert fixiert worden ist (sehr bedeutsam ist die archäologische Forschungsrichtung, die aufgrund kunstgeschichtlicher Gesichtspunkte die endgültige Fassung der Epen in die Archaik herabdatiert [299: SCHEFOLD], worin ihr nun die Geschichte folgt, s. u., kraft ihrer Eigenschaft als traditionsgebundene (und Traditionen bindende) *oral poetry* nicht Verhältnisse wiedergibt, die die griechische Gesellschaft vor der Abfassungszeit betreffen. Obwohl Entscheidendes fehlt (und zwar – ganz wichtig! – auch in Nebenbemerkungen): „kein Ionien, kaum Dorier, keine Schrift, keine eisernen Waffen, keine Reiterei in den Schlachtszenen, keine Kolonisierung, keine griechischen Händler, keine Gemeinschaften ohne Könige" [1157: FINLEY, 47], muss doch, den Gesichtspunkt poetischer Auswahl vernachlässigend, deshalb auf das frühe 8. Jahrhundert geschlossen werden, weil den Adressaten eine ihnen verständliche Welt vorgeführt werden musste – so schlechthin überzeugend MORRIS [1187] sowie RAAFLAUB [in: 1209: POWELL/MORRIS]. Dass ein solches Bild aber zu gewinnen sei, wird von archäologischer Seite mit dem Argument bestritten, dass nicht nur Homers Darstellung selber in sich nicht einheitlich sei, sondern auch der archäologische Befund [Waffen, Begräbnisse: 1149: SNODGRASS], mit dem man die Dichtung vergleicht, um Kontrollkriterien zu bekommen. Leichter hat es da dann immer noch die Literaturwissenschaft, für die das Wesentliche die „poetische Imagination" sein kann, die sie von unserer Frage dispensiert [1148: HEUBECK, 176 f.] – umso bedeutsamer, wenn, wie SNODGRASS [1335] wahrscheinlich gemacht hat, die frühen Sagendarstellungen nicht auf Homer zurückgehen, sondern selbstständig aus einem gemeinsamen Fundus schöpfen.

Ausschluss der Dunklen Jahrhunderte

Trotzdem muss das Verfahren seine Berechtigung haben, unter Heranziehung der Angaben Homers Aufschlüsse über die gesellschaftlichen und politischen Verhältnisse der Dunklen Jahrhunderte zu gewinnen, und sei es nur so, dass man die homerische Welt als eine eigene betrachtet. FINLEY [1157] hatte ein zusammenhängendes Bild geboten, das in zahlreichen Arbeiten weiter entwickelt, auch angegriffen wird; genannt seien das entsprechende Kapitel in GSCHNITZERS Sozialgeschichte [135, 27–47], die Aufsätze des russischen Althistorikers JU. V. ANDREEV [1151; 1159; 1160; 1176; 1191] sowie eine Reihe kleinerer Arbeiten [1178: GEDDES; 1181: HAVERSON; 1184: DONLAN; 1188: RIHLL]. ULF [1193] hat eine Gesamtdarstellung und -analyse vorgelegt, die jede Kontinuität zu Mykene ablehnt und starkes Gewicht auf die Auswirkungen der Bevölkerungszunahme gegen Ende der Dunklen Jahrhunderte und auf orientalische Vorbilder legt (s. a. S. 118 f.). Die Situation der Frau schildert umfassend WICKERT-MICKNAT [570; 574], jedoch ist gegen ihre Vorstellung der

Frage der Einheitlichkeit

Frauen

gleichberechtigt nebeneinander stehenden Bereiche der männlichen und weiblichen Tätigkeit einzuwenden, dass bei Homer Frauen aus dem männlichen zurück in ihren weiblichen Bereich verwiesen werden, nicht aber umgekehrt Männer in den ihren. Die Untersuchungen dieser Art gehen nicht nur immanent vor, sondern vergleichen mit den wenigen, z. T. fast gleichzeitigen literarischen Angaben, die wir haben, und arbeiten mit Rückschlüssen; so geschehen für die in der Ilias geschilderte Kampftaktik [1153: LATACZ; 1186: VAN WEES]. Für das Königtum der Dunklen Jahrhunderte ist einhellig herausgearbeitet worden, dass es ein eher machtloses Kleinkönigtum oder sogar nur die Bezeichnung für bestimmte Adelige gewesen ist, die als Repräsentanten des Adels fungierten [1167: DREHER; 1168: DREWS; 1285: CARLIER; zu beiden 1302: MUSTI].

Grabungen

Die umfangreichen neuen Ausgrabungen, die unser Bild der Dunklen Jahrhunderte so sehr auffüllen, betreffen auch den Übergang zur Frümlarchaischen Zeit, werden daher auch in den betreffenden Publikationen mit dieser gleichzeitig dargestellt, so dass dann noch einmal darauf zurückgekommen werden muss. Problematisierende Zusammenfassungen sind COLDSTREAM [1154 und 1174], SNODGRASS [1172]; die Analyse von Melos nehmen RENFREW/WAGSTAFF [956] vor; für Emporio gibt es den Grabungsbericht von HOOD [955]; MORRIS [1189] untersucht Gräberfelder auf ihre sozialen Aussagen bis in die archaische Zeit hinein, auch darauf wird noch zurückgekommen; Perati in Attika bei IAKOVIDES [1120]. Die beeindruckenden Grabungen von Lefkandi sind in den Grabungsberichten von POPHAM u. a. [1161, 1195] publiziert und gedeutet; die Gräberfelder analysiert von THEMELIS [1170]; der „Heros" von Lefkandi bei POPHAM u. a. [1166]; eine zusammenfassende Wertung nimmt BLOME [1175] vor; das Verhältnis zu Homer bei 1206: ANTONACCIO. Freilich ist noch alles im Fluss. Die Ergiebigkeit der bisherigen Ausgrabungen lässt weitere Kenntnisse und Erkenntnisse erwarten, und wenn damit ein gewisser Abschluss erreicht worden sein sollte, wäre das so gewonnene Bild noch mit den historisch-sozialgeschichtlichen Schlüssen und Rückschlüssen zusammenzubringen.

3. ARCHAISCHE ZEIT

Epoche Die archaische Zeit Griechenlands problemorientiert zu besprechen, bedeutet zunächst nichts anderes als auf Einzelprobleme verteilt immer das eine große Zentralproblem im Auge zu haben: Warum bildet sich in diesen von Griechen bewohnten Teilen der Mittelmeerwelt eine Zivilisation – vor allem in Politik, Dichtung, Architektur, Philosophie – dieser Intensität, ja Genialität, dieser Präge- und Wirkungskraft heraus, die die gesamte spätere Entwicklung bestimmte? Wie alle Fragen nach einer kausalen Erklärung von Schöpferischem ist auch diese – nicht nur des Quellenmangels wegen – letzten Endes nicht lösbar [ein bedeutender Versuch ist 1319: ZAICEV]; sie soll aber als Ausdruck eines großen Staunens an den Anfang der folgenden Problemübersicht gestellt werden, die den Zweck hat, anhand von einzelnen Fragen eine Annäherung an das Gesamtproblem zu versuchen.

a) Polis

Die Erforschung der Polis [wissenschaftsgeschichtliche Kritik an diesem Begriff 305: GAWANTKA] und ihrer Rolle in der griechischen Geschichte ist durch das *Copenhagen Polis Centre* auf eine neue Basis gestellt worden [s. o. S. 81; bisherige Publikationen: 402, 408, 410–412, 414, 415, 420]. Der Begriff Polis verlangt nicht nur nach einer Definition, sondern impliziert auch, das als Polis Definierte sei für die vorhellenistische Geschichte zentral. Insbesondere die letztere Frage ist unter Hinweis auf stammstaatliche und monarchische Organisationsformen neben und nach der Polis relativiert worden [365: GSCHNITZER; vgl. auch 372: GIOVANNINI, 166; Problemlage bei 1201: FUNKE], wobei hier für die zentrale Bedeutung der Polis nur auf die Tatsache ihrer Ausbreitung und Festigung durch die griechische Kolonisation und ihre Rolle als politische Grundeinheit sogar in der helle- Rolle der Polis nistischen und römischen Zeit verwiesen werden soll. Demgemäß konnte eine faktenreiche griechische Geschichte der archaischen und klassischen Zeit nur unter dem Polisgesichtspunkt geschrieben werden [140: WELWEI; luzide Zusammenfassung 415: WELWEI], und auch der griechische Teil eines Werkes, das die Stadt im Altertum vorführt, ist großenteils Polisgeschichte [381: KOLB, 58–120], während der äußerst reichhaltige Sammelband MITCHELL/RHODES [1332] die sorgfältige Beachtung der chronologischen Herkunft der Quellen in das Bewusstsein hebt. Schließlich bietet einen problematisierenden Gesamtüberblick auch über Detailfragen die Festschrift für M. H. Hansen [421]; Gesamtbehandlung von archäologischer Seite SAKELLARIOU [1308].

Die Polis ist durch das Merkmal der städtischen Siedlung (und daher durch die Definition Übersetzung Stadtstaat) nur unzureichend, ja, wenn ausschließlich angewandt, sogar irreführend definiert; Stadtstaaten im Vergleich bei HANSEN [419]. Sparta und Athen hätten dann aus der Betrachtung auszuscheiden, jenes mangels einer städtischen Ansiedlung, dieses wegen der konstitutiven Rolle der um die Stadt gelagerten Landschaft Attika mit ihren dörflichen und städtischen Siedlungen. Umgekehrt wäre jede andere menschliche Ansiedlung von einiger Größe im Altertum Polis. Eine solche Ansiedlung bildete sich oft, durch geographische und durch die komplexe Einwanderung hervorgerufene Zersplitterung isoliert, auf ehemals mykenisch besiedelten Plätzen, und daraus entwickelte sich dann, aber eben sekundär, eine Stadt. Gleichwohl hat die Siedlungsarchäologie der Archäologie letzten Zeit Erhebliches zum Verständnis des Prozesses der Polisentstehung geleistet [problematisierende Übersichten 1251 und 1264: SNODGRASS; 1174:

COLDSTREAM]. Insbesondere der an der Anzahl der Begräbnisse abzulesende starke Bevölkerungsanstieg wird hervorgehoben sowie die Tatsache, dass Siedlungen aufgegeben wurden, möglicherweise um in größeren städtischen Einheiten zusammenzuziehen [1182 und 1185: LAUTER; s. auch 1280: SCHILARDI], was LAUTER, vorsichtig, „Binnenkolonisation" nennt. Interessant ist der Versuch von MORRIS [1189], aus Inhalt und Anordnung der Gräber auf die sich ändernde Zusammensetzung der Polisangehörigen und damit der Polisentstehung zu schließen, jedoch überdehnt er die Möglichkeiten, die ein archäologischer Befund an Schlussfolgerungen bietet (s. oben S. 73). Auch archäologisch fassbar ist schließlich die konstitutive Rolle, die ein gemeinsamer Kult für die Polisentstehung spielte (die Rolle der Heiligtümer Delphi und Olympia bei 1313: MORGAN), wenngleich die These der „Bipolarität" von Stadt und (außerhalb gelegenem) Tempel überzogen ist [1283: POLIGNAC, mit der berechtigten Kritik I. MALKINS, JHS 107 (1987) 227; s. auch 1397: EDLUND; die große Bedeutung des Kultes bei 1398: MALKIN]. Freilich: Über der im Prinzip richtigen Hervorhebung des Religiös-Kultischen sollte das Politische und das Wirtschaftliche nicht vergessen werden, so HÖLSCHER [1336] bzw. TANDY [1331]. Die topographisch-demographische Struktur der Polis sowie das Verhältnis des Umlandes zur eigentlichen städtischen Siedlung wird eingehend betrachtet; zum Ersteren RUSCHENBUSCH [377; 382]; zum Letzteren OSBORNE [317] und AUDRING [1306].

Das größte Gewicht hat jedoch nach wie vor, wegen der begrenzten Aussagekraft der materiellen Befunde, zum einen auf der äußeren Unabhängigkeit und dann auf der inneren Struktur des die Polis bildenden Personenverbandes („die Athener", vgl. S. 11) zu liegen: politische Verfasstheit der Gesellschaft und örtliche Konzentration des politischen, wirtschaftlichen, religiösen und geistigen Lebens [so etwa 1232: HEUSS, 58; 1252: STARR, 31, 98; die Bedeutung des politischen Denkens (auch für später) 379: MEIER]. Die Frage nach dem Ursprung der Chronologie so verstandenen Polis ist einerseits eine der Chronologie, und hier wäre eine Suche nach frühen, etwa ummauerten Siedlungen der Definition wegen großenteils ohne Aussagewert. Andererseits kommt es auf die Verfasstheit der Polis an, die sich in der Gesetzgebung äußert [1338: HÖLKESKAMP, der für Vieles aristotelische Konstruktionen erschließt; dort auch die früheren Arbeiten insbesondere GEHRKES] – hier sind es frühe Inschriften, die von so etwas berichten bzw. es voraussetzen [KOERNER sowie VAN EFFENTERRE/RUZÉ; gesellschaftlich-politische Aspekte bei 1318: WALTER]. Wenn, wie mit Recht angenommen wird, die Kolonisation von Beginn an in Form der Polis geschehen ist, kommen wir sogar ins 8. Jahrhundert. Im 8./7. Jahrhundert setzen auch die ersten großen Tempelbauten ein, die die Existenz eines geordneten, organisierenden Personenverbandes voraussetzen. All diese Aspekte sind am Beispiel Korinths behandelt bei ROEBUCK [1239] und DEHL-VON KAENEL [1389, 159–172]. Aber über die bloße Tatsache der Polisentstehung selbst und ihre Chronologie hinaus können verbindliche Aussagen nicht gemacht werden. Insbesondere wissen wir – mit Ausnahme der Bevölkerungsentwicklung [aber auch dagegen Argumente bei 1189: MORRIS, 23] – zu wenig über die Triebkräfte, die dazu geführt haben, denn alle konkreten Faktoren und Vorgänge, die man vielleicht damit verbinden könnte, gehören einer späteren Zeit an und haben nur zur Festigung und Weiterentwicklung der schon bestehenden Polisorganisation beigetragen.

b) Kolonisation

Die Erforschung der Kolonisationsbewegung und ihrer Wirkungen ist in vollem Fluss, und zwar vor allem durch die immer intensivere Ausgrabungstätigkeit. Daher ist eine ausführliche, abschließende Gesamtdarstellung nicht möglich, so dass vorerst die zusammenfassenden Überblicke [1376: BOARDMAN und der Beitrag von A. J. GRAHAM, The Colonial expansion of Greece, in 130: CAH, Band III 3 83–162] genügen müssen und auch gewiss genügen. Darüber hinaus sind außer den endgültigen Grabungspublikationen vor allem die Berichte über die zahlreichen Kongresse heranzuziehen, die häufig teils zu regionalen, teils zu übergreifenden Fragen der Kolonisation stattfinden und die, teilweise auch zusammenfassend, über die neuesten Entwicklungen informieren. Beispielhaft seien außer den regelmäßigen Berichten in den Zeitschriften Kokalos und La parola del passato die Tagungsberichte des in Tarent tagenden Convegno di studi sulla Magna Grecia (für den Westen) genannt sowie die von O. LORDKIPANIDZE seit 1979 herausgegebenen Berichte über die in Georgien abgehaltenen Schwarzmeerkongresse, zuletzt: 840.

Forschungssituation

Es folgen nun bibliographische Hinweise auf die sehr umfangreiche und verstreute Literatur, wobei auch die spätere Geschichte der Kolonien einbezogen wird. Die beste Diskussion der Gesamtproblematik ist WILL/ROEBUCK [1226; gelungene Darstellung der verschiedenen Stadien von ROEBUCK, S. 1033]; s. auch GRAHAM [1346]. Eine Übersicht über die Kolonisation im Westen geben, nach dem grundlegenden Werk von DUNBABIN [1340], das umfangreiche bibliographische Werk von NENCI/VALLET [1370], das allerdings erst bis zum Buchstaben R gelangt ist und nur das italienische Festland und die Inseln des Tyrrhenischen Meeres umfasst, CORDANO [830], BOSL [818; populär] und MOREL [1387]. Das Problem bei den spanischen Griechenstädten ist, ob es sich um griechische Gründungen und Siedlungen oder nicht vielmehr um phönizische Städte handelte, in denen auch Griechen wohnten (oder nur Handelsniederlassungen hatten?); durch vermehrte Funde griechischer Gegenstände, vor allem in Huelva, wird die Frage heftig diskutiert [1371: LOPEZ MONTEAGUDO, frühere Übersicht; 1373: NIEMEYER, Fallstudie Mainake; 1393: CABRERA/OLMOS, Huelva; eher für griechische Siedlung; 1400: BARCELÒ, Übersicht, eher skeptisch; 1401: BLAZQUEZ, Vergleich mit Kolchis]; jetzt zusammenfassend ROUILLARD [1402]. Über Südfrankreich informieren BENOIT [1348], VILLARD [803], sowie CLAVEL-LÉVÊQUE [1369]; die Besonderheiten der Kolonisation durch die Stadt

Literatur

Phokaia bei LANGLOTZ [1351], LEPORE [1354] und MOREL [1364]; über die Griechenstädte an der Adria BRACCESI [1368], zur Stadt Adria COLONNA [1363], zur Stadt Spina ALFIERI [1372] und CRISTOFANI [1381] (in beiden Fällen dieselbe Frage, ob es sich um eine Ansiedlung oder nur um einen Handelsstützpunkt handelt); über Italien (Großgriechenland) zusammenfassend PUGLIESE CARRATELLI [821] sowie MUSTI [835; literarische Quellen!]. Der griechische Einfluss auf die Entwicklung in Mittelitalien bei DREWS [1375] und MOREL [1387]; Verkehr und Handel im Tyrrhenischen Meer, auch der Frühzeit, bei GRAS [1183]; Pithekussai bei BUCHNER [1378; phönizische Mitbewohner; einheimische Frauen] und RIDGWAY [1399]; über den letzten Stand der Ausgrabungen in Metapont: Metaponto II [1384]. Über die archäologische Entdeckung von Sybaris, das nach seiner Zerstörung durch Kroton als verschwunden galt und erst jetzt wieder gefunden wurde, berichten FOTI [1359], RAINEY [1353] und GUZZO [1362]; über die Entsprechung zwischen der sizilischen und unteritalischen Kolonisation LEPORE [1352]. Besonders hinzuweisen ist für die gesamte sizilische Geschichte des Altertums auf FINLEY [811], und für Rhegion und Messina auf VALLET [802]. Über die Kolonisation und die Kolonien im Schwarzmeergebiet allgemein zunächst DANOFF [804: 1046–1151]; jetzt die Kleinen Schriften VINOGRADOVS [843] und die Aufsatzsammlungen TSETSKHLADZE [841]; die ehemals sowjetische Forschung resümierte SELOV [813]. Inhaltlich speziell zur bulgarischen Küste SCHULLER [824]; zur rumänischen Küste PIPPIDI [808] sowie speziell für Histria ALEXANDRESCU/SCHULLER [837] und für Kallatis das Inschriftencorpus AVRAM [847] sowie die Spezialstudie AVRAM [419]; Nordküste VINOGRADOV [812 und 1449]; zu Olbia bis zum Erscheinen von 848: VINOGRADOV noch sein Werk 814; zum Bosporanischen Reich GAJDUKEVIC [806] und ŠELOV-KOVEDJAJEV [827]; zur Tanais-(Don-)Mündung BOSL [1301]; zur Ostküste EHRHARDT [1390], LORDKIPANIDZE [823 und 840] und TSETSKHLADZE [1405] (abermals das Problem, ob die Griechen gleich dauerhafte Ansiedlungen gegründet haben); zur relativ wenig erforschten Südküste DES COURTILS/REMY [1395] sowie SUMMERER [1408b]; zur milesischen Kolonisation im Schwarzen Meer insgesamt EHRHARDT [1385]; zu Al Mina und Sukas und deren Verhältnis zu Griechenland COLDSTREAM [1165] und RIIS [1164]; zu Naukratis COULSON/LEONARD [1379]; zur (geringen) spartanischen Kolonisation MALKIN [792].

Ursachen   Die Ursachen der Kolonisation sind nicht mehr ernstlich umstritten, auch Vertreter der Auffassung, es habe (aber eben später) so etwas wie Industrie und einen Kampf um Märkte gegeben, waren der Ansicht, dass die Kolonisation vor allem aus der relativen Überbevölkerung des Mutterlandes resultiert habe [125: BELOCH, 1, 231; 124: ED. MEYER, 3, 410f.]. Diese im Grunde zutreffende Auffassung ist inzwischen einerseits sprachlich bestätigt [1394: CASEVITZ], andererseits vor allem durch archäologische Forschung wesentlich differenziert worden; insbesondere ergeben sich durch TSETSKHLADZE/DE ANGELIS [1404] weitere Differenzierungen. Art und Chronologie der Funde der frühesten und gleichzeitig geographisch von Griechenland am weitesten entfernten griechischen Außenposten, nämlich Al Mina und Pithekussai (Ischia), zeigen, dass vor der Ansiedlung von Griechen Stationen angelegt worden waren, die vor allem auf Metallerwerb aus dem Orient bzw. Etrurien gerichtet waren [1376: BOARDMAN; 1366: BAKHUIZEN; 954: HOLLOWAY]. Hinzu kommt, dass wir jetzt aufgrund unserer besseren Kenntnis der Dunklen Jahrhunderte wissen, dass Griechenland schon damals relativ intensive Beziehungen zur Außenwelt hatte. Die Griechen kannten also, vielleicht auch aufgrund von aus Abenteuerlust unternommenen Fahrten (Reflexe in den Sagen: 792: MALKIN), lange vor der Auswanderung Routen und Küsten des Mittelmeeres; das Entscheidende ist aber zweierlei: Erstens sind die wenigen vor der Besiedlung angelegten Stützpunkte keine Handelsniederlassungen in dem Sinne gewesen, dass es um den zur Erzielung von Gewinn vorgenommenen Absatz eigener Produkte gegangen wäre, sondern es ging um den Erwerb fremder Stoffe (Metall; auch Getreide) und Produkte (orientalische Luxuswaren). Zweitens ist das Phänomen, das hier erklärt werden muss, nämlich die griechische Besiedlung weiter Teile der Mittelmeerküste, nur durch innergriechische Faktoren zu erklären, die der Bewegung Schubkraft und Ausmaß verliehen haben (sehr instruktiv der Fall Thera-Kyrene: Herodot 4,147–158; s. auch oben S. 14, 69). Mit dieser Frage ist die Antwort fast von selbst gegeben. Da man im fremden Land siedelte, da man eigene, im Endergebnis unabhängige neue Poleis (Apoikien) bildete [zur Frage der Beziehungen zur Mutterstadt 1344: SEIBERT; 1346: GRAHAM; 1355: WERNER; 1385: EHRHARDT – kultisch und in den Institutionen waren die Beziehungen sehr eng, und womöglich lockerte nur die weite Entfernung die auch politisch-rechtliche Abhängigkeit; der Gründungsvorgang bei 1392: LESCHHORN, 6–117, und 1396: MALKIN], war eben dieses, d. h. das Aussiedlungsbegehren, die entscheidende ursprüngliche Triebkraft. Freilich ist zu berücksichtigen, dass die Kolonisation ein Prozess war, der sich zweihundert Jahre lang und länger hinzog, der also über den ursprünglichen Impetus hinaus örtlich und zeitlich ganz unterschiedlich (Milet und Schwarzes Meer!) von den späteren Entwicklungen in Griechenland abhing und (in geringerem Maße) auf diese einwirkte. Schließlich ist die Tatsache zu gewichten, dass es Griechenstädte gab, die explizit als Emporion, also Handelsstadt bezeichnet wurden [1317: BRESSON/ROUILLARD].

Das Verhältnis der Kolonisten zu fremden Völkern hat mehrere Dimensionen. Sie vermieden im Allgemeinen die Gegenden, in denen mächtige Hochkulturen existierten und traten nur in engeren Kontakt mit den Phöniziern, die zunächst ja selbst nach Griechenland gekommen waren; zu ihnen und ihren Beziehungen zu den Griechen NIEMEYER [1377 und 1177]; FREY [1173]; HUSS [661, 4–38]; LIPIŃSKI [1190; darin insbesondere BISI, 225–237]; zum (unproblematischen) Verhältnis der frühen Griechen zu den Karthagern auf Sizilien HANS [858]; die wahrscheinlich konstitutive Wirkung auf die Etrusker (und Mittelitalien) bei CRISTOFANI [1381] und DREWS [1375]. Die erheblichen Auswirkungen der griechischen Kolonisation Mitteleuropa des Westens auf Mitteleuropa (Kelten, Hallstattkultur) fasst KIMMIG [1386] zusammen [grundlegende Publikation zum Krater von Vix 1341: JOFFROY], während WĄSOWICZ [1383] die zivilisatorischen Wirkungen auf die Völker nördlich des Schwarzen Meeres untersucht.

Beziehungen zu den Einheimischen

Damit sind wir bei den Beziehungen der Einheimischen zu den griechischen Siedlern; sie waren eng mit der Frage der Verteilung und Bestellung des Landes verknüpft. Hierzu nur Bibliographisches: CONDURACHI [1358]; PIPPIDI [1365 und 1367]; WĄSOWICZ [1350]; SJÖQUIST [1361]; LEPORE [1357 und 1345]; Modes de contacts [1380]; die (meist) fehlende Beteiligung von Frauen an der Kolonisation

Frauen führte dazu, dass die Kolonisten einheimische Frauen nahmen: MOREL [1387, 134f.]; VAN COMPERNOLLE [1382]; etwas anderer Ansicht ist GRAHAM [1374]. Schließlich noch zur Rolle Delphis bei der Kolonisation NILSSON [504, 637–640]; FORREST [1342]; LACROIX [1347, 130–161; besonders wegen des numismatischen Materials interessant]; MALKIN [1396 und 1398] – J. P. DESCOEUDRES [1311] ist ein großes Sammelwerk, das daneben noch zahlreiche weitere Themen abhandelt.

c) Beziehungen zum Orient

Mit unserer zunehmenden Kenntnis der orientalischen Hochkulturen wächst sowohl unser Vermögen als auch unser Interesse, den Beziehungen zwischen diesen und den Griechen nachzugehen; besonders hervorzuheben ist die frühe

Phöniker Anwesenheit von Phönikern in der Ägäis (s. S. 117) und etwa die Tatsache, dass auf Pithekussai Griechen und Phöniker zusammen gesiedelt haben (s. S. 14, 116); dazu die Untersuchung eines Schiffswracks bei RIDGWAY [1399]. Das kann natürlich aus Entdeckerfreude zu der Überbetonung führen, dass an der ganzen griechischen Zivilisation nichts original zu nennen sei, führt aber nach meinem Eindruck gerade wegen der festzustellenden Abhängigkeit oder gemeinsamen Grundlagen zu umso stärkerer Profilierung des Griechischen. Am besten BURKERT [1287 und 1314], weitere Zusammenfassungen der Kontakte sind MURRAY [137], HELCK/DRENKHAHN [975], KOPCKE/TOKUMARU [1199], PENGLASE [1204], BOUZEK [1208] und BUCHHOLZ [978], während COOK [1349] den ionischen Griechen und MAIER [820] 11–47 der zyprischen schon damals gemischtnationalen Geschichte nachgehen; AUSTIN [1237] und HAIDER [973] überblicken die griechisch-ägyptischen Bezie-

Tyrannis hungen. Die lydische Herkunft des Tyrannis-Begriffs klärt HEGY [1228], und DREWS [1260] meint sogar (ich nicht), die griechische Tyrannis sei auch als historisches Phänomen nur als Imitation lydischer und ägyptischer Erscheinungen der Zeit zu begreifen. WEST [1238] hält die Verarbeitung vor allem

Philosophie der iranischen Gedankenwelt durch die frühe Philosophie für mehr als wahrscheinlich, worüber ich mir kein Urteil erlauben kann. Die Standardwerke für

Schrift die frühe griechische Schrift und ihre Übernahme aus der phönikischen sind JEFFERY/JOHNSTON [1312] und GUARDUCCI, 1 [242]; PFOHL [1230] ist eine Aufsatzsammlung, WOODARD [121190] eine übersichtliche Darstellung mit der These einer kontinuierlichen Entwicklung aus Linear B; Entstehung und Funktion der Schrift bei SCHNAPP-GOUNSEILLON [1271], HAVELOCK [1294], DETIENNE [1303], HARRIS [1309], MAREK [1202], POWELL [1197] – dieser schreibt die Erfindung der Schrift einem einzigen Mann zu.

d) Hoplitenphalanx

Die Rolle der Hoplitenphalanx in der geschichtlichen Entwicklung ist vor allem durch intensiveres Heranziehen des archäologischen Materials und durch genaueres Lesen Homers wieder zum Problem geworden. Da im nachadligen Griechenland die wesentlichen Träger des politischen Lebens diejenigen Bürger waren, die als selbstausgerüstete Hopliten die Bürgerheere bildeten, müssen dieser Aufstieg und die Verknüpfung von Waffenfähigkeit und politischer Berechtigung erklärt werden. Es gibt zwei Möglichkeiten: Ist die Ablösung des Adelsstaates und Kausalitätsfragen
die Herausbildung der auf der Teilnahme aller wehrfähigen, als Hopliten dienenden Männer beruhenden Verfassung durch einen wirtschaftlich-sozialen Prozess verursacht worden, in dessen Verlauf die besitzende bäuerliche Mittelschicht waffenfähig wurde und sich politische Rechte erkämpfte? Oder hat am Anfang eine militärtechnische Entwicklung gestanden, die den Bauern in die Lage versetzt hat, als Hoplit zu kämpfen und die gleichzeitig die Kampfesweise der Phalanx notwendig gemacht hat, so dass die Hoplitenschicht daraus Rechte herleiten konnte?

Die aus Waffenfunden und Vasendarstellungen gewonnene Chronologie Chronologie
scheint so auszusehen, dass der Prozess, anders als man bisher annahm, nicht einheitlich war, sondern in zwei Phasen abgelaufen ist. Am Ende des 8. Jahrhunderts war die volle Hoplitenbewaffnung da, und erst spätestens seit der Mitte des 7. die Phalanx, d.h. die in einer Reihe kämpfende, nach Marschmusik sich einheitlich bewegende und auf einheitliche Kommandos einheitlich reagierende Truppe. Übereinstimmung besteht darin, dass Adlige in der Phalanx kämpften (eindringliche Interpretation eines berühmten Vasenbildes 1315: WALTER), Divergenzen gibt es aber darüber, seit wann und in welchem Ausmaß mit Nichtadligen zu rechnen ist, worin der Grund ihrer Teilnahme bestand und wie konkret ihr militärischer Einsatz in die Ausübung politischer Rechte umgesetzt wurde. Während SNODGRASS [1227] meint, dass die Teilnahme dem Adel aus militärischen Gründen abgezwungen worden war (Tyrtaios), sieht CARTLEDGE [1250] das Wesentliche eher im Ausschluss der Nichtbesitzenden [ähnlich auch 1273: HOLLADAY]; den gesamten Kontext betont SALMON [1255], indem er den Ursprung der nichtadligen Phalanx militärisch begründet, sie aber als ein Instrument später einsetzender sozialer und politischer Unruhe interpretiert. Hinzu kommt jetzt, dass mit der Auffassung, schon bei Homer sei mit einer Phalanx zu rechnen [nach 547: PRITCHETT 4,7–33; 1153: LATACZ] überhaupt eine wesentliche Änderung im Archaikum geleugnet wird [317: OSBORNE, 196–205; 1189: MORRIS, 196–205, gute

Chronologie-Übersicht; 1331: TANDY mit Betonung des Ökonomischen]. Obwohl man sich weiterhin um sehr konkrete Fragen wie das praktische Aussehen einer Hopliten-Schlacht und die Konsequenzen bemüht [1273: HOLLADAY, Frage des taktischen Geländes; 1289: KRENTZ], muss immer noch Vieles geklärt werden. Insbesondere wäre es wichtig, das konkrete Aussehen der vorverlegten Phalanx näher zu bestimmen und für die Folgezeit die bisher – allerdings auf der Grundlage von Tyrtaios – eher erfühlten Verbindungen zwischen der einheitlichen solidarischen Kampfesweise in der Phalanx mit dem Gemeinschaftsgeist, der die nichtadlige Polis erfüllt hat, in engere Verbindung zu bringen.

e) Tyrannis

Die Beurteilung der Tyrannis [1259: KINZL, Sammelband; 403: BARCELÒ, überhaupt zu Einzelherrschaften; 1268: COBET; 1277: PINTORE; 1293: O'NEIL, zu Wort und Begriff *tyrannos*; 1278: OLIVA, Kulturpolitik; 1320: MCGLEW, Funktion: Entstehung des Freiheitsbewusstseins; 1322: FADINGER, Verhältnis zum alten Orient; 1403: LURAGHI, Tyrannis im Westen], ja schon die sie betreffenden nüchternen Tatsachenfeststellungen sind durch die Quellenlage und dadurch erschwert, dass hier moderne Vorstellungen allzu ungehindert einfließen. Die meisten Nachrichten über die Tyrannis stammen aus der klassischen Zeit und sind durch staatstheoretische oder sonstige Topoi, bis hinein ins Tatsächliche, verzerrt [s. 1307: BRANDT darüber, dass die Landverteilung nicht typisch für die Tyrannis sei], so dass oft das, was wie übereinstimmendes Material für eine Typologie aussieht, seine Existenz überhaupt erst einer schon im Altertum bestehenden topischen Vorstellung verdankt. In dieser Situation haben natürlich die wenigen zeitgenössischen literarischen Zeugnisse (Archilochos, Alkaios, Solon sowie die unter dem Namen des Theognis von Megara firmierende Sammlung von Gedichten) einen besonderen Wert, ebenso wie die zunehmend herangezogenen ebenfalls zeitgenössischen archäologischen Hinterlassenschaften, die eine Kontrolle allgemeiner idées reçues ermöglichen [1249: KOLB; vgl. S. 125 f.].

Quellenfrage

Konzepte

Die Konzepte zur Erklärung der Entstehung und damit zu Charakter und Funktion der Tyrannis gehen (oder gingen) in zwei Richtungen. Die eine, am geschlossensten und materialreichsten vertreten von HELMUT BERVE [1229; 1234], sieht im Tyrannen vor allem die Einzelpersönlichkeit, die als eigene Kraft neben der teilweise schon ausgebildeten Polis gestanden habe [intensivste Auseinandersetzung damit 1233: PLEKET]. Die andere, frühere Auffassung verstand die Tyrannis als Ausdruck gesellschaftlicher Bewegungen, insbesondere als die Form, in der eine aufstrebende Mittelschicht von Bauern, Kaufleuten und Handwerkern die Adelsgesellschaft bekämpft und abgelöst habe – also die modernistische Auffassung [am schärfsten 1216: URE, aber auch 124: ED. MEYER 3,563 f., 583]. Nun hat BERVE nie die gesellschaftlichen Zusammenhänge geleugnet, in denen der Tyrann stand, und umgekehrt ist das Moment des persönlichen Ehrgeizes von der

Einzelpersönlichkeiten

Neue gesellschaftliche Schichten

anderen Seite auch immer in Anschlag gebracht worden. Darüber hinaus ist manches inzwischen durch die Forschung überholt, etwa ist eine angebliche neue rein merkantile Kapitalistenschicht durch die Herabdatierung der Münzen und deren richtigere Funktionsbestimmung (s. unten) widerlegt worden. Es scheint sich im Augenblick, von sehr unterschiedlichen Ausgangspunkten aus, eine generelle Abkehr von der einfachen Dichotomie Einzelpersönlichkeit – Vertreter des Volkes abzuzeichnen; der Tyrann wird zu Recht mehr als – wenn auch hypertropher – Repräsentant des Adels angesehen, wenngleich diese Tendenz ihrerseits Gefahr läuft, überbetont zu werden [1261: KLUWE, 292f.; 1249: KOLB; 1262: KINZL, Betonung der Buntheit der Formen; 1299: STAHL, Beschränkung auf Athen, Rolle der athenischen Tyrannis bei der Staatsentstehung]. Die Tyrannis war zwar gewiss nicht eine Art Werkzeug eines aufstrebenden Demos, aber auch nicht bloße Spielart der Adelsherrschaft [so aber doch wieder 1328: DE LIBERO], denn der Adel wusste schon, warum er, wenn er nicht kollaborierte, gegen die Tyrannis war. Ein Mangel scheint mir zu sein, dass die Tyrannis selbst zu sehr thematisiert wird, statt dass sie in den Zusammenhang mit anderen Entwicklungen der Poleis gestellt wird, die ja nicht alle durch das Stadium der Tyrannis gingen.

Differenzierung

f) Münzprägung

Die mit dem Münzwesen zusammenhängenden Fragen führen in das Zentrum des Problemkreises um die Ursachen der Auflösung der archaischen Wirtschafts- und Gesellschaftsordnung. Hier stellt sich die Frage, ob das Auftreten des Geldes die Ursache für die beobachtete Ablösung der adlig-bäuerlichen, landwirtschaftlich geprägten Zivilisation durch eine Handels- und Gewerbewirtschaft war oder ob es eine Folge dieser Entwicklung war. Hier liegt also eine Sachfrage vor, an der sich die Auseinandersetzung zwischen einem modernistischen Ansatz und einem eher historistisch-strukturellen besonders gut austragen lässt. Der Beginn der Münzprägung wird nun in der Literatur zunehmend heruntergedatiert – hatte noch BELOCH etwa den Anfang des 7. Jahrhunderts angenommen [125: 1,287f.], so hält man jetzt das Ende dieses Jahrhunderts oder sogar erst den Beginn des 6. für zutreffender [1241: WEIDAUER; 1243: PRICE/WAGGONER, 122f., 139; 261: AKURGAL; 1276: PRICE; 1282: KROLL/WAGGONER; 1291: VICKERS; gegen ihn 1305: ROOT]. Dabei beziehen sich diese Daten auch nur auf die lydische Elektronprägung, während die griechische Silberprägung, auf die es vor allem ankommt, noch etwas später anzusetzen wäre. Das heißt im Übrigen nicht unbedingt, dass sie von der lydischen abhinge und nicht eigenständig erfunden sei. Falls diese Datierung richtig ist, ist das Aufkommen der Münzen in keinen kausalen Zusammenhang mit den weit früher einsetzenden wirtschaftlichen und sozialen Veränderungen der Adelsgesellschaft zu bringen; insbesondere gäbe es selbstverständlich keine durch Geldwirtschaft bestimmte, gar politisch maßgebliche Händlerschicht. Hinzu

Bedeutung der Frage

Beginn der Münzprägung

Funktion der Münzen

kommt, dass erstmaliges Auftreten noch nicht allgemeine Verbreitung hieß, die ihrerseits erst später eintrat, und dass die Münzen ihr Prägegebiet selten verließen und zudem nur in großen Einheiten geprägt wurden, so dass sie weder einem intensiven Außenhandel noch dem täglichen Leben innerhalb der Stadt gedient haben konnten [vgl. jedoch 812: VINOGRADOV, 304]. Es ist allgemein anerkannt, dass das Aufkommen des Münzgeldes eher durch öffentliche Bedürfnisse wie Abgaben, Tempelbau oder Söldnerentlohnung und, nicht zu vergessen, Prestigegesichtspunkte (bewusste künstlerische Gestaltung) hervorgerufen wurde [1225: KRAAY sowie DERS. in 130: CAH IV, 1982, 431–445, 266: MARTIN]. Dem hat PRICE [1276] die interessante Variante hinzugefügt, dass die Prägung weniger die Gewichtsgarantie als vielmehr die Herkunft der Münze anzeigen sollte, und dass die Münzen ursprünglich noch am ehesten eine Art Gast- oder Anerkennungsgeschenk hätten bedeuten sollen. Zu den attischen Münzen s. S. 124.

g) Sparta

Forschungssituation   Die letzten Jahre sahen ein weiteres sprunghaftes Ansteigen der Forschungen und Zusammenfassungen über Sparta. Neben dem Sammelband von CHRIST [776; mit großartiger rezeptionsgeschichtlicher Einleitung 1–72, der gegenüber das frühere Buch von RAWSON, 766, abfällt] waren bereits zu nennen die Synthese von CLAUSS [772] und die Frühgeschichte bis 362 von CARTLEDGE [770]; daneben sind zu erwähnen die Zusammenfassung von HOOKER [771], die Xenophons Spartafreundlichkeit analysierende Darstellung von PROIETTI [45] sowie der die Machtstruktur untersuchende Sammelband von POWELL [784]. Jetzt tritt hinzu der allumfassende Xenophon-Kommentar von REBENICH [53]; die Frühgeschichte bei THOMMEN [794; Spätdatierung der Abschließung nach außen] und MEIER [799; frühe Konflikte]; siehe auch LINK [790].

Quellenlage   Primärquellen für die spartanische Frühgeschichte bis zum 5. Jahrhundert sind allein die Bruchstücke der Dichtungen des Tyrtaios und Alkmans, allenfalls die bei Plutarch, Lykurgbiographie Kap. 6 vielleicht zuverlässig überlieferte Große Rhetra, und dann die archäologischen Zeugnisse der Kunst – alle anderen Nachrichten stammen aus späterer Zeit und sind ungewöhnlich stark verzerrt. Dies liegt daran, dass Sparta möglichst wenig von sich nach außen dringen ließ und dass, in gewissem Sinne im Gegenteil, das hohe Prestige Spartas [765: TIGERSTEDT] die verehrenden Legenden besonders wuchern ließ. Deshalb ist Quellenkritik gerade hier besonders nötig und, logischerweise, besonders schwierig; sie wird besonders hervorgehoben von POWELL/HODKINSON [791]. Ein positives Beispiel von derlei „intellectual gymnastics" [132: EHRENBERG, 389] ist KIECHLE [1223]. Die einzelnen Probleme bespricht OLIVA [768, 15–136], während die übersichtlichste Zusammenfassung der Entwicklung EHRENBERG [132, 28–49] ist. Zu den Fragen der Anzahl der Spartiaten und Heloten LOTZE [767] sowie FIGUEIRA [778].

Über die Frage, ob überhaupt ein Abbrechen spartanischer künstlerischer Wirkungen der Betätigung (Periöken?) festzustellen ist, wann es zu datieren und mit welchen Helotie Ereignissen es zusammenzubringen ist, wird kontrovers diskutiert, so COOK [1222] und HOLLADAY [1253]. Wichtig sind dabei die kunsthistorischen Untersuchungen [769: STIBBE; 777: HERFORT-KOCH; 1298: PIPILI; 779: Studi sulla ceramica laconica], wobei insofern Vorsicht angebracht ist, als die Chronologie oft aufgrund überprüfungsbedürftiger althistorischer Berechnungen vorausgesetzt wird. Aus Herodot folgt aber womöglich, dass die spartanische Strenge zu seiner Zeit noch nicht existiert hat [800: LÉVY; 794: THOMMEN]. Immerhin hat es ein spartanisches Recht gegeben: MACDOWELL [492]; zur spartanischen Abstimmung nach Lautstärke FLAIG [789].

Das Helotenproblem – Gesamtdarstellung DUCAT [785] – als Determinante auch der spartanischen Außenpolitik und damit des Zustandekommens des Peloponnesischen Bundes legt überzeugend dar STE. CROIX [1550, 89–166], dem sich CARTLEDGE [770] anschließt; zweifelnd CLAUSS [772] und TALBERT [783]. Die spartanische politische und Sozialverfassung ist dargestellt bei LEWIS [1439, 27–49]; HODKINSON [773] versucht, die große innere Differenziertheit der spartanischen Gesellschaft herauszuarbeiten; zum Königtum THOMAS [774]; zu Wirtschaft (und Korruption) BURELLI BERGESE [780] und NOETHLICHS [781]; zur Armee LAZENBY [775; nicht immer zuverlässig] und zur (damit zusammenhängenden) Homosexualität CARTLEDGE [782]; zur spartanischen Erziehung DERS. [788], besonders aber KENNELL [793] und LÉVY [796]. Aspekte der weiteren Entwicklung bei HAMILTON [786], LOOMIS [787] und HODKINSON [795].

b) Athen

Die athenische Geschichte beginnt sowohl von der Quellenlage her als auch in Quellenlage ihrer Bedeutung für die griechische Welt erst im 6. Jahrhundert, ist von da an aber ausgiebig dokumentiert und diskutiert. Für das ganze 6. Jahrhundert gilt das Quellenproblem, welchen Grad von Verlässlichkeit die Überlieferung hat, da athenische Verfassungsgeschichte (die Atthis) erst im 4. Jahrhundert geschrieben wurde und es vor Herodot keine Chroniken gab [225: JACOBY]. Hinzu kam die Neigung, in den Verfassungskämpfen des späten 5. und des 4. Jahrhunderts möglichst viele Einrichtungen der athenischen Demokratie möglichst alt und damit möglichst ehrwürdig erscheinen zu lassen, sie also vorzugsweise einem als Demokraten fingierten Solon zuzuweisen (s. S. 153). Zu allen Fragen der athenischen Verfassungsgeschichte ist der umfangreiche Kommentar von RHODES [84] zu konsultieren.

Solonische Reform

Die moderne Kritik ist so weit gegangen, Solons [zu ihm zusammenfassend mit ausführlicher Bibliographie 1304: OLIVA] Verfassungsreform [nicht die Gesetzgebung; zuletzt zur technischen Seite 1295: ROBERTSON] überhaupt zu leugnen [1220: RUSCHENBUSCH, vgl. aber dagegen etwa Solon Fragment 5 West]. Über ihn sind wir nun glücklicherweise durch seine eigenen Gedichte informiert [zu seinem Selbstverständnis 730: STAHL], in zweiter Linie durch Aristoteles' Staat der Athener und Plutarchs Lebensbeschreibung, die aber ihrerseits großenteils auf Rückschlüssen aus Solons Texten selbst beruhen, die sie in Auszügen zitieren und uns dadurch erhalten haben. So ist die Natur der Krise, die Solon zu bewältigen versucht hat, auch von uns aus seinen Gedichten zu erschließen, wo er von Grenzsteinen auf den Grundstücken spricht, die er beseitigt habe, sowie von der Beseitigung der Schuldsklaverei. Der zentrale Punkt war also offenbar eine agrarische Krise, in deren Verlauf freie Bauern ihr Land oder gar sich selber verpfänden und dann verkaufen mussten [gute Einführung in die Problemlage 1301: LOTZE]. Die Ursachen dieses Vorgangs sind schlecht zu fassen; wer sie mit dem Aufkommen der Geldwirtschaft assoziieren will, muss sich mit dem heiß umstrittenen Problem einer angeblichen solonischen Währungsreform (Aristoteles, Staat der Athener, Kap. 10) und dem Datum der ersten athenischen Münzen befassen, und hierzu schweigt nun Solon selbst bzw. die Reste, die wir von seinen Gedichten haben. Für das Verständnis der aristotelischen Bemerkungen ist grundlegend der schwierige Artikel KRAFT [1256], der nachweist, dass ursprünglich nur von Maßen und Gewichten die Rede war, die Währung also hinzuerfunden worden ist. Die von den meisten akzeptierte fachnumismatische Meinung entspricht diesem Befund. Nach KRAAY [1218] sprechen vor allem münztechnische Beobachtungen, die aufgrund von Stempelvergleichen und Schatzfunden gewonnen worden sind, gegen eine Datierung der ersten athenischen Münzen in das frühe 6. Jahrhundert, also in die Zeit Solons; VICKERS [1291] meint sogar, alles, was von Solon berichtet werde, passe umgekehrt auf die Situation von 460, sei also in dieser Zeit Solon zugeschrieben worden. Die sogenannten Wappenmünzen, d. h. seltene, wappenähnliche Darstellungen (Adelswappen? religiöse Symbole?) tragende Münzen stammten erst aus den vierziger oder dreißiger Jahren des 6. Jhs. und wurden erst gegen 516 von den typischen athenischen Münzen, die auf der Vorderseite einen Athenakopf, auf der Rückseite die Eule tragen, abgelöst [1269: KROLL]. Dieser Datierung widersprach CAHN [1240], der Gleichzeitigkeit von Wappen- und Eulenmünzen annahm und sie auf der Basis kunsthistorischer Vergleiche wieder in die Zeit Solons datierte [Bibliographie bei 257: KRAAY, 56], während KROLL/WAGGONER [1282] die Spätdatierung bekräftigen.

Peisistratiden

Mangels so gut wie aller literarischen Primärquellen sind wir für Peisistratos und seine Söhne schlechter gestellt als für Solon [Zusammenfassung unter Einbeziehung sämtlicher Quellenarten und mit der Absicht, die positiven Seiten zur Geltung kommen zu lassen, 1290: FROST; zur Außenpolitik 1300: VIVIERS; Versuch der Einordnung in die gesamtathenische Geschichte 731: LAVELLE und 1339: SANCISI-WEERDENBURG]. Noch am nächsten an den Ereignissen sind Herodot und Thukydides, auf die wir uns noch vor den Angaben im „Staat der Athener" stützen und deren Darstellung auch die Diskussionsthemen liefern: die Chronologie, die politisch-gesellschaftliche Lage um die Mitte des Jahrhunderts, dann das Verhältnis sowohl zum Volk als auch zum Adel sowie allgemein Charakter und Technik der Herrschaft. Während es früher üblich war (ED. MEYER, BELOCH), „Sachkritik des 19. Jahrhunderts" an den herodoteischen Angaben über die drei Machtergreifungen des Peisistratos zu üben und sie durch immanente Quellenkritik auf das den Autoren Wahrscheinliche zu reduzieren, werden sie heute mit Recht mangels entgegenstehender Quellenaussagen als tatsächlich gegeben akzeptiert. Es wird nur der Versuch gemacht, sie chronologisch einigermaßen zu fixieren [1219: HEIDBÜCHEL; 1248: RHODES]. Das ist deshalb wichtig, wenn auch sehr schwierig, weil dadurch die recht unstrukturierte Geschichte des attischen 6. Jahrhunderts untergliedert und der Eindruck vermieden wird, es hätten hier gleichförmige Verhältnisse geherrscht: Die verschiedenen Machtergreifungen und vor allem die zeitlichen Zwischenräume zwischen ihnen (was geschah da?) machen deutlich, dass der Zustand Attikas sehr bewegt war: Wirtschafts- und kulturgeschichtlich fällt gerade in diese Zeit das sprunghafte Anwachsen des Exports athenischer Keramik und ihrer Inhalte (Öl und Wein) und die Prägung der ersten athenischen Münzen (s. o.). Gerade aus der Thematik der Vasenbilder peisistratidischer Zeit nun versucht man, mangels anderer zeitgenössischer Quellen, über Sagendarstellungen (Herakles, Neleidensage) auf politische Symbolik und damit auf politisches Bewusstsein zu schließen [1272: BOARDMAN (mit Verweisen auf frühere Arbeiten)] – berechtigte Skepsis bei BRANDT [1333, siehe auch 1334] – wobei die zutreffenden Identifizierungen von entscheidender Bedeutung und daher strittig sind [1281: OSBORNE; 1286: AHLBERG-CORNELL; 1292: MOORE; 1296: COOK]; zur Kultur der peisistratidischen Zeit SHAPIRO [1310].

Die soziale Lage Attikas in der Tyrannenzeit wird außer durch Rückschlüsse aus den wirtschaftsgeschichtlichen Gegebenheiten – deren Chronologie aber ihrerseits stark von der Einordnung in allgemeinpolitische Tatbestände abhängt – vor allem dadurch zu klären versucht, dass man die Bemerkungen Herodots und Aristoteles' über die drei politischen Gruppen zur Zeit des Peisistratos konkretisiert und auf ihren Realitätsgehalt prüft. Dabei scheint sich zu ergeben, dass wir keine fest gefügten politisch-sozialen Gruppen, die das gesamte athenische Volk umfassten und zu denen Handwerker-, Händler- und verelendete Proletarierschichten gehörten, zu erwarten haben, sondern kleinere Gruppen um führende Adlige [1236: GHINATTI]. Das tradierte Bild von dem adelsfeindlichen, volksfreundlichen athenischen Tyrannen wurde schon durch den Fund einer Archontenliste aus der Peisistratidenzeit relativiert, die auch Kleisthenes aufführt. Auch andere Einzelheiten, insbesondere die Baupolitik, unterstützen diese Sicht, so dass KOLB [1249] zusammenfassend die Verankerung der Peisistratiden in der Adelswelt deutlich unterstrichen; er lässt dabei zwar die Hinweise auf Verbindungen mit dem nichtadligen Volk wohl aus Gründen der Fragestellung etwas zu kurz kommen, hat aber eine neue und originelle Erklärung für die Förderung des Dionysoskultes (nicht als Volksreligion, die er außerdem gar nicht gewesen sei, sondern als ein der Tyrannenfamilie nahestehender Kult). STAHL [1299] sieht in der peisistratidischen Tyrannis eine Etappe auf dem Weg zur Verstaatlichung der athenischen Gesellschaft.

Kleisthenische Reform

Kleisthenes und seine Reformen sind in der Forschung besonders im Hinblick darauf wichtig, welche Rolle sie bei der Entstehung der athenischen Demokratie gespielt haben [zur Gesamtheit der Reformen unter Betonung dessen, was man wissen kann und was nicht 763: BADIAN; s. auch 1508: RAUSCH]. Während man aber *Quellen* früher dieser Frage durch die Heranziehung der literarischen Quellen näher zu kommen versuchte [am großartigsten 1217: EHRENBERG 57–102], kann man heute in eindrucksvoller Weise von dem vermehrten inschriftlichen Material Gebrauch machen, das uns durch Grenzsteine, Beschlüsse von Körperschaften und Personenlisten mit Herkunftsbezeichnung über die territorialen Abgrenzungen und den inneren Aufbau der kleisthenischen Phylen, Trittyen und Demen informiert. Der wohl zutreffende Generalnenner der Forschung ist dabei der, dass der zentrale Punkt die Phylenreform mit ihrer durch die Institutionalisierung der Demen und die neue Zusammensetzung der Phylen selbst bewirkten auch kultischen Schwä- *Ziele der Reform* chung des Adels war [am wichtigsten 1224: LEWIS]. Unterschiede bestehen in der Bewertung der Motive und Ziele des Kleisthenes, wobei die allgemein herrschende Meinung dahin geht, dass es ihm nicht auf so etwas wie Demokratisierung angekommen sei [so etwas Ähnliches aber doch 379: MEIER 91–143]. Aus der Konstruktion der attischen territorialen Untergliederung und den anzunehmenden lokalen Einflussschwerpunkten von Adelsgeschlechtern kann geschlossen werden, dass er die Stärkung seines Geschlechts der Alkmeoniden oder jedenfalls dessen Chancengleichheit mit den anderen beabsichtigte [641: MARTIN, 20; ausführlich 1288: STANTON] – dann bleibt allerdings die Frage, ob dieses Ziel allein den Aufwand der hochkomplizierten Neuorganisation rechtfertigte. Den militärischen Aspekt betonte zu Recht VAN EFFENTERRE [1245], während SIEWERT [1270] aufgrund intensiver Heranziehung der Ergebnisse der Demenforschung sogar meinte, die Reform habe zum Hauptziel gehabt, eine schnelle Mobilisierung des auf Zentralwegen heranmarschierenden Bürgerheeres zu erreichen – eine Ansicht, die dadurch schwer beeinträchtigt wird, dass eine solche Trittyen-Anordnung nach Zentralwegen nur in einem Teil Attikas existiert hat. Die Weiterentwicklung der religiösen Strukturen nach Kleisthenes, der sie ja durch die Phylenreform stark prägte, untersucht KEARNS [1469], und SEALEY meint, eine scharfe Scheidung in Bürger und Nichtbürger sei überhaupt erst durch die kleisthenischen Reformen eingetreten [1274].

SIEWERTS im Übrigen viele neue Aspekte eröffnende Arbeit [1270; dazu 1474: LOTZE; durchschlagende, und überraschende, Detailkritik am Abstreiten der Anwendung des Losverfahrens durch Kleisthenes bei 1297: HANSEN] steht in dem Forschungszusammenhang, dass man sich teils unmittelbar im Zusammenhang mit der kleisthenischen Reform [so 627: ELIOT], teils insgesamt aufgrund des wegen dieser Reform existierenden Urkundenmaterials intensiv mit dem politischen und kultischen organisatorischen Aufbau Attikas beschäftigt, also nicht mit den Vorgängen und Strukturen in der politischen Zentrale der Demokratie, sondern mit ihrem Unterbau in Gestalt der Gliederung des attischen Volkes in Phylen, Trittyen und Demen über ganz Attika. Zu Einzelthemen wie der Zuordnung von Einzelpersonen zu Demen aufgrund ihres Demotikons sowie von Demen in größere Einheiten ist eine Vielzahl von Aufsätzen erschienen [etwa von P. J. BICKNELL, C. W. J. ELIOT, P. J. RHODES, W. E. THOMPSON]. Eine erste Zusammenfassung gab TRAILL [642; gutes historisches Resümee dieses sehr technisch abgefassten Buches in der Besprechung von PEČÍRKA, in: Eirene 16 (1978) 107–109], die jetzt durch eine Sammlung seiner Aufsätze mit neuer Karte [689] zu ergänzen ist, während DOW [630] als Beispiel für die ausführliche Behandlung der Struktur eines einzelnen Demos genannt sei. Der rein personenverbandsmäßige Aspekt des Unterbaus der Phylen, Phratrien und Geschlechter ist im allgemein-griechischen Zusammenhang o. S. 87 schon erwähnt worden; speziell mit Athen befasst sich KRON [1246], durch die von archäologischer Seite in sehr erwünschter und deutlicher Weise auf die erfolgreiche kultische Verankerung der kleisthenischen künstlichen Schöpfung aufmerksam gemacht wird.

Aufbau Attikas

Den Demen selbst als konstitutivem Bestandteil des attischen Staates widmet sich OSBORNE [677], der ihre feste Integrierung betont, freilich wohl zu ihrer Überbewertung neigt. Nüchterner und desillusionierender hinsichtlich dessen, was man wirklich wissen kann, ist WHITEHEAD [695], so dass man folgern kann, dass die Demen wirklich keine wesentliche Rolle im praktischen politischen Leben Athens gespielt haben, weil man sonst mehr über sie wüsste. Über die ländlichen Demen schreibt STANTON [744]; die Rolle der Religion bei MIKALSON [647]. Nächst den Demen können jetzt Gesamtdarstellungen der Trittyen und der Phylen vorgelegt werden, aus denen ihre Rolle im athenischen Staatsleben bestimmt werden kann: STANTON [734] und JONES [743].

Demen

Schließlich sei hier noch der Hinweis auf eine weitere Forschungsrichtung angeschlossen, die mit Hilfe der Demen- und Phylenforschung ein tieferes Eindringen in das Verständnis der attischen Gesellschaft ermöglicht: die Prosopographie und auf ihr aufbauend die Genealogie. Grundlegend sind immer noch KIRCHNER [622] und TOEPFFER [621]; neuere Studien beschäftigen sich mit dem politischen Wirken der teils adligen, teils sonst wichtigen Familien mit ihren sozialen Konnexionen, z. T. in nicht ungefährlicher Analogie zur prosopographischen Forschung der römischen Republik, etwa BICKNELL [1425];

Personenkunde

MACKENDRICK [1595]. DAVIES [634] bietet reichstes Material, das er in [435] ausgewertet hat (dazu s. unten S. 155), DEVELIN über die athenischen Beamten von 624 bis 321 [720]; andere personenkundliche Projekte sind in Arbeit, eine erste Auswertung ist 182: HORNBLOWER/MATTHEWS.

4. KLASSISCHE ZEIT – 5. JAHRHUNDERT

Die gesamte, vorwiegend athenische Geschichte von Kleisthenes bis zum Frieden des Philokrates 346 behandelt unter dem Gesichtspunkt des Zusammenhangs zwischen Demokratie und Machtpolitik WELWEI [1507]; MUNN [1509] setzt mit Kleisthenes ein und endet 395 mit der – von mir nicht geteilten – Ansicht, Thukydides habe erst mit all den vorhergegangenen Erfahrungen zu schreiben begonnen. Verdienstvoll und erfolgreich für ein größeres Publikum geschrieben ist MEIER [733], freilich nicht mit hinreichender Berücksichtigung der Forschung.

a) Die Zeit der Perserkriege

Die Perserkriege

Bewertung der Perserkriege

Die Bedeutung der griechischen Siege über die Perser [Gesamtdarstellung 1537: LAZENBY] hängt von der Klärung von Vorfragen ab, die ihrerseits oft durch bewusste oder unbewusste Gegenwartsbezüge bestimmt sind [1519: KRAFT]: Waren die Perserkriege das Ereignis eines wie auch immer begründeten persischen Expansionsdranges [856: VERDIN; 1531: FIRPO], der unaufhaltsam auf Griechenland zielte, oder waren sie eine Aneinanderreihung von eher zufälligen, von beiden Seiten verursachten Auseinandersetzungen? War der griechische Widerstand ein (nationaler) Freiheitskampf, wie er sogar inschriftlich in dem zeitgenössischen „Eid von Plataiai" aufgefasst wird [Z. 24; vgl. 1518: SIEWERT; die Geschichte von „Wanderer, kommst du nach Sparta" bei 1540: GELZER], oder waren das irrelevante Werte, wie aus der Teilnahme vieler Griechen auf persischer Seite hervorgehen könnte (vgl. die Literatur zum Medismos S. 129)? Schließlich: War der Sieg über die angreifenden Perser ein epochales, den Geschichtsablauf im Großen veränderndes Ereignis, oder hätte sich durch eine lockere persische Oberherrschaft über Griechenland nichts Entscheidendes in dessen weiterer Entwicklung geändert? Vom Hypothetischen dieser Fragen abgesehen wird ihre Beantwortung dadurch erschwert, dass wir keinerlei persische, sondern nur griechische Quellen (einigermaßen zeitgenössisch vor allem Herodot, dann Thukydides und, beteiligt zwar, sich aber nicht unmittelbar äußernd, die Dichter Aischylos, Simonides und Pindar) für den Hergang selber wie für dessen Wirkung auf die Zeitgenossen zur Verfügung haben, die zudem fast alle unter dem Eindruck des Sieges entstanden sind. Im vorliegenden Buch wird die epochale

Bedeutung der Abwehr der Perser nicht in erster Linie in der Vermeidung einer Fremdherrschaft gesehen (das allerdings auch), sondern darin, dass durch die Abwehr politische Kräfte frei wurden, die die innergriechische Entwicklung ganz anders bestimmen sollten, als es ohne dieses Ereignis der Fall gewesen wäre.

Die Kenntnisse über Persien selbst [Gesamtdarstellungen und -untersuchungen 872: VOGELSANG; 873: WIESEHÖFER; 19: HÖGEMANN; 875: KUHRT; 876: BRIANT; 877: TUPLIN] sind an sich spärlich und haben, wenn sie ausnahmsweise nicht aus griechischen Quellen, sondern aus persischen Inschriften oder archäologischen Denkmälern stammen, keinen Bezug zu den Kriegen [übersichtlich 850: WALSER]. Immerhin ist für die Geschichte Dareios' I., des Organisators des Perserreiches (und für die Entzifferung der Keilschrift) dessen dreisprachige Inschrift von Behistun von großer Bedeutung [851: DANDAMAEV, 854: WIESEHÖFER, 865: BALCER], weiter eine Fülle von in elamischer Sprache verfassten, in Persepolis gefundenen Buchungstäfelchen, die einen ähnlichen internen Charakter haben wie die Linear-B-Täfelchen und infolgedessen einen intimen Einblick in die persische Verwaltung gewähren, die sonst unbekannt ist [849: HINZ; zur Dareios-Zeit überhaupt 852: DERS.; 1439: LEWIS 1–26; 874: JACOBS; zur persischen Abgabenpolitik 870: BRIANT/HERRENSCHMIDT]. *Persien*

Über das Verhältnis der unter persischer Herrschaft lebenden Griechen zu den Persern, das keineswegs von prinzipieller Feindschaft geprägt war, informieren die Arbeiten über Miltiades d.J., den persischen Vasallen auf der thrakischen Chersones, der dann der Sieger von Marathon wurde [1512: BERVE; 1231: KINZL; 1532: SHIMRON, mit Diskussion über Herodots Text; 1478: VIVIERS], sowie die Studien über das propersische Verhalten der Griechen überhaupt (Medismos) [1520: WOLSKI, 1523: GILLIS]; eigens über den Ionischen Aufstand und die Beschwerdegründe der Griechen HEGYI [1517] und TOZZI [1522; dazu 1529: WALLINGA]; zum Scheitern LATEINER [1527]. Der faktische Hergang der eigentlichen Kriegshandlungen bietet, so vielgestaltig und – trotz aller Kritik an schon antiker Verherrlichung, an klassizistischem Überschwang oder an ödem Schulstaub – ergreifend er ist, kaum noch ernsthafte und lösbare Forschungsprobleme; die bis LAZENBY [1537] maßgeblichen Darstellungen sind angelsächsischer Herkunft: BURN [1514] (auch zu den griechisch-persischen Beziehungen vorher) und HIGNETT [1515]; lesenswert auch GREEN [1516]. Im Zusammenhang mit dem Versuch, die Ereignisse auch von persischer Seite aus zu sehen, ist wichtig BALCER [1534]; zu den wichtigsten Schlachten VAN DER VEER [1524] und FRANCIS/VICKERS [1530; Marathon], BURN [1521] und PRITCHETT [309, 5, 190–260; Thermopylen]; WANKEL [1528; Salamis]; PRITCHETT [309,5,92–137; Plataiai]; schließlich gibt SHEAR [1538] eine Übersicht über die Zerstörungen in Athen durch die Perser. *Persische Herrschaft über Griechen*

Kriegsverlauf

Themistokles-Probleme

Die zahlreichen über das rein Faktische hinausgehenden historischen Probleme, die im Gefolge der Perserkriege auftreten, verbinden sich großenteils mit dem *Quellenlage*

Namen des Themistokles [Biographien: 1436: PODLECKI, Auseinandersetzungen mit den Quellen; 1441: LENARDON, für einen breiteren Leserkreis; historischer Kommentar zur wichtigsten zusammenhängenden Quelle 91: FROST; Einzelfragen bei 1460 und 1461: PICCIRILLI; 1533: HOLLADAY]. Wahrscheinlich stellt ein im Museum von Ostia gefundener Kopf sein Porträt dar [1436: PODLECKI, 143–146]; s. auch H. DRERUP und H. SICHTERMANN bei K. FITTSCHEN [296, 286–293, 302–336]. Die Schwierigkeit ist die, dass Themistokles seit Herodot wegen seines Charakters, seines oft zwielichtigen Verhaltens und seiner scheinbar nicht geradlinigen Politik, die schließlich trotz des ihm verdankten Sieges bei Salamis zu seinem Exil in Persien führte [neueste Darstellung dieser letzten Phase bei 1503: MARR; Münzen des Tyrannen Themistokles zuletzt bei 267: NOLLÉ], in den meisten Quellen feindlich behandelt oder totgeschwiegen wird (Ausnahme ist Thukydides). Das hat zur Folge, dass fraglich ist, ob Themistokles überhaupt eine maßgebliche Rolle gespielt hat und ob er nicht eher gerade wegen der Zweideutigkeit der Quellen nur ein bequemer Kandidat ist, mit dessen Namen man sonst nicht unterzubringende Dinge leicht verbinden kann. Schon die Datierung seines Archontats ist unklar – wenn es erst 482/81 statt 493/92 stattgefunden hätte, müssten auch die damit verbundenen Auseinandersetzung um die Strategie gegenüber den Persern um zehn Jahre zurückverlegt werden [1434: MOSSHAMMER]. Daran hängt auch die Frage, wann, wie und in welchem Ausmaß auf Themistokles' Initiative die Rüstung zur See aufgenommen wurde: Schon in den neunziger oder erst in den achtziger Jahren? Waren es 200 oder 100 Schiffe? Geschah die Finanzierung auf Staatskosten oder durch wohlhabende Bürger? Wie sind die archäologischen Befunde hinsichtlich der Befestigung Athens und des Piräus zu werten? [Zu all dem 1436: PODLECKI, 201–204.] Die die Evakuierung der Athener betreffende Inschrift von Troizene, deren Echtheit umstritten ist, wurde schon auf S. 69 erwähnt.

Innere Maßnahmen

Außer für die Perserabwehr ist das Wirken des Themistokles für die innere Entwicklung Athens zugleich von großer Bedeutung und, aus den genannten Gründen, durch quellenmäßige Unsicherheit gekennzeichnet. Unstreitig ist, dass er es war, der durch die Strategie der Perserabwehr zur See und die dadurch erforderliche Bemannung der Kriegsschiffe dem Bevölkerungsteil, der unterhalb des Hoplitenzensus war, eine stärkere militärische und damit politische Rolle zuwies. Strittig sind aber Zuordnung und Bedeutung der damit irgendwie in Zusammenhang stehenden Maßnahmen der Archontenlosung und des Ostrakismos. Über beide Vorgänge existiert eine umfangreiche Literatur, die sich für die Archontenlosung vor allem um die Fragen dreht, ob und in welcher Weise der in der (einzigen) Quelle (Aristoteles, Staat der Athener 22,5) nicht genannte Themistokles damit in Verbindung zu bringen ist, welchen Zusammenhang die Abschaffung der Wahl der Archonten mit den im Anschluss an die kleisthenischen Reformen geschaffenen Wahlämtern der zehn Strategen hat, inwieweit die Archontenlosung als eine demokratische Maßnahme zu betrachten ist und vor allen

Dingen, ob die allgemeine Ansicht zutrifft, die Archontenlosung sei auf eine Abwertung des Archontats hinausgelaufen [so, schwungvoll und polemisch, 1423: BADIAN, mit Kritik bei 641: MARTIN, 23–28].

Noch kontroverser sind die Debatten um den Ostrakismos, das Scherbengericht [guter Überblick 762: DREHER; er war keine ausschließlich athenische Erfindung, es gab ihn sogar in Chersonesos auf der Krim, siehe 1408: VINOGRADOV/ZOLOTAREV]. Eine Kontroverse beschäftigt sich mit der Frage, ob es stimmt, dass der Ostrakismus (wie Aristoteles sagt: Staat der Athener 22,1 und 3) zwar schon durch Kleisthenes eingeführt, aber erst nach Marathon erstmalig praktiziert worden sei. Die Kritik an dieser Ansicht, die sich noch auf eine spätere lexikalische Notiz stützte, argumentierte vor allem damit, dass ein solches Gesetz nicht ohne praktischen Anlass erlassen worden wäre, also anzunehmen sei, dass die erstmalige Anwendung mit dem Zeitpunkt der Gesetzesschaffung zusammenfielen. Die letzte ausführliche Summe und Neudiskussion des Problems durch THOMSEN [637] stellte aufgrund von z. T. damals noch unpublizierten Neufunden von Ostraka fest – die auf dem Kerameikos gefundenen sind jetzt listenmäßig vorgestellt durch 729: WILLEMSEN/BRENNE –, dass in der Tat erst in den achtziger Jahren mit dem Ostrakismos begonnen wurde (61–108), meint aber sonst nach wie vor, dass die Autorschaft des Kleisthenes bis zu einer Widerlegung akzeptiert werden müsse. Diese Position wird durch einen wieder ins Bewusstsein geratenen spätbyzantinischen Text verstärkt und differenziert, in dem der Ostrakismos ebenfalls auf Kleisthenes zurückgeführt, jedoch der Rat als das beschließende Organ bezeichnet wird [638: KEANEY/RAUBITSCHEK]. Die gültige Konsequenz aus dem Gesamtbefund hat LEHMANN [659] gezogen: Literarisch bezeugt ist, dass zu kleisthenischer Zeit der Rat die Verbannung vornehmen konnte, ebenso [Philochoros, s. FGrHist 328 F 30], dass später das Volk die Ostrakisierung vornahm. Die teilweise überaus hohe Anzahl von gefundenen Scherben für einzelne Politiker (4647 für Megakles in den späten 470er Jahren!) lässt zusammen mit dem hohen Quorum bei der Rats-Abstimmung und mit dem Philochoros-Text die Frage, ob 6000 die Mindestzahl für die Anwesenden oder die für die Exilierung eines Kandidaten nötige Stimmenzahl sei, im letzteren Sinn entscheiden.

Demgemäß wird die Ansicht bestätigt, dass das historisch-politisch Entscheidende weniger die Frage nach der ja konkret folgenlosen Einführung als die nach der Anwendung ist, und da ist nun in der Tat durch die Ostraka nicht nur deutlich, dass der Ostrakismos erstmalig in den achtziger Jahren angewandt wurde, sondern auch, dass, die Richtigkeit der Datierung vorausgesetzt, Themistokles immer auch sozusagen ein Kandidat war. Die Versuchung ist nach wie vor groß, Archontenlosung und Praktizierung des Ostrakismos als Korrelate einer und derselben Politik zu sehen, die auf Seekriegsführung (ob gegen Persien oder Ägina, kann dahingestellt bleiben) steuerte und zu diesem Zweck auf eine Umorganisierung des Staates gerichtet war: Themistokles blieb als einziger führender, an den Machtkämpfen beteiligter Politiker unostrakisiert, so dass das Ergebnis jedenfalls auf ihn und auf die Zeit zwischen den beiden persischen Angriffen hinweist.

Mit der allmählichen Zugänglichkeit der neu gefundenen Ostraka beginnt man, sie im Hinblick auf neue Fragestellungen auszuwerten. Der erste Schritt in diese Richtung ist das bemerkenswerte Buch von BRENNE [764], in dem festgestellt wird, dass die zahlreichen neuen Namen, die man auf den Ostraka findet, meist zu Familien der Oberschicht gehören.

b) Die Pentekontaetie

Ereignisgeschichte

Die Forschung zur Pentekontaetie hat verschiedene Schwerpunkte [bedeutende exemplarische Problemdiskussionen bei 1493: BADIAN]. Die wichtigsten sind die der inneren Entwicklung Athens, des Attischen Seebundes und des Gegensatzes Athen – Sparta, der später zum Peloponnesischen Krieg führen sollte. Darüber hinaus gibt es eine Fülle von Einzelfragen; ihnen gilt der mühsame Versuch, aus der Quellenlage einzigen zusammenhängenden Quellengrundlage, nämlich dem Bericht des Thukydides im 1. Buch seines Geschichtswerkes und aus vereinzelten anderen Quellen die schlichten Fakten der äußeren Geschichte und ihren Zusammenhang zu rekonstruieren [dazu 35: ALONSO-NÚÑEZ]. Das ist deshalb schwierig, weil Chronologie Thukdydides hier, auch in der Chronologie, sehr summarisch verfährt, so dass wir zwar von einigen Ereignissen und Vorgängen wissen, sie aber nur mühsam und hypothetisch miteinander verknüpfen können. Außer den Gesamtdarstellungen gibt darüber einen ausführlichen Sach- und Literaturüberblick HEIDEKING [in 1431: BAYER/HEIDEKING 95–180], was bis zum Kallias-Frieden durch BADIAN [1484] zu ersetzen ist; es mag hier genügen, wenn nur die herausragendsten und vor allem in ihrer Chronologie problematischen Gegenstände aufzählend benannt Einzelprobleme werden: Politik und Schicksal des Themistokles [und des Pausanias; 1482: SCHUMACHER]; athenische Politik zur Zeit Kimons und dessen Stellung in Athen; Verlauf der Kämpfe mit den Persern bis zur Schlacht am Eurymedon; der Messenieraufstand und seine Auswirkungen auf das athenisch-spartanische Verhältnis und Athens Innenpolitik [dazu 1471: STEINBRECHER]; der Ausbruch und der Verlauf der kriegerischen Handlungen zwischen Sparta und Athen, die erst mit dem dreißigjährigen Frieden 446 endeten; die Hilfe des Attischen Seebundes beim Abfall Ägyptens von Persien und die Katastrophe seines großen Truppenkontingents (sog. Ägyptische Expedition); die Frage, ob es 449 einen förmlichen Frieden mit Persien gegeben habe [Kallias-Frieden – nicht ohne amüsierte Erschütterung beobachtet man, dass ein Buch, das sich zum Ziel gesetzt hat, unter Einbeziehung aller nur denkbaren Argumente die Frage endgültig – zuungunsten der Historizität – zu lösen (1456: MEISTER) fast auf dem Fuße von einem Artikel gefolgt wird, der diesen Anspruch erfolgreich zurückweist (1483: BADIAN)]; die Frage, ob der Versuch des Perikles, nach dem Ende der Kämpfe mit Persien eine gesamtgriechische politische Ordnung zu errichten, historisch ist; die Gründung der als panhellenisch gedachten Kolonie Thurioi in Unteritalien durch Athen.

Der Attische Seebund

Obwohl die Geschichte des Attischen Seebundes in vielen Einzelheiten ähnlich unklar ist wie das eben Aufgezählte, wissen wir doch deshalb besser über ihn Bescheid, weil er ein einheitliches, die ganze Epoche prägendes Phänomen war, so dass über ihn mehr und Besseres überliefert ist (so etwa der eben erwähnte, auf den Seebund ausgerichtete Bericht des Thukydides), vor allem reiches inschriftliches Material. Das sind zum ersten die 454 einsetzenden Aufzeichnungen über die Inschriften Weihegaben, die die Seebundsmitglieder der Stadtgöttin Athena als Bruchteil ihres Tributs zu überbringen hatten [attische Tributlisten; die maßgebliche Publikation mit Darstellungsband sind 1409: ATL], und da diese Aufzeichnungen jährlich und unter Angabe der spendenden Städte erfolgten, sind aus ihnen sowohl der Bestand als auch die politischen und z. T. wirtschaftlichen Veränderungen im Seebund zu ersehen. Zum zweiten haben wir eine ganze Anzahl von Inschriften athenischer Verträge mit Seebundstädten sowie athenische Reichsgesetze, die über die Struktur des Bundes Aufschluss geben. Neben den normalen Problemen der Ergänzung von zerstörten Teilen der Inschriften ist hier die Frage der Datierung Datierung besonders wichtig und kontrovers, weil von ihr abhängt, in welchem historischen Kontext die jeweiligen durch die Inschrift überlieferten Tatbestände stehen. Die generelle Streitfrage ist die, ob die Entwicklung des Seebundes in den vierziger Jahren abgeschlossen war oder ob entscheidende Elemente erst durch den Peloponnesischen Krieg entstanden sind. Die chronologische Einordnung des in mehreren Bruchstücken aus verschiedenen Teilen der Ägäis erhaltenen Gesetzes zur Vereinheitlichung der Währung hat hier zentrale Bedeutung. Jetzt ist dadurch eine Wende eingetreten, dass M. CHAMBERS und andere mit physikalischen Methoden eine zentrale Inschrift in die zwanziger Jahre datieren konnten, so dass entscheidende Kriterien für die Früherdatierung anderer Inschriften entfielen [1488; die Kontroverse 1494, 1495, 1496, 1497, 1499, 1500, 1501]. H. B. MATTINGLY, der diese Datierung seit jeher verfochten hat, kann also jetzt in einer Sammlung seiner Aufsätze [1502] von einem Durchbruch seiner Auffassung sprechen; immer noch nicht überzeugt ist TH. FIGUEIRA in einem gründlichen Buch über das Münzgesetz [1506], das auch wesentliche Bedeutung für ein richtiges Verständnis der Wirtschaftspolitik hat. Die historischen Konsequenzen einer Umdatierung müssen noch durchdacht werden.

Auch inhaltliche Probleme ergeben sich großenteils aus inschriftlichem Material [nicht immer: so PETZOLDS neue Überlegungen zur Gründung (1496)]: Unregelmäßigkeiten in den Tributlisten und deren Unterteilungen und Rubriken [1451: SCHULLER] lassen Schlüsse auf die historische Entwicklung des Seebundes Einzelfragen

[1472: SCHULLER bestreitet die Besonderheit der Krisen ab 455, denn von ihnen wissen wir größtenteils nur wegen der Details aus den Tributlisten, die es vorher ja nicht gab] und seinen Aufbau zu, Verträge geben Aufschluss über die Behandlung und Wiedereingliederung abgefallener Mitglieder in den Bund sowie über die Gesetze, die Athen zu Herrschaftszwecken für das ganze Seebundsgebiet erließ [darüber am Beispiel einer vollständig erhaltenen Inschrift 1440: BALCER sowie generell, auch epigraphisch weiterführend, 1489 und 1497: KOCH]. Ebenso ergeben sich größtenteils aus Inschriften Erkenntnisse zur Organisation des Beamtenwesens [BALCER 1440 passim und 1437] sowie zu den Versuchen Athens, seine Herrschaft dadurch zu sichern, dass es die Bündner als Apoikien Athens betrachtete und kultisch an sich zu binden versuchte; ausführlich 1488: FEHR; die Religionspolitik bei 1487: SMARCZYK; eine Lockerung der athenischen Politik in der Schlussphase des Peloponnesischen Krieges erschließt SMARCZYK [1572]. Wirtschaftliche Fragen besprechen PEČÍRKA [1457], MATTINGLY [1453], MacDONALD [437, Handel mit Korinth], SCHMITZ [1661, wirtschaftliche Auswirkungen des Seebundes], KALLET-MARX [1578, Rolle des Geldes bei Thukydides]; auf die demographisch-wirtschaftliche Potenz der Bündner blickt RUSCHENBUSCH [1462 und 1463]. S. auch zu den großen Bündnerstädten QUINN [1452]; die Wirkung auf die Herausbildung der Demokratie bei SCHULLER [670] und auf das Großmachtbewusstsein bei SIEWERT [1473]. Die tragische Rolle Aiginas als Opfer der athenischen Politik zeichnet FIGUEIRA [1491] nach.

Gesamtdarstellungen Zuletzt haben sich zusammenhängend geäußert MEIGGS [1427] – eine großenteils chronologisch geordnete Summe der bisherigen Forschung zur Geschichte aller die athenische Außenpolitik berührenden Probleme von der Gründung des Seebundes bis zum Ende des Peloponnesischen Krieges – und SCHULLER [1430], ein Versuch, den Seebund strukturell und nach den Triebkräften zu erfassen, die die Struktur herausgebildet haben – die These ist die, dass die ständige Kriegführung der entscheidende Faktor war, und wenn die Spätdatierung wichtiger Inschriften und Ereignisse in den Peloponnesischen Krieg zutreffen sollte, würde diese These eine gewichtige Bestätigung erfahren [vgl. noch 1443: SCHULLER]. Eine Sammlung von Einzelarbeiten ist BALCER u.a. [1467]; sehr bedeutsam ist BALCER [1465] als der Versuch, Ionien im Seebund von persischer Seite aus zu sehen und ihn als Produkt intensiver Wechselwirkungen zu erklären; knapp führen ein RHODES [1470] und HORNBLOWER/GREENSTOCK [1476]; summarisch erzählt McGREGOR [1479], und schließlich gibt SAMONS [1511] eine Gesamtuntersuchung der Wirtschaft des Seebunds.

Die Demokratie

Gesamtdarstellungen Die athenische Demokratie wird zusammenfassend dargestellt von BLEICKEN [679] und HANSEN [742], die sich u.a. darin unterscheiden, dass Bleicken den Höhepunkt im 5., Hansen im 4. Jh. sieht; die Sache dürfte so liegen, dass die Grundlagen natürlich dem 5. Jh. entstammen, dass das 4. aber sehr viele Ausgestaltungen gebracht hat, so dass es für die Gesamtdarstellung und -bewertung sozusagen am praktischsten ist das 4. Jh. zugrundezulegen; dazu auch EDER [740]; Aufsatzsammlungen sind CONNOR u. a. [727], OBER [749], COULSON u. a. [751], CARTLEDGE u. a. [757] und vor allem KINZL [741]. Glänzend für ein größeres Publikum, wenn auch nicht immer auf der Höhe der Forschung, ist MEIER [733], die gesamte Geschichte in ihrem Zusammenhang mit der Demokratie darstellend WELWEI [1507]; eine Art ausführliches Glossar ist MOSSÉ [1589]. Zu unserer literarischen Hauptquelle, dem wohl von Aristoteles stammenden „Staat der Athener" existieren die historischen Kommentare von RHODES [84] und CHAMBERS [85]. In starkem Ausmaß auch inschriftliches Material wird herangezogen bei den Arbeiten, die sich mit einzelnen Institutionen der athenischen Demokratie befassen; so behandelt RHODES [680] den Rat der 500, WALLACE [719] den Areopag, BUGH [707] die Reiterei, und das konkrete Funktionieren der Volksversammlung ist durch M. H. HANSEN in vielen Einzelstudien [gesammelt in 666 und 726] sowie in einer Gesamtbetrachtung [686] maßgeblich untersucht und dargestellt. Sehr instruktive Einzelheiten zum athenischen Losverfahren aufgrund der dafür verwendeten Bronzetäfelchen enthält KROLL [639; Ergänzung durch 669, zum Ostrakismos s. oben S. 131]; eine Zusammenstellung der athenischen Beamten von 684 bis 321 gibt DEVELIN [720].

Die Entstehung der athenischen Demokratie ist Gegenstand intensiver Diskussion [Sammelband 741: KINZL; Perserkriege entscheidend: 679: BLEICKEN]. Dabei wird allgemein mit Recht davon ausgegangen, dass sie eine ganz exzeptionelle Regierungsform war [zu Recht mit besonderem Nachdruck 697: GSCHNITZER], die vielfältigen Bedingungen unterlag und sich nicht linear als die ständige Erweiterung des Kreises der am politischen Leben Beteiligten von der Königszeit an erklären lässt [die Schübe der Entwicklung hin zur perikleischen Demokratie schildert plastisch und mit reicher Literatur 1468: GEHRKE]. Demgemäß tut man gut daran, unter Ausschluss von Vorstufen und ähnlichen Phänomenen das als Demokratie zu bezeichnen, was die Zeitgenossen erstmalig um die Mitte des 5. Jahrhunderts so genannt haben [704: BLEICKEN; 722: SCHULLER]. Ebenfalls besteht Einigkeit darin, dass jedes greifbare Anzeichen für die Annahme fehlt, das Volk habe die Demokratie in eigener Initiative erkämpft. Unterschiede bestehen in der konkreten Erklärung selbst. Eine Richtung [641: MARTIN] meint an sich richtig, dass die Auseinandersetzungen des 6. und 5. Jahrhunderts bis Perikles Adelsrivalitäten dargestellt hätten [zu den betreffenden Adeligen 1458: STANTON]. Sie vernachlässigt dabei aber, dass nur eine Beteiligung Nichtadeliger diese Entwicklung zum Ergebnis der Demokratie führen konnte – Adelsrivalitäten allein genügen nicht für die dauerhafte und lebenskräftige Installierung dieses exzeptionellen Phänomens. So etwa auch MEIER [501, 379], der insbesondere in letzterem Buch die Rolle eines von ihm rekonstruierten auf Demokratie gerichteten politischen Denkens hervorhebt; vgl. auch BLEICKEN [651]. Insbesondere zur faktischen Herrschaft des Areopag bis 362

Entstehung

äußern sich WALLACE [719, 77–83], CARAWAN [1480] und CAWKWELL [1659], der auch den Umschwung unter Ephialtes bespricht; zu diesem JONES [1477]; zum Areopag insgesamt die Übersicht bei SCHUBERT [761]. Hinzu kommen noch die Auswirkungen des bisher nur für sich betrachteten Attischen Seebundes auf die endgültige Ausgestaltung der Demokratie in Athen [so 670: SCHULLER, für die rein außenpolitische Bedingtheit der athenischen Demokratie lakonisch auch 1447: RUSCHENBUSCH].

Außerathenisches   Die Entstehung der Demokratie außerhalb Athens ist relativ wenig erforscht, aber genauso wichtig und trotz spärlicher Quellen wohl auch erforschbar; sie ist zu unterscheiden von der Ablösung des Adelsstaates und der Begründung der Hoplitenpoliteia. Mit der möglichen Ausnahme von Argos [758: LEPPIN eher dafür, 759: PIÉRART eher dagegen] und Mantineia hat es sie außerhalb Athens zunächst wohl nicht gegeben; vorsichtig anderer Ansicht ist ROBINSON [753, dazu meine Rezension in HZ 268 (1999) 722 f.]. Ihren wichtigsten Durchbruch hat sie wohl erst dadurch erfahren, dass Athen im Attischen Seebund die Demokratie als Herrschaftsmittel einführte [dazu 651 und 722: SCHULLER; vgl. auch 668: LEWIS und 688: WELWEI].

Nach den – insbesondere von HANSEN und RHODES erreichten – großen Fortschritten in der Kenntnis der konkreten Institutionen ist man daran ge-
Prinzipien   gangen, hinter diesen Institutionen liegende Prinzipien [neu erschlossene 702: SCHULLER] zu finden. So ist eine spezifische Form der öffentlichen Gewaltenteilung entdeckt worden, die in der scharfen Kompetenztrennung zwischen Organen mit Initiativrecht und solchen mit Entscheidungsrecht bestand [665: HANSEN]; ebenso ist über den Zusammenhang zwischen den Bereichen Öffentlich und Privat und über die Idee der Demokratie nachgedacht worden [678 und 739: MUSTI], und es ist der enge Zusammenhang zwischen der Demokratie und der schriftlichen Abfassung und Aufstellung öffentlicher Urkunden festgestellt worden [692: MUSTI] – aus dem oligarchischen Korinth kennen wir keine derartigen Inschriften! Es wurde die nachdenkenswerte These aufgestellt, das Charakteristikum der athenischen Staatsform sei weniger die Demokratie als vielmehr die Herrschaft des Gesetzes (*nomos*; s. unten S. 150) [703: SEALEY]; das demokratische Denken selber, das in der Antike abschätzig betrachtet wurde, erfährt jetzt nähere Untersuchungen [wenig greifbar 712: FARRAR; konkreter 672: TOULOUMAKOS]; die Redefreiheit bei SPINA [687]; zutreffend stellt GEHRKE [1468] die Demokratieentwicklung bis zu Perikles als eine Mischung personalistischen und sachlich-nüchternen Verhaltens dar.

Theater   Über die Rolle des Theaters als öffentlicher Einrichtung und seinen Zusammenhang mit der Geschichte informiert mit ausführlichen Literaturangaben SARTORI [394], auf den auch für alles Frühere verwiesen werden kann; auf anderer Ebene MEIER [713], über die Auswahl und Bewertung der Theaterstücke SCHULLER/DREHER [341]. Den Zusammenhang zwischen kultischen Aufführungen und Volksversammlungen nebst den jeweiligen Plätzen untersucht (nicht nur für Athen) KOLB [378]; zur Komödie ZIMMERMANN [340], zur Tragödie im europäischen Kontext ebenfalls ZIMMERMANN [338]; Weiterführendes bei NEWIGER [339].

Die Bewertung der athenischen Demokratie [aktuelle Übersicht mit Betonung ihres Andersseins 540: RUBEL, 369–371] ist ein besonders von schon vorgegebenen Grundpositionen abhängiges Unternehmen, schon in der Antike selber [626: JONES; 632: TREU; 657: LABRIOLA]. Während dort aber die Stellung zu ihr davon abhing, ob man sie (so die Mehrheit der Überlieferung) aus oligarchischer Gesinnung ablehnte, sind die heutigen Meinungen anders bedingt. Der englische liberale Unterhausabgeordnete GEORGE GROTE schilderte sie im vorigen Jahrhundert in seiner einflussreichen Griechischen Geschichte aus einer Mischung von klassizistisch-romantischer Begeisterung und liberaler Ideologie. Später traten – abgesehen von der nach wie vor bestehenden Ablehnung der athenischen „Demagogen", die das Volk zu maßlosem Handeln verführten (Kleons Beurteilung durch Thukydides, Sokrates' Hinrichtung und die anderen politischen Strafprozesse) – die Bedingtheiten der Demokratie stärker in den Vordergrund. JAKOB BURCKHARDT machte kulturkritisch bei der griechischen Polis insgesamt die von den Liberalen übersehene starke Einordnung des Individuums in die Gesellschaft bewusst, und zunehmend gerieten die an der Demokratie nicht Teilhabenden – die Frauen, die Metöken, die Sklaven – ins Blickfeld. | Bewertung

Hierhin gehören auch die Untersuchungen, die sich mit der Frage beschäftigen, ob unter den Vollbürgern auch alle wirklich gleichmäßig Anteil an den Staatsgeschäften nahmen, und hierbei war dann leicht zu der Ansicht zu kommen, dass etwa im Bereich der Bule die Vermögenden besser repräsentiert waren als die Minderbemittelten [1585: SUNDWALL]. Dagegen spricht einmal ein einfaches Durchrechnen [650: RUSCHENBUSCH], zum anderen die generelle Tatsache, dass sich trotz guten Willens ein besonderer Einfluss Begüterter auf die Politik nicht nachweisen lässt [435: DAVIES]. Auf den ersten Blick einleuchtend ist auch die verbreitete Behauptung, dass an den Versammlungen der Ekklesia eher diejenigen stärker teilnahmen und Einfluss ausübten, die wegen ihrer sozialen Stellung Zeit hatten, außerdem wegen ihrer besseren Bildung eher dazu in der Lage waren und nahe bei Athen wohnten; jedoch ist durch konkrete Untersuchungen auch diese Auffassung neuerdings Zweifeln ausgesetzt worden [zusammenfassend 686: HANSEN, 18–21]. Der von HANSEN festgestellte überaus hohe Mobilisierungs- oder Partizipationsgrad der Athener ist durch LOTZE [673] und RHODES [698] vertieft und relativiert worden, während SINCLAIR [709] eher unscharf argumentiert. CARTER [690] richtet ihr Augenmerk auf den sich nicht beteiligenden Athener, misst das Ausmaß der Beteiligung jedoch anachronistischerweise an der Idealzahl einer hundertprozentigen Beteiligung (S. 193), wodurch ihre Argumente an Kraft verlieren. | Partizipation

Richtig ist, dass die Feststellung der (erwachsenen, männlichen) Bürgerzahl Athens nicht nur für sich, sondern auch wegen der Gewichtung des Ausmaßes | Anzahl der Bürger

138 II. Grundprobleme und Tendenzen der Forschung

der Bürgerbeteiligung wichtig ist. Aus dieser langen Auseinandersetzung, bei der es für das 4. Jahrhundert um die Größenordnung von 30 000 oder 20 000 Bürgern geht, sei nur auf die bisher letzten Beiträge verwiesen [699, 715 und 797: HANSEN; 714: RUSCHENBUSCH].

Charakter der Demokratie? Die Kritik an der athenischen Demokratie führt leicht dazu, dass man in Versuchung gerät, ihr den Charakter als Demokratie überhaupt abzusprechen, wobei übersehen wird, dass ihre Errungenschaften trotz aller Einschränkungen damals wie heute in der Praxis kaum jemals wieder erreicht worden sind [so 656: FINLEY; 663: LOTZE – diese Arbeiten gute Beispiele für den auf S. 83 erwähnten Neo-Historismus; s. auch die (milde) Kontroverse 710: MEIER/VEYNE und die Parallelen zur modernen Demokratie von 725: HANSEN; zum Problem im übrigen auch S. 38f.]. Die antike Demokratiekritik bei OBER [749], zeitgenössische Versuche, Demagogentum einzudämmen, bei YUNIS [750], wo allerdings den institutionellen Maßnahmen zu wenig Gewicht beigelegt wird.

Einzelfragen Für die sonstigen innerathenischen Verhältnisse in der Pentekontaetie und insbesondere für die perikleische Zeit [Sammelband 1444: WIRTH; zu Perikles und seiner Umgebung 1505a: PODLECKI, zu Perikles selbst der Sammelband 1498: SCHUBERT] noch der Hinweis auf weitere Problemkreise. Perikles' Bürgerrechtsgesetz stellt PATTERSON [1450] mit neuer Sichtweise in den historischen Zusammenhang, siehe auch zur Entstehung des Bürgerrechts überhaupt MANVILLE [728], zur Einbürgerung OSBORNE [660] und GAUTHIER [694]; die Frage, ob die neu entdeckten Typenhäuser im Piräus aus der ersten Hälfte des 5. Jahrhunderts Ergebnisse der demokratischen Verhältnisse sind, wird in weiteren Zusammenhängen ausgibig bei HOEPFNER/SCHWANDNER [290] und SCHULLER

Kunst u. a. [721] untersucht. Die politischen Implikationen der Dichtung sind oft behandelt worden (methodische Warnung o. S. 67); zur Aufführungspraxis der Tragödie im Ganzen WILES [1505b], Aischylos s. PODLECKI [1415]; zu Sophokles EHRENBERG [1410]; zu Euripides ZUNTZ [1418]; zur Komödie und zu Aristophanes EHRENBERG [1417] und STE. CROIX [1550, 355–371] sowie AMELING [1454] und VICKERS [752], der zahlreiche politische Anspielungen neu entdeckt; neue Ansätze bei VERNANT/VIDAL-NAQUET [204] und MEIER [713]; zum Ganzen KOLB [654], CORSINI [393]. Die athenische Baupolitik von 561 bis 404 behandelt BOERSMA [1422], die nur perikleische (die ja weit mehr als nur die Akropolis betrifft) knapp und übersichtlich KNELL [1446], nur die Akropolis BROMMER [315], MUSS/SCHUBERT [321], HOEPFNER [754] und HURWIT [331], nur den Parthenon BERGER [1466], zu seinem Erbauer WESENBERG [1459], der Zusammenhang zwischen bildender Kunst und Politik bei BORBEIN [298] (s. auch oben S. 72). Mit den Bauwerken hängen weiter Fragen zusammen, die sich um die Prozesse gegen Personen drehen, die besonders eng mit Perikles verbunden waren: Phidias wurde wegen angeblicher Unterschlagung von Gold für die Athenastatue [1475: AMELING], der Philosoph Anaxagoras und vielleicht Aspasia wurden wegen Gottlosigkeit angeklagt. Das Hauptproblem ist hier neben der

Innenpolitik

zweifelsfreien Herausarbeitung der Sachverhalte die Datierung, d. h. die Frage, ob sie in die Nähe des Ausbruchs des Peloponnesischen Krieges gerückt werden können, wodurch ein Motiv für dessen eventuelle Entfesselung durch Perikles gewonnen wäre; dazu jetzt insbesondere RAAFLAUB [1510] und 540: RUBEL, 49–119. Verbunden ist dieses Problem mit dem der innenpolitischen Gegnerschaft gegen Perikles überhaupt, und zwar sowohl von nichtaristokratischer Seite als auch von oligarchischer. Deutlicheres weiß man nur von letzterer: Thukydides, der Sohn des Melesias – nicht der Historiker –, war 443 wegen Kritik nicht an der Seebundspolitik allgemein, sondern an der Verwendung der Gelder für die Bauten ostrakisiert worden [1416: MEYER], und es stellt sich die Frage, ob er nach den zehn Jahren Verbannung 433 zurückgekommen und hinter den Angriffen auf Perikles zu sehen ist [zu all dem 1445: KLEIN]. Über diese Angriffe, gerade auch in Verbindung mit dem Ausbruch des Peloponnesischen Krieges, sind wir vor allem durch die Komödie unterrichtet [1424: SCHWARZE].

Schließlich, weil auch zum Peloponnesischen Krieg überleitend, noch ein Wort zur athenischen Finanzpolitik [vor allem für das 4.Jh., aber auch als Gesamtbehandlung 735: GABRIELSEN]. Sie ist deshalb wichtig, weil aus Höhe, Art und Verwendung der Einnahmen vor allem in ihrer Eigenschaft als Tribut aus dem Seebund viel für den Charakter der athenischen Herrschaft folgt. Die Finanzpolitik ist aber deshalb sehr kompliziert, weil sowohl in den Angaben bei Thukydides als auch in den inschriftlich überlieferten Zahlen über die Höhe der Tribute bzw. der in den öffentlichen Kassen Athens befindlichen Summe undeutliche Berechnungsmodi herrschen und weil die Existenz verschiedener (Tempel-)Kassen zusätzlich Verwirrung stiftet. Zudem ist die Chronologie oft Gegenstand erheblicher Kontroversen, so besonders bei den beiden Finanzdekreten des Kallias, aus denen hervorgeht, dass die Tempelkassen Attikas und der athenischen Unterstadt auf der Akropolis konzentriert waren: je nach Datierung eine nicht weiter bewegende Nützlichkeitsmaßnahme, wenn im Peloponnesischen Krieg getroffen, jedoch ein Zeichen des Bewusstseins davon, dass Krieg kommen werde (und solle?), wenn kurz vor Kriegsausbruch zu datieren [1427: MEIGGS, 519–523] – bei GIOVANNINI [1504] ist das Thema anhand einer Spezialfrage aufbereitet; KALLET-MARX [1578] bietet für den Peloponnesischen Krieg eine gültige Gesamtdarstellung und SAMONS [1511] bringt Ordnung in die komplizierte Sachlage.

Finanzpolitik

c) *Der Peloponnesische Krieg*

Ausbruch und Verlauf

Die Zeitgenossen sahen die Schuld an diesem Krieg, der so verheerend für Griechenland werden sollte, bei Perikles, der schon bald scharfen Angriffen ausgesetzt war; erst 1972 erschien ein bedeutendes Buch, das die Schuld eher bei

Ausbruch

Sparta sieht [1550: STE. CROIX]. Die These dieses Buches ist, dass der tiefere Grund zum Kriege die Furcht Spartas vor einer zu starken Stellung Athens in Griechenland war, die seine Vorherrschaft über die Heloten und damit seine Existenz bedroht hätte. Das megarische Psephisma, ein sonst als entscheidender Anlass zum Krieg angesehener wirtschaftlicher Boykottbeschluss Athens gegen Megara, habe nur auf die Demütigung der Megarer gezielt. Diese Ansicht wird kritisiert [etwa 1556: WILL, 1430: SCHULLER, 77–79], aber die beliebte und wohl nicht auszurottende Vorstellung, es habe sich um eine Rivalität zwischen „Handelsmächten" gehandelt, die sich gegenseitig Märkte streitig gemacht hätten, spielt dabei keine Rolle. Diese Vorstellung war durch mehrere Indizien entstanden, etwa durch Überbewertung des dem Krieg vorausgegangenen Streits um die auf der Chalkidike gelegene Stadt Poteidaia zwischen Athen und dem das Etikett Handelsstadt tragenden Korinth und des Streits um Kerkyra und der sizilischen Verwicklungen, bei denen es um die Sicherung von Handelsrouten gegangen sei. Konkrete Anhaltspunkte hat man aber [trotz 434: KIECHLE] nicht, im Gegenteil spricht alles, was wir über das Verhältnis von Politik und Handel wissen, dagegen, dass hier Handelsgesichtspunkte zum Kriege hätten führen können (s. S. 82), zumal da der Handel mit Korinth weiterging [437: MACDONALD]. Umgekehrt ist es auch nicht zwingend, bei Athen Furcht vor einem megarischen Eingreifen anzunehmen [so aber 1567: MACDONALD]. Für Einzelheiten der Argumentation sei auf STE. CROIX [1550, 214–220] verwiesen; vgl. auch WILL [131, 311]. Es bleibt wohl nichts anderes übrig, als die Quellen ernst zu nehmen, die von politischer Herrschaft sprechen, die von Athens Gegnern ge- und befürchtet wurde; freilich ist vielleicht bei genauerem Studium der epigraphischen Zeugnisse im Detail noch weiterzukommen.

Verlauf   Für den Verlauf des Krieges soll hier auf die Gesamtdarstellungen verwiesen werden; siehe außerdem KAGAN [1555, 1562, 1575] und abermals WELWEI [1507]. Insbesondere H. D. WESTLAKE hat viele Einzelstudien vorgelegt, von denen die früheren in einem Sammelband [1546] vereinigt sind; hervorzuheben vielleicht die dramatischen Schicksale des persischen Satrapen Tissaphernes [1561, 1571]. Vor allem aber behandelt jetzt sämtliche Probleme des Kriegsabschnitts, der von Thukydides nicht mehr geschildert wird, BLECKMANN [1581].

Innere Veränderungen in Griechenland

Die inneren Veränderungen in der griechischen Welt, die im Verlauf des Krieges (durch ihn hervorgerufen oder nur verschärft) zutage traten, sind der zweite große
Geistige Themenbereich, mit dem sich die Forschung beschäftigt. Auch das liegt daran, dass
Veränderungen wir Thukydides und Xenophon haben, aber doch nur zum Teil. Es ist ja ein eigenartiges Faktum, dass die meisten Stücke des Aristophanes, die sich mit der Zeit auseinandersetzen, Kriegsstücke sind [kurz informierend 1432: LANDFESTER], ebenso wie die meisten Stücke des Euripides, die freilich keinen unmittelbaren Zeitbezug haben (s. o. S. 138). Während des Krieges beginnt die Publikation von

Reden, die von nun an einen wesentlichen Teil der griechischen Literatur und der zeitgenössischen Quellen ausmachen, und schließlich liefert Aristoteles in seinem „Staat der Athener" Material. Auch muss ins Bewusstsein gerufen werden, dass die meisten platonischen Dialoge, in denen Sokrates auftritt, in die Kriegszeit gelegt sind und dass wesentliche Teile der klassischen Kunst nicht aus den so ruhig wirkenden fünfzehn Friedensjahren unter Perikles, sondern, wie etwa das Erechtheion, eben aus dem Peloponnesischen Krieg stammen [1558: STROCKA] – alles Anzeichen dafür, dass die verhältnismäßig reiche Quellenlage von jetzt an kein Zufall ist, sondern einer neuen Stufe des geistigen Prozesses entspricht, die in hier nicht weiter zu ergründender Weise jedenfalls gleichzeitig mit dem Krieg auftritt. Wie sich die athenische politische Ideologie im Laufe des Krieges wandelte, stellt LÉVY [1559] dar.

Dass der Einschnitt in der Struktur der athenischen Innenpolitik beim Beginn und nicht beim Ende des Peloponnesischen Krieges zu legen ist, ist zum ersten Mal und epochemachend durch BELOCH (1884) [1584] nachgewiesen worden, freilich von der aus dem vierten Jahrhundert stammenden und auf das fünfte zurückprojizierten Vorstellung ausgehend, es habe sich um sozial und ideologisch (demokratisch gegen oligarchisch) definierte Parteien gehandelt (zu dieser Vorstellung s. u. S. 151). Nach vielen Vorarbeiten [etwa 1545: FINLEY] hat CONNOR [1549] den neuen politischen Stil systematisch herausgearbeitet, der statt wie vorher auf politischen Freundschaften und Familienverbindungen jetzt unmittelbar auf der Volksversammlung beruhte [vgl. dazu die die Gesichtspunkte erweiternde Besprechung von DAVIES in: Gnomon 47 (1975) 374–378 sowie die berechtigten Relativierungen von 1468: GEHRKE]. Dabei geht es auch um eine sachgerechtere Würdigung einer Person wie Kleon, der von Aristophanes, aber auch von Thukydides negativ ge- und eben möglicherweise verzeichnet worden ist [etwa 1543: WOODHEAD; 1551: LANG; vertiefend 1573: EDMUNDS; zur sozialen Stellung 1565: BOURRIOT; siehe wissenschaftsgeschichtlich 1579: SPENCE] und der ja nur die Konsequenzen aus einer Verfassungsentwicklung zog, die Perikles kraft seiner Person noch hatte beherrschen können [Vergleich in konkreter Situation 1568: MARSHALL; zu Perikles in der Komödie 1454: AMELING]. Ebenso versucht die Forschung, der schillernden und beunruhigenden Gestalt des Alkibiades von den verschiedensten Seiten aus habhaft zu werden; unter dem Gesichtspunkt der literarischen Quellen GRIBBLE [1582]; in der Komödie VICKERS [752]; zusammenfassende Skizze SCHULLER [1583].

Innenpolitische Veränderungen

Ist diese neue Form der demokratischen Politik in Athen die demagogische – der negative Akzent des Wortes beginnt jetzt, ist aber nach CONNOR [1549] nicht gerechtfertigt –, so sieht das Ende des Krieges einen zweimaligen und dann nie mehr wiederholten Versuch, eine oligarchische Verfassung zu installieren [zusammenfassend 755: LEHMANN; zu den oligarchischen Vereinigungen, den Hetairien, umfassend 1411: SARTORI und zu deren innerer Organisation 387: GEHRKE, 309–351]. Schon 417 (Ostrakismos des Hyperbolos) hatte es deutliche

Oligarchie

Anzeichen dafür gegeben, dass sich in der athenischen Gesellschaft starke Kräfte gegen die Demokratie formierten [suggestiv und eindrucksvoll im Zusammenhang mit dem Folgenden dargestellt von 1574: LEHMANN; auf breiter Basis 691: OSTWALD]. Insbesondere um Alkibiades und Andere hatten sich solche Zirkel gebildet, Vertreter „einer sich für progressiv ausgebenden und vornehmlich auf die jüngere Generation gestützten Bewegung" [755: LEHMANN, 49]. Ihre Angehörigen wurden beschuldigt, die eleusinischen Mysterien verspottet und Hermen beschädigt zu haben; aus literarischen und epigraphischen Zeugnissen hierüber wird nun versucht, ein Bild von diesen Gruppen zu bekommen [1554: AURENCHE], wobei die Gefahr der Überinterpretation groß ist [LOTZE, in: Gnomon 49 (1977) 423–425; WILL in: RPh 51 (1977) 92–96] – der ganze Vorgang bei RUBEL [540, 178–232]. Wie intensiv man Papyrusfragmenten neue Fakten abgewinnen kann, zeigt SARTORI [1557] mit der Untersuchung eines Angriffs auf einen nicht identifizierbaren Politiker, kurz vor dem Staatsstreich von 411. Dieser ist seit der Auffindung des aristotelischen „Staates der Athener" Gegenstand von Kontroversen, die daher rühren, dass der thukydideische Bericht sich in vielen Fakten von dem des „Staates der Athener" unterscheidet – eher harmonisierend RHODES [84, 362–422], die Unterschiede schärfer betonend ANDREWES [26, HCT 5, 184–256], der nicht nur einen Kommentar zu Thukydides', sondern auch zu Aristoteles' Text und anderen Quellen gibt. Der Arginusenprozess mit seiner traumatischen Wirkung auf das athenische Bewusstsein von der praktischen Handhabung der Demokratie ist zuletzt untersucht von RUBEL [540, 307–341 mit früherer Literatur]; zu Sokrates einschließlich seines Prozesses der Sammelband PATZER [349 sowie abermals 540: RUBEL, 342–363]. Eine sehr lehrreiche Würdigung des extremen Oligarchenregimes der „Dreißig" unter Kritias und (dem sogenannten gemäßigten Oligarchen) Theramenes nach der Niederlage Athens gibt LEHMANN [1552], der insbesondere die Wiederherstellung der Demokratie und das politische Augenmaß der Athener und Spartaner dabei in das richtige Licht rückt, weiter dazu UNGERN-STERNBERG [1674]. Die Respektabilität der Dreißig sucht KRENTZ [1564] zu erweisen, der die Quellen für verzerrt hält; speziell dieser Versöhnungs-Vereinbarung und ihrer Anwendung in der Praxis LOENING [1576]. Später hat es dann zwar wieder Personengruppen mit oligarchischen Neigungen gegeben, die die Demokratie jedoch faktisch akzeptierten, nachgewiesen von PECORELLA LONGO [1596].

<small>Verquickungen mit der Außenpolitik</small>

Dass der Peloponnesische Krieg – und zwar er selber und nicht erst sein Ausgang – auch und gerade außerhalb Athens einen Wandel der inneren Verhältnisse verursachte, ist ebenfalls Gegenstand eingehender Forschung, die die heftigen und grausamen inneren Parteikämpfe während des Krieges zum Gegenstand hat, die dann im 4. Jahrhundert zum Normalzustand werden sollten; das ist jetzt gültig dargestellt und analysiert durch GEHRKES Stasis-Buch [387]. Bei diesen Kämpfen war im Allgemeinen die Frage der außenpolitischen Zugehörigkeit mit der Frage der Verfassung gekoppelt: die Anhänger der bisherigen, jetzt oligarchisch genannten Verhältnisse hielten zu Sparta, die neuerdings entstandenen Demokraten zu Athen, so dass diese Mächte über die inneren Parteiungen aus Gründen der Machtgewinnung eingreifen und so die Gegensätze verschärfen konnte, s. auch RUSCHENBUSCH [377, 24–95]. Über Thukydides' paradigmatische und erschütternde Schilderung der Stasis auf Kerkyra (3, 70–83) eindrucksvoll HEUSS [1428, 24–34].

d) Die Westgriechen

Die westgriechische Geschichte der nacharchaischen Zeit ist in den auf S. 115 f. genannten, oft lokalgeschichtlich ausgerichteten Werken zur Kolonisation mit behandelt. Verhältnismäßig reich ist die Überlieferung für die sizilischen Tyrannen, am besten jetzt bei LURAGHI [1403]. Sehr viel mangelhafter ist die Tradition über die nachtyrannische Zeit auf Sizilien, so dass wenig Genaues über das soziale und das Verfassungsleben bekannt ist; das meiste erfährt man noch im Zusammenhang der sizilischen Expedition der Athener. Zu Duketios ADAMESTEANU [1413], und zu dem syrakusanischen Politiker Hermokrates, der den Athenern entgegentrat und später in den Verdacht der Tyrannis geriet, WESTLAKE [1547] und BLOEDOW [1580]. Eine Übersicht über Sizilien und Unteritalien im 5. Jh. gibt MANNI [1421], während sonst die Arbeiten über die unteritalischen Ereignisse wegen des anderen zeitlichen Ablaufes oft in das 4. Jh. hineinreichen. Die Verhältnisse in Unteritalien sind zusammengefasst in SARTORI [1700]; die Rolle der Pythagoreer bei v. FRITZ [344] sowie bei ZHMUD' [358]; die westgriechische Geschichtsschreibung bei PEARSON [230].

Sizilien

5. KLASSISCHE ZEIT – 4. JAHRHUNDERT

a) Allgemeines

Das 4. Jahrhundert bis zu Alexander dem Großen bietet der Forschung aus zwei Gründen einen nahezu unerschöpflichen Gegenstand ihrer Bemühungen: Zum einen ist die Quellenlage wegen der vielen zeitgenössischen Quellen (insbesondere der Redner und der politischen Publizistik – freilich sind die Historiker mit Ausnahme Xenophons bis auf Fragmente verloren –, sowie deutlich mehr Inschriften als vorher) so gut wie für keine anderen Zeitabschnitte, so dass weit mehr als sonst ins Detail gegangen werden kann, und zum anderen ist das Thema auch inhaltlich vielgestaltig. Diese Vielgestaltigkeit führt mehr und mehr dazu, dass man sich diesem Abschnitt der griechischen Geschichte intensiver zuwendet; so erscheinen in zunehmendem Maße Sammelbände wie CARLIER [1758] oder TRITLE [1760], wobei dieser Alexander und dessen Nachfolger mit einbezieht, und be-

Quellenlage

zeichnend ist auch der außerordentlich große Umfang des dem 4. Jh. gewidmeten Bandes der CAH; zur athenischen Demokratie des 4. Jhs. siehe oben S. 134 f.

Epochenfrage Das Hauptproblem ist das der Einordnung dieses Zeitabschnitts. Die Stichworte, die fallen, waren etwa die des „Niedergangs" [134: BENGTSON, 253], der „transition" [1685: EHRENBERG], der „Sackgasse" [127: Propyläen Weltgeschichte, 201] oder, zeitweise am häufigsten, der „Krise"; dazu sogleich näher. Bei all dem ist außer einer gewissen Verlegenheit vorausgesetzt, dass es Bezugspunkte gibt, an denen man die Epoche misst. Bei „Niedergang" ist es das Griechenland des 5. Jahrhunderts; die „transition" führt von dieser Epoche in den Hellenismus, die man beide als Einheiten eigenen Wesens empfindet, das dem 4. Jahrhundert abgehe; bei „Sackgasse" ist es das politische Leben, das anders als vorher keine Form und Finalität mehr aufzuweisen habe. Sofern es sich bei „Krise" nicht bloß um ein gedankenlos verwendetes Allerweltswort handelt [eine vernünftige Begriffsbestimmung bei 128: WILL, BH 1977, 391–394], bezeichnen die Genetivattribute, die man beifügt, worum es geht: Krise der Polis überhaupt oder der (athenischen) Demokratie, wobei dann gemeint sein kann, dass sie sich sowohl in einem Niedergang wie in Auflösung befinden. Die neueren Forschungen wenden sich deutlich gegen die Charakterisierung als „Krise", so etwa CARLIER. Am prononciertesten fand das Krisenkonzept seinen Ausdruck in dem 1962 erschienen Buch von MOSSÉ [1589], und zwar in zweierlei Hinsicht. Zum einen wurde die Krise, wie aus dem Titel ersichtlich, auch gleich zu einem Ende, und zum anderen wurde dieses Ende auf einen im ersten Teil dargelegten wirtschaftlichen Niedergang Athens zurückgeführt. Beide sachlichen Aussagen haben entschiedenen Widerspruch erfahren (s. S. 154 f.), so dass die „Krise", obwohl noch häufig gebraucht, eher im Sinne von „Wandlung" [im Untertitel von 1696: WELSKOPF] benutzt wird. Auch dieses Verständnis allerdings misst der Epoche, wenn es eine ist, nur die Eigenschaft einer Zwischenphase ohne eigenen Charakter zu. Anders, aber auch komplizierter, sähe es aus, wenn man sich klarmachte, dass der Grund dafür, das 4. Jahrhundert als eine Einheit zu betrachten, sehr einfach an den außenpolitischen Einschnitten liegt, die so mächtig sind, dass sie das Gefühl aufkommen lassen, wir hätten es mit einer Epoche zu tun: am Anfang des Jahrhunderts der Zusammenbruch Athens, noch vor dem letzten Drittel der Sieg Makedoniens und der Alexanderzug. Die Konsequenz wäre, entweder, sich deutlich zu diesen politisch-militärischen Einschnitten und also zur Prävalenz dieser Faktoren überhaupt zu bekennen, oder die einzelnen Komponenten des historischen Ablaufs unter Überschreitung der durch die Niederlage Athens und den makedonischen Sieg gesetzten zeitlichen Grenzen zu betrachten, wie es schon BELOCH [1584] in Bezug auf die erste Grenze getan hatte. Im Fall der einen Konsequenz hätten wir es mit einer einheitlichen Epoche zu tun, im Fall der anderen mit inhaltlich und zeitlich unterschiedlichen Aspekten.

Einschnitte Weniger problematisch ist die innere Einteilung der Epoche selber; sie orientiert sich, wie auch sonst üblich, einleuchtenderweise an Einschnitten der Außenpolitik. Der erste Einschnitt ist der Königsfrieden, dann käme der Zweite Attische Seebund, als nächstes wäre die Schlacht von Mantineia 362 mit dem endgültigen Ausscheiden Spartas als Großmacht zu nennen [so endet daher 770: CARTLEDGE], woran sich der Parallelvorgang des Aufstiegs Makedoniens und des außenpolitischen Zurückfallens Athens bis zur Schlacht von Chaironea 338 anschließt; eine Fundgrube für das ganze 4. Jahrhundert ist übrigens WANKEL [72].

b) Äußeres

Wegen der Undurchsichtigkeit des Telos des 4. Jahrhunderts, wegen der Vielfalt der Quellen und der Einzelprobleme ist es besonders schwierig, die Forschungssituation konzis darzustellen; es wird daher grob in Probleme der Außenbeziehungen und der inneren Politik eingeteilt. Außer den zahlreichen Aufsätzen G. L. CAWKWELLS, die zusammengenommen den Rang einer Gesamtdarstellung einnehmen, gibt es von Diskussionen größerer Zusammenhänge nur zwei, allerdings gewichtige, zu zwei zentralen Themen: Nach der positivistisch-chronologischen Arbeit von RYDER [1308] werden die Bemühungen der griechischen Staaten des Mutterlandes um einen allgemeinen organisierten Frieden historisch von JEHNE [407] systematisch verortet, und in BECK [413] werden die Bünde, also derjenige Typ des staatlichen Zusammenschlusses vollständig diskutiert, der, schon früher beginnend (s. o. S. 53), im 4. Jhdt. seine Form gewonnen hat, aber freilich ebenso wenig wie die Koine Eirene Griechenland Stabilität zu geben vermochte. *Übergreifendes*

Einzelprobleme

Nun in annähernd chronologischer Reihenfolge der Sachstand zu den wichtigsten außenpolitischen Ereignissen. Zu allen Sparta betreffenden Fragen ist CARTLEDGE [770] maßgeblich, dazu die Überlegungen über Spartas Zurückfallen von CAWKWELL [1733] sowie zu Staat und Gesellschaft CATALDI und HODKINSON in 1758: CARLIER; das Ende der spartanischen Herrschaft nach dem Peloponnesischen Krieg bei HODKINSON [795]. Aus der früheren Forschung ist hervorzuheben, dass LOTZE [1544, 62–71] die Rolle Lysanders in der teilweisen und unzulänglich organisierten spartanischen Herrschaft über Griechenland nach 404 nur in einem bestimmenden Einfluss sieht. Von einer „Herrschaft" Lysanders könne jedoch keine Rede sein und infolgedessen auch nicht von dessen „Sturz". Von den vielen Kehrtwendungen der Folgezeit erwägt WESTLAKE [1654] die Gründe für den spartanischen Entschluss, gegen den bisherigen Verbündeten Persien in Kleinasien Krieg zu führen [1439: LEWIS, 136–147, billigt Sparta, wenn auch nur implizit (S. 139) altruistische Motive der Befreiung der ionischen Griechen zu]. Lehrreich ist die Kontroverse über den Ausbruch des dann folgenden, im Rücken Spartas ausbrechenden und Persien dadurch entlastenden Korinthischen Krieges. Schon die zeitgenössischen Beobachter divergierten in ihren Ansichten: Während *Sparta* *Korinthischer Krieg* der spartafreundliche Xenophon den Ausbruch auf persische Bestechung zurückführte, sah der Historiker von Oxyrhynchos explizit im Unterschied zu dieser Ansicht innenpolitische Gründe. Als die ökonomisch bestimmte Geschichtsbetrachtung en vogue war, versuchte man, in Korinth sozioökonomisch definierte Gesellschaftsschichten zu entdecken, denen man außenpolitische Zielsetzungen und Kriegswünsche zuschrieb [1681: KAGAN], gegen welche gewagte Interpretation sich berechtigter Widerspruch mit dem Hinweis meldete, dass aus den Quellen eindeutig nur Widerstand gegen die spartanische Herrschaft in Griechenland zu entnehmen sei [1683: PERLMAN]; der Korinthische Krieg zusammenhängend in HAMILTON [1722]. Zu dem diesen Krieg beendenden Königsfrieden kann für das Faktische zusammenfassend auf SINCLAIR [1717, 29–37] und CAWKWELL [1727] verwiesen werden, wobei das Problem, ob Sparta auch formell und nicht nur faktisch Garant des Friedens wurde, strittig ist [dazu 1439: LEWIS, 147, Anm. 80]; CAWKWELL stellt außerdem die Frage, warum Xenophon diesen Frieden nicht erwähnt; Gesamtdarstellung jetzt URBAN [1737]. Die Bedeutung des Friedens für Griechenland ist eine Bewertungsfrage. Da der Königsfrieden vom Perserkönig kam, dramatisiert BENGTSON [134] ihn als „einen der tiefsten Tiefpunkte aller Zeiten" für Griechenland (S. 271), dem steht die nüchterne Feststellung gegenüber, dass er die praktische griechische Politik nicht ernstlich beeinflusst hat, sondern wechselnde Vorherrschaften erlaubte, die seine Exekution nur zum Vorwand nahmen [1706: SEAGER].

Die wissenschaftliche Betrachtung des Zweiten Attischen Seebunds [nach der Gesamtdarstellung 1627: CARGILL jetzt die ungemein sorgfältige Untersuchung zentraler Probleme 1669: DREHER, die den Gegenstand über die zu einfache Gegenüberstellung von Herrschaft und Freiheit hinaushebt] setzt schon lange vor seiner eigentlichen Gründung mit den Überlegungen ein, wer in Athen aus welchen Gründen die Wiederherstellung der alten Vormacht in der Ägäis anstrebte – anscheinend war das ein Ziel, das von allen gewollt wurde, nur mit unterschiedlicher Akzentsetzung [1594: PERLMAN; 1618: CAWKWELL; umfassend in die athenische Innenpolitik und in die Erfahrungen mit dem Ersten Seebund integrierend 1661: SCHMITZ, der wohlüberlegt zwischen einem handfest empfundenen wirtschaftlichen und politischen Bedürfnis und der Sehnsucht nach vergangener Größe zugunsten letzterer abwägt]. Die Einzeleroberungen, die noch vor dem Königsfrieden gemacht wurden, sind ausführlich analysiert worden [1593: SEAGER; 1618: CAWKWELL; 1735: TUPLIN; 1636: KALLET], ebenso die Jahre zwischen Königsfrieden und Gründung des Seebundes [1717: SINCLAIR], insbesondere aber natürlich die Ereignisse unmittelbar vor der Gründung [1598: CAWKWELL; 1617: RICE; 1717: SINCLAIR; 1645: KALLET-MARX, mit Vorverlegung der Gründung], wobei die Aufgabe darin besteht, die konkreten Ursachen und Anlässe herauszuarbeiten. Das ist hier deshalb besonders schwierig, weil die beiden Quellen Diodor (spät) und Xenophon (zeitgenössisch, aber spartafreundlich) nicht nur in vielen Einzelheiten divergieren, sondern weil der Zeitgenosse Xenophon die Gründung des Bundes nicht einmal erwähnt. Immerhin besitzen wir glücklicherweise aus dessen Anfangszeit eine Inschrift [73: StV, Nr. 242], in der zum Beitritt aufgefordert wird, wobei Angaben über die Verfasstheit gemacht und die Mitglieder aufgezählt werden – wegen verschiedener Handschriften und wegen Rasuren, deren Wiederherstellung und Ursache strittig ist, Spiegelbild der Entwicklung. Weitere Einzelfragen bei WOODHEAD [1587] und SEALEY [1586]; zur Kolonie auf Samos (nicht im Seebund) zuletzt CARGILL [1634]; und CAWKWELL [1628], wobei auch hier wieder auf DREHER verwiesen werden muss. Dasselbe gilt für den Bundesgenossenkrieg: Eine neuere einzelne Darstellung gibt es zwar nicht, jedoch behandelt die umfangreiche politische Biographie des am Bundesgenossenkrieg maßgeblich beteiligten karischen Dynasten Maussollos von HORNBLOWER [1732] diesen Krieg ausführlich, und bei DREHER [1669] ist nachgewiesen, dass der Bund auch nach dem Krieg weiter bestand.

Böotien und die thebanische Hegemonie sind in letzter Zeit nach langer Vernachlässigung intensiv bearbeitet worden. Zu Böotien überhaupt (einschließlich Thebens) sind die Sammelbände von ROESCH [817], La Béotie antique [825] sowie von FOSSEY/GIROUX [826], von FOSSEY/MORIN [834] sowie von BEISTER/BUCKLER [836] heranzuziehen, außerdem die Übersicht BAKHUIZEN [1753]; die verschiedenen Stadien des Böotischen Bundes bei CARTLEDGE [1764] und BUCK [839]; Technisches über die Entscheidungsschlacht von Leuktra bei TUPLIN [1744]. Die thebanische Hegemonie hat BUCKLER [1723] nach der wichtigen Studie von CAWKWELL [1695] für lange Zeit gültig behandelt. Theben

Systematisches

Zu den verschiedenen Formen des internationalen Lebens und der staatlichen Zusammenschlüssen in Gestalt der Koine Eirene und den Bünden s. o. S. 81; der delphischen Amphiktyonie ist eigens für das 4. Jh. eine gründliche Monographie gewidmet worden [1721: ROUX; dazu 1726: WANKEL]. Das bloße Material aller Synoikismen bis 338 ist jeweils mit Kommentar korpusartig gesammelt bei MOGGI [118]; hier noch einige Hinweise auf besondere gut bekannte, aber in Einzelheiten diskutierte Fälle: Der Zusammenschluss auf der Chalkidike, noch am ehesten als Staat zu bezeichnen, ist behandelt von ZAHRNT [1691] 80–111; über die Absichten und die Funktion der künstlichen Stadtgründung Megalopolis auf der Peloponnes gibt es eine Kontroverse zwischen BRAUNERT/PETERSEN [1693], MOGGI [1704] und LANZILLOTTA [1709], die quellenkritisch lehrreich ist; zum Gründungsdatum HORNBLOWER [1749], zu den Ausgrabungen TH. SPYROPOULOS u. a. [1755]. Die wichtigsten Untersuchungen über den seltsamen und ephemeren Zusammenschluss von Argos und Korinth am Anfang des Jahrhunderts [118: MOGGI, Nr. 39] und das Ineinanderspielen von außen- und innenpolitischen Faktoren sind: GRIFFITH [1678], KAGAN [1681], HAMILTON [1692] sowie die Kontroverse TUPLIN [1729] mit WHITBY [1642] nebst THOMPSON [1739]. Die Wandlungen des Staatliche Zusammenschlüsse

Kriegswesens, die z.T. mit dem Söldnerproblem (s. S. 149) zusammenhängen, stellt ANDERSON [1690] dar.

Verhältnis zum Orient

Übergreifendes Die ausführlichere frühere Darstellung der griechisch-persischen politischen Beziehungen im 4.Jh. JUDEICH [1675] ist nun ersetzt durch DEBORD [1763]; weitere einzelne Diskussionen von Teilgebieten, die zudem – wie die über die Bünde und Synoikismen – über das 4.Jh. hinausgehen: LEWIS [1439] und SEIBT [853]. Orientierung über das persische Eingreifen in Griechenland und besonders über das intensive griechische in Persien muss man sich einzeln zusammensuchen; die Dissertation von SEIBT, die Prosopographie von HOFSTETTER [855] sowie vor
Persien; Kleinasien allem das Maussollos-Buch von HORNBLOWER [1732] können dabei helfen. Die innere – auseinanderdriftende – Entwicklung in Persien selbst schildert kurz OELSNER [1701], wichtig vor allem wegen der herangezogenen nichtgriechischen Quellen; ähnlich der Überblick über die Lage im Vorderen Orient vor Alexander (allerdings mit Blickrichtung schon auf „Hellenismus") bei WEINBERG [1713]. Da sich in Kleinasien kulturelle und politische Einflüsse Griechenlands am intensivsten auswirkten und zur Desintegration des Perserreichs [zu dieser 1748: WEISKOPF] beitrugen, sind die Arbeiten wichtig, die die Hellenisierung der einheimischen lokalen Herrschaften zum Gegenstand haben. Karien behandelt HORNBLOWER [1732]; Entdeckungen in Lykien (dreisprachige Stele von Xanthos, die eine karische Herrschaft in Lykien bezeugt, griechisch beeinflusste Grabskulptur eines einheimischen König Perikles) bei METZGER u. a. [1705]; DEMARGNE [1708]; BORCHHARDT [1719 und 1711, 99–125]; sowie JACOBS [1742]; speziell zu diesem Perikles BRYCE [1724]; zu Xanthos ASHERI [860]; zu Lykien BRYCE [1736 und 1738] sowie BORCHHARDT/DOBESCH [838]; zum Eindringen von Griechen ins persische Phönikien ELAYI [867].

Die Kolonialgriechen

Die westgriechische Geschichte des vierten Jahrhunderts ist vor allem wegen der syrakusanischen Geschichte mit ihren spektakulären Tyrannenherrschaften und wegen ihrer Ablösung durch den Verfassungsstaat als Werk des Timoleon, die als genaues Gegenbild nicht minder aufregend war, recht gut überliefert. Freilich bezieht sich das meiste eben auf diese politischen Persönlichkeiten, also auch die Sekundärliteratur: zu Dionys I. nach STROHEKER [1680 und 1688] zusammenfassend SANDERS [1740] mit UNGERN-STERNBERG [1747], ZAHRNT [1745] und SORDI [1750]; zu Dion BERVE [1679], WESTLAKE [1632] und DE BLOIS [1715]; zu Timoleon ebenfalls DE BLOIS und TALBERT [1702]. Im Übrigen ist die Geschichte des 4.Jhs. oft zusammen mit der des 5. dargestellt, auf die hier verwiesen sei (s. S. 143).

c) Inneres

Allgemeines

Die Erforschung der inneren Situation Griechenlands im 4. Jh. bezieht sich bis auf Teilbereiche wegen der Quellenlage großenteils wieder auf Athen. Der erste solche Bereich ist die Betrachtung der Staatsformen (oftmals wieder unter dem Gesichtspunkt der „Vorläufer" des Hellenismus betrachtet), denn man hat nicht nur ein tatsächliches Zunehmen monarchischer und ein Wiederaufleben tyrannischer Regierungsformen beobachtet [zur jüngeren Tyrannis 1229: BERVE, 283–385 sowie 1698: FROLOV, 285–398], sondern auch die Tatsache, dass in der politischen Publizistik die Monarchie und sogar die Tyrannis (die Übergänge sind ja fließend) positiv beurteilt wurden: FROLOV [1697], BREEBAART [1743] und BARCELÒ [403]. Staatsformen

Der Hintergrund, vor dem sich dieser Wandel der Bewertung abspielte, war die prinzipielle Instabilität der inneren politischen und sozialen Verhältnisse in den Poleis. Eine jetzt wieder ins Bewusstsein gerückte Primärquelle dazu ist die Schrift des Aeneas Tacticus über die Verteidigung bei Belagerungen, denn die Grundsituation, die dort vorausgesetzt und mit vielen Einzelheiten illustriert wird, ist die der inneren Spaltung der Bürgerschaft einer Stadt, die militärisch ausgetragen wird [1707: BENGTSON; 1725: LEHMANN; 1737: URBAN; 96: WINTERLING]. Sonst liefert natürlich Aristoteles insbesondere in der „Politik" zahlreiche Informationen über die aktuelle politische Situation, dessen These ja die von einer Spaltung in Arm und Reich ist, weshalb STE. CROIX [136] ihn als eine Art Vorläufer des Marxismus ansieht; das Unhistorische dieser antiken Auffassung nachgewiesen bei GEHRKE [385] und WINTERLING [88] (s. auch unten S. 151 für Athen). Die Frage ist freilich auch heute, ob die Unruhen des 4. Jhs. vorwiegend sozialökonomisch [FUKS 1694 und 1703] oder politisch bedingt waren [377: RUSCHENBUSCH, vgl. o. S. 144 f.]. Die politischen und sozialökonomischen Ursachen für das im 4. Jahrhundert besonders intensive Söldnerwesen [Darstellung im größten Teil von 542: PARKE] erwägen MOSSÉ [1687] und SEIBT [853, 163–168] sowie MARINOVIC [1746], deren ursprünglich russische Arbeit in der Besprechung von FROLIKOVÁ [in: Eirene 16 (1978) 113–116] ausführlich resümiert ist; trotzdem kennt sie MILLER [1734] nicht; zum Kriegswesen im 4. Jh. überhaupt PRITCHETT [547, 2,59–116]. Besonders hinzuweisen ist auf BURFORD [1689], in deren Buch sämtliche Stadien des Baues eines Tempels im 4. und 3. Jh. nebst den sozialen und handwerklichen Aspekten dargestellt werden. Soziale Situation

Söldner

Die gesamtgriechische wirtschaftliche Entwicklung im 4. Jh. spiegelt sich möglicherweise darin wider, dass die Städte ab jetzt (vor allem wirtschaftliche) Wohltäter inschriftlich ehren, was bemerkenswerterweise nahtlos in die Zeit des Hellenismus übergeht: GAUTHIER [383]. Diese Entwicklung ist schließlich der Gegenstand einer berühmten Theorie, die später Widerspruch erfahren hat: M. ROSTOVTZEFF hatte 1941 in Social and Economic History of the Hellenistic World Wirtschaftliche Krise Griechenlands?

[1, 104–125 (in der deutschen Ausgabe: 1, 70–97)] im Hinblick auf die Entstehung des Wirtschaftsraumes des Hellenismus gemeint, die griechische Gesellschaft des Mutterlandes sei im 4. Jahrhundert deshalb in Unordnung geraten, weil die Wirtschaft dadurch einen Niedergang erfahren hätte, dass, wie aufgrund der archäologischen, insbesondere der keramischen Funde festzustellen, die Teile der damaligen Welt, die bisher aus Griechenland importiert hätten, diese Gegenstände nunmehr selber hätten herstellen können. Dieser Ansicht folgte etwa auch Mossé [1589, 125–131], jedoch ist eingewandt worden, dass die keramischen Befunde allein noch kein ausreichendes Indiz für die Wirtschaft insgesamt seien (vgl. S. 73) und dass sie allenfalls nur auf Athen zuträfen, das im 4. Jahrhundert gerade keine sozialen Probleme gekannt habe [439: Austin/Vidal-Naquet, 116 f.; s. auch 1609: Isager/Hansen, 52 – 55].

Athen

Die Bemühungen der Forschung um die innere Geschichte Athens im 4. Jh. lassen sich in vier Gruppen zusammenfassen: Verfassungsgeschichte, Rolle politischer Gruppen und führender Politiker, politisches Denken und Verhalten, Wirtschafts- und Gesellschaftsgeschichte. Die erste Gruppe hat wegen der Fülle des zur Verfügung stehenden Materials schon immer im Zentrum gestanden, da die athenische Demokratie ja erst im 4. Jahrhundert ganz ausgestaltet und durchgebildet wurde – diese Ausgestaltungen und Veränderungen stellte übersichtlich zusammen Koerner [1605], der aber wegen der Selbstbeschränkungen der Demokratie zu sehr die Einschränkungen gegenüber einer absoluten Demokratie betonte; demgegenüber immanent und daher angemessener Rhodes [655], Bleicken [704] und natürlich auf breiter Basis Hansen [742]. Besonders hinzuweisen ist bei diesen Weiterentwicklungen darauf, dass die Wissenschaft die von den Athenern im 4. Jh. entdeckte Unterscheidung zwischen Gesetz und (bloßem) Psephisma, also einem Beschluss, ihrerseits entdeckt hat [636: Quass; 1623 und 1624: Hansen] und das schwierige Verfahren, wie ein Nomos verabschiedet wurde, zu durchschauen beginnt [1615: MacDowell]. Unterschiedliche Meinungen zur Einführung und zum Verfahren der Nomothesie bei Rhodes [681] und Hansen [685]; zu den Nomotheten selber Piérart [759]. Ein großer Fortschritt in der Kenntnis von Theorie und Praxis des Verfassungslebens ist durch die Bücher M. H. Hansens zu Fragen der Jurisdiktion in politischen Strafsachen erreicht worden [1609, 1611 und 1621].

Verfassungsgeschichte

Politische Krise?

Der Charakter der athenischen Demokratie gerade im 4. Jahrhundert ist, oft im Zusammenhang mit dem Begriff „Krise" (s. das Register), der Gegenstand abwertender Urteile gewesen, entweder mit der nur teilweise zutreffenden Behauptung, der attische Demos sei unfähig und wankelmütig gewesen (beliebtes Beispiel dafür die Prozesse), oder es habe sich wegen der Verlagerung von politischen Funktionen von der Ekklesie weg um keine wahre Demokratie mehr gehandelt [1605: Koerner]. Demgegenüber verweisen zwei so verschiedene

Gelehrte wie STIER und FINLEY übereinstimmend und zu Recht auf das Substanzielle und die Lebenskraft der Demokratie und betonen, dass sie nur von außen durch die Makedonen beendet worden sei [633: STIER; 656: FINLEY, Kap. 3]; in der letzten Zeit hat sich diese Auffassung durchgesetzt: EDER [740], CARLIER [1758]. Das athenische politische Leben der Alexanderzeit stellt zusammenhängend MITCHEL [1599] dar, hinsichtlich des Areopags zu ergänzen durch ENGELS [1662] und WALLACE [719]. Im Übrigen ist auf die Ausführungen zur Demokratie überhaupt und die dort genannten Werke zu verweisen.

Das vereinfachende Bild, das BELOCH [1584] von den politischen Richtungen im 4. Jh. als Dichotomie zwischen Armen und Reichen mit innen- und außenpolitisch scharf unterschiedenen Zielsetzungen entworfen hatte, ist seither widerlegt worden (s. o. S. 149) Die Unterschiede in prinzipiellen Fragen der Staatsform waren gering [1596: PECORELLA LONGO], und zeitweise beherrschten Gegensätze ganz anderer Art die Auseinandersetzung [sehr instruktiv 1718: LEHMANN, 73–93]. Das ist insbesondere durch die Bücher von FUNKE [1626] und SCHMITZ [1661], weniger deutlich durch STRAUSS [1656] dargelegt worden (s. auch o. S. 149). Die außenpolitischen Differenzen betrafen in den ersten Jahrzehnten nur das Wie und nicht das Ob der Erneuerung der athenischen Herrschaft (s. S. 146), und seit der Jahrhundertmitte ging es überhaupt nicht mehr darum, sondern nur noch um die Frage, ob und wie man dem expandierenden Makedonien entgegentreten solle. Da die politischen Divergenzen durch einzelne führende Politiker mit ihrem – nicht als „Partei" fest gefügten – Anhang ausgefochten wurden, hat die Forschung diese Politiker nebst Anhängerschaft und im Kontext der politischen Situation untersucht, und diese Untersuchungen sind daher am hilfreichsten, wenn man ein Bild von der innenpolitischen Landschaft bekommen will; zum Auseinandertreten der Funktionen des Politikers und des Feldherrn LENGAUER [550].

Struktur der attischen Politik

Die zentrale Figur ist, z. T. wegen der vielen erhaltenen Reden, Demosthenes – unerreicht viel Material immer noch bei [70]: SCHAEFER; ein Sammelband [73]: SCHINDEL; die Politik bis Chaironeia in Demosthenes' Reden bei 1633: MONTGOMERY; CARLIER [74] gibt eine äußerst übersichtliche und nützliche Gesamtdarstellung, während SEALEY [75] Demosthenes unter dem Blickwinkel seines Scheiterns schildert. Die Beurteilung seiner antimakedonischen Politik hängt also im Grundsätzlichen davon ab, wie man Makedoniens Aufstieg bewertet. Sieht man in diesem das „Neue", das „historisch Notwendige", muss die dagegen gerichtete Politik notwendig donquichotehaft oder reaktionär erscheinen; tut man es nicht, hat sie ihren Wert als Ausdruck des Unabhängigkeitsstrebens der griechischen Poleis. Während bis ins 19. Jahrhundert unkritisch die demosthenische Politik verherrlicht worden war, setzte vor allem in Deutschland durch Parallelisierung der makedonischen Politik mit der deutschen Reichseinigung eine Abwertung ein [zum Vergleich Makedoniens mit Preußen 1792: THOMAS]; JAEGER [71] beurteilte Demosthenes dann wieder ausdrücklich positiv (panhellenisch), während BENGTSON [134: 302f. (reiche Literaturangaben), 319]

Demosthenes

wegen der mangelnden Erfolgsaussichten eher negativ urteilt; ähnlich auch SEA-LEY. Mit der wieder zunehmenden positiven Bewertung der attischen Demokratie auch zur Zeit ihrer „Krise" scheint jetzt auch Demosthenes wieder eine Aufwertung zu erfahren. Merkwürdig wenig gewürdigt war demgegenüber Aischines, der trotz Fehlens einer einheitlichen politischen Konzeption im Allgemeinen je nach der Grundbewertung die Rolle eines vorausschauenden Politikers oder charakterlosen Bösewichts (so bei Demosthenes) spielt; jetzt ist endlich die verlässliche Biographie 79: HARRIS heranzuziehen, und ausführlich analysiert

Andere Politiker ein berühmtes Redenpaar Aischines – Demosthenes 76: PAULSEN. Andere bedeutende Politiker waren Thrasybulos, der Wiederhersteller der Demokratie [1671: BUCK], Kallistratos [1591: SEALEY; gegen ihn 1626: FUNKE]; Eubulos [1590: CAWKWELL; 1640: BURKE] und Lykurg [1644: HUMPHREYS; 1649: BURKE; 1662 und 1664: ENGELS, zu beiden 1666: LEWIS und 1670: HINTZEN-BOHLEN]; Hypereides [1664: ENGELS – entgegen dem Anspruch des Buches sehr viel nichthypereidische Politik – wie so oft in der Alten Geschichte, in der biographische Daten knapp sind] und der wegen seiner Nüchternheit oft unterschätzte Phokion, auf den Athen in schwierigen Situationen als zuverlässigen Politiker immer zurückgreifen konnte; seine Büste steht in Goethes Haus am Frauenplan [1619: GEHRKE; 1643: BEARZOT; 1663: TRITLE].

Politisches Denken Nun zu den Eigentümlichkeiten des politischen Denkens in Athen. Platons Rolle und der seiner Schüler in der Politik ist von TRAMPEDACH [1667] mit dem Ergebnis analysiert worden, dass eine konkrete Wirksamkeit von Platon-Schülern nicht nachzuweisen ist und dass Platons Politikverständnis eher auf das Moralische statt auf das unmittelbar Praktische abzielte; über Aristoteles' in der „Politik" ausgedrückte Vorstellungen informieren La politique d'Aristote [82], BIEN [83] sowie die Kommentare der Übersetzung von SCHÜTRUMPF [86]. Die Rolle der Intellektuellen – insbesondere des Isokrates – ist im Zusammenhang mit der panhellenischen Idee und mit der Neubewertung von Monarchie und Tyrannis schon erwähnt worden; die Arbeit, die meint, die publizistische Unterstützung Philipps sei ihm deshalb zuteil geworden, weil Isokrates und Speusipp sich persönlich Förderung versprochen hätten [1620: MARKLE], ist mit Recht zurückgewiesen worden [1728: FROLIKOVÁ]. Über Xenophon s. o. S. 66, woraus sich eine erhebliche Aufwertung ergibt.

Geschichtsbild Weiter beschäftigt die Forschung das Bild, das das Athen des 4. vom 5. und 6. Jahrhundert hatte [239: RUSCHENBUSCH]. Unmittelbar aufschlussreich für unser Verständnis von der praktischen Politik im 4. Jh. ist es, wenn wir erfahren, wie die Athener später ihre Arché des 5. Jhs. sahen [1610: CHAMBERS; in breitem Rahmen 1661: SCHMITZ; speziell für Isokrates 1672: GRIESER-SCHMITZ] – solange wir nicht diese Vorstellungen als Informationen über die Sache selbst missverstehen. Diese Gefahr ist aber auf vielen Gebieten gegeben, wo wir, anders als beim Ersten Attischen Seebund, keine zeitgenössische Kontrolle haben. Insbesondere die Atthis, d.h. die Lokalchroniken der athenischen Geschichte, die es seit dem ausgehenden fünften Jahrhundert gab und aus denen der aristotelische „Staat der Athener" schöpfte, besaß sehr viel weniger authentisches Material als sie zu besitzen vorgab [225: JACOBY; 625: HIGNETT, 1–33; 84: RHODES, Introduction]. Es ist zudem so gewesen, dass seit dem späten 5. Jh. die Verfassungsdiskussion mit Argumenten geführt wurde, nach denen bestimmten Institutionen unter Berufung auf ein angeblich hohes Alter Prestige verschafft werden sollte [1541: FUKS] – so etwa der Errichtung der Demokratie, deren Zuschreibung an Theseus, Drakon, Solon und Kleisthenes aus jeweiligen politischen Bedürfnissen erklärt werden kann [1220: RUSCHENBUSCH; mit meiner Bemerkung S. 123]. 1665: HANSEN identifiziert dieses Solon-Bild als das des Volkes, und bereits in der Mitte des Jahrhunderts wurden schematische zeitgenössische Vorstellungen über die innenpolitische Struktur in die Zeit vor Ausbruch des Korinthischen Krieges projiziert [vorbildlich nachgewiesen bei 1718: LEHMANN, 73–93]. Umgekehrt besteht die Gefahr einer Forschungsmode, möglichst viele Nachrichten aus dem 4. Jh. über die Vergangenheit als Erfindung für aktuelle politische Zwecke erweisen zu wollen [so z. B. bei 1716: ROBERTSON].

Die Wirtschafts- und Sozialgeschichte Athens im 4. Jh. ist der Gegenstand, an dem wichtige Kontroversen der griechischen Wirtschaftsgeschichte ausgefochten werden: die Natur der griechischen (und antiken) Wirtschaft überhaupt (hier tritt noch die archaische Zeit hinzu; s. S. 121 f.) und die allgemeine (s. S. 150 f.) sowie die wirtschaftliche Krise der Polis als Vorstufe des neue Wege öffnenden Hellenismus (s. S. 154 f.). Hier einige Hinweise auf besondere Themen und Literatur. Sehr pragmatisch, ohne viel auf Literatur einzugehen, aber mit reichen Quellenbelegen, informiert über alle Realien des Wirtschaftslebens vor allem des 4. Jahrhunderts HOPPER [436], wobei aber zutreffenderweise „Industrie" nicht als Großindustrie im neuen Wortverständnis aufgefasst und zudem richtig betont wird, dass das Schwergewicht nach wie vor auf der Landwirtschaft lag. Eine gute und leicht verständliche Einführung in die wichtigsten wirtschaftlich-sozialen Probleme der Zeit geben ISAGER/HANSEN [1609], während BOGAERT [430] eine gute Übersicht über den neuen Wirtschaftszweig des Bankwesens bietet; dazu MILLETT [449] und COHEN [450]. Aus einem inschriftlich erhaltenen Münzgesetz von 375/74 erfahren wir, dass attische Münzen im 4. Jh. nachgemacht wurden und sogar nach Attika kamen, so dass ihre Behandlung (vornehmlich in Bezug auf den Gehalt) geregelt werden musste [1669: DREHER S. 90–106 mit der Literatur]; auch gab es jetzt für den täglichen Gebrauch mehr Kupfermünzen [1612: GIOVANNINI]. Dem entspricht der Tatbestand, dass athenische Münzen des 4. Jhs. weniger außerhalb Athens gefunden werden, was allerdings nicht zu dem Schluss auf ein verringertes Handelsvolumen verleiten darf, da wir vom Schwarzmeergebiet von intensivem Warenaustausch wissen, aber keine Münzen dort finden [1608: SCHÖNERT-GEISS, bes. S. 546]. *Wirtschaftsgeschichte*

Über das im 4. Jahrhundert einsetzende wirtschaftliche Denken, oder besser darüber, wie rudimentär es war, stehen sehr informative Arbeiten zur Verfügung. *Wirtschaftliches Denken*

154   *II. Grundprobleme und Tendenzen der Forschung*

Die Schrift Xenophons „Über die Einkünfte" gibt es in einer für den althistorischen Gebrauch angefertigten deutschen Übersetzung [leider nötig; 40: AUDRING] sowie in einem Kommentar [42: GAUTHIER], der über alle Fragen der athenischen Wirtschaftsgeschichte der Zeit Auskunft gibt; eine zweisprachige Ausgabe mit Erläuterungen ist SCHÜTRUMPF [44; s. auch 1641: GAUTHIER]. Auch die andere ökonomische Schrift Xenophons ist übersetzt und kommentiert [kurz 41: MEYER; ausführlich 49: POMEROY]. In das wirtschaftliche Denken des Aristoteles führt FINLEY [431] ein, ausführlich behandelt es MEIKLE [87].

Steuerpolitik   Eine notorisch komplizierte Frage ist die der Organisation des athenischen Steuersystems, d. h. die doppelte Frage nach Ursprung, Charakter, Ausmaß und konkreter Organisierung der direkten Steuer (Eisphora) und der Verpflichtung, die Ausstattung und Führung eines Kriegsschiffes zu übernehmen [Trierarchie; zu ihr jetzt umfassend 735: GABRIELSEN] – zu Allem übersichtlich und luzide HANSEN [402, 112–117]. Beides waren an sich Notmaßnahmen, da eine direkte Besteuerung unbekannt war und generell abgelehnt wurde und da die Kriegsschiffgestellung freiwillige Ehrenpflicht war; die Erforschung der Umwandlung beider in reguläre, staatlich organisierte Leistungen ist daher von großer Wichtigkeit, leider aber auch mit Unstimmigkeiten und Detailkontroversen übersät, insbesondere die Frage der Eisphora. Die als endgültiges Wort gedachte Arbeit von THOMSEN [628; Thesen bei SEIDL, in: HZ 201 (1965) 179f.] hat heftigste Kritik gerade in der Frage der Quellenbehandlung erfahren [etwa STE. CROIX, in: CR N.S. 16 (1966) 90–93; 1650: BEISTER; die militärorganisatorische Dimension bei 1635: BRUN]. Auch ist die Frage der Symmorien, d. h. der Personengruppen, in die die Bevölkerung zwecks Leistung der Trierarchie und der Eisphora eingeteilt wurde, deshalb strittig, weil gegen die bisherige Meinung, es habe für die Trierarchie und für die Eisphora je eine besondere Art Symmorien gegeben, mit der Behauptung einer einheitlichen Symmorie angegangen wird [1622: RUSCHENBUSCH]; RUSCHENBUSCH arbeitet kontinuierlich an diesen Fragen [706, 682, 683, 684, 705]; ebenfalls dazu RHODES [1631], MACDOWELL [1652] und GABRIELSEN [1660].

Getreideversorgung   Damit verbunden sind auch die Fragen der staatlichen Regulierung der lebensnotwendigen Getreideeinfuhr und der Getreideversorgung und ihrer sozialgeschichtlichen Zusammenhänge überhaupt [1562: SEAGER; 1630: GAUTHIER; 441: GARNSEY; 1648: MONTGOMERY, vorwiegend der gesellschaftliche Aspekt; 1653: FIGUEIRA].

Wirtschaftliche Krise?   In der Frage des wirtschaftlichen Niedergangs Athens hat sich inzwischen Übereinstimmung herausgebildet. Diagnostiziert hatte diesen Niedergang CLAUDE MOSSÉ (s. S. 150), doch der zahlreiche Widerspruch hat durchgängig zu Recht festgestellt, dass – z. T. durchaus im Gegensatz zum übrigen Griechenland – gerade Athen von ernsthaften wirtschaftlichen und sozialen Störungen frei geblieben ist [1604: GLUSKINA; 1616: PEČÍRKA]. Insbesondere die offenbar in Parallele zur römischen Entwicklung aufgestellte Behauptung von einer Konzentration des Bodens in den Händen weniger Grundbesitzer ist – bei Beibehaltung der Erkenntnis, dass in der Tat im 4. Jh. der Grundbesitz zunehmend mobiler wurde, wie aus Hypothekensteinen ersichtlich – zurückgewiesen worden [1602: AUDRING; 1603: ANDREYEV]; schließlich ist MOSSÉ selbst von ihren Ansichten abgerückt [1597; 92, 104 Anm. 1]. Zur allgemeinen Preisentwicklung GALLO [1658].

Die Entwicklung der athenischen Gesellschaft wird meistens zusammen mit der der Wirtschaft abgehandelt (siehe soeben, insbesondere GABRIELSEN), und genausowenig wie jetzt schon eine wirklich befriedigende, über das konzeptuelle Stadium hinaus gelangende Wirtschaftsgeschichte geschrieben werden kann, kann das mit einer Geschichte der athenischen Gesellschaft geschehen. Bestes Zeugnis dafür ist DAVIES [634], der auf 600 Seiten diejenigen namentlich bekannten Athener aufführt (mit Einzeldiskussionen), die Leiturgien an den Staat erbracht haben (die meisten Namen aus dem 4. Jh.); ausgewertet wurde diese Materialsammlung mit dem Ziel zu zeigen, wie bei formeller Gleichheit aller Bürger die Besitzenden mehr Einfluss ausübten, als ihrer Zahl an sich zugekommen wäre (siehe die Einleitung); jedoch verlief diese Auswertung ohne das angenommene Ergebnis [435: DAVIES]; bei MACKENDRICK [1595] wird der Einfluss des Adels geschildert. Gesellschaft

Neben den wohlhabenden Bürgern gerät schließlich in einem zentralen Argumentationszusammenhang die wirtschaftliche, soziale und dann auch politische Rolle der Metöken [ihre namentliche Erfassung durch 180: OSBORNE/BYRNE] und der Fremden ins Blickfeld. WHITEHEAD [646] untersucht den Status der Metöken, der nie in Frage gestellt wurde [ein Nachtrag 696: WHITEHEAD], während GLUSKINA [1604; eine deutsche Zusammenfassung ihrer russischen Habilitationsschrift] deutlich macht, wie stark der Anteil der Metöken, z. T. ehemaliger Sklaven, an der athenischen Wirtschaft, d. h. im Bankwesen, im Bauwesen, aber auch in der Landwirtschaft durch Pacht [Grunderwerb war ihnen nicht erlaubt, dazu schon 631: PEČÍRKA], war. Sie und MOSSÉ [1614] ziehen daraus den Schluss, dass die ausschließlich durch Bürger bestimmte Realität und Konzeption der Polis in Veränderung begriffen war, und PEČÍRKA [1616] zieht weitere Konsequenzen in dieser Richtung, indem er auf die Beseitigung einiger rechtlicher Schranken zwischen Bürgern und Nichtbürgern [zu deren Rolle im Getreidehandel 1648: MONTGOMERY] verweist; das ist hier auf S. 94 übernommen worden; weitere Sachverhalte bei THÜR [396] und eine Bilanz (auch für die Verhältnisse außerhalb Athens) bei GAUTHIER [392]. Nichtbürger

Nun noch der Hinweis auf übersichtliche Literatur zu Spartas politischem und sozialem Niedergang im 4. Jh. Er bestand im Kern darin, dass die Zahl der Spartiaten abnahm, Besitzkonzentration stattfand und Reformen, etwa durch Neuaufnahmen, fehlten. Dazu OLIVA [768, 179–197]; BOCKISCH [1699]; CAWKWELL [1712]; zu Xenophons Spartabild PROIETTI [45]; im Übrigen zu Allem wieder CARTLEDGE [770] und REBENICH [53] sowie die Gesamtdarstellungen. Sparta

Makedonien

Übergreifendes Der Aufstieg Makedoniens unter Philipp II. ist Gegenstand einer reichen Literatur. Zu den drei vorzüglichen Büchern über Philipp und Makedonien, die alle die Summe der bisherigen Forschung ziehen: ELLIS [1769; promakedonisch], CAWKWELL [1773], GRIFFITH [1774; am ausführlichsten] tritt der Sammelband HATZOPOULOS/LOUKOPOULOS [1779] z. T. mit diesen selben Autoren (und schönen Bildern); vgl. auch WIRTH [1787]. Einen größeren Rahmen (auch Entwicklungen vor und nach Philipp) haben die Sammelbände ADAMS/BORZA [1775] und BARR-SHARRAR/BORZA [1780], während ASHLEY [1794] vor allem Philipps (und Alexanders) Kriegszüge behandelt; schließlich sei noch auf die Werke zur makedonischen Geschichte überhaupt verwiesen: HAMMOND [1765] und HAMMOND/GRIFFITH [1774] (bis 336) sowie ERRINGTON [1788; bis in die römische Zeit]. Die Entwicklung Makedoniens vor Philipp ist behandelt durch HAMMOND [1774] und ebenso die Frühzeit durch ROSEN [1770] und ZAHRNT [1785] mit einerseits den historischen Ereignissen, andererseits der ethnischen Herkunft (auch des Königshauses) und der stammesmäßigen Zusammensetzung [u. a. zu diesem Problem 1781: BADIAN].

Triebkräfte Die Ursachen für die makedonischen Eroberungen liegen vor allem in Philipps persönlichem Ehrgeiz, Persien zu erobern – die Eroberung Griechenlands sollte für dieses Vorhaben den Rücken freihalten. Selbstverständlich wären diese Ziele aber nicht durchzusetzen gewesen, wenn Philipp dafür nicht Rückhalt im Volk gehabt hätte. So wurden weite Teile der Politik diesem Ziel unterstellt: die Reorganisation der Armee, deren Institutionen Alexander dann übernahm, die komplizierte und nur kompliziert zu rekonstruierende Außenpolitik [die Beziehungen zu Athen in dem Sammelband von 1767: PERLMAN] und die verschiedenen Friedensschlüsse und Bündnisse. Von diesen werden der Friede des Philokrates von 346 [111: BENGTSON, Nr. 329; 1673 und 76a: ENGELS und PAULSEN] und der Korinthische Bund von 338/37 [H. H. SCHMITT, Die Verträge der griechisch-römischen Welt von 338 bis 200 v. Chr. (Staatsverträge Bd. 3, München 1969), Nr. 403] die in der Forschung am meisten diskutiert; ersterer aufgrund der Rolle des Demosthenes und des Aischines [1772: CAWKWELL; 1776: ELLIS; 1673: ENGELS], letzterer wegen seiner rechtlichen Konstruktion und der Ziele Philipps [keine Einigung Griechenlands intendiert: 1768: FROLOV und 1786: PERLMAN, Zusammenhang mit der früheren Entwicklung]. Dass derartige persönliche Ziele ausschlaggebend sein konnten, ist nun, gegen eine bisherige Betrachtungsweise, in

Innere Organisation der die angebliche Verfassungsinstitution der „makedonischen Heeresversammlung" eine ihr nicht zukommende Rolle spielte, durch ERRINGTON [1771] klargestellt worden [ähnlich auch 1789: WELWEI]. Er hat unter Einbeziehung auch der nachphilippischen Makedonenstaaten nachgewiesen, dass zwischen Volk, Adel und König keine irgendwie festgelegten juristischen Reglements, sondern persönlich strukturierte Beziehungen bestanden, die dem König je nach politischer Gesamtsituation und persönlichen Fähigkeiten den entsprechenden Spielraum einräumten. [Die Feststellung von angeblicher struktureller Übereinstimmung mit dem persischen Hof durch 1766: KIENAST, wirft die Frage auf, warum das nicht auch den Zeitgenossen aufgefallen ist.] Die andere Seite des Problems, nämlich wie es möglich war, dass sich derartige Ziele von makedonischer Seite aus auch dauerhaft durchsetzen konnten, ist m.W. noch nicht ernstlich behandelt worden, von gelegentlichen Anspielungen auf eine unverbrauchte Volkskraft der Makedonen abgesehen. Auf die vielen Probleme, die Philipp als Person stellt (Charakter, Ehen, Ermordung), gehe ich nicht ein, sondern verweise nur darauf, dass griechische Archäologen seine Begräbnisstätte entdeckt haben [1783: ANDRONICOS; 1777: HAMMOND; 1778: GREEN; 1782: BURSTEIN und 1790: BORZA sind vorsichtig]; PRAG/MUSGRAVE/NEAVER [1784] offerieren eine etwas unappetitliche Rekonstruktion eines Schädels, der auf Grund ebenfalls nur rekonstruierter Philipp-Porträts für den Philipps gehalten wird – es fragt sich, ob nicht auch andere Personen in Frage kommen oder ob nicht andere, ebenso prächtige Gräber des Königs enthalten haben können.

6. DAS DRITTE GRIECHENLAND

Die Konzentration der Geschichtsbetrachtung auf Athen und Sparta, die im vorliegenden Buch größenteils vorgenommen worden ist, ist nicht zufällig. Sie orientiert sich, wie vieles Andere unseres Geschichtsbildes auch, an der außenpolitischen Rolle der Staaten und an dadurch gegebenen chronologischen Einschnitten. Das zeigt sich auch daran, dass beim Hervortreten anderer Staaten, wie etwa Theben im 4. Jahrhundert (zu Theben und Böotien oben S. 147) oder dann Makedonien (oben S. 156f.), diese sofort prägnanter ins Blickfeld treten (zum Kolonialgebiet s. oben S. 148). Auch ist diese Betrachtungsweise durchaus die der Antike selbst; sogar der die griechische Welt in ihrer ganzen Fülle überblickende Herodot hat seine Geschichte bereits deutlich auf den Dualismus von Athen und Sparta hin ausgerichtet. Das freilich hat er unter dem Eindruck der Pentekontaetie und des beginnenden Peloponnesischen Krieges getan, und diese Tatsache zeigt uns, wie sehr unser davon abhängendes Geschichtsbild und das Ausmaß seiner Vollständigkeit von den politischen Geschehnissen der Zeit bestimmt ist.

Dieses Ungenügen wird zunehmend empfunden, und es ist ja auch nicht so, dass wir trotz der Konzentration auch der antiken Geschichtsschreibung auf die größten Mächte für die anderen Staaten unter vollständigem Quellenmangel litten. Demgemäß gibt es seit einiger Zeit eine zunehmende Fülle von Arbeiten über einzelne Städte und Landschaften, von denen die wichtigsten hier ganz summarisch genannt seien (s. auch die oben auf S. 112 genannten archäologischen Arbeiten). Zu Ägina liegt die zusammenfassende Arbeit von FIGUEIRA [815] vor; Argos hat schon früher die Behandlung durch TOMLINSON [807] er-

Problem

Einzelne Orte

fahren, der die Spezialarbeiten von KELLY [809; Geschichte bis 500], WÖRRLE [1414; Verfassung im 5. Jahrhundert] und PIÉRART [1731; Inkorporierung von Kleonai um 320] anzufügen wären (zur Vereinigung Argos – Korinth s. oben S. 147, sowie zur Frage der Demokratie o. S. 151); eine Übersicht, auch archäologisch, ist PIÉRART/TOUCHAIS [842], nur die Topographie bei PARIENTE/ TOUCHAIS [845]. Chalkis, Eretria und Euböa sind der Gegenstand von VEDDER [810], PICARD [1720] und GEHRKE [319; topographische Studie, s. auch Érétrie. Cité de la Grèce antique, Heft Mai 1985 der Zeitschrift Dossiers über die schweizerischen Ausgrabungen]; das abgelegene Akarnanien wird durch NIELSEN/ROY [845b] und durch BERKTOLD u. a. [1757] behandelt; zu Chios gibt es den Konferenzband von BOARDMAN/VAPHOPOULOU-RICHARDSON [829]; Korinths Geschichte ist nach den bedeutenden Studien von ÉD. WILL [801; bis zu den Perserkriegen] bis 338 dargestellt von SALMON [822], der Golf von Korinth historisch-topographisch von FREITAG [330]; Megara bis 336: LEGON [816]; Samos bis 188: SHIPLEY [831]; Sikyon: GRIFFIN [819]; der Piräus: GARLAND [832]; GEHRKE schließlich hat nach seinem großen Werk über die Staseis in den mutterländischen außerathenischen Staaten [387] eine Übersicht über die griechischen Staaten außerhalb des Kolonisationsgebietes vorgelegt [828], die außer den nach Staatstypen gegliederten Informationen über die wichtigsten Staaten neben Athen und Sparta auch eine kurzgefasste allgemeine Darstellung der griechischen politischen, sozialen und wirtschaftlichen Geschichte enthält – eine wahre Pionierarbeit, die bisher noch keine Nachfolger gefunden hat.

III. Quellen und Literatur

A. QUELLEN

1. Sammlungen von Quellen in Übersetzung

1. W. Arend, Geschichte in Quellen, Bd. 1, Altertum. Alter Orient – Hellas – Rom, München 1965.
2. M. H. Crawford/D. Whitehead, Archaic and Classical Greece. A selection of ancient sources in translation, Cambridge u. a. 1983.
3. P. J. Rhodes, The Greek City States. A Source Book, London und Sydney 1986.
4. Ch. W. Fornara, Archaic Times to the end of the Peloponnesian War, 2. Aufl., Cambridge u. a. 1983.
5. Ph. Harding, From the end of the Peloponnesian War to the battle of Ipsus, Cambridge u. a. 1985.
6. N. Lewis, The Fifth Century B. C., Toronto 1971.
7. J. Wichersham/G. Verbrugghe, Greek Historical Documents: the fourth Century B. C., Amsterdam 1973.
8. G. R. Stanton, Athenian Politics. A Sourcebook, London und New York 1990.
9. R. Rilinger, Lust an der Geschichte. Leben im antiken Griechenland, München 1990.
10. K. Brodersen/W. Günther/H. H. Schmitt, Historische griechische Inschriften in Übersetzung, 3 Bände, Darmstadt 1992–1999.

2. Einzelne Autoren

Herodot

Ca. 484–425, aus Halikarnassos in Kleinasien. Nach ausgedehnten Reisen in der östlichen Mittelmeerwelt beschrieb er, wohl in Athen, die Perserkriege dergestalt, dass er in den ersten Büchern seines Werkes die beteiligten Mächte, insbesondere das Perserreich, geographisch-historisch mit vielen farbigen Einzelheiten darstellte. Gleichwohl verliert seine Darstellung nie den roten Faden. Sein Gegenstand ist neben der politischen und Kriegsgeschichte auch die gesamte Kulturgeschichte im weitesten Sinne. Er gibt häufig seine Quellen an und nennt gegebenenfalls unterschiedliche Versionen von Sachverhalten, der Anteil erzählerischer Imagination in seinem Werk ist neuerdings in der Diskussion. Er ist der erste Autor der Geistesgeschichte, der ein Geschichtswerk annähernd im heutigen Sinne geschrieben hat.

Übersetzung

11. HERODOT, Geschichten und Geschichte, übersetzt von W. MARG, 2 Bde., Bd. 2 bearbeitet von G. STRASBURGER, mit einem Essay von H. STRASBURGER, Zürich und München 1973 und 1983 (auch als Taschenbücher).

Kommentare und Literatur

12. H. STEIN, Herodotos, 5 Bände, Berlin 1893–1908 (mit Neudrucken).
13. W. W. HOW/J. WELL, A Commentary on Herodotus with Introduction and Appendices, Oxford 1928² (mit Neudrucken).
14. F. JACOBY, Herodotos, in: 169: RE Suppl. 2 (1913) 205–520 = DERS., Griechische Historiker, Stuttgart 1956, 7–164.
15. W. MARG (Hrsg.), Herodot. Eine Auswahl aus der neueren Forschung, 2. Aufl., Darmstadt 1965.
16. H. STRASBURGER, Herodot als Geschichtsforscher, in: DERS., Studien zur Alten Geschichte, Hildesheim und New York 1982, Bd. II, 835–919.
17. B. SHIMRON, Politics and belief in Herodotus, Stuttgart 1989.
18. D. FEHLING, Herodotus and his „Sources'. Citation, Invention and Narrative Art, Leeds 1989.
19. P. HÖGEMANN, Das alte Vorderasien und die Achämeniden. Ein Beitrag zur Herodot-Analyse, Wiesbaden 1992.
20. W. K. PRITCHETT, The liar school of Herodotus, Amsterdam 1993.
21. G. S. SHRIMPTON/K. M. GILLIS, Herodotus' Source Citations, in: G. S. Shrimpton, History and Memory in Ancient Greece, Montreal u. a. 1997, 229–265.
22. H.-G. NESSELRATH, Dodona, Siwa und Herodot – ein Testfall für den Vater der Geschichte, in: MH 56 (1999) 1–14.
23. R. BICHLER, Herodots Welt. Der Aufbau der Historie am Bild der fremden Länder und Völker, ihrer Zivilisation und ihrer Geschichte, Berlin 2000.
24. R. BICHLER/R. ROLLINGER, Herodot, Hildesheim u. a. 2000.

Thukýdides

Ca. 460–400, Athener, Verfasser der Geschichte des Peloponnesischen Krieges. Als Stratege während des Krieges verbannt, begann er schon bei dessen Ausbruch den Stoff für seine Darstellung zu sammeln, die mit dem Jahr 411 abbricht. Sein pessimistisches Geschichtsbild konzentriert sich auf Politik und Krieg; obwohl im Allgemeinen als sehr zuverlässig angesehen, muss doch der Wahrheitsgehalt der einzelnen Nachrichten immer neu nachgeprüft werden.

Übersetzung

25. Thukydides. Geschichte des Peloponnesischen Krieges, herausgegeben und übersetzt von G. P. LANDMANN, 3. Aufl. Zürich und München 1976 (auch in Taschenbüchern).

Kommentare und Literatur

26. A. W. GOMME, A Historical Commentary on Thucydides, 5 Bände, Band 4 und 5 unter maßgeblicher Beteiligung von A. ANDREWES und K. J. DOVER, Oxford 1945–1981.
27. H. HERTER (Hrsg.), Thukydides, Darmstadt 1968.
28. H. STRASBURGER, Die Entdeckung der politischen Geschichte durch Thukydides, in: DERS., Studien zur Alten Geschichte, Bd. II, Hildesheim und New York 1982, 527–591.
29. DERS., Der Geschichtsbegriff des Thukydides, in: DERS., Studien zur Alten Geschichte, Bd. II, Hildesheim und New York 1982, 777–800.
30. O. LUSCHNAT, Thukydides der Historiker, in: 169: RE Suppl. 12 (1970) 1085–1354.
31. S. HORNBLOWER, Thucydides, London 1987.
32. P. J. RHODES, Thucydides. History II und III, 2 Bde., Warminster 1988 und 1994.
33. S. HORNBLOWER, A Commentary on Thucydides, 2 Bde., Oxford 1991 und 1996.
34. J. H. SCHREINER, Hellanikos, Thukydides and the Era of Kimon, Aarhus 1997.
35. J. M. ALONSO-NÚÑEZ, Die Archäologien des Thukydides, Konstanz 2000.

Pseudo-Xénophon

Antidemokratisch gesonnener Verfasser einer kleinen Schrift über die athenische Demokratie aus dem 5. Jahrhundert; fälschlich für Xenophon gehalten und daher erhalten geblieben; publiziert in den Xenophon-Ausgaben.

Übersetzung (mit Kommentar)

36. E. KALINKA, Leipzig 1913 (ND Stuttgart 1961).

Kommentar und Literatur

37. W. LAPINI, Commento all' Athenaion Politeia dello Pseudo-Senofonte, Firenze 1997.
38. M. TREU, Ps.-Xenophon, in: 169: RE IX A 2 (1967) 1927–1982.

Xénophon

Ca. 430–355, Athener. Dem Kreis um Sokrates angehörend, begab er sich nach der Niederlage im Peloponnesischen Krieg als Söldnerführer in den Dienst des persischen Thronprätendenten Kyros und war einer der Offiziere, die die Söldner nach der verlorenen Schlacht bei Kunaxa wieder zurückführten. Später kämpfte er auf der Seite Spartas, wurde daher aus Athen verbannt und schrieb auf einem ihm von Sparta zur Verfügung gestellten Landgut auf der Peloponnes, zuletzt in Korinth, zahlreiche essayistische und historische Werke; so die Erinnerungen an Sokrates, den Zug der 10 000 griechischen Söldner (Anabasis), eine Darstellung des spartanischen Staates, eine Lobschrift auf König Agesilaos, eine romanhafte Lebensbeschreibung Kyros' des Großen (Kyrupädie), eine Abhandlung zur Reformierung des athenischen Finanzwesens (Poroi). Historisch am wichtigsten ist seine griechische Geschichte (Hellenika), die dort beginnt, wo Thukydides abbricht, und die bis zur Schlacht von Mantineia 362 reicht. Sie ist eine trockene, auf die bloßen Fakten gerichtete Erzählung, die freilich diese Fakten parteiisch auswählt.

Übersetzungen

39. XENOPHON, Hellenika, griechisch-deutsch herausgegeben und übersetzt von G. STRASBURGER, München 1970.
40. G. AUDRING, Xenophon, Ökonomische Schriften, Griechisch und deutsch, Berlin 1992.
41. K. MEYER, Xenophons „Oikonomikos", Übersetzung und Kommentar, Marburg 1975.

Kommentare und Literatur

42. PH. GAUTHIER, Un commentaire historique des Poroi de Xenophon, Genève und Paris 1976.
43. R. NICKEL, Xenophon, Darmstadt 1979.
44. E. SCHÜTRUMPF, Xenophon: Vorschläge zur Beschaffung von Geldmitteln oder über die Staatseinkünfte, Darmstadt 1982.
45. G. PROIETTI, Xenophon's Sparta. An Introduction, Leiden u. a. 1987.
46. V. GRAY, The Character of Xenophon's Hellenica, London 1989.

47. J. TOULOUMAKOS, Der königliche Propagandist in Xenophons Kyrupädie, in: J. BLEICKEN (Hrsg.), Colloquium aus Anlaß des 80. Geburtstages von Alfred Heuß, Kallmünz 1993, 69–82.
48. CH. TUPLIN, The Failings of Empire. A Reading of Xenophon Hellenica 2.30.11–7.5.27, Stuttgart 1993.
49. S. B. POMEROY, Xenophon Oeconomicus. A Social and Historical Commentary, Oxford 1994.
50. O. LENDLE, Kommentar zu Xenophons Anabasis (Bücher 1–7), Darmstadt 1995 (eine geistreiche Romanversion durch den Übersetzer ist O. LENDLE, Die Söldner des Kyros, Darmstadt 1999).
51. P. KRENTZ, Xenophon Hellenika II.3.11–IV.2.8. Edited with an Introduction, Translation and Commentary, Warminster 1995.
52. CH. MÜLLER-GOLDINGEN, Untersuchungen zu Xenophons Kyrupädie, Stuttgart und Leipzig 1995.
53. ST. REBENICH, Xenophon. Die Verfassung der Spartaner. Herausgegeben, übersetzt und erläutert, Darmstadt 1998.

Helleniká von Oxyrhýnchos

Papyrus, der 1906 in Oxyrhynchos in Ägypten gefunden wurde und der ein Fragment eines noch nicht vollständig identifizierten Historikers (wohl Theopomp) darstellt, mit der Darstellung von Ereignissen des Jahres 396/95 und einer Schilderung der Verfassung des böotischen Bundes.

Übersetzung

54. P. R. MCKECHNIE/S. J. KERN, Hellenica Oxyrhynchia, edited with translation and commentary, Warminster 1988.

Kommentar und Literatur

55. I. A. F. BRUCE, An Historical Commentary on the „Hellenica Oxyrhynchia", Cambridge 1967.
56. G. A. LEHMANN, „Ein Historiker namens Kratippos", in: ZPE 23 (1976) 265–288.
57. DERS., Ein neues Fragment der Hell.Oxy.: Einige Bemerkungen zu P. Cairo (temp.Inv.No.) 26/6/27/1–35, in: ZPE 26 (1977) 181–191.
58. DERS., Theopompea, in: ZPE 55 (1984) 19–44.

Diodór

Aus Agyrion auf Sizilien, lebte und schrieb zur Zeit der späten römischen Republik. Er verfasste eine anspruchslose Universalgeschichte, oder besser: eine solche mit dem bloßen Anspruch auf anspruchslose Lektüre. Er machte sich das leicht, indem er gängige Werke nur wenig verändert abschrieb, insbesondere für das 4. Jahrhundert Éphoros. Für die Geschichtswissenschaft war das ein Glück, denn auf diese Weise ist viel von dem sonst verloren gegangenen Éphoros und von anderen Werken erhalten geblieben.

Übersetzung

    59. G. WIRTH/O. VEH/TH. NOTHERS, Diodoros. Griechische Weltgeschichte, Buch I-X; 2 Bände, Stuttgart 1992, 1993.

Literatur

    60. E. SCHWARTZ, Diodoros von Agyrion, in: 169: RE 5,1 (1903) 663–704 = DERS., Griechische Geschichtsschreiber, 2. Aufl., Leipzig 1959, 35–97.
    61. R. DREWS, Diodorus and His Sources, in: AJPh 83 (1962) 383–392.
    62. D. AMBAGLIO, La Biblioteca Storica di Diodoro Siculo: problemi e metodo, Como 1995.
    63. Zeitschrift Il Mediterraneo 1, 1998, 405–513.

Lýsias

Ca. 445 bis ca. 380, aus Sizilien. Lebte als Metöke in Athen und verfasste zahlreiche Gerichtsreden, die ein lebhaftes Bild der politischen und sozialen Situation geben.

Übersetzungen

    64. Lysias, The Loeb Classical Library, griechisch-englisch, herausgegeben und übersetzt von W. R. M. LAMB, London 1930.
    65. Lysias, Der Rächer seiner Ehre, Gerichtsreden. Auswahl, Übersetzung, Nachwort und Worterklärungen von U. TREU, Leipzig 1983, s. auch Nr. 495.

Literatur

    66. K. J. DOVER, Lysias and the Corpus Lysiacum, Berkeley und Los Angeles 1968.

Isókrates

436–338, Athener. Einflussreicher Rhetoriklehrer und politischer Schriftsteller.

Übersetzung mit Kommentar

    67. CH. LEY-HUTTON (Übersetzung)/K. BRODERSEN (Kommentar), Isokrates. Sämtliche Werke, 2 Bde., Stuttgart 1993, 1997.

Literatur

68. K. BRINGMANN, Studien zu den politischen Ideen des Isokrates, Göttingen 1965.

Demósthenes

384–322, Athener. Von dem bedeutenden Politiker und Rhetor sind vornehmlich wegen ihrer literarischen Qualitäten zahlreiche Reden vor der Volksversammlung und vor Gerichten überliefert worden (zudem solche, die nur unter seinem Namen, aber von unbekannten Autoren verfasst worden sind), die ein teilweise sehr detailliertes Bild von den politischen und rechtlich-sozialen Verhältnissen Athens im 4. Jahrhundert geben.

Übersetzungen

69. Demosthenes, The Loeb Classical Library, 7 Bände, griechisch-englisch, herausgegeben und übersetzt von J. H. VINCE u. v. a., London 1930–1949 (Neudrucke).

Kommentar und Literatur

70. A. SCHAEFER, Demosthenes und seine Zeit, 3 Bde., 2. Aufl., Leipzig 1885–1887 (ND Hildesheim 1966).
71. W. JAEGER, Demosthenes, Berlin 1939 (ND 1963).
72. H. WANKEL, Demosthenes. Rede über den Kranz, 2 Halbbde., Heidelberg 1976.
73. U. SCHINDEL (Hrsg.), Demosthenes, Darmstadt 1987.
74. P. CARLIER, Démosthène, o. O. (Paris), 1990.
75. R. SEALEY, Demosthenes and His Time. A Study in Defeat, New York und Oxford 1993.
76a. TH. PAULSEN, Die Parapresbeia-Reden des Demosthenes und des Aischines. Kommentar und Interpretation zu Demosthenes, or. XIX und Aischines, or. II, Trier 1999.
76b. W. SCHULLER, Der Kranzprozeß des Jahres 330 v. Chr. oder Der Abgesang auf die klassische Polis, in: 503: BURCKHARDT/UNGERN-STERNBERG, 190–200 (mit Lit.).

Aíschines

389–314, Athener. Als Politiker und Rhetor Gegenspieler des Demosthenes.

Übersetzung

77. The Speeches of Aeschines, The Loeb Classical Library, griechisch-englisch, herausgegeben und übersetzt von Ch. D. Adams, London 1919 (mit Neudrucken).

Literatur

78. G. Ramming, Die politischen Ziele und Wege des Aischines, Diss. Erlangen-Nürnberg 1965.
79. E. M. Harris, Aeschines and Athenian Politics, Oxford und New York 1995.

Aristóteles

384–433, aus Stageira auf der Chalkidike. „Der" Philosoph; Schüler Platons; Gründer der Akademie; Erzieher Alexanders des Großen. Seine historisch wichtigsten Schriften sind die „Politik", eine systematische Darstellung und Analyse der Staatverfassungen; zu diesem Zweck ließ er 146 Verfassungen sammeln, von denen nur die Darstellung der athenischen erhalten ist. Dieser „Staat der Athener", bei dem die Autorschaft des Aristoteles nicht unbestritten ist, gibt einen Abriss der Geschichte der athenischen Verfassung und einen des Zustandes im letzten Drittel des 4. Jahrhunderts.

Übersetzungen

80. Aristoteles, Politik. Schriften zur Staatstheorie, übersetzt und herausgegeben von F. F. Schwarz, Stuttgart 1989.
81. Aristoteles. Der Staat der Athener. Übersetzt und herausgegeben von Martin Dreher, Stuttgart 1993.

Kommentar und Literatur

82. La politique d'Aristote, Genève 1965 (Entretiens sur l'antiquité classique, Bd. 11).
83. G. Bien, Die Grundlegung der politischen Philosophie bei Aristoteles, Freiburg und München 1973.
84. P. J. Rhodes, A Commentary on the Aristotelian Athenaion Politeia, 2. Aufl., Oxford 1993.
85. Aristoteles. Staat der Athener, übersetzt und erläutert von Mortimer Chambers, Berlin 1990.
86. Aristoteles, Politik, Buch I, übersetzt und erläutert von Eckart Schütrumpf, Berlin 1991; Buch II und III, übersetzt und erläutert von Eckart Schütrumpf, Berlin 1991; Buch IV-VI, übersetzt und eingeleitet von Eckart Schütrumpf, erläutert von Eckart Schütrumpf und Hans-Joachim Gehrke, Berlin 1996.

87. S. MEIKLE, Aristotle's Economic Thought, Oxford 1995.
88. A. WINTERLING, „Arme" und „Reiche". Die Struktur der griechischen Polisgesellschaften in Aristoteles' „Politik", in: Saeculum 44 (1993) 179–205.

Plutárch

Ca. 46–120 n. Chr., aus Chaironeia in Böotien. Vielseitiger Schriftsteller und Essayist; historisch am wichtigsten (mit unermesslicher Nachwirkung bis in die Neuzeit) sind seine Parallelbiographien, in denen er immer einen Griechen einem Römer gegenüberstellte.

Übersetzung

89. PLUTARCH, Große Griechen und Römer, eingeleitet und übersetzt von K. ZIEGLER, 6 Bände, Zürich und Stuttgart 1954–1965 (auch Taschenbücher).

Kommentar und Literatur

90. K. ZIEGLER, Plutarchos von Chaironeia, 2. Aufl., Stuttgart 1964.
91. F. J. FROST, Plutarch's Themistocles. A Historical Commentary, Princeton 1980.
92. B. SCARDIGLI, Scritti recenti sulle Vite di Plutarco (1974–1986), in: F. E. BRENK/I. GALLO (Hrsg.), Miscellanea Plutarchea, Ferrara 1986, 7–59.
93. ANRW Bd. II 36, 6, Berlin 1992.
94. J. L. MARR, Plutarch. Life of Themistocles, Warminster 1998.

Sonstige

95. D. WHITEHEAD, Aineias the Tactician. How to survive under Siege, Oxford 1990.
96. A. WINTERLING, Polisbegriff und Stasistheorie des Aeneas Tacticus. Zur Frage der griechischen Polisgesellschaften im 4. Jahrhundert v. Chr., in: Historia 40 (1991) 193–229.
97. P. HARDING, Androtion and the Atthis. The Fragments, Oxford 1994.
98. M. FLOWER, Theopompus of Chios. History and Rhetoric in the Fourth Century B. C., Oxford 1994.
99. R. J. L. FOX, Theophrastus' Characters and the historian, in: PCPS 42 (1996/97) 127–170.

Methodisches

100a. M. CRAWFORD (Hrsg.), Sources for Ancient History, Cambridge 1983.
100b. CH. PELLING (Hrsg.), Greek Tragedy and the Historian, Oxford 1997.

101. Ch. Pelling, Literary Texts and the Greek Historian, London und New York 2000.

3. Inschriften und spezielle Sammlungen

102. M. Ventris/J. Chadwick, Documents in Mycenaean Greek, 2. Aufl., Cambridge 1973.
103. Inscriptiones Graecae, Berlin 1879 ff. (Übersicht bei 162: Bengtson, 146).
104. Supplementum Epigraphicum Graecum, Leiden 1923 ff. (Bd. 46: 1999).
105. Bulletin Épigraphique, Paris 1938 ff.
106. W. Dittenberger, Sylloge Inscriptionum Graecarum, 4 Bde., 3. Aufl., Leipzig 1915–1924 (ND Hildesheim 1960).
107. Ders., Orientis Graeci Inscriptiones Selectae. Supplementum Sylloges Inscriptionum Graecarum, 2 Bde., Leipzig 1903, 1905 (ND Hildesheim 1960).
108. W. Gawantka, Aktualisierende Konkordanzen zu Dittenbergers Orientis Graeci Inscriptiones Selectae (OGIS) und zur dritten Auflage der von ihm begründeten Sylloge Inscriptionum Graecarum (Syll.3), Hildesheim und New York 1977.
109. M. N. Tod, A Selection of Greek Historical Inscriptions, Bd. 2: From 403 to 323 B. C., Oxford 1948.
110. R. Meiggs/D. Lewis, A Selection of Greek Historical Inscriptions to the End of the Fifth Century B. C., Revised Edition, Oxford 1988.
111. H. Bengtson, unter Mitarbeit von R. Werner, Die Verträge der griechisch-römischen Welt von 700 bis 338 v. Chr. (Die Staatsverträge des Altertums Bd. 2), 2. Aufl., München 1975.
112. R. Koerner, Inschriftliche Gesetzestexte der frühen griechischen Polis, Köln u. a. 1993.
113. H. van Effenterre/F. Ruzé, Nomima. Recueil d'inscriptions politiques et juridiques de l'archaïsme grec, 2 Bände, Rom 1994.
114. M. M. Sage, Warfare in Ancient Greece. A Sourcebook, London und New York 1996.
115. P. J. Rhodes/D. M. Lewis, The Decrees of the Greek States, Oxford 1997.
116. I. Arnaoutoglou, Ancient Greek Laws. A Sourcebook, London und New York 1998.
117. F. Jacoby, Die Fragmente der griechischen Historiker, bis jetzt 18 Bde., Berlin, Leiden 1923–1999.
118. M. Moggi, I sinecismi interstatali greci, Bd. 1: Dalle origini al 338 a. C., Pisa 1976.
119. L. Piccirilli, Gli arbitrati interstatali greci, Bd. 1: Dalle origini al 338 a. C., Pisa 1973.

4. Papyri

120. The Oxyrhynchus Papyri, London 1898 ff.
121. Select Papyri, The Loeb Classical Library, 2 Bände, griechisch-englisch, herausgegeben und übersetzt von A. S. Hunt und C. C. Edgar, London 1932 und 1934 (NDe).
122. Griechische Papyri als Zeugnisse des öffentlichen und privaten Lebens griechisch-deutsch, herausgegeben und übersetzt von J. Hengstl, G. Häge und H. Kuhnert, München 1978.

B. LITERATUR

1. Allgemeines

a) Griechische Geschichten und Sammelwerke

123. G. BUSOLT, Griechische Geschichte bis zur Schlacht bei Chaeroneia, 3 Bde. in 4, 2. Aufl., Gotha 1893–1904 (ND Hildesheim 1967).
124. ED. MEYER, Geschichte des Altertums, 5 Bde. in 8, verschiedene Auflagen, Stuttgart 1910–1958 (NDe).
125. K. J. BELOCH, Griechische Geschichte, 4 Bde. in 8, 2. Aufl., Straßburg, Berlin und Leipzig, 1912–1927 (ND Berlin 1967).
126. A. MOMIGLIANO, Contributo alla storia degli studi classici, 9 Bände, Roma 1955–1992.
127. Propyläen Weltgeschichte, Bd. 3, Berlin u. a. 1962 (auch als Taschenbuch).
128. ÉD. WILL, Bulletin historique: Histoire grecque, in: RH 223 (1965) 393–432; 238 (1967) 377–452; 246 (1971) 85–150; 251 (1974) 123–164; 257 (1977) 365–427; 262 (1979) 407–472.
129. V. EHRENBERG, Polis und Imperium, Stuttgart und Zürich 1965.
130. The Cambridge Ancient History (CAH), Bde. III-VI in 2. Aufl., Cambridge 1982–1994.
131. ÉD. WILL, Le monde grec et l'Orient, Bd. 1, Paris 1972.
132. V. EHRENBERG, From Solon to Socrates, 2. Aufl., London 1973.
133. ÉD. WILL/CL. MOSSÉ/P. GOUKOWSKI, Le monde grec et l'Orient, Bd. 2, Paris 1975.
134. H. BENGTSON, Griechische Geschichte, 5. Aufl., München 1977.
135. F. GSCHNITZER, Griechische Sozialgeschichte von der mykenischen bis zum Ausgang der klassischen Zeit, Wiesbaden 1981.
136. G. E. M. DE STE. CROIX, The Class Struggle in the Ancient Greek World from the Archaic Age to the Arab Conquest, London 1981.
137. O. MURRAY, Das frühe Griechenland, 3. Aufl., München 1986.
138. J. V. A. FINE, The Ancient Greeks. A Critical History, Cambridge, Mass. und London 1983.
139. J. K. DAVIES, Das klassische Griechenland und die Demokratie, 3. Aufl., München 1986.
140. K.-W. WELWEI, Die griechische Polis. Verfassung und Gesellschaft in archaischer und klassischer Zeit, 2. Aufl., Stuttgart u. a. 1998.
141. S. HORNBLOWER, The Greek World 479–323 BC, London und New York 1983.
142. F. BOURRIOT, Bulletin historique. Histoire grecque, in: RH 269 (1983) 413–486.

143. H. Kreissig (LdAK), Griechische Geschichte bis 146 v. u. Z., 4. Aufl., Berlin 1991.
144. R. Sealey, A History of the Greek City States ca. 700–338 B. C., 2. Aufl., Berkeley u. a. 1985.
145. I. Weiler, Griechische Geschichte. Einführung, Quellenkunde, Bibliographie, 2. Aufl., Darmstadt 1988.
146. D. Musti, Storia greca. Linee di sviluppo dall' età micenea all' età romana, Roma und Bari 1989.
147. C. G. Thomas, Myth Becomes History: Pre-Classical Greece, Claremont 1993.
148. P. Briant u. a., Le monde Grec aux temps classiques I, Paris 1995.
149. A. Powell (Hrsg.), The Greek World, London und New York 1995.
150. S. Settis (Hrsg.), I Greci, 3 Bände in 4, Torino 1996–1998.
151. W. Dahlheim, Die Antike. Griechenland und Rom von den Anfängen bis zur Expansion des Islam, 4. Aufl., Paderborn u. a. 1996.
152. R. Osborne, Greece in the Making, 1200–479 BC, London und New York 1996.
153. W. Schuller, Die Welt der Griechen, in: Brockhaus. Die Weltgeschichte, Band 2. Antike Welten, Leipzig und Mannheim 1997, 112–283.
154. C. Baurain, Les Grecs et la Méditerranée Orientale. Des „siècles obscurs" à la fin de l'époque archaïque, Paris 1997.
155. P. Cartledge (Hrsg.), Kulturgeschichte Griechenlands in der Antike, Stuttgart 2000 (englisch 1998).
156. S. B. Pomeroy/St. M. Burstein/W. Donlan/J. T. Roberts, Ancient Greece. A Political, Social, and Cultural History, New York und Oxford 1999.
157. K. Brodersen (Hrsg.), Große Gestalten der griechischen Antike, München 1999.
158. D. Lotze, Griechische Geschichte, 4. Aufl., München 2000.
159. H.-J. Gehrke/H. Schneider (Hrsgg.), Geschichte der Antike. Ein Studienbuch, Stuttgart und Weimar 2000.
160. D. Lotze, Bürger und Unfreie im vorhellenistischen Griechenland. Ausgewählte Aufsätze, Stuttgart 2000.

b) Einführungen

161. E. Boshof/K. Düwell/H. Kloft, Grundlagen des Studiums der Geschichte, Köln und Wien 1973.
162. H. Bengtson, Einführung in die Alte Geschichte, München 1979, 8. Aufl.
163. M. Clauss, Einführung in die Alte Geschichte, München 1993.
164. W. Nippel (Hrsg.), Über das Studium der Alten Geschichte, München 1993.
165. W. Schuller, Einführung in die Geschichte des Altertums, Stuttgart 1994.

166. D. VOLLMER mit M. MERL, M. SEHLMEYER und U. WALTER, Alte Geschichte in Studium und Unterricht, Stuttgart 1994.
167. H.-G. NESSELRATH (Hrsg.), Einleitung in die griechische Philologie, Stuttgart und Leipzig 1997.
168. H.-J. GEHRKE, Kleine Geschichte der Antike, München 1999.

c) Nachschlagewerke

169. Real-Encyclopädie der classischen Altertumswissenschaft (RE), Stuttgart 1893–1980.
170. Der Kleine Pauly, 5 Bde., Stuttgart 1964–1975 (auch als Taschenbuch).
171. Lexikon der Alten Welt, Zürich und Stuttgart 1965 (LAW; auch als Taschenbuch).
172. The Oxford Classical Dictionary, 3. Aufl., Oxford 1996.
173. R. STILLWELL, The Princeton Encyclopedia of Classical Sites, Princeton 1976.
174. Lexikon der Antike, 9. Aufl., Leipzig 1987.
175. S. LAUFFER (Hrsg.), Griechenland. Lexikon der Historischen Stätten, München 1989.
176. Lexicon Iconographicum Mythologiae Classicae (LIMC), 8 Bände in 16 Halbbänden, 1981–1997.
177. P. M. FRASER/E. MATTHEWS (Hrsgg.), A Lexicon of Greek Personal Names, bisher 3 Bde., Oxford 1987ff.
178. Lexikon Alte Kulturen, 3 Bde., Mannheim, Leipzig u. a. 1990–1993.
179. G. SPEAKE (Hrsg.), A Lexicon of Ancient History, Oxford 1994.
180. M. J. OSBORNE/S. G. BYRNE, The foreign residents of Athens. An annex to the Lexicon of Greek personal names: Attica, Leuven 1996.
181. Der Neue Pauly. Enzyklopädie der Antike, Stuttgart und Weimar 1996ff.
182. S. HORNBLOWER/E. MATTHEWS (Hrsgg.), Greek Personal Names. Their Value as Evidence, Oxford 2000.

d) Atlanten

183. H. KIEPERT, Atlas antiquus, 12. Aufl., Gotha 1958.
184. Großer Historischer Weltatlas. Herausgegeben vom Bayerischen Schulbuchverlag, Erster Teil: Vorgeschichte und Altertum, 6. Aufl., München 1978.
185. M. I. FINLEY, Atlas der Klassischen Archäologie, München 1979.
186. N. G. L. HAMMOND, Atlas of the Greek and Roman World in Antiquity, Park Ridge 1981.
187. K. BRANIGAN, The Atlas of Archaeology, London 1982.
188. R. J. A. TALBERT, Atlas of Classical History, London und Sydney 1985.

189. R. J. A. TALBERT, Barrington Atlas of the Greek and Roman World, Princeton und Oxford 2000.

e) Bibliographien

190. Archäologische Bibliographie, Berlin 1914 ff.
191. L'année philologique, Paris 1928 ff.
192. B. GULLATH, Wie finde ich altertumswissenschaftliche Literatur, Berlin 1992.

f) Chronologie

193. A. E. SAMUEL, Greek and Roman Chronology, München 1972.
194. E. J. BICKERMAN, Chronology of the Ancient World, 2. Aufl., Ithaca 1980.

2. SYSTEMATISCHES

a) Konzeptionen und Richtungen

195. J. ROMEIN, Über integrale Geschichtsschreibung, in: Schweizer Beiträge zur Allgemeinen Geschichte 16 (1958) 207–220.
196. M. BLOCH/F. BRAUDEL/L. FEBVRE, Schrift und Materie der Geschichte (hrsg. v. C. HONEGGER), Frankfurt a. M. 1977.
197. S. C. HUMPHREYS, Anthropology and the Greeks, London u. a. 1978.
198. W. NIPPEL, Die Heimkehr der Argonauten aus der Südsee. Ökonomische Anthropologie und die Theorie der griechischen Gesellschaft in klassischer Zeit, in: Chiron 12 (1982) 1–39.
199. W. SCHULLER, Klassenkampf und Alte Geschichte, in: HZ 236 (1983) 403–413.
200. P. KONDYLIS, Marx und die griechische Antike, Heidelberg 1987.
201. M. BERNAL, Black Athena: the Afroasiatic Roots of Classical Civilization, 2 Bde., New Brunswick 1987 und 1991 (Bd. 1 deutsch: Schwarze Athena, München und Leipzig 1992).
202. M. LEFKOWITZ/G. ROGERS (Hgg.), Black Athena Revisited, Chapel Hill 1996.
203. M. LEFKOWITZ, Not out of Africa: How Afrocentrism Became an Excuse to Teach Myth as History, New York 1996.
204. J.-P. VERNANT/P. VIDAL-NAQUET, Myth and Tragedy in Ancient Greece, New York 1988.

b) Wissenschaftsgeschichte

205. Sir J. E. Sandys, A History of Classical Scholarship, 3 Bde., 3. Aufl., Cambridge 1920 (ND New York 1958).
206. A. Heuss, Max Webers Bedeutung für die Geschichte des griechisch-römischen Altertums, in: HZ 201 (1965) 529–556.
207. W. Schiering, Zur Geschichte der Archäologie, in: 269: Hausmann, 11–161.
208. R. Pfeiffer, History of Classical Scholarship from 1300 to 1850, Oxford 1970.
209. K. Christ, Von Gibbon zu Rostovtzeff. Leben und Werk führender Althistoriker der Neuzeit, Darmstadt 1972.
210. V. Losemann, Nationalsozialismus und Antike. Studien zur Entwicklung des Faches Alte Geschichte 1933–1945, Hamburg 1977.
211. A. Demandt, Alte Geschichte an der Berliner Universität 1810–1960, in: Berlin und die Antike, Aufsätze, Berlin 1979, 69–97.
212. B. Näf, Von Perikles zu Hitler? Die athenische Demokratie und die deutsche Althistorie bis 1945, Bern u. a. 1986.
213. H. Waterhouse, The British School at Athens. The First Hundred Years, London 1986.
214. U. Jantzen, Einhundert Jahre Athener Institut, Mainz 1986.
215. L. Polverini, Il carteggio Beloch-Meyer, in: K. Christ/A. Momigliano (Hrsgg.), Die Antike im 19. Jahrhundert in Italien und Deutschland, Bologna/Berlin 1988, 199–219.
216. G. A. Lehmann, Eduard Meyer, in: M. Erbe (Hrsg.), Berlinische Lebensbilder. Geisteswissenschaften, Bd. 4, Berlin 1989, 269–285.
217. W. Schuller, Alte Geschichte in der DDR. Vorläufige Skizze, in: A. Fischer/G. Heydemann (Hrsgg.), Geschichtswissenschaft in der DDR, Bd. 2, Berlin 1990, 37–58.
218. K. Christ, Neue Profile der Alten Geschichte, Darmstadt 1990.
219. H.-J. Gehrke, Zwischen Altertumswissenschaft und Geschichte. Zur Standortbestimmung der Alten Geschichte am Ende des 20. Jahrhunderts, in: E.-R. Schwinge (Hrsg.), Die Wissenschaften vom Altertum am Ende des 2. Jahrtausends n. Chr., Stuttgart und Leipzig 1995, 160–196.
220. K. Christ, Griechische Geschichte und Wissenschaftsgeschichte, Stuttgart 1996.
221. K. A. Raaflaub, Greece, in: K. A. Raaflaub/A. M. Ward/St. M. Burstein/R. Mac Mullen, Ancient History: Recent Work and New Directions, Claremont 1997, 1–35.
222. C. Ampolo, Storie greche. La formazione della moderna storiografia sugli antichi Greci, Torino 1997.
223. K. Christ, Hellas. Griechische Geschichte und deutsche Geschichtswissenschaft, München 1999.

224. A. Momigliano, Ausgewählte Schriften zur Geschichte und Geschichtsschreibung, 3 Bde., Stuttgart und Weimar 1998–2000.

c) *Geschichtsschreibung und mündliche Überlieferung*

225. F. Jacoby, Atthis, Oxford 1949 (NDe).
226. H. Strasburger, Die Wesensbestimmung der Geschichte durch die antike Geschichtsschreibung, Frankfurt a. M. 1966.
227. K. v. Fritz, Die Griechische Geschichtsschreibung, Bd. 1, Berlin 1967 (mehr nicht erschienen).
228. H. Strasburger, Umblick im Trümmerfeld der griechischen Geschichtsschreibung, in: Festschrift für W. Peremans, Löwen 1977, 3–52.
229. A. Momigliano, Greek Historiography, in: History and Theory 17 (1978) 1–28.
230. L. Pearson, The Greek Historians of the West. Timaeus and His Predecessors, Atlanta 1987.
231. K. A. Raaflaub, Athenische Geschichte und mündliche Uberlieferung, in: J. v. Ungern-Sternberg/H. Reinau (Hrsgg.), Vergangenheit in mündlicher Überlieferung, Stuttgart 1988, 197–225.
232. R. Thomas, Oral Tradition and Written Record in Classical Athens, Cambridge u. a. 1989.
233. J. M. Alonso-Núñez (Hrsg.), Geschichtsbild und Geschichtsdenken im Altertum, Darmstadt 1990.
234. W. Schuller, Die griechische Geschichtsschreibung der klassischen Zeit, in: 233: Alonso-Núñez, 90–112.
235. W. Will, Die griechische Geschichtsschreibung des 4. Jahrhunderts, in: 233: Alonso-Núñez, 113–135.
236. K. Meister, Die griechische Geschichtschreibung. Von den Anfängen bis zum Ende des Hellenismus, Stuttgart u. a. 1990.
237. W. Kullmann und M. Reichel (Hrsgg.), Der Übergang von der Mündlichkeit zur Literatur bei den Griechen, Tübingen 1990.
238. R. Thomas, Literacy and Orality in Ancient Greece, Cambridge 1992.
239. E. Ruschenbusch, Zur Genese der Überlieferung über die archaische Zeit Griechenlands und das 5. und 4. Jh. v. Chr., in: Historia 41 (1992) 385–394.
240. O. Lendle, Einführung in die griechische Geschichtsschreibung, von Hekataios bis Zosimos, Darmstadt 1992.

d) *Epigraphik und Papyrologie*

241. G. Klaffenbach, Griechische Epigraphik, 2. Aufl., Göttingen 1966.
242. M. Guarducci, Epigrafia greca, 4 Bde., Roma 1967–1978 (Kurzfassung in einem Band Roma 1987).
243. E. G. Turner, Greek Papyri, Oxford 1968.

244. L. Robert, Die Epigraphik der klassischen Welt, Bonn 1970.
245. St. V. Tracy, The Lettering of an Athenian Mason, Princeton 1975.
246. G. Pfohl, Das Studium der griechischen Epigraphik. Eine Einführung, Darmstadt 1977.
247. L. Threatte, The Grammar of Attic Inscriptions, Bd. 1, Berlin und New York 1980.
248. A. G. Woodhead, The Study of Greek Inscriptions, 2. Aufl., Cambridge 1981.
249. F. Berard u. a., Guide de l'épigraphiste. Bibliographie choisie des épigraphies antiques et médiévales, 2. Aufl., Paris 1988.
250. H.-A. Rupprecht, Kleine Einführung in die Papyruskunde, Darmstadt 1994.
251. J. Bodel (Hrsg.), Epigraphic Evidence. Ancient History from inscriptions, London und New York 2001.

e) Numismatik

252. G. Le Rider, La Numismatique Grecque comme Source d'Histoire Économique, in: P. Courbin (Hrsg.), Études Archéologiques, Paris 1963, 175–192.
253. K. Christ, Antike Numismatik, 2. Aufl., Darmstadt 1972.
254. P. R. Franke/M. Hirmer, Die griechische Münze, 2. Aufl., München 1972.
255. M. Thompson/L. Mørkholm und C. M. Kraay (Hrsgg.), An Inventory of Greek Coin Hoards, New York 1973.
256. A. H. M. Jones, Numismatics and History, in: Ders., The Roman Economy, Oxford 1974, 61–80.
257. C. M. Kraay, Archaic and Classic Greek Coins, London 1976.
258. R. Göbl, Antike Numismatik, 2 Bde., München 1978.
259. M. R. Alföldi, Antike Numismatik, 2 Bde., Mainz 1978.
260. O. Mørkholm, Some Reflections on the Production and Use of Coinage in Ancient Greece, in: Historia 31 (1982) 290–305.
261. E. Akurgal, Zur Datierung der älteren ionischen Münzen mit Löwenkopfdarstellungen, in: Beiträge zur Altertumskunde Kleinasiens. Festschrift für Kurt Bittel, hrsg. v. Rainer M. Boehmer, Bd. 1, Mainz 1983, 1–11.
262. P. Grierson, Introduzione alla numismatica, Roma 1984.
263. Th. R. Martin, Sovereignty and Coinage in Classical Greece, Princeton 1985.
264. I. Carradice (Hrsg.), Coinage and Administration in the Athenian and Persian Empires, Oxford 1987.
265. J. Kroll, The Greek Coins, Princeton 1993.

266. T. R. MARTIN, Why did the Greek polis originally need coins?, in: Historia 45 (1996) 259–283.
267. J. NOLLÉ, Themistokles in Magnesia. Über die Anfänge der Mentalität, das eigene Porträt auf Münzen zu setzen, in: SNR 75 (1996) 5–31.
268. CH. HOWGEGO, Geld in der Antiken Welt. Was Münzen über Geschichte verraten, Darmstadt 2000.

f) Archäologie

269. U. HAUSMANN (Hrsg.), Allgemeine Grundlagen der Archäologie, München 1969.
270. R. M. COOK, Greek Painted Pottery, 2. Aufl., London 1972.
271. F. G. MAIER, Archäologie und Geschichte. Ausgrabungen in Alt-Paphos, Konstanz 1973.
272. H. MÜLLER-KARPE, Einführung in die Vorgeschichte, München 1975.
273. J. BOARDMAN/J. DÖRIG/W. FUCHS/M. HIRMER, Die griechische Kunst, 3. Aufl., München 1976.
274. F. G. MAIER, Neue Wege in die Alte Welt. Methoden der modernen Archäologie, Hamburg 1977.
275. J. BOARDMAN, Schwarzfigurige Vasen aus Athen. Ein Handbuch, Mainz 1977.
276. I. SCHEIBLER, Vasen, in: 169: RE, Suppl. 15 (1978) 663 – 700.
277. J. BOARDMAN, Rotfigurige Vasen aus Athen. Die archaische Zeit. Ein Handbuch, Mainz 1981.
278. E. SIMON, Die griechischen Vasen, 2. Aufl., München 1981.
279. J. BOARDMAN, Griechische Plastik. Die archaische Zeit. Ein Handbuch, Mainz 1981.
280. B. ANDREAE (Hrsg.), Archäologie und Gesellschaft. Forschung und öffentliches Interesse, Stuttgart und Frankfurt a. M. 1981.
281. A. VERBANCK-PIERARD/G. DONNAY, Art et politique a Athènes de Solon à Démétrios de Phalère, in: Annales d'histoire, de l'art et d'archéologie de l'Université Libre de Bruxelles 3 (1981) 17–45.
282. P. COURBIN, Qu'est-ce que l'archéologie? Essai sur la nature de la recherche archéologique, Paris 1982.
283. W. FUCHS, Die Skulptur der Griechen, 3. Aufl., München 1983.
284. I. SCHEIBLER, Griechische Töpferkunst. Herstellung, Handel und Gebrauch der antiken Tongefäße, München 1983.
285. I. WEHGARTNER, Attisch Weißgrundige Keramik. Maltechniken, Werkstätten, Formen, Verwendung, Mainz 1983.
286. F. LISSARAGUE/F. THELAMON (Hrsgg.), Image et céramique grecque. Actes du Colloque de Rouen 25–26 Novembre 1982, Rouen 1983.
287. H. G. NIEMEYER, Einführung in die Archäologie, 3. Aufl., Darmstadt 1983.

288. C. Bernard/J.-P. Vernant u. a., Die Bilderwelt der Griechen. Schlüssel zu einer „fremden" Kultur, Mainz 1985.

289. H. Mommsen, Archäometrie. Neuere naturwissenschaftliche Methoden und Erfolge in der Archäologie, Stuttgart 1986.

290. W. Hoepfner/E.-L. Schwandner, Haus und Stadt im klassischen Griechenland, 2. Aufl., München 1994.

291. G. Gruben, Die Tempel der Griechen, 4. Aufl., München 1986.

292. J. Boardman, Griechische Plastik. Die klassische Zeit. Ein Handbuch, Mainz 1987.

293. U. Leute, Archaeometry. An Introduction to Physical Methods in Archaeology and the History of Art, Weinheim 1987.

294. O. Höckmann, Zur Problematik der Anwendung naturwissenschaftlicher Datierungsmethoden in der Archäologie, in: 970: Buchholz, 29–52.

295. A. M. Snodgrass, An Archaeology of Greece. The present state and future scope of a discipline, Berkeley u. a. 1987.

296. K. Fittschen (Hrsg.), Griechische Porträts, Darmstadt 1988.

297. J. V. Noble, The Techniques of Painted Attic Pottery, London 1988.

298. A. M. Borbein, Tendenzen der Stilgeschichte der bildenden Kunst und politisch-soziale Entwicklungen zwischen Kleisthenes und Perikles, in: 721: Schuller u. a., 91–108.

299. K. Schefold, Die Bedeutung der Kunstgeschichte für die Datierung der frühgriechischen Epik, in: Colloquium Rauricum Bd. 2, Basel 1990, 513–526.

300. J. G. Pedley, Greek Art and Archaeology, London 1993.

301. I. Morris (Hrsg.), Classical Greece: ancient histories and modern archaeologies, Cambridge 1994.

302. A. H. Borbein/T. Hölscher/P. Zanker (Hrsgg.), Klassische Archäologie. Eine Einführung, Berlin 2000.

303. U. Sinn, Einführung in die Klassische Archäologie, München 2000.

g) Geographie und Topographie

304. W. Judeich, Topographie von Athen, 2. Aufl., München 1931.

305. E. Meyer, Peloponnesische Wanderungen. Reisen und Forschungen zur antiken und mittelalterlichen Topographie von Arkadien und Achaia, Zürich und Leipzig, 1939.

306. A. Philippson/E. Kirsten, Die griechischen Landschaften, 3 Bde. in 6, Frankfurt a. M. 1950–1959.

307. J. L. Myres, Geographical History in Greek Lands, Oxford 1953.

308. E. Meyer, Neue Peloponnesische Wanderungen, Bern 1957.

309. W. K. Pritchett, Studies in Ancient Greek Topography, 5 Bde., Berkeley und Los Angeles 1965–1985.

310. E. Kirsten/W. Kraiker, Griechenlandkunde, 2 Halbbde., 5. Aufl., Heidelberg 1967.

311. I. T. HILL, The Ancient City of Athens. Its Topography and Monuments, Chicago 1969.
312. H. SCHOLZ, Süd-Ost hin und zurück, Hamburg 1970.
313. J. TRAVLOS, Bildlexikon zur Topographie des antiken Athen, Tübingen 1971.
314. E. KIRSTEN, Süditalienkunde. Ein Führer zu klassischen Stätten, Heidelberg 1975.
315. F. BROMMER, Die Akropolis von Athen, Darmstadt 1985.
316. J. M. FOSSEY, The ancient topography of Eastern Phocis, Amsterdam 1986.
317. R. OSBORNE, Classical Landscape with Figures. The Ancient Greek City and its Countryside, London 1987.
318. D. MÜLLER, Topographischer Bildkommentar zu den Historien Herodots. Griechenland im Umfang des heutigen griechischen Staatsgebiets, 2 Bde., Tübingen 1987, 1997.
319. H.-J. GEHRKE, Eretria und sein Territorium, in: Boreas 11 (1988) 15–42.
320. J. TRAVLOS, Bildlexikon zur Topographie des antiken Attika, Tübingen 1988.
321. U. MUSS/CH. SCHUBERT, Die Akropolis von Athen, Graz 1988.
322. E. D. FRANCIS/M. VICKERS, The Agora Revisited: Athenian Chronology c. 500–450 BC, in: ABSA 83 (1988) 143–168.
323. H. LAUTER u. a., Attische Festungen. Beiträge zum Festungswesen und zur Siedlungsstruktur vom 5. bis zum 3. Jh. v. Chr. (Attische Forschungen 3), Marburg 1989.
324. J. M. CAMP, Die Agora von Athen. Ausgrabungen im Herzen des klassischen Athen, Mainz 1989.
325. H. v. STEUBEN, Die Agora des Kleisthenes – Zeugnis eines radikalen Wandels?, in: 721: SCHULLER u. a., 1989, 81–90.
326. H.-J. GEHRKE, Zur Rekonstruktion antiker Seerouten: Das Beispiel des Golfs von Euboia, in: Klio 74 (1992) 98–117.
327. E. OLSHAUSEN, Einführung in die Historische Geographie der Alten Welt, Darmstadt 1991.
328. E. OLSHAUSEN/H. SONNABEND (Hgg.), Stuttgarter Kolloquium zur historischen Geographie des Altertums 4, 1990, Amsterdam 1994.
329. A. MERSCH, Studien zur Siedlungsgeschichte Attikas von 950 bis 400 v. Chr., Frankfurt a. M. u. a. 1996.
330. K. FREITAG, Der Golf von Korinth. Historisch-topographische Untersuchungen von der Archaik bis in das 1. Jh. v. Chr., München 1999.
331. J. M. HURWIT, The Athenian Acropolis. History, Mythology, and Archaeology from the Neolithic Era to the Present, Cambridge 1999.

h) Sprache und Literatur

332. A. LESKY, Geschichte der griechischen Literatur, 3. Aufl., Bern und München 1971.

333. R. Schmitt, Einführung in die griechischen Dialekte, Darmstadt 1977.
334. E. Vogt (Hrsg.), Handbuch der Literaturwissenschaft, Bd. 2: Griechische Literatur, Wiesbaden 1981.
335. P. E. Easterling/B. M. W. Knox, The Cambridge History of Classical Literature, I. Greek Literature, Cambridge u. a. 1985.
336. L. Berkowitz/K. A. Squitier, Thesaurus Linguae Graecae. Canon of Greek Authors and Works, 2. Aufl., New York und Oxford 1986.
337. Die griechische Literatur in Text und Darstellung, griechisch und deutsch; Bd. 1, Archaische Periode, herausgegeben und übersetzt von J. Latacz, Stuttgart 1991; Bd. 2, Klassische Periode I, 5. Jh. v. Chr., herausgegeben und übersetzt von G. A. Seeck, Stuttgart 1986; Bd. 3, Klassische Periode II, 4. Jh. v. Chr., herausgegeben und übersetzt von H. Görgemanns, Stuttgart 1987.
338. B. Zimmermann, Die griechische Tragödie, 2. Aufl., München und Zürich 1992.
339. H.-J. Newiger, Drama und Theater. Ausgewählte Schriften zum griechischen Drama, Stuttgart 1996.
340. B. Zimmermann, Die griechische Komödie, Düsseldorf und Zürich 1998.
341. W. Schuller/M. Dreher, Auswahl und Bewertung von dramatischen Aufführungen in der athenischen Demokratie, in: 421, Polis & Politics, 523–539.
342. B. Zimmermann, Europa und die griechische Tragödie, Frankfurt am Main 2000.

i) Philosophie, Naturwissenschaften, Technik

343. W. K. C. Guthrie, A History of Greek Philosophy, 6 Bde., Cambridge 1962–1981.
344. K. v. Fritz, Pythagoreer, Pythagoreismus bis zum Ende des 4. Jhs. v. Chr., in: 169: RE 24 (1963) 209–268.
345. W. Röd, Die Philosophie der Antike 1. Von Thales bis Demokrit, München 1976.
346. A. Graeser, Die Philosophie der Antike 2. Sophistik und Sokratik. Platon und Aristoteles, München 1983.
347. Die Vorsokratiker, 2 Bände, griechisch-deutsch, Auswahl, Übersetzung und Erläuterungen von J. Mansfeld, Stuttgart 1983, 1986.
348. J. Mittelstrass, Griechische Bausteine der neuzeitlichen Rationalität, in: W. Schuller (Hrsg.), Antike in der Moderne, Konstanz 1985, 195- 209.
349. A. Patzer (Hrsg.), Der historische Sokrates, Darmstadt 1987.
350. J. de Romilly, Les grands sophistes dans l'Athènes de Périclès, Paris 1988.
351. A. Pichot, La naissance de la science. 2. La Grèce présocratique, Paris 1991.
352. G. E. R. Lloyd, Methods and Problems in Greek Science, Cambridge 1992.

353. H. Schneider, Einführung in die antike Technikgeschichte, Darmstadt 1992.
354. A. Krug, Heilkunst und Medizin in der Antike, 2. Aufl., München 1993.
355. J. Longrigg, Greek Rational Medicine, London 1993.
356. R. Tölle-Kastenbein, Das archaische Wasserleitungsnetz für Athen und seine späteren Bauphasen, Mainz 1994.
357. J. Longrigg, Greek Medicine. From the Heroic to the Hellenistic Age, Londen 1998.
358. L. Zhmud', Wissenschaft, Philosophie und Religion im frühen Pythagoreismus, Berlin 1997.
359. Ch. Schubert/U. Huttner (Hrsgg.), Frauenmedizin in der Antike, Düsseldorf und Zürich 1999
360. M. Erler/A. Graeser (Hrsgg.), Philosophen des Altertums, 2 Bde., o. O. (Darmstadt), 2000.
361. J. Brunschwig/G. Lloyd (Hrsgg.), Das Wissen der Griechen. Eine Enzyklopädie, München 2000.

j) Staat und Gesellschaft

362. G. Busolt, Griechische Staatskunde, 2 Bde. (Bd. 2 mit H. Swoboda), 3. Aufl., München 1920, 1926.
363. W. S. Ferguson, The Attic Orgeones, in: Harvard Theol. Rev. 37 (1944) 61–140.
364. Ders., Orgeonika, in: Commemorative Studies in Honor of Theodore Leslie Shear, Hesperia Suppl. 8 (1949) 130–163.
365. F. Gschnitzer, Gemeinde und Herrschaft. Von den Grundformen griechischer Staatsordnung, Wien 1960.
366. A. Andrewes, Philochoros on Phratries, in: JHS 81 (1961) 1–15.
367. Ders., Phratries in Homer, in: Hermes 89 (1961) 129–140.
368. H. J. Wolff, Eherecht und Familienverfassung, in: Ders., Beiträge zur Rechtsgeschichte Altgriechenlands und des hellenistisch-römischen Ägypten, Weimar 1961, 155–242.
369. V. Ehrenberg, Der Staat der Griechen, 2. Aufl., Zürich und Stuttgart 1965.
370. J. A. O. Larsen, Greek Federal States, Oxford 1968.
371. F. Gschnitzer (Hrsg.), Zur griechischen Staatskunde, Darmstadt 1969.
372. A. Giovannini, Untersuchungen über die Natur und die Anfänge der bundesstaatlichen Sympolitie in Griechenland, Göttingen 1971.
373. E. S. Staveley, Greek and Roman Voting and Elections, London 1972.
374. H. Blanck, Einführung in das Privatleben der Griechen und Römer, Darmstadt 1976.
375. F. Bourriot, Recherches sur la nature du génos. Étude d'histoire sociale athénienne – Périodes archaïque et classique, Lille und Paris 1976.

376. D. Roussel, Tribu et cité. Études sur les groupes sociaux dans les cités grecques aux époques archaïque et classique, Paris 1976.
377. E. Ruschenbusch, Untersuchungen zu Staat und Politik in Griechenland vom 7.-4. Jh. v. Chr., Bamberg 1978.
378. F. Kolb, Agora und Theater, Volks- und Festversammlung, Berlin 1981.
379. Ch. Meier, Die Entstehung des Politischen bei den Griechen, 2. Aufl., Frankfurt a. M. 1983.
380. E. Ruschenbusch, Modell Amorgos, in: Aux origines de l'hellénisme (Festschrift H. van Effenterre), Paris 1984, 265–269.
381. F. Kolb, Die Stadt im Altertum, München 1984.
382. E. Ruschenbusch, Die Zahl der griechischen Staaten und Arealgröße und Bürgerzahl der „Normalpolis", in: ZPE 59 (1985) 253–263.
383. Ph. Gauthier, Les cités grecques et leurs bienfaiteurs, Athènes und Paris 1985.
384. K. Raaflaub, Die Entdeckung der Freiheit. Zur historischen Semantik und Gesellschaftsgeschichte eines politischen Grundbegriffes der Griechen, München 1985.
385. H.-J. Gehrke, Die klassische Polisgesellschaft in der Perspektive griechischer Philosophen, in: Saeculum 36 (1985) 133–150.
386. W. Gawantka, Die sogenannte Polis. Entstehung, Geschichte und Kritik der modernen althistorischen Grundbegriffe der griechische Staat, die griechische Staatsidee, die Polis, Stuttgart 1985.
387. H.-J. Gehrke, Stasis. Untersuchungen zu den inneren Kriegen in den griechischen Staaten des 5. und 4. Jahrhunderts v. Chr., München 1985.
388. M. I. Finley, Das politische Leben der antiken Welt, München 1986.
389. G. Herman, Ritualised Friendship and the Greek City, Cambridge u. a. 1987.
390. N. F. Jones, Public Organization in Ancient Greece. A Documentary Study, Philadelphia 1987.
391. K.-W. Welwei, Ursprünge genossenschaftlicher Organisationsformen in der archaischen Polis, in: Saeculum 39 (1988) 12–23.
392. Ph. Gauthier, Métèques, périèques et paroikoi: bilan et points d'interrogation, in: L'Étranger dans le monde grec, Nancy 1988, 23–46.
393. E. Corsini (Hrsg.), La polis e il suo teatro 2, Padova 1988.
394. F. Sartori, Teatro e storia nella Grecia antica: opinioni recenti su vecchi problemi, in: 392: Corsini, 11–48.
395. P. Veyne, Brot und Spiele. Gesellschaftliche Macht und politische Herrschaft in der Antike, Frankfurt a. M. 1989.
396. G. Thür, Wo wohnen die Metöken, in: 721: Schuller u. a., 115–119.
397. E. Stein-Hölkeskamp, Adelskultur und Polisgesellschaft. Studien zum griechischen Adel in archaischer und klassischer Zeit, Stuttgart 1989.
398. O. Murray/S. Price (Hrsgg.), The Greek City. From Homer to Alexander, Oxford 1990.

399. A. Molho/K. Raaflaub/J. Emlen (Hrsgg.), City States in Classical Antiquity and Medieval Italy, Stuttgart 1991.
400. K. Tausend, Amphiktyonie und Symmachie. Formen zwischenstaatlicher Beziehungen im archaischen Griechenland, Stuttgart 1992.
401. K. Raaflaub/E. Müller-Luckner (Hrsgg.), Anfänge politischen Denkens in der Antike. Die nahöstlichen Kulturen und die Griechen, München 1993.
402. M. H. Hansen (Hrsg.), The Ancient Greek City-State, Copenhagen 1993.
403. P. Barcelò, Basileia, Monarchia, Tyrannis. Untersuchungen zur Entwicklung und Beurteilung von Alleinherrschaft im vorhellenistischen Griechenland, Stuttgart 1993.
404. D. Whitehead (Hrsg.), From Political Architecture to Stephanus Byzantinus. Sources for the Ancient Greek Polis, Stuttgart 1994.
405. E. Baltrusch, Symmachie und Spondai. Untersuchungen zum griechischen Völkerrecht der archaischen und klassischen Zeit (8.-5. Jahrhundert v. Chr.), Berlin und New York 1994.
406. M. Jehne, Koine Eirene. Untersuchungen zu den Befriedungs- und Stabilisierungsbemühungen in der griechischen Poliswelt des 4. Jahrhunderts v. Chr., Stuttgart 1994.
407. M. H. Hansen (Hrsg.), Sources for the Ancient Greek City-State, Copenhagen 1995.
408. O. Behrends/W. Sellert (Hrsgg.), Nomos und Gesetz. Ursprünge und Wirkungen des griechischen Gesetzdenkens, Göttingen 1995.
409. M. H. Hansen/K. Raaflaub (Hrsgg.), Studies in the Ancient Greek Polis, Stuttgart 1995.
410. M. H. Hansen (Hrsg.), Introduction to an Inventory of Poleis, Copenhagen 1996.
411. M. H. Hansen/K. Raaflaub (Hgg.), More Studies in the Ancient Greek Polis, Stuttgart 1996.
412. H. Beck, Polis und Koinon. Untersuchungen zur Geschichte und Struktur der griechischen Bundesstaaten im 4. Jahrhundert v. Chr., Stuttgart 1997.
413. M. H. Hansen (Hrsg.), The Polis as an Urban Centre and as a Political Community, Copenhagen 1997.
414. M. H. Hansen (Hrsg.), Polis and City-State. An Ancient Concept and its Modern Equivalent, Copenhagen 1998.
415. K.-W. Welwei, Die griechische Polis. Verfassung und Gesellschaft in archaischer und klassischer Zeit, 2. Aufl., Stuttgart 1998.
416. W. Schuller (Hrsg.), Politische Theorie und Praxis im Altertum, Darmstadt 1998.
417. H. Quaritsch, Der Staatsbegriff und die antiken Politik-Theorien, in: 416: Schuller, 278–290.
418. A. Avram, Der Vertrag zwischen Rom und Kallatis. Ein Beitrag zum römischen Völkerrecht, Amsterdam 1999.

419. M. H. Hansen (Hrsg.), A Comparative Study of Thirty City-State Cultures, Copenhagen 2000.

420. Polis & Politics. Studies in Ancient Greek History Presented to Mogens Herman Hansen, Copenhagen 2000.

421. E. Lévy (Hrsg.), La codification des lois dans l'antiquité, Paris 2000.

422. M. Ostwald, Oligarchia. The Development of a Constitutional Form in Ancient Greece, Stuttgart 2000.

423. Ch. Rowe/M. Schofield (Hrsgg.), The Cambridge History of Greek and Roman Political Thought, Cambridge 2000.

k) Wirtschaft und Gesellschaft

424. Ed. Meyer, Die wirtschaftliche Entwicklung des Altertums, in: Ders., Kleine Schriften, Bd. 1, 2. Aufl., Halle 1924, 79–168.

425. J. Hasebroek, Staat und Handel im alten Griechenland, Tübingen 1928 (ND Hildesheim 1966).

426. F. M. Heichelheim, Wirtschaftsgeschichte des Altertums, 2 Bde., Leiden 1938 (ND 1969); engl. Ausgabe: An Ancient Economic History, 3 Bde., Leiden 1957–1970.

427. Ed. Will, Archéologie et histoire économique, in: Annales de l'Est, mém. 19 (1958) 147–166.

428. R. M. Cook, Die Bedeutung der bemalten Keramik für den griechischen Handel, in: JDAI 74 (1959) 114–123.

429. Ed. Will, Limites, Possibilités et tâches de l'Histoire Économique et Sociale du Monde Grec Antique, in: P. Courbin (Hrsg.), Études Archéologiques, Paris 1963, 153–166.

430. R. Bogaert, Banques et banquiers dans les cités grecques, Leyde 1968.

431. M. I. Finley, Aristoteles und ökonomische Analyse, in: JWG 1971/II, 87–105.

432. J. Pečírka, Homestead Farms in Classical and Hellenistic Hellas, in: M. I. Finley (Hrsg.), Problèmes de la terre en Grèce ancienne, Paris 1973, 113–147.

433. M. I. Finley (Hrsg.), The Bücher-Meyer Controversy, New York 1979.

434. F. Kiechle, Korkyra und der Handelsweg durch das Adriatische Meer, in: Historia 28 (1979) 173–191.

435. J. K. Davies, Wealth and the Power of Wealth in Classical Athens, New York 1981.

436. R. J. Hopper, Handel und Industrie im klassischen Griechenland, München 1982.

437. B. R. MacDonald, The import of Attic Pottery to Corinth and the question of trade during the Peloponnesian war, in: JHS 102 (1982) 113–123.

438. J-P. Morel, La céramique comme indice du commerce antique (réalités et interprétation), in: P. Garnsey/C. R. Whittaker (Hrsgg.), Trade and Famine in Classical Antiquity, 1983, 66–74.
439. M. Austin/P. Vidal-Naquet, Gesellschaft und Wirtschaft im alten Griechenland, München 1984.
440. M. I. Finley, Die antike Wirtschaft, München 1993, 3. Aufl.
441. P. Garnsey, Grain for Athens, in: Crux (Festschrift G. E. M. De Ste. Croix), 1985, 62–75.
442. Y. Garlan, De l'usage par les historiens du materiel amphorique grec, in: DHA 11 (1985) 239–355.
443. J.-Y. Empereur/Y. Garlan (Hrsgg.), Recherches sur les amphores grecques, BCH Supplément XIII, 1986.
444. R. Bogaert, Grundzüge des Bankwesens im alten Griechenland, Konstanz 1986.
445. P. Halstead, Traditional and ancient rural economy in Mediterranean Europe: plus ça change?, in: JHS 107 (1987) 77–87.
446. F. Vannier, Finances publiques et richesses privées dans le discours athénien aux Ve et IVe siècles, Paris 1988.
447. G. Audring, Karl Marx und die antike Ökonomie, in: Mélanges Pierre Lévêque, Bd. 2, Paris 1989, 7–16.
448. L. Neesen, Demiurgoi und Artifices. Studien zur Stellung freier Handwerker in antiken Städten, Frankfurt a. M. u. a. 1989.
449. P. Millett, Lending and Borrowing in Ancient Athens, Cambridge u. a. 1991.
450. E. Cohen, Athenian Economy and Society. A Banking Perspective, Princeton 1992.
451. B. Wells (Hrsg.), Agriculture in Ancient Greece, Stockholm 1992.
452. S. Isager/J. E. Skydsgaard, Ancient Greek Agriculture, London 1992.
453. H. Kloft, Die Wirtschaft der griechisch-römischen Welt, Darmstadt 1992.
454. A. Burford, Land and Labor in the Greek World, Baltimore und London 1993.
455. V. Hanson, The Other Greeks. The Family Farm and the Agrarian Roots of Western Civilization, New York 1995.
456. P. Cartledge, The economy (economies) of ancient Greece, in: Dialogos 5 (1998) 4–24.

l) Sklaven

457. Ed. Meyer, Die Sklaverei im Altertum, in: Ders., Kleine Schriften, Bd. 1, 2. Aufl., Halle 1924, 169–212.
458. W. L. Westermann, The Slave Systems of Greek and Roman Antiquity, Philadelphia 1955 (ND 1964).
459. D. Lotze, Metaxy eleutheron kai doulon, Berlin 1959 (ND New York 1979)

460. M. I. FINLEY, Was Greek Civilization Based on Slave Labour?, in: Historia 8 (1959), 145–164.
461. F. VITTINGHOFF, Die Theorie des historischen Materialismus über den antiken „Sklavenhalterstaat", in: Saeculum 11 (1960) 89–131.
462. F. GSCHNITZER, Studien zur griechischen Terminologie der Sklaverei, 2 Bde., Wiesbaden 1963, 1976.
463. H. KLEES, Herren und Sklaven. Die Sklaverei im oikonomischen und politischen Schrifttum der Griechen in klassischer Zeit, Wiesbaden 1975.
464. M. H. JAMESON, Agriculture and Slavery in Classical Athens, in: CJ 73 (1977/78) 122–145.
465. S. LAUFFER, Die Bergwerkssklaven von Laureion, 2. Aufl., Wiesbaden 1979.
466. N. BROCKMEYER, Antike Sklaverei, Darmstadt 1979.
467. M. I. FINLEY, Die Sklaverei in der Antike. Geschichte und Probleme, München 1981.
468. Y. GARLAN, Les esclaves en Grèce ancienne, Paris 1982.
469. H. KLEES, Sklavenleben im klassischen Griechenland, Stuttgart 1998.

m) Recht

470. J. H. LIPSIUS, Das Attische Recht und Rechtsverfahren, 3 Bände, Leipzig 1905–1915 (ND Darmstadt 1966).
471. K. LATTE, Heiliges Recht, Tübingen 1920.
472. E. WOLF, Griechisches Rechtsdenken, 4 Bde. in 6, Frankfurt a. M. 1950–1970.
473. D. MACDOWELL, Athenian Homicide Law, Manchester 1963.
474. H. J. WOLFF, Recht, in: 171: LAW, 2516–2532.
475. H. MEYER-LAURIN, Gesetz und Billigkeit im attischen Prozeß, Weimar 1965.
476. H. J. WOLFF, Die attische Paragraphe, Weimar 1966.
477. DERS., Demosthenes als Advokat, Berlin 1968.
478. DERS., Gewohnheitsrecht und Gesetzesrecht in der griechischen Rechtsauffassung, in: 481: BERNEKER, 99–120.
479. DERS., Grundlagen des griechischen Vertragsrechts, in: 481: BERNEKER, 483–533.
480. DERS., Die Grundlagen des griechischen Eherechts, in: 481: BERNEKER, 620–654.
481. E. BERNEKER (Hrsg.), Zur griechischen Rechtsgeschichte, Darmstadt 1968.
482. E. RUSCHENBUSCH, Untersuchungen zur Geschichte des athenischen Strafrechts, Köln und Graz 1968.
483. A. R. W. HARRISON, The Law of Athens, 2 Bde., Oxford 1968, 1971.
484. J. MEINECKE, Gesetzesinterpretation und Gesetzesanwendung im Attischen Zivilprozeß, in: RIDA, 3e série, 18 (1971) 275–360.

485. H. J. WOLFF, Juristische Gräzistik – Aufgaben, Probleme, Möglichkeiten, in: DERS. (Hrsg.), Symposion 1971, Köln und Wien 1975, 1–22.
486. A. KRÄNZLEIN, Rechtsvorstellungen im altgriechischen und graecoägyptischen Rechtskreis, Graz 1975.
487. G. THÜR, Beweisführung vor den Schwurgerichtshöfen Athens. Die Proklesis zur Basanos, Wien 1977.
488. A. BISCARDI, Diritto greco antico, o. O. 1982.
489. H. J. WOLFF, Zum Problem der dogmatischen Erfassung des altgriechischen Rechts, in: P. DIMAKIS (Hrsg.), Symposion 1979, Köln und Wien 1983, 7–20.
490. D. COHEN, Theft in Athenian Law, München 1983.
491. J. TRIANTAPHYLLOPOULOS, Das Rechtsdenken der Griechen, München 1985.
492. D. MACDOWELL, Spartan Law, Edinburgh 1986.
493. M. GAGARIN, Early Greek Law, Berkeley u. a. 1986.
494. G. THÜR, Neuere Untersuchungen zum Prozeßrecht der griechischen Poleis. Formen des Urteils, in: Akten des 26. Deutschen Rechtshistorikertages, Frankfurt a. M. 1986, 467–484.
495. M. HILLGRUBER, Die zehnte Rede des Lysias. Einleitung, Text und Kommentar mit einem Anhang über die Gesetzesinterpretationen bei den attischen Rednern, Berlin und New York 1988.
496. ST. C. TODD, The Shape of Athenian Law, Oxford 1993.
497. V. J. HUNTER, Policing Athens. Social Control in the Attic Lawsuits, 420–320 b. C., Princeton 1994.
498. R. SEALEY, The Justice of the Greeks, Ann Arbor 1994.
499. L. FOXHALL/A. D. E. LEWIS (Hgg.), Greek Law in its Political Setting, London und New York 1996.
500. CH. CAREY, Trials from Classical Athens, London und New York 1997.
501. A. C. SCAFURO, The Forensic Stage. Settling Disputes in Graeco-Roman New Comedy, Cambridge 1997.
502. M. R. CHRIST, The Litigious Athenian, Baltimore und London 1998.
503. L. BURCKHARDT/J. V. UNGERN-STERNBERG (Hrsgg.), Große Prozesse im antiken Athen, München 2000.

n) Religion

504. M. P. NILSSON, Cults, Myths, Oracles, and Politics in Ancient Greece, Lund 1951.
505. W. F. OTTO, Theophania, Hamburg 1956.
506. H. W. PARKE/D. E. W. WORMELL, The Delphic Oracle, 2 Bde., Oxford 1956.
507. W. F. OTTO, Die Götter Griechenlands, 5. Aufl., Frankfurt a. M. 1961.
508. M. P. NILSSON, Geschichte der griechischen Religion, 2 Bde., 3. Aufl., München 1967, 1974.

509. H. LLOYD-JONES, The Justice of Zeus, Berkeley 1971.
510. W. BURKERT, Homo necans, Berlin und New York 1972.
511. H. SCHWABL, Zeus, in: 169: RE X A (1972) 253–376; Suppl. XV (1978) 993–1481.
512. B. R. M. SIMMS, The Eleusinia in the Sixth to the Fourth Centuries B. C., in: GRBS 16 (1975) 269–279.
513. W. BURKERT, Griechische Religion der archaischen und klassischen Epoche, Stuttgart u. a. 1977.
514. K. SCHEFOLD, Götter- und Heldensagen der Griechen in der spätarchaischen Kunst, München 1978.
515. G. S. KIRK, Griechische Mythen. Ihre Bedeutung und Funktion, Berlin 1980.
516. K. SCHEFOLD, Die Göttersage in der klassischen und hellenistischen Kunst, München 1981.
517. J. D. MIKALSON, Athenian Popular Religion, Chapel Hill und London 1983.
518. P. E. EASTERLIN/J. V. MUIR (Hrsgg.), Greek Religion and Society, Cambridge u. a. 1985.
519. E. SIMON, Die Götter der Griechen, 3. Aufl., München 1985.
520. B. RUTKOWSKI, The Cult Places of the Aegean, New Haven und London 1986.
521. F. GRAF, Griechische Mythologie, 2. Aufl., München und Zürich 1987.
522. W. PÖTSCHER, Hera. Eine Strukturanalyse im Vergleich mit Athena, Darmstadt 1987.
523. J. BREMMER (Hrsg.), Interpretations of Greek Mythology, London und Sydney 1987.
524. A. HENRICHS, Die Götter Griechenlands. Ihr Bild im Wandel der Religionswissenschaft, Bamberg 1987.
525. K. SCHEFOLD/F. JUNG, Die Urkönige Perseus, Bellerophon, Herakles und Theseus in der klassischen und hellenistischen Kunst, München 1988.
526. R. MUTH, Einführung in die griechische und römische Religion, Darmstadt 1988.
527. K. SCHEFOLD/F. JUNG, Die Sagen von den Argonauten, von Theben und Troia in der klassischen und hellenistischen Kunst, München 1989.
528. W. BURKERT, Antike Mysterien, München 1990.
529. C. FARAONE/D. OBBINK (Hgg.), Magika Hiera. Ancient Greek Magic and Religion, Oxford 1991.
530. J. MIKALSON, Honor Thy Gods. Popular Religion in Greek Tragedy, Chapel Hill 1991.
531. L. BRUIT ZAIDMAN/P. SCHMITT PANTEL, Religion in the Ancient Greek City, Cambridge 1992.
532. J. NEILS, Goddess and Polis. The Panathenaic Festival in Ancient Athens, Hanover NJ/Princeton 1992.

533. R. Garland, Introducing New Gods. The Politics of Athenian Religion, London 1992.
534. K. Dowden, The uses of Greek mythology, London und New York 1992.
535. R. Parker, Athenian Religion. A History, Oxford 1996.
536. J. Neils (Hrsg.), Worshipping Athena. Panathenaia and Parthenon, Madison 1996.
537. P. Hellström/B. Alroth (Hrsgg.), Religion and Power in the Ancient Greek World, Uppsala 1996.
538. A. B. Lloyd (Hrsg.), What is a God? Studies in the nature of Greek divinity, London 1997.
539. S. Price, Religions of the Ancient Greeks, Cambridge 1999.
540. A. Rubel, Stadt in Angst. Religion und Politik während des Peloponnesischen Krieges, Darmstadt 2000.

o) Krieg

541. J. Kromayer/G. Veith, Heerwesen und Kriegführung der Griechen und Römer, München 1928 (ND 1963).
542. H. W. Parke, Greek Mercenary Soldiers from the Earliest Times to the Battle of Ipsus, Oxford 1933 (ND 1970).
543. P. Ducrey, Le traitement des prisonniers de guerre dans la Grèce antique. Dès origines à la conquête romaine, Paris 1968.
544. F. Kiechle, Zur Humanität in der Kriegführung der griechischen Staaten, in: 371: Gschnitzer, 528–577.
545. Y. Garlan, La guerre dans l'antiquité, Paris 1972 (engl. Übers. ohne Anm. und mit erweiterter Bibliographie: War in the Ancient World, London 1975).
546. Ders., Recherches de poliorcétique grecque, Athen und Paris 1974.
547. W. K. Pritchett, The Greek State at War, 5 Bde., Berkeley u. a. 1974–1991.
548. K.-W. Welwei, Unfreie im antiken Kriegsdienst, 2 Bde., Wiesbaden 1974, 1977.
549. B. Jordan, The Athenian Navy in the Classical Period. A Study of Athenian Naval Administration and Military Organization in the Fifth and Fourth Centuries B. C., Berkeley u. a. 1975.
550. W. Lengauer, Greek commanders in the 5th & 4th centuries B. C. Politics & ideology: A study of militarism, Warszawa 1979.
551. J.-P. Adam, L'architecture militaire grecque, Paris 1982.
552. A. M. Snodgrass, Wehr und Waffen im antiken Griechenland, Mainz 1984.
553. J.-P. Vernant (Hrsg.), Problèmes de la guerre en Grèce ancienne, 2. Aufl., Paris 1985.
554. P. Leriche/H. Tréziny (Hrsgg.), La fortification dans l'histoire du monde grec, Paris 1986.
555. P. Ducrey, Warfare in Ancient Greece, New York 1986.

556. Ch. Meier, Die Rolle des Krieges im klassischen Athen, in: HZ 151 (1990) 555–605.
557. V. D. Hanson (Hrsg.), Hoplites. The Classical Greek Battle Experience, London und New York 1991.
558. J. Rich/G. Shipley (Hrsgg.), War and Society in the Greek World, London 1993.
559. M. Munn, The Defense of Attika. The Dema Wall and the Boiotian War of 378–375 B. C., Berkeley u. a. 1993.
560. L. Burckhardt, Bürger und Soldaten. Aspekte der politischen und militärischen Rolle athenischer Bürger im Kriegswesen des 4. Jahrhunderts v. Chr., Stuttgart 1996.
561. A. B. Lloyd (Hrsg.), Battle in Antiquity, London 1996.
562. J. Ober, The Rules of War in Classical Greece, in: Ders., The Athenian Revolution, Princeton 1996, 53–71.
563. V. D. Hanson, Warfare and agriculture in classical Greece, Berkeley u. a. 1998.
564. R. Schulz, Militärische Revolution und politischer Wandel. Das Schicksal Griechenlands im 4. Jahrhundert v. Chr., in: HZ 268 (1999) 281–310.
565. F. Prost (Hrsg.), Armées et sociétés de la Grèce classique. Aspects sociaux et politiques de la guerre au Ve et IVe s. av. J.-C., Paris 1999.
566. Guerres et sociétés dans les mondes grecs à l'époque classique. Colloque de la SOPHAU, Pallas 51 (1999).

p) Frauen

567. Women in the Ancient World, Arethusa 11 (1978).
568. N. Loraux, Le lit, la guerre, in: L'homme (1981), No. 1, 37–67.
569. B. J. Garland, Gynaikonomoi: An Investigation of Greek Censors of Women, Diss. Baltimore 1981.
570. G. Wickert-Micknat, Die Frau, in: Archaeologia Homerica III R, Göttingen 1982.
571. I. Savalli, La donna nella società della Grecia antica, Bologna 1983.
572. H. Kammerer-Grothaus, Frauenleben – Frauenalltag im antiken Griechenland, Berlin 1984.
573. S. B. Pomeroy, Frauenleben im klassischen Altertum, Stuttgart 1985.
574. G. Wickert-Micknat, Die Tochter in der frühgriechischen Gesellschaft, in: Saeculum 36 (1985) 113–128 (auch in: Gymnasium 94 [1987] 193–217).
575. G. Arrigoni (Hrsg.), Le donne in Grecia, Bari 1985.
576. W. Schuller, Frauen in der griechischen Geschichte, Konstanz 1985.
577. M. R. Lefkowitz, Women in Greek Myth, London 1986.
578. M. Skinner (Hrsg.), Rescuing Creusa: New Methodological Approaches to Women in Antiquity, Helios, N.S., 13,2 (1986).

579. J. LATACZ, Frauengestalten Homers, in: Die Frau in der Gesellschaft, Humanistische Bildung 11 (1987) 43–71.
580. N. LORAUX, Tragic Ways of Killing a Woman, Cambridge, Mass. und London, 1987.
581. S. HEINE, Wiederbelebung der Göttinnen? Zur systematischen Kritik einer feministischen Theologie, Göttingen 1987.
582. U. VEDDER, Frauentod – Kriegertod im Spiegel der attischen Grabkunst des 4. Jhs. v. Chr., in: MDAI (A) 103 (1987) 161–191.
583. J. HENDERSON, Older Women in Attic Old Comedy, in: TAPhA 117 (1987) 105–129.
584. B. S. RIDGWAY, Ancient Greek Women and Art: The Material Evidence, in: AJA 91 (1987) 399–409.
585. P. DU BOIS, Sowing the Body. Psychoanalysis and Ancient Representation of Women, Chicago und London 1988.
586. D. COHEN, Seclusion, separation, and the status of woman in classical Athens, in: G & R 36 (1989) 3–15.
587. J. M. SNYDER, The Woman and the Lyre. Women Writers in Classical Greece and Rome, Carbondale und Edwardsville 1989.
588. A. CAMERON, Women in Ancient Culture and Society, in: AU 32 (1989) Heft 2, 6–17.
589. C. REINSBERG, Ehe, Hetärentum und Knabenliebe im antiken Griechenland, München 1989.
590. R. ZOEPFFEL, Aufgaben, Rollen und Räume von Mann und Frau im archaischen und klassischen Griechenland, in: J. MARTIN/R. ZOEPFFEL (Hrsgg.), Aufgaben, Rollen und Räume von Frau und Mann, Freiburg und München 1989, 443–500.
591. G. CLARK, Women in the Ancient World, Oxford 1989.
592. R. JUST, Women in Athenian Law and Life, London und New York 1989.
593. R. SEALEY, Women and Law in Classical Greece, Chapel Hill und London 1990.
594. S. DES BOUVRIES, Women in Greek Tragedy. An Anthropological Approach, Oslo 1990.
595. B. WAGNER-HASEL (Hrsg.), Matriarchatstheorien der Altertumswissenschaft, Darmstadt 1991.
596. P. SCHMITT PANTEL (Hrsg.), Geschichte der Frauen, Bd. 1, Antike, Frankfurt a. M., New York und Paris 1993.
597. M. H. DETTENHOFER, Die Frauen von Sparta: Gesellschaftliche Position und politische Relevanz, in: Klio 75 (1993) 61–75.
598. K. R. WALTERS, Women and Power in Classical Athens, in: Woman's Power, Man's Game (Festschrift für J. K. King), Wauconda 1993, 194–214.
599. N. S. RABINOWITZ/A. RICHLIN (Hrsgg.), Feminist Theory and the Classics, New York und London 1993.
600. L. K. TAAFFE, Aristophanes and Women, London 1993.

601. N. DEMAND, Birth, Death and Motherhood in Classical Greece, Baltimore und London 1994.
602. E. FANTHAM/H. P. FOLEY/N. B. KAMPEN/S. B. POMEROY/H. A. SHAPIRO, Women in the Classical World. Image and Text, New York und Oxford 1994.
603. R. HAWLEY/B. LEVICK (Hgg.), Women in Antiquity. New Assessments, London 1995.
604. S. BLUNDELL, Women in Ancient Greece, London 1995.
605. CH. SCHNURR-REDFORD, Frauen im klassischen Athen. Sozialer Raum und reale Bewegungsfreiheit, Berlin 1995.
606. L. FOXHALL, The Law and the Lady: Women and Legal Proceedings in Classical Athens, in: DIES./A. D. E. LEWIS (Hrsgg.), Greek Law in its Political Setting. Justifications, not Justice, London und New York 1996, 133–152.
607. B. RÖDER/J. HUMMEL/B. KUNZ, Göttinnendämmerung. Das Matriarchat aus archäologischer Sicht, München 1996.
608. U. KRON, Priesthoods, Dedications and Euergetism: What Part Did Religion Play in the Political and Social Status of Greek Women?, in: 537: HELLSTRÖM/ALROTH, 139–182.
609. E. D. REEDER (Hrsg.), Pandora. Frauen im klassischen Griechenland, Basel 1996.
610. D. LYONS, Gender and Immortality. Heroines in ancient greek myth and cult, Princeton 1997.
611. L. L. LOVÉN/A. STRÖMBERG (Hgg.), Aspects of Women in Antiquity, Jonsered 1998.
612. M. GAGARIN, Women in Athenian Courts, in: Dike 1 (1998) 39–51.
613. D. COHEN, Women, Property and Status in Demosthenes 41 and 57, in: Dike 1 (1998) 53–61.
614. H. P. KARYDAS, Eurykleia and Her Successors. Female Figures of Authority in Greek Politics, London u. a. 1998.
615. H. KING, Hippocrates' Woman. Reading the female body in Ancient Greece, London und New York 1998.
616. D. M. SCHAPS, What Was Free About a Free Athenian Woman?, in: TAPhA 128 (1998) 161–188.
617. S. BLUNDELL, Women in Classical Athens, Bristol 1998.
618. J. DUMMER, Sappho: Dichterin von Lesbos oder lesbische Dichterin?, in: Jenaer Universitätsreden 8, Jena 1999, 209–228.
619. TH. SPÄTH/B. WAGNER-HASEL (Hrsgg.), Frauenwelten in der Antike. Geschlechterordnung und weibliche Lebenspraxis, Darmstadt 2000.

q) Athen und die Demokratie

620. U. v. WILAMOWITZ-MOELLENDORFF, Aristoteles und Athen, 2 Bde., Berlin 1893 (ND 1966).

621. I. Toepffer, Attische Genealogie, Berlin 1889 (ND 1973).
622. J. Kirchner, Prosopographia Attica, 2 Bde., Berlin 1901, 1903 (ND 1966).
623. L. Deubner, Attische Feste, 2. Aufl., Berlin 1932 (NDe).
624. H. Strasburger, Trierarchie, in: 169: RE 7 A (1939) 106 – 116.
625. C. Hignett, A History of the Athenian Constitution to the End of the Fifth Century B. C., Oxford 1952 (NDe).
626. A. H. M. Jones, The Athenian Democracy and its Critics, in: Ders., Athenian Democracy, Oxford 1957 (NDe), 41–72.
627. C. W. J. Eliot, Coastal Demes of Attika. A Study of the Policy of Kleisthenes, Toronto 1962.
628. R. Thomsen, Eisphora. A Study of Direct Taxation in Ancient Athens, Copenhagen 1964.
629. F. Willemsen, Ostraka, in: MDAI (A) 80 (1965) 100–126.
630. S. Dow, The Greater Demarkhia of Erkhia, in: BCH 89 (1965) 180–213.
631. J. Pečírka, The Formula for the Grant of Enktesis in Attic Inscriptions, Prag 1966.
632. M. Treu, Einwände gegen die Demokratie in der Literatur des 5./4. Jh., in: StudClas 12 (1970) 17–31.
633. H. E. Stier, Der Untergang der klassischen Demokratie, Opladen 1971.
634. J. K. Davies, Athenian Propertied Families 600–300 B. C., Oxford 1971.
635. D. Metzler, Porträt und Gesellschaft. Über die Entstehung des griechischen Porträts in der Klassik, Münster 1971.
636. F. Quass, Nomos und Psephisma, München 1971.
637. R. Thomsen, The Origin of Ostracism, Copenhagen 1972.
638. J. J. Keaney/A. E. Raubitschek, A Late Byzantine Account of Ostracism, in: AJPh 93 (1972) 87–91.
639. J. H. Kroll, Athenian bronze allotment plates, Cambridge, Mass. 1972.
640. E. Vanderpool, Ostracism at Athens, in: Lectures in Memory of Louise Taft Semple, Second Series, o. O. 1973, 163–214.
641. J. Martin, Von Kleisthenes zu Ephialtes, in: Chiron 4 (1974) 1–42.
642. J. S. Traill, The Political Organization of Attika. A Study of the Demes, Trittyes and Phylai, and their Representation in the Athenian Council, Princeton 1975.
643. E. Kluwe, Die soziale Zusammensetzung der athenischen Ekklesia und ihr Einfluß auf politische Entscheidungen, in: Klio 58 (1976) 295–333.
644. Ders., Nochmals zum Problem: Die soziale Zusammensetzung der athenischen Ekklesia und ihr Einfluß auf politische Entscheidungen, in: Klio 59 (1977) 45–81.
645. A. S. Henry, The Prescripts of Athenian Decrees, Leiden 1977.
646. D. Whitehead, The Ideology of the Athenian Metic, Cambridge 1977.
647. J. D. Mikalson, Religion in the Attic Demes, in: AJPh 98 (1977) 424–435.

648. M. WALBANK, Athenian Proxenies of the Fifth Century B. C., Toronto und Saratoga 1978.
649. D. M. MACDOWELL, The Law in Classical Athens, London 1978.
650. E. RUSCHENBUSCH, Die soziale Zusammensetzung des Rates der 500 in Athen im 4. Jh., in: ZPE 35 (1979) 177–180.
651. J. BLEICKEN, Zur Entstehung der Verfassungstypologie im 5. Jahrhundert v. Chr. (Monarchie, Aristokratie, Demokratie), in: Historia 28 (1979) 148–172 (auch in: DERS., Gesammelte Schriften I, Stuttgart 1998, 68–92).
652. W. SCHULLER, Zur Entstehung der griechischen Demokratie außerhalb Athens, in: H. SUND/M. TIMMERMANN (Hrsgg.), Auf den Weg gebracht (Festschrift Kiesinger), Konstanz 1979, 433–447 (auch in: 741: KINZL, 302–323).
653. H.-J. NEWIGER, Drama und Theater, in: G. A. SEECK (Hrsg.), Das griechische Drama, Darmstadt 1979, 434–503 (auch in: 339: NEWIGER 13–69).
654. F. KOLB, Polis und Theater, in: G. A. SEECK (Hrsg.), Das griechische Drama, Darmstadt 1979, 504–545.
655. P. J. RHODES, Athenian Democracy After 403 B. C., in: CJ 75 (1979/80) 305–323.
656. M. I. FINLEY, Antike und moderne Demokratie, Stuttgart 1980.
657. I. LABRIOLA, Tucidide e Platone sulla democrazia ateniese, in: QS 11 (1980) 207–229.
658. D. LOTZE, Zwischen Politen und Metöken. Passivbürger im klassischen Athen, in: Klio 63 (1981) 159–178 (auch in 160: DERS., 283–309).
659. G. A. LEHMANN, Der Ostrakismos-Entscheid in Athen: Von Kleisthenes zur Ära des Themistokles, in: ZPE 41 (1981) 85–99.
660. M. J. OSBORNE, Naturalization in Athens, 3 Bde., Brüssel 1981–1983.
661. E. SIMON, Festivals of Attica. An Archaeological Commentary, Madison 1983.
662. R. SEALEY, The Athenian Courts for Homicide, in: CPh 78 (1983) 275-296.
663. D. LOTZE, Entwicklungslinien der athenischen Demokratie im 5. Jh. v. Chr., in: Oikumene 4 (1983) 9–24 (auch in: 160: LOTZE, 219–238).
664. A. S. HENRY, Honours and Privileges in Athenian Decrees. The Formulae of Athenian Honorary Decrees, Hildesheim u. a. 1983.
665. M. H. HANSEN, Initiative und Entscheidung. Überlegungen über die Gewaltenteilung im Athen des 4. Jahrhunderts, Konstanz 1983.
666. DERS., The Athenian Ecclesia. A Collection of Articles 1976–83, Copenhagen 1983.
667. R. SEALEY, On Lawful Concubinage in Athens, in: CSCA 3 (1984) 111–133.
668. D. M. LEWIS, Democratic Institutions and their Diffusion, in: Akten des 7. Internationalen Kongresses für Griechische un Lateinische Epigraphik 1982, Bd. 1, Athen 1984, 55–61.
669. J. H. KROLL, More Athenian Allotment Plates, in: Studies St. DOW, 1984, 165–171.

670. W. Schuller, Wirkungen des Ersten Attischen Seebunds auf die Herausbildung der athenischen Demokratie, in: 1467: Balcer u. a. 87–101.
671. K. Raaflaub, Athens „Ideologie der Macht" und die Freiheit des Tyrannen, in: 1467: Balcer u. a., 45–86.
672. J. Touloumakos, Die theoretische Begründung der Demokratie in der klassischen Zeit Griechenlands, Athen 1985.
673. D. Lotze, Die Teilhabe des Bürgers an Regierung und Rechtsprechung in den Organen der direkten Demokratie des klassischen Athen, in: E. Kluwe (Hrsg.), Kultur und Fortschritt in der Blütezeit der griechischen Polis, Berlin 1985, 52–76 (auch in: 160: Lotze, 239–271).
674. R. Develin, Philochoros on Ostracism, in: CCC 6 (1985) 25–31.
675. Ders., Bouleutic Ostracism Again, in: Antichthon 19 (1985) 7–15.
676. R. Osborne, Law in action in classical Athens, in: JHS 105 (1985) 40–58.
677. Ders., Demos: The Discovery of Classical Attika, Cambridge u. a. 1985.
678. D. Musti, Pubblico e privato nella democrazia periclea, in: QUCC 49 (1985) 7–17.
679. J. Bleicken, Die athenische Demokratie, 4. Aufl., Paderborn u. a. 1995.
680. P. J. Rhodes, The Athenian Boule, 2. Aufl., Oxford 1985.
681. Ders., Nomothesia in fourth-century Athens, in: CQ 35 (1985) 55–60.
682. E. Ruschenbusch, Ein Beitrag zur Leiturgie und zur Eisphora, in: ZPE 59 (1985) 237–240.
683. Ders., Die trierarchischen Syntelien und das Vermögen der Synteliemitglieder, in: ZPE 59 (1985) 240–249.
684. Ders., Wechsel und Veränderungen im Kreis der 300 Leiturgiepflichtigen und unsere Kenntnis der Oberschicht Athens in den Jahren 376 bis 322 v. Chr., in: ZPE 59 (1985) 251 f.
685. M. H. Hansen, Athenian Nomothesia, in: GRBS 26 (1985) 345–371.
686. Ders., Die athenische Volksversammlung im Zeitalter des Demosthenes, Konstanz 1985 (englische Ausgabe Oxford 1987).
687. L. Spina, Il cittadino alla tribuna. Diritto e libertà di parola nell' Atene democratica, Napoli 1986.
688. K.-W. Welwei, „Demos" und „Plethos" in athenischen Volksbeschlüssen um 450 v. Chr., in: Historia 35 (1986) 177–191.
689. J. S. Traill, Demos and Trittys: Epigraphical and Topographical Studies in the Organization of Attica, Toronto 1986.
690. L. B. Carter, The Quiet Athenian, Oxford 1986.
691. M. Ostwald, From Popular Sovereignty to the Sovereignty of Law. Law, Society, and Politics in Fifth-Century Athens, Berkeley u. a. 1986.
692. D. Musti, Democrazia e scrittura, in: S & C 10 (1986) 21–48.
693. C. Mossé, La démocratie grecque, Paris 1986.
694. Ph. Gauthier, L'octroi du droit de cité à Athènes, in: RÉG 99 (1986) 119–133.

695. D. WHITEHEAD, The Demes of Attica 508/7–ca. 250 B. C. A Political and Social Study, Princeton 1986.
696. DERS., The ideology of the Athenian metic: some pendants and a reappraisal, in: PCPhS 212 (1986) 145–158.
697. F. GSCHNITZER, Von der Fremdartigkeit griechischer Demokratie, in: 741: KINZL, 412–431.
698. P. J. RHODES, Political Activity in Classical Athens, in: JHS 106 (1986) 132–144.
699. M. H. HANSEN, Demography and Democracy. The Number of Athenian Citizens in the Fourth Century B.C., Herning 1986.
700. H. W. PARKE, Athenische Feste, Mainz 1987.
701. R. GARNER, Law and Society in Classical Athens, London 1987.
702. W. SCHULLER, Neue Prinzipien der athenischen Demokratie, in: Der Staat 26 (1987) 527–538.
703. R. SEALEY, The Athenian Republic. Democracy or the Rule of Law?, University Park und London 1987.
704. J. BLEICKEN, Die Einheit der athenischen Demokratie in klassischer Zeit, in: Hermes 115 (1987) 257–283.
705. E. RUSCHENBUSCH, Der Endtermin in der Leiturgie der Trierarchen, in: ZPE 67 (1987) 155–157.
706. DERS., Symmorienprobleme, in: ZPE 69 (1987) 75–81.
707. G. R. BUGH, The Horsemen of Athens, Princeton 1988.
708. E. M. WOOD, Peasant-Citizen and Slave. The Foundations of Athenian Democracy, London und New York 1988.
709. R. K. SINCLAIR, Democracy and participation in Athens, Cambridge u. a. 1988.
710. CH. MEIER/P. VEYNE, Kannten die Griechen die Demokratie? Zwei Studien, Berlin 1988.
711. H.-G. HOLLEIN, Bürgerbild und Bildwelt der attischen Demokratie auf den rotfigurigen Vasen des 6.-4. Jahrhunderts v. Chr., Frankfurt a. M. u. a. 1988.
712. C. FARRAR, The origins of democratic thinking, Cambridge u. a. 1988.
713. CH. MEIER, Die politische Kunst der griechischen Tragödie, München 1988.
714. E. RUSCHENBUSCH, Demography and Democracy. Doch noch einmal die Bürgerzahl Athens im 4. Jh. v. Chr., in: ZPE 72 (1988) 139 f.
715. M. H. HANSEN, Demography and Democracy once again, in: ZPE 75 (1988) 189–193.
716. E. RUSCHENBUSCH, Stellungnahme, in: ZPE 75 (1988) 194–196.
717. M. H. HANSEN, Three Studies in Athenian Demography, Copenhagen 1988.
718. DERS., The Organization of the Athenian Assembly: A Reply, in: GRBS 29 (1988) 51–58.
719. R. W. WALLACE, The Areopagus Council to 307 B. C., Baltimore und London 1989.

720. R. Develin, Athenian Officials 684–321 B. C., Cambridge u. a. 1989.
721. W. Schuller u. a. (Hrsgg.), Demokratie und Architektur. Der hippodamische Städtebau und die Entstehung der Demokratie, München 1989.
722. Ders., Das erste Auftreten der Demokratie, in: 721: Ders., 52–57.
723. W. Rösler, Typenhäuser bei Aischylos?, in: 721: Schuller, 109 -114.
724. J. Ober, Mass and Elite in Democratic Athens. Rhetoric, Ideology, and the Power of the People, Princeton 1989.
725. M. H. Hansen, Was Athens a Democracy? Popular Rule, Liberty and Equality in Ancient and Modern Political Thought, Copenhagen 1989.
726. Ders., The Athenian Ecclesia II. A Collection of Articles 1983–89, Copenhagen 1989.
727. W. R. Connor/M. H. Hansen/K. A. Raaflaub/B. S. Strauss, Aspects of Athenian Democracy, 1990.
728. Ph. B. Manville, The Origins of Citizenship in Ancient Athens, Princeton 1990.
729. F. Willemsen/St. Brenne, Verzeichnis der Kerameikos-Ostraka, in: AM 106 (1991) 147–156.
730. M. Stahl, Solon F 3 D. Die Geburtsstunde des demokratischen Gedankens, in: Gymnasium 99 (1992) 385–408.
731. B. M. Lavelle, The Sorrow and the Pity. A Prolegomenon to a History of Athens under the Peisistratids, c. 560–510 B. C., Stuttgart 1993.
732. S. D. Lambert, The Phratries of Attica, Ann Arbor 1993.
733. Ch. Meier, Athen. Ein Neubeginn der Weltgeschichte, Berlin 1993.
734. G. R. Stanton, The Trittyes of Kleisthenes, in: Chiron 24 (1994) 161–207.
735. V. Gabrielsen, Financing the Athenian Fleet. Public Taxation and Social Relations, Baltimore und London 1994.
737. J. Bleicken, Wann begann die athenische Demokratie?, in: Ders., Gesammelte Schriften I, Stuttgart 1998, 13–40 (zuerst 1995).
738. J. Bleicken, Die athenische Demokratie, 4. Aufl., Paderborn u. a. 1995.
739. D. Musti, Demokratia. Origini di un' idea, Roma und Bari 1995.
740. W. Eder (Hrsg.), Die athenische Demokratie im 4. Jahrhundert v. Chr. Vollendung oder Verfall einer Verfassungsform?, Stuttgart 1995.
741. K. H. Kinzl (Hrsg.), Demokratia. Der Weg zur Demokratie bei den Griechen, Darmstadt 1995.
742. M. H. Hansen, Die Athenische Demokratie im Zeitalter des Demosthenes. Struktur, Prinzipien und Selbstverständnis, Berlin 1995 (englisch 1991).
743. N. F. Jones, The Athenian Phylai as Associations. Disposition, Function and Purpose, in: Hesperia 64 (1995) 503–542.
744. G. R. Stanton, The Rural Demes and Athenian Politics, in: W. D. E. Coulson u. v. a. (Hrsgg.), The Archaeology of Athens and Attica under the Democracy, Oxford 1994, 217–224.

745. A. BOEGEHOLD, The Lawcourts at Athens. Sites, Buildings, Equipment, Procedure, and Testimonia, Princeton 1996.

746. M. SAKELLARIOU (Hrsg.), Démocratie athénienne et culture, Athènes 1996.

747. J. OBER/CH. HENDRICK (Hgg.), Demokratia. A Conversation on Democracies, Ancient and Modern, Princeton 1996.

748. B. FORSÉN/G. STANTON (Hrsgg.), The Pnyx in the History of Athens, Helsinki 1996.

749. J. OBER, The Athenian Revolution. Essays on Ancient Greek Democracy and Political Theory, Princeton 1996.

750. H. YUNIS, Taming Democracy. Models of Political Rhetoric in Classical Athens, Ithaca und London 1996.

751. W. COULSON u. a. (Hrsgg.), The Archaeology of Athens and Attica under the Democracy, 2. Aufl., Oxford 1996.

752. M. VICKERS, Pericles on Stage. Political Comedy in Aristophanes' Early Plays, Austin 1997.

753. E. ROBINSON, The First Democracies. Early Popular Government Outside Athens, Stuttgart 1997.

754. W. HOEPFNER (Hrsg.), Kult und Kultbauten auf der Akropolis, Berlin 1997.

755. G. A. LEHMANN, Oligarchische Herrschaft im klassischen Athen. Zu den Krisen und Katastrophen der attischen Demokratie im 5. und 4. Jahrhundert v. Chr., Opladen 1997.

756. J. OBER, Political Dissent in Democratic Athens. Intellectual Critics of Popular Rule, Princeton 1998.

757. P. CARTLEDGE/P. MILLETT/S. VON REDEN (Hrsgg.), Kosmos. Essays on order, conflict and community in classical Athens, Oxford 1998.

758. H. LEPPIN, Argos. Eine griechische Demokratie des fünften Jahrhunderts v. Chr., in: Ktéma 24 (1999) 297–312.

759. M. PIÉRART, Qui étaient les nomothètes à Athenes à l'époque de Démosthène?, in: E. LÉVY, La codification des lois dans l'antiquité, Paris 2000, 229–256.

760. DERS., Argos. Une autre démocratie, in: 421, Polis & Politics, 297–314.

761. CH. SCHUBERT, Der Areopag. Ein Gerichtshof zwischen Politik und Recht, in: 503: BURCKHARDT/UNGERN-STERNBERG, 50–65.

762. M. DREHER, Verbannung ohne Vergehen. Der Ostrakismos (das Scherbengericht), in: 503: BURCKHARDT/UNGERN-STERNBERG, 66–77.

763. E. BADIAN, Back to Kleisthenic Chronology, in: 421, Polis & Politics, 447–464.

764. ST. BRENNE, Ostrakismus und Prominenz in Athen. Attische Bürger des 5. Jh.s v. Chr. auf den Ostraka, Wien 2001.

r) Sparta

765. E. N. TIGERSTEDT, The Legend of Sparta in Classical Antiquity, 2 Bde., Stockholm 1965 (ND Uppsala 1974).
766. E. RAWSON, The Spartan Tradition in European Thought, Oxford 1969.
767. D. LOTZE, Zu einigen Aspekten des spartanischen Agrarsystems, in: JWG 1971/II, 63–76 (auch in: 160: LOTZE 151–169).
768. P. OLIVA, Sparta and her social problems, Amsterdam 1971.
769. C. M. STIBBE, Lakonische Vasenmaler des sechsten Jahrhunderts v. Chr., 2 Bde., Amsterdam und London 1972.
770. P. CARTLEDGE, Sparta and Lakonia. A Regional History 1300–362 BC, London u. a. 1979.
771. J. T. HOOKER, Sparta. Geschichte und Kultur, Stuttgart 1982.
772. M. CLAUSS, Sparta. Eine Einführung in seine Geschichte und Zivilisation, München 1983.
773. S. HODKINSON, Social Order and the Conflict of Values in Classical Sparta, in: Chiron (1983) 239–281.
774. C. G. THOMAS, The Spartan Diarchy in Comparative Perspective, in: PP 38 (1983) 81–104.
775. J. F. LAZENBY, The Spartan Army, Chicago 1985.
776. K. CHRIST (Hrsg.), Sparta, Darmstadt 1986.
777. M. HERFORT-KOCH, Archaische Bronzeplastik Lakoniens, Münster 1986.
778. TH. J. FIGUEIRA, Population Patterns in Late Archaic and Classical Sparta, in: TAPhA 116 (1986) 165–213.
779. Studi sulla ceramica Laconica, Roma 1986.
780. L. BURELLI BERGESE, Sparta, il denaro e i depositi in Arcadia, in: ASNP 16, 3 (1986) 603–619.
781. K. L. NOETHLICHS, Bestechung, Bestechlichkeit und die Rolle des Geldes in der spartanischen Außen- und Innenpolitik vom 7.–2. Jh. v. Chr., in: Historia 36 (1987) 129–170.
782. P. CARTLEDGE, The Politics of Spartan Pederasty, in: 893: SIEMS (Hrsg.), 385–415.
783. R. A. TALBERT, The Role of the Helots in the Class Struggle at Sparta, in: Historia 38 (1989) 22–40.
784. A. POWELL (Hrsg.), Classical Sparta: Techniques behind her success, London 1989.
785. J. DUCAT, Les Hilotes, Athènes 1990.
786. C. HAMILTON, Agesilaos and the Failure of Spartan Hegemony, Ithaca und London 1991.
787. W. T. LOOMIS, The Spartan War Fund, Stuttgart 1992.
788. P. CARTLEDGE, A Spartan Education, in: Festschrift für D. W. Cruikshank, o. O. 1992, 10–19.

789. E. Flaig, Die spartanische Abstimmung nach der Lautstärke. Überlegungen zu Thukydides 1, 87, Historia 42 (1993) 141–160.

790. St. Link, Der Kosmos Sparta. Recht und Sitte in klassischer Zeit, Darmstadt 1994.

791. A. Powell/St. Hodkinson (Hgg.), The Shadow of Sparta, London und New York 1994.

792. I. Malkin, Myth and territory in the Spartan Mediterranean, Cambridge 1994.

793. N. Kennell, The Gymnasium of Virtue. Education and Culture in Ancient Sparta, Chapel Hill und London 1995.

794. L. Thommen, Lakedaimonion Politeia. Die Entstehung der spartanischen Verfassung, Stuttgart 1996.

795. St. Hodkinson, Spartan Society in the Fourth Century, in: 1758: Carlier, 85–101.

796. E. Lévy, Remarques préliminaires sur l'éducation spartiate, in: Ktéma 22 (1997) 151–160.

797. N. Richter, Les Éphores. Études sur l'histoire et sur l'image de Sparte (VIIIe – IIIe siècles avant Jésus-Christ), Paris 1998.

798. St. Rebenich, Fremdenfeindlichkeit in Sparta? Überlegungen zur Tradition der spartanischen Xenelasie, in: Klio 80 (1998) 336–359.

799. M. Meier, Aristokraten und Damoden. Untersuchungen zur inneren Entwicklung Spartas im 7. Jahrhundert v. Chr. und zur politischen Funktion der Dichtung des Tyrtaios, Stuttgart 1998.

800. E. Lévy, La Sparte d'Hérodote, Ktéma 24 (1999) 123–134.

s) Andere griechische Staaten und Landschaften

801. Éd. Will, Korinthiaka. Recherches sur l'histoire et la civilisation de Corinthe des origines aux guerres médiques, Paris 1955.

802. G. Vallet, Rhégion et Zancle. Histoire, commerce et civilisation des cités chalcidiennes du détroit de Messine, Paris 1958.

803. F. Villard, La céramique de Marseille (VIe-IVe siècle). Essai d'histoire économique, Paris 1960.

804. Ch. M. Danoff, Pontos Euxeinos, in: 169: RE, Suppl. 9 (1962) 866–1175.

805. D. M. Pippidi, I Greci nel Basso Danubio dall' età arcaica alla conquista romana, Milano 1971.

806. V. F. Gajdukevic, Das Bosporanische Reich, Berlin und Amsterdam 1971.

807. R. A. Tomlinson, Argos and the Argolid. From the end of the Bronze Age to the Roman occupation, London 1972.

808. D. M. Pippidi, Scythica Minora. Recherches sur les colonies grecques du littoral roumain de la mer noire, Bucarest und Amsterdam 1975.

809. Th. Kelly, A History of Argos to 500 B. C., Minneapolis 1976.

810. R. G. VEDDER, Ancient Euboea: Studies in the History of a Greek Island from the Earliest Times to 404 B. C., 1978.
811. M. I. FINLEY, Das antike Sizilien. Von der Vorgeschichte bis zur Arabischen Eroberung, München 1979.
812. JU. G. VINOGRADOV, Griechische Epigraphik und Geschichte des nördlichen Pontosgebietes, in: Actes du VIIe Congrès international d'épigraphie grecque et latine Constantza 1977, Bucuresti-Paris 1979, 293–316 (auch in: 843: VINOGRADOV, 74–99).
813. D. B. SELOV, Der nördliche Schwarzmeerraum in der Antike, in: H. HEINEN (Hrsg.), Die Geschichte des Altertums im Spiegel der sowjetischen Forschung, Darmstadt 1980, 341–402.
814. J. VINOGRADOV, Olbia, Geschichte einer altgriechischen Stadt am Schwarzen Meer, Konstanz 1981.
815. TH. J. FIGUEIRA, Aegina. Society and Politics, Salem 981.
816. R. P. LEGON, Megara. The Political History of a Greek City State to 336 B. C., Ithaca und London 1981.
817. P. ROESCH, Études Béotiennes, Paris 1982.
818. R. BOSL, Magna Graecia. Die griechischen Städte in Spanien, Frankreich, Italien, Jugoslawien, Albanien, Freiburg u. a. 1982.
819. A. GRIFFIN, Sikyon, Oxford 1982.
820. F. G. MAIER, Cypern. Insel am Kreuzweg der Geschichte, 2. Aufl., München 1982.
821. G. PUGLIESE CARRATELLI (Hrsg.), Megale Hellas. Storia e civiltà della Magna Grecia, Milano 1983.
822. J. B. SALMON, Wealthy Corinth. A History of the City to 338 B. C., Oxford 1984.
823. O. LORDKIPANIDZE, Das alte Kolchis und seine Beziehungen zur griechischen Welt vom 6. zum 4. Jh. v. Chr., Konstanz 1985.
824. W. SCHULLER (Hrsg.), Die bulgarische Schwarzmeerküste im Altertum, Konstanz 1985.
825. La Béotie antique, Paris 1985.
826. J. M. FOSSEY/H. GIROUX (Hrsgg.), Actes du troisième congrès international sur la Béotie antique, Amsterdam 1985.
827. TH. ŠELOV-KOVEDJAJEV, La structure politique et sociale de la tyrannie du Bosphore cimmérien, in: DHA 12 (1986) 173–181.
828. H.-J. GEHRKE, Jenseits von Athen und Sparta. Das Dritte Griechenland und seine Staatenwelt, München 1986.
829. J. BOARDMAN/C. E. VAPHOPOULOU-RICHARDSON (Hrsgg.), Chios. A Conference at the Homereion in Chios, Oxford 1986.
830. F. CORDANO, Antiche fondazioni greche. Sicilia e Italia meridionale, Palermo 1986.
831. G. SHIPLEY, A History of Samos 800–188 B. C., Oxford 1987.

832. R. GARLAND, The Piraeus from the fifth to the first century B. C., London 1987.
833. R. BICHLER/P. W. HAIDER, Kreta, München und Zürich 1988.
834. J. M. FOSSEY/J. MORIN (Hrsgg.), Boeotica Antiqua I. Papers on recent work in Boiotian Archaeology, 1988.
835. D. MUSTI, Strabone e la Magna Grecia. Città e popoli dell' Italia antica, Padova 1988.
836. H. BEISTER/J. BUCKLER (Hrsgg.), Boiotika, München 1989.
837. P. ALEXANDRESCU/W. SCHULLER (Hrsgg.), Histria, Konstanz 1990.
838. J. BORCHHARDT/G. DOBESCH (Hgg.), Akten des II. Internationalen Lykien-Symposions, Wien 1993.
839. R. J. BUCK, Boiotia and the Boiotian League, 432–371 B. C., Edmonton 1994.
840. O. LORDKIPANIDZE, Das alte Georgien (Kolchis und Iberien) in Strabons Geographie. Neue Scholien, Amsterdam 1996.
841. G. R. TSETSKHALADZE (Hrsg.), New Studies on the Black Sea Littoral, Oxford 1996.
842. M. PIÉRART/G. TOUCHAIS, Argos. Une ville grecque de 6000 ans, Paris 1996.
843. J. G. VINOGRADOV, Pontische Studien. Kleine Schriften zur Geschichte und Epigraphik des Schwarzmeerraumes, Mainz 1997.
844. H.-J. GEHRKE, Gewalt und Gesetz. Die soziale und politische Ordnung Kretas in der Archaischen und Klassischen Zeit, in: Klio 79 (1997) 23–68.
845a. A. PARIENTE/G. TOUCHAIS (Hrsgg.), Argos et l' Argolide. Topographie et urbanisme, Paris 1998.
845b. TH. H. NIELSEN/J. ROY (Hrsgg.), Defining Ancient Arkadia, Copenhagen o. J.
846. O. LORDKIPANIDZÉ/P. LÉVÊQUE (Hrsgg.), La mer noire comme zone de contacts, Paris 1999.
847. A. AVRAM, Inscriptions greques et latines de Scythie Mineure, vol. III, Callatis et son territoire, Bucarest/Paris 1999.
848. J. G. VINOGRADOV, Die politische Geschichte Olbias, Konstanz, erscheint 2002.

t) Perser und Karthager

849. W. HINZ, Achämenidische Hofverwaltung, in: Zs. f. Assyriologie 61 (1971/72) 260–311.
850. G. WALSER (Hrsg.), Beiträge zur Achämenidengeschichte, Wiesbaden 1972.
851. M. A. DANDAMAEV, Persien unter den ersten Achämeniden, Wiesbaden 1976.
852. W. HINZ, Darius und die Perser, Baden-Baden 1976.
853. G. F. SEIBT, Griechische Söldner im Achaimenidenreich, Bonn 1977.

854. J. Wiesehöfer, Der Aufstand Gaumatas und die Anfänge Dareios' I., Bonn 1978.
855. J. Hofstetter, Die Griechen in Persien. Prosopographie der Griechen im persischen Reich vor Alexander, Berlin 1978.
856. H. Verdin, Hérodote et la politique expansionniste des Achéménides. Notes sur Hdt. VII 8, in: Studia Paulo Naster oblata, Bd. 2, 1982, 327- 336.
857. J. M. Cook, The Persian Empire, London u. a. 1983.
858. L.-M. Hans, Karthago und Sizilien. Die Entstehung und Gestaltung der Epikratie auf dem Hintergrund der Beziehungen der Karthager zu den Griechen und den nichtgriechischen Völkern Siziliens (VI.-III. Jahrhundert v. Chr.), Hildesheim u. a. 1983.
859. A. Kuhrt, A brief guide to some recent work on the Achaemenid Empire (with bibliography), in: LCM 8 (1983) 146–153.
860. D. Asheri, Fra ellenismo e iranismo. Studi sulla società e cultura di Xanthos nella età achemenide, Bologna 1983.
861. R. N. Frye, The History of Ancient Iran, München 1984.
862. G. Walser, Hellas und Iran. Studien zu den griechisch-persischen Beziehungen vor Alexander, Darmstadt 1984.
863. W. Huss, Geschichte der Karthager, München 1985.
864. J. Oelsner, Ausstrahlungen der griechischen Kultur nach dem Vorderen Orient im 5. und 4. Jahrhundert v. u. Z., in: E. Kluwe (Hrsg.), Kultur und Fortschritt in der Blütezeit der griechischen Polis, Berlin 1985, 119–128.
865. J. M. Balcer, Herodotus & Bisitun. Problems in Ancient Persian Historiography, Stuttgart 1987.
866. H. Sancisi-Weerdenburg/A. Kuhrt (Hrsgg.), Achaemenid History, 3 Bände, Leiden 1987f.
867. J. Elayi, Pénétration grecque en Phénicie sous l'empire Perse, Nancy 1988.
868. M. A. Dandamaev/V. G. Lukonin, The Culture and Social Institutions of Ancient Iran, Cambridge u. a. 1989.
869. Ch. Tuplin, The administration of the Achaemenid Empire, in: 264: Carradice, 109–160.
870. P. Briant/C. Herrenschmidt (Hrsgg.), Le tribut dans l' Empire Perse, Paris 1989.
871. St. Ruzicka, Politics of a Persian Dynasty. The Hecatomnids in the 4th century B. C., Norman und London 1992.
872. W. J. Vogelsang, The Rise and Organisation of the Achaemenid Empire. The Eastern Iranian Evidence, Leiden u. a. 1992.
873. J. Wiesehöfer, Das antike Persien. Von 550 v. Chr. bis 650 n. Chr., München und Zürich 1993.
874. B. Jacobs, Die Satrapienverwaltung im Perserreich zur Zeit Darius' III., Wiesbaden 1994.
875. A. Kuhrt, The Ancient Near East, c. 3000–330 B. C., 2 Bde., London 1995.
876. P. Briant, Histoire de l'empire perse. De Cyrus à Alexandre, Paris 1996.

877. CH. TUPLIN, Achaemenid Studies, Stuttgart 1996.
878. M. MILLER, Athens and Persians in the Fifth Century B. C.: A Study in Cultural Receptivity, Cambridge 1997.

u) Anthropologie

879. H. HERTER, Dirne, in: RAC3 (1957) 1154–1213.
880. L. PEARSON, Popular Ethics in Ancient Greece, Stanford 1962.
881. K. J. DOVER, Greek Popular Morality in the Time of Plato and Aristotle, Berkeley und Los Angeles 1974.
882. K. J. DOVER, Homosexualität in der griechischen Antike, München 1983.
883. W. K. LACEY, Die Familie im antiken Griechenland, Mainz 1983.
884. H. PATZER, Die griechische Knabenliebe, 2. Aufl., Frankfurt a. M. 1983.
885. J. MARTIN, Zur Stellung des Vaters in antiken Gesellschaften, in: H. SÜSSMUTH (Hg.), Historische Anthropologie, Göttingen 1984, 84–109.
886. R. GARLAND, The Greek Way of Death, London 1985.
887. E. C. KEULS, The Reign of the Phallus. Sexual Politics in Ancient Athens, New York 1985.
888. J. M. RAINER, Zum Problem der Atimie als Verlust der bürgerlichen Rechte insbesondere bei männlichen homosexuellen Prostituierten, in: RIDA, sér. 3ième 33 (1986) 89–114.
889. M. DEISSMANN-MERTEN, Zur Sozialgeschichte des Kindes im antiken Griechenland, in: J. MARTIN/A. NITSCHKE (Hrsgg.), Zur Sozialgeschichte der Kindheit, Freiburg und München 1986, 267–316.
890. V. M. STROCKA, Alltag und Fest, Freiburg 1987.
891. H.-J. GEHRKE, Die Griechen und die Rache. Ein Versuch in historischer Psychologie, in: Saeculum 38 (1987) 121–149.
892. D. COHEN, Law, Society and Homosexuality in Classical Athens, in: P & P (1987) 3–21.
893. A. K. SIEMS (Hg.), Sexualität und Erotik in der Antike, Darmstadt 1988.
894. D. M. HALPERIN/J. J. WINKLER/F. I. ZEITLIN (Hrsgg.), Before Sexuality: the construction of erotic experience in the archaic Greek world, Princeton 1990.
895. M. GOLDEN, Children and Childhood in Classical Athens, Baltimore 1990.
896. J. WINKLER, The Constraints of Desire. The anthropology of sex and gender in Ancient Greece, New York und London 1990.
897. O. MURRAY (Hrsg.), Sympotica. A Symposium on the Symposion, Oxford 1990.
898. R. GARLAND, The Greek Way of Life from conception to old age, London 1990.
899. W. J. SLATER, Dining in a Classical Context, Ann Arbor 1991.

900. P. SCHMITT Pantel, La cité au banquet. Histoire des repas publics dans les cités grecques, Rome 1992.
901. R. LOUIS (Hrsgg.), L' Étranger dans le monde grec, 2 Bde., Nancy 1988 und 1992.
902. A. BERNHARD-WALCHER, Alltag Feste Religion. Antikes Leben auf griechischen Vasen, Wien 1992.
903. M.-CH. VILLANUEVA-PUIG, Images de la vie quotidienne en Grèce dans l'antiquité, Paris 1992.
904. P. MAURITSCH, Sexualität im frühen Griechenland, Köln u. a. 1992.
905. A. RICHLIN (Hrsg.), Pornography and representation in Greece and Rome, New York und Oxford 1992.
906. E. CANTARELLA, Bisexuality in the Ancient World, New Haven und London 1992.
907. G. BINDER/B. EFFE (Hrsgg.), Liebe und Leidenschaft. Historische Aspekte von Erotik und Sexualität, Trier 1993.
908. L.-M. GÜNTHER, Witwen in der griechischen Antike, in: Historia 42 (1993) 308–325.
909. B. STRAUSS, Fathers and Sons in Athens. Ideology and Society in the Era of the Peloponnesian War, London 1993.
910. A. DIHLE, Die Griechen und die Fremden, München 1994.
911. M. DILLON, Payments to the Disabled at Athens: Social Justice or Fear of Aristocratic Patronage, in: AncSoc 26 (1995) 27–57.
912. L. C. NEVETT, Gender relations in the classical Greek household: the archaeological evidence, in: ABSA 90 (1995) 363–381.
913. R. GARLAND, The Eye of the Beholder. Deformity and Disability in the Graeco-Roman World, London 1995.
914. N. B. KAMPEN (Hrsg.), Sexuality in Ancient Art, Cambridge 1996.
915. D. ODGEN, Greek Bastardy in the Classical and Hellenistic Periods, Oxford 1996.
916. S. STEWARD, Art, Desire and the Body in Ancient Greece, Cambridge 1997.
917. A. O. KOLOSKI-OSTROW/C. L. LYONS (Hrsgg.), Naked Truth. Women, sexuality, and gender in classical art and archaeology, London und New York 1997.
918. J. N. DAVIDSON, Kurtisanen und Meeresfrüchte. Die verzehrenden Leidenschaften im klassischen Athen, Berlin 1999 (englisch 1997).
919. S. B. POMEROY, Families in Classical and Hellenistic Greece, Oxford 1997.
920. H. J. LARMOUR/P. A. MILLER/CH. PLATTER (Hrsgg.), Rethinking Sexuality. Foucault and Classical Antiquity, Princeton 1998.
921. L. FOXHALL/J. SALMON (Hrsgg.), Thinking Men. Masculinity and Its Self-Representation in the Classical Tradition, London und New York 1998.
922. CH. A. COX, Household Interests: Property, Marriage Strategies, and Family Dynamics in Ancient Athens, Princeton 1998.

923. R. Garland, Daily Life of the Ancient Greeks, Westport und London 1998.
924. B. Bäbler, Fleißige Thrakerinnen und wehrhafte Skythen. Nichtgriechen im klassischen Athen und ihre archäologische Hinterlassenschaft, Stuttgart und Leipzig 1998.
925. W. Hoepfner (Hrsg.), Geschichte des Wohnens, Bd. 1, Stuttgart 1999.
926. M. Giebel, Reisen in der Antike, Düsseldorf und Zürich 1999.
927. T. Hölscher (Hrsg.), Gegenwelten zu den Kulturen Griechenlands und Roms in der Antike, München und Leipzig 2000.
928. E. Hartmann, Hetären im klassischen Athen, in: 619: Späth/Wagner-Hasel, 377–394.

v) Sport

929. J. Ebert, Griechische Epigramme auf Sieger an gymnischen und hippischen Agonen, Berlin 1972.
930. A. Hönle, Olympia in der Politik der griechischen Staatenwelt, Diss. Tübingen 1968, Bebenhausen 1972.
931. H. W. Pleket, Zur Soziologie des antiken Sports, in: Mededelingen van het Nederlands Instituut te Rome 36 (1974) 57–87.
932. M. I. Finley/H. W. Pleket, Die olympischen Spiele der Antike, Tübingen 1976.
933. J. Ebert (Hg.), Olympia. Von den Anfängen bis zu Coubertin, Leipzig 1980 (gleichzeitig auch in Wien erschienen).
934. M. Lämmer, Der sogenannte Olympische Friede in der griechischen Antike, in: Stadion 8/9 (1982/83) 47–83.
935. D. Sansone, Greek Athletics and the Genesis of Sport, Berkeley u. a. 1988.
936. I. Weiler, Der Sport bei den Völkern der Alten Welt. Eine Einführung, 2. Aufl., Darmstadt 1988.
937. H.-G. Lohmann, Landleben im klassischen Athen. Ergebnisse und Probleme einer archäologischen Landesaufnahme des Demos Atene, in: Ruhr-Universität Bochum, Jahrbuch 1985, 71–96.
938. W. J. Raschke (Hrsg.), The Archaeology of the Olympics. The Olympics and Other Festivals in Antiquity, Madison 1988.
939. M. B. Poliakoff, Kampfsport in der Antike. Das Spiel um Leben und Tod, Zürich und München 1989.
940. W. Coulson/H. Kyrieleis (Hrsgg.), Proceedings of an international Symposium on the Olympic Games 1988, Athens 1992.
941. W. Decker, Sport in der griechischen Antike. Vom minoischen Wettkampf bis zu den Olympischen Spielen, München 1995.
942. U. Sinn, Olympia. Kult, Sport und Fest in der Antike, München 1996.
943. Ders., Sport in der Antike. Wettkampf, Spiel und Erziehung im Altertum, Würzburg 1996.

944. Ch. Wallner, Das Gymnasion in Olympia. Geschichte und Funktion, Würzburg 1996.

945. Ch. Mann, Krieg, Sport und Adelskultur. Zur Entstehung des griechischen Gymnasions, in: Klio 80 (1998) 7–21.

3. Chronologisches

a) Alt-Ägäis

946. C. Renfrew, The Emergence of Civilization. The Cyclades and the Aegaean in the Third Millenium B. C., London 1972.

947. B. Rutkowski, Cult Places in the Aegaean World, Wroclaw u. a. 1972.

948. S. Marinatos/M. Hirmer, Kreta, Thera und das mykenische Hellas, 2. Aufl., München 1973.

949. Kunst und Kultur der Kykladeninseln im 3. Jahrtausend v. Chr., Karlsruhe 1976.

950. F. Schachermeyr, Die ägäische Frühzeit, Bd. 1: Die vormykenischen Perioden des griechischen Festlandes und der Kykladen, Wien 1976.

951. S. Hiller, Altägäische Schriftsysteme (außer Linear B), in: AfA 31 (1978) 1–60.

952. Ch. Mee, Aegean Trade and Settlement in Anatolia in the Second Millennium B. C., in: AS 28 (1978) 121–156.

953. R. L. N. Barber, The Late Cycladic Period: a Review, in: ABSA 76 (1981) 1–21.

954. R. R. Holloway, Italy and the Aegean 3000–700 B. C., Louvain-La Neuve 1981.

955. S. Hood, Excavations in Chios 1938–1955. Prehistoric Emporio and Ayio Gala, Vol. I, London 1981.

956. C. Renfrew/M. Wagstaff (Hrsgg.), An Island Polity. The archaeology of exploitation in Melos, Cambridge u. a. 1982.

957. Ch. B. Mee, Rhodos in the Bronze Age, Warminster 1982.

958. L. Godart, Quelques aspects de la politique extérieure de la Crète minoenne et mycénienne, in: 1089: Heubeck/Neumann, 131–139.

959. E. M. Melas, Minoan and Mycenaean settlements in Kasos and Karpathos, in: BICS 30 (1983) 53–61.

960. F. Schachermeyr, Griechische Frühgeschichte. Ein Versuch, frühe Geschichte wenigstens in Umrissen verständlich zu machen, Wien 1984.

961. P. Åström/L. R. Palmer/L. Pomerance, Studies in Aegean Chronology, Gothenburg 1984.

962. J. F. Cherry, The emergence of the state in the prehistoric Aegean, in: PCPhS 210 (1984) 18–48.

963. J. Bouzek, The Aegean, Anatolia and Europe: Cultural Interrelations in the Second Millennium B. C., Göteborg/Prague 1985.
964. P. Getz-Preziosi, Early Cycladic Sculpture. An Introduction, Malibu 1985.
965. M. Marazzi, Traffici „Minoici" e „Micenei" d'Oltremare: una rassegna su recenti incontri, in: QUCC 50 (1985) 107–116.
966. C. Renfrew, The archaeology of cult: the sanctuary of Phylakopi, London 1985.
967. J. Vanschoonwinkel, Les fouilles de Théra et la protohistoire égéenne, in: ÉtClass 54 (1986) 223–252.
968. S. Wachsmann, Aegeans in the Theban Tombs, Leuven 1987.
969. R. L. N. Barber, The Cyclades in the Bronze Age, London 1987.
970. H. G. Buchholz (Hrsg.), Ägäische Bronzezeit, Darmstadt 1987.
971. O. Höckmann, Frühbronzezeitliche Kulturbeziehungen im Mittelmeergebiet unter besonderer Berücksichtigung der Kykladen, in: 970: Buchholz, 53–120.
972. E. B. French/K. A. Wardle (Hrsgg.), Problems in Greek Prehistory. Papers presented at the Centenary Conference of the British School of Archaeology at Athens, Manchester April 1986, Bristol 1988.
973. P. W. Haider, Griechenland – Nordafrika. Ihre Beziehungen zwischen 1500 und 600 v. Chr., Darmstadt 1988.
974. R. Laffineur (Hrsg.), Transition. Le monde égéen du Bronze Moyen au Bronze Récent (Aegaeum 3), Liège 1989.
975. W. Helck/R. Drenkhahn, Die Beziehungen Ägyptens und Vorderasiens zur Ägäis bis ins 7. Jahrhundert v. Chr., Darmstadt 1995.
976. R. Laffineur/W.-D. Niemeier (Hrsgg.), Politeia. Society and State in the Aegaean Bronze Age (Aegaeum 12), 2 Bde., Liège und Austin 1995.
977. R. Laffineur/Ph. P. Betancourt (Hrsgg.), TEXNH. Craftsmen, craftswomen and craftmanship in the Aegean Bronze Age (Aegaeum 16), Liège und Austin 1997.
978. H.-G. Buchholz, Ugarit, Zypern und Ägäis. Kulturbeziehungen im zweiten Jahrtausend v. Chr., Münster 1999.

b) Minoisches Kreta

979. Sir A. Evans, The Palace of Minos, 4 Bde. und Indexband, London 1921–1936 (ND New York 1964).
980. S. Marinatos, The Volcanic Destruction of Minoan Crete, in: Antiquity 13 (1939) 425–439.
981. R. J. Buck, The Minoan Thalassocracy Re-examined, in: Historia 11 (1962) 129–137.
982. H. und M. Van Effenterre, Fouilles exécutées à Mallia. Le centre politique I. L'agora (1960–1966), Paris 1969.

983. D. L. PAGE, The Santorini Volcano and the destruction of Minoan Crete, London 1970.
984. M. C. AMOURETTI, Fouilles exécutées à Mallia. Le centre politique II. La crypte hypostyle (1957–1962), Paris 1970.
985. K. BRANIGAN, The Foundations of Palatial Crete, London 1970.
986. W. NOLL, Die minoischen Paläste auf Kreta – Stätten der Lebenden oder der Toten?, in: AW 1971, Heft 3, 15–20.
987. G. CADOGAN, Was there a Minoan Landed Gentry?, in: BICS 18 (1971) 145–148.
988. S. HOOD, The Minoans, London 1971.
989. F. MATZ, The Maturity of Minoan Civilization, in: 130: CAH Bd. II, 1, 3. Aufl., Cambridge 1973, 141–164.
990. DERS., The Zenith of Minoan Civilization, in: 130: CAH Bd. II, 1, 3. Aufl., Cambridge 1973, 557–581.
991. S. MARINATOS, Die Ausgrabungen auf Thera und ihre Probleme, Wien 1973.
992. B. NEUTSCH, Der Palast des Minos – eine Totenstadt?, in: AA 1973/74, 686–699.
993. H. GEISS, Zur Entstehung der kretischen Palastwirtschaft, in: Klio 56 (1974) 311–323.
994. D. LEVI, Festos e la civiltà minoica, 2 Text- und 2 Tafelbde., Roma 1976.
995. W. SCHIERING, Funde auf Kreta, Göttingen u. a. 1976.
996. S. HILLER, Das minoische Kreta nach den Ausgrabungen des letzten Jahrzehnts, Wien 1977.
997. F. SCHACHERMEYR, Die minoische Kultur des alten Kreta, 2. Aufl., Stuttgart 1979.
998. M. POPHAM, Thera and the Aegean World, in: Antiquity 53 (1979) 57–60.
999. H. PICHLER/W. SCHIERING, Der spätbronzezeitliche Ausbruch des Thera-Vulkans und seine Auswirkungen auf Kreta, in: AA 1980, 1–37.
1000. W. L. FRIEDRICH/H. PICHLER/W. SCHIERING, Der Ausbruch des Thera-Vulkans, in: Spektrum der Wissenschaft 9/1980, 16–23.
1001. R. S. MERRILLEES/J. EVANS, An Essay in Provenance: The Late Minoan Pottery from Egypt, in: Berytus 28 (1980) 1–45.
1002. W.-D. NIEMEIER, Die Katastrophe von Thera und die spätminoische Chronologie, in: JDAI 95 (1980) 1–76.
1003. H. VAN EFFENTERRE, Jalons pour une nouvelle histoire des premiers palais, in: Pepragmena tou 4. Diethnous Kritologikou Synedriou, Athen 1980, 137–149.
1004. K. BRANIGAN, Minoan Colonialism, in: ABSA 76 (1981) 23 – 33.
1005. S. DAMIANI INDELICATO, Piazza pubblica e palazzo nella Creta minoica, Roma 1982.
1006. J. L. DAVIS, The Earliest Minoans in the South-East Aegean: a Reconsideration of the Evidence, in: AS 32 (1982) 33–41.

1007. O. KRZYSZKOWSKA/L. NIXON (Hrsgg.), Minoan Society. Proceedings of the Cambridge Colloquium 1981, Bristol 1983.

1008. A. C. BLASINGHAM, The seals from the tombs of the Messara: influences as to kinship and social organisation, in: 1007: KRZYSZKOWSKA/NIXON, 11–21.

1009. J. F. CHERRY, Evolution, revolution, and the origins of complex society in Minoan Crete, in: 1007: KRZYSZKOWSKA/NIXON, 33–45.

1010. J. LETHWAITE, Why did civilization not emerge more often? A comparative approach to the development of Minoan Crete, in: 1007: KRZYSZKOWSKA/NIXON, 171–183.

1011. H. MATTHÄUS, Minoische Kriegergräber, in: 1007: KRZYSZKOWSKA/NIXON, 203–215.

1012. W.-D. NIEMEIER, The character of the Knossian palace society in the second half of the fifteenth century B. C.: Mycenaean or Minoan? in: 1007: KRZYSZKOWSKA/NIXON, 217–236.

1013. L. NIXON, Changing views of Minoan society, in: 1007: KRZYSZKOWSKA/NIXON, 237–243.

1014. J. PINSENT, Bull-leaping, in: 1007: KRZYSZKOWSKA/NIXON 259–271.

1015. CH. G. DOUMAS, Thera. Pompeii of the ancient Aegean. Excavations at Akrotiri 1967–79, London 1983.

1016. A. HEUBECK, Überlegungen zur Sprache von Linear A, in: 1084: HEUBECK/NEUMANN, 155–170.

1017. N. PLATON, De nouveau le problème de la déstruction des centres neopalatiaux minoens, in: Aux origines de l'hellénisme. La Crète et la Grèce (Festschrift van Effenterre), Paris 1984, 101–109.

1018. N. MARINATOS, Art and Religion in Thera. Reconstructing a Bronze Age Society, Athens 1984.

1019. R. HÄGG/N. MARINATOS (Hrsgg.), The Minoan Thalassocracy. Myth and Reality, Stockholm 1984.

1020. M. R. POPHAM, The Minoan Unexplored Mansion at Knossos, 2 Bde., Athens und London 1984.

1021. K. BRANIGAN, Early Minoan Society: the evidence of the Mesara tholoi revisited, in: Aux origines de l'hellénisme. La Crète et la Grèce (Festschrift van Effenterre), Paris 1984, 29–37.

1022. L. VAGNETTI, Late Minoan III Crete and Italy: another view, in: PP 40 (1985) 29–33.

1023. N. PLATON, Zakros. The Discovery of a Lost Palace of Ancient Crete, Amsterdam 1985.

1024. W.-D. NIEMEIER, Die Palaststilkeramik von Knossos. Stil, Chronologie und historischer Kontext, Berlin 1985.

1025. K. BRANIGAN, Some Observations on State Formation in Crete, in: 972: FRENCH/WARDLE, 63–71.

1026. S. M. WALL/J. H. MUSGRAVE/P. M. WARREN, Human Bones from a Late Minoan I b House at Knossos, in: ABSA 81 (1986) 333–388.

1027. W.-D. Niemeier, Zur Deutung des Thronraumes im Palast von Knossos, in: MDAI (A) 101 (1986) 63–95.

1028. R. Hägg/N. Marinatos (Hrsgg.), The Function of the Minoan Palaces, Stockholm 1987.

1029. P. M. Warren, The genesis of the Minoan Palace, in: 1028: Hägg/Marinatos, 47–56.

1030. W.-D. Niemeier, Das Stuckrelief des „Prinzen mit der Federkrone" aus Knossos und minoische Götterdarstellungen, in: MDAI (A) 102 (1987) 65–98.

1031. J. N. Coldstream/G. L. Huxley, Die Minoer auf Kythera, in: 970: Buchholz, 137–148.

1032. J. W. Graham, The Palaces of Crete, 2. Aufl., Princeton 1987.

1033. M. Melas, Minoans Overseas: alternative Models of Interpretation, in: Aegaeum 2 (1988) 47–70.

1034. E. Hallager, Final Palatial Crete. An Essay in Minoan Chronology, in: Studies in Ancient History and Numismatics (Festschrift Thomsen), Aarhus 1988, 11–21.

1035. K. Branigan, Some Observations on State Formation in Crete, in: 972: French/Wardle, 63–71.

1036. N. Momigliano, Duncan Mackenzie. A cautious canny highlander & (sic!) the Palace of Minos at Knossos, London 1999.

c) Mykene

1037. H. Schliemann, Ithaka, der Peloponnes und Troja. Archäologische Forschungen, Leipzig 1869 (mehrere NDe).

1038. Ders., Mykenae. Bericht über meine Forschungen und Entdeckungen in Mykenae und Tiryns, Leipzig 1878 (mehrere NDe).

1039. Ders., Bericht über die Ausgrabungen in Troja in den Jahren 1871 bis 1873, München und Zürich 1990.

1040. Ders., Selbstbiographie, 9. Aufl., Wiesbaden 1961.

1041. A. J. B. Wace/F. H. Stubbings, A Companion to Homer, London 1962.

1042. R. J. Buck, The Middle Helladic Period, in: Phoenix 20 (1966) 193–209.

1043. A. Heubeck, Aus der Welt der frühgriechischen Lineartafeln, Göttingen 1966.

1044. K. Wundsam, Die politische und soziale Struktur in den mykenischen Residenzen nach den Linear B Texten, Wien 1968.

1045. R. J. Buck, The Myceanean Time of Troubles, in: Historia 18 (1969) 276–298.

1046. J. Kerschensteiner, Die mykenische Welt in ihren schriftlichen Zeugnissen, München 1970.

1047. J. Chadwick, The Decipherment of Linear B, 2. Aufl., Cambridge 1970.

1048. L. R. Palmer, Besprechung von 1044: Wundsam, in: Gnomon 44 (1971) 170–178.

1049. S. Hiller, Studien zur Geographie des Reiches um Pylos nach den mykenischen und homerischen Texten, Wien 1972.

1050. J. D. Muhly, Hittites and Achaeans: Ahhijawā Redomitus, in: Historia 23 (1974) 129–154.

1051. F. Hampl, Die Chronologie der Einwanderung der griechischen Stämme und das Problem der Nationalität der Träger der mykenischen Kultur, in: Ders., Geschichte als kritische Wissenschaft, Bd. 2, Darmstadt 1975, 100–198.

1052. F. Schachermeyr, Die ägäische Frühzeit, Bd. 2: Die mykenische Zeit und die Gesittung von Thera, Wien 1976.

1053. Ders., Mykene und Linear B-Schrift im Rahmen der Altertumsforschung, in: 1005: Hiller/Panagl, 1–18.

1054. J. T. Hooker, Mycenaean Greece, London u. a. 1976.

1055. A. Heubeck, Weiteres zur Datierung der Knossos-Tafeln, in: Studies in Greek, Italic, and Indo European Linguistics (Festschrift Palmer), Innsbruck 1976, 97–101.

1056. O. T. P. K. Dickinson, The Origins of Mycenaean Civilization, Göteborg 1977.

1057. E. Hallager, The Mycenaean Palace at Knossos, Stockholm 1977.

1058. P. Alin, Mycenaean Decline – Some Problems and Thoughts, in: Greece and the Eastern Mediterranean in ancient history and prehistory (Festschrift Schachermeyr), Berlin und New York 1977, 31–39.

1059. S. Deger-Jalkotzy, Fremde Zuwanderer im spätmykenischen Griechenland, Wien 1977.

1060. K. Kilian/Chr. Podzuweit, Ausgrabungen in Tiryns 1976, in: AA 1978, 449–498.

1061. E. J. Holmberg, Some Notes on the Immigration of Indo-Europeans into Greece during the Early Bronze Age, in: OAth 12 (1978) 1–9.

1062. S. Deger-Jalkotzy, E-qe-ta. Zur Rolle des Gefolgschaftswesens in der Sozialstruktur mykenischer Reiche, Wien 1978.

1063. R. B. Edwards, Kadmos the Phoenician. A Study in Greek Legends and the Mycenaean Age, Amsterdam 1979.

1064. E. Risch/H. Mühlestein (Hrsgg.), Colloquium Mycenaeum. Actes du colloque Neuchâtel 1975, Neuchâtel 1979.

1065. A. Morpurgo Davies, Terminology of Power and Terminology of Work in Greek and Linear B, in: 1064: Risch/Mühlestein, 87–108.

1066. F. Gschnitzer, Vocabulaire et institutions: la continuité historique du deuxième au premier millénaire, in: 1064: Risch/Mühlestein, 109–134.

1067. J. Chadwick, Die mykenische Welt, Stuttgart 1979.

1068. H. W. Catling/J. F. Cherry/R. E. Jones/J. T. Killen, The Linear-B Inscribed Stirrup Jars and West Crete, in: ABSA 75 (1980) 49–113.

1069. J. T. HOOKER, Linear B. An Introduction, Bristol 1980.
1070. R. HAMPE/E. SIMON, Tausend Jahre Frühgriechische Kunst, München 1980.
1071. R. HOPE SIMPSON, Mycenaean Greece, Park Ridge, N. J., 1981.
1072. CH. PODZUWEIT, Die mykenische Welt und Troja, in: Südosteuropa zwischen 1600 und 1000 v. Chr., Berlin 1982 (Südosteuropa-Jahrbuch 13),65–88.
1073. W.-D. NIEMEIER, Das mykenische Knossos und das Alter von Linear B, in: Beiträge zur ägäischen Bronzezeit, Marburg 1982, 29–127.
1074. K. KILIAN, Zum Ende der mykenischen Epoche in der Argolis, in: JRGZM 27 (1982) 166–195.
1075. LORD W. TAYLOUR, The Mycenaeans, Revised edition, London 1983.
1076. M. MELLINK, Archaeological Comments on Ahhiyawa-Achaians in Western Anatolia, in: AJA 87 (1983) 138–141.
1077. R. HOPE SIMPSON, Mycenaean Greece and Homeric Reflections, in: C. A. RUBINO/C. W. SHELMERDINE (Hrsgg.), Approaches to Homer, Austin 1983, 122–139.
1078. J. COBET, Gab es den Trojanischen Krieg?, in: AW 14 (1983), Heft 39–58.
1079. S. E. IAKOVIDIS, Late Helladic Citadels on Mainland Greece, Leiden 1983.
1080. H. G. GÜTERBOCK, The Ahhiyawa Problem Reconsidered, in: AJA 87 (1983) 133–138.
1081. A. HEUBECK/G. NEUMANN (Hrsgg.), Res Mycenaeae, Göttingen 1983.
1082. L. BAUMBACH, An Examination of the Evidence for a State of Emergency at Pylos c. 1200 B. C. from the Linear B Tablets, in: 1081: HEUBECK/NEUMANN, 28–40.
1083. S. DEGER-JALKOTZY, Zum Charakter und zur Herausbildung der mykenischen Sozialstruktur, in: 1081: HEUBECK/NEUMANN, 89–111.
1084. H. MÜHLESTEIN, Nochmals zu den oka-Tafeln von Pylos, in: 1081: HEUBECK/NEUMANN, 311–327.
1085. L. VAGNETTI (Hrsg.), Magna Grecia e mondo miceneo. Nuovi documenti. XXII Convegno di Studi sulla Magna Grecia, Taranto 7–11 ottobre 1982, Taranto 1983.
1086. K. KILIAN, Civiltà micenea in Grecia: nuovi aspetti storici ed interculturali, in: 1085: VAGNETTI, 53–96.
1087. L. VAGNETTI, I Micenei in Occidente. Dati acquisiti e prospettive future, in: Forme di contatto e processi di trasformazione nelle società antiche, Pisa und Roma 1983, 165–185.
1088. L. R. PALMER, The Mycenaean Palace and the Damos, in: Aux origines de l' hellénisme (Festschrift van Effenterre), Paris 1984, 151–159.
1089. L. FOXHALL/J. K. DAVIES (Hrsg.), The Trojan War. Its Historicity and Context, Bristol 1984.
1090. A. F. HARDING, The Mycenaeans and Europe, London u. a. 1984.
1091. J. M. DRIESSEN/C. MACDONALD, Some Military Aspects of the Aegean in the Later Fifteenth and Early Fourteenth Centuries B. C., in: ABSA 79 (1984) 49–74.

1092. A. HEUBECK, Homer und Mykene, in: Gymnasium 91 (1984) 1–14.

1093. K. KILIAN, Pylos – Funktionsanalyse einer Residenz der späten Palastzeit, in: AKorrBl 14 (1984) 37–48.

1094. A. UCHITEL, Women at Work. Pylos and Knossos, Lagash and Ur, in: Historia 33 (1984) 257–282.

1095. DERS., On the „military" character of the o-ka tablets, in: Kadmos 23 (1984) 136–163.

1096. P. ÅSTRÖM/K.-E. SJÖQUIST, Pylos: Palmprints and Palmleaves, Gothenburg 1984.

1097. S. DIETZ, Excavations and Surveys in Southern Rhodes: The Mycenaean Period, Copenhagen 1984.

1098. B. PALSSON HALLAGER, Crete and Italy in the Late Bronze Age III Period, in: AJA 81 (1985) 293–305.

1099. G. A. LEHMANN, Die mykenisch-frühgriechische Welt und der östliche Mittelmeerraum in der Zeit der „Seevölker"-Invasion um 1200 v. Chr., Opladen 1985.

1100. I. KILIAN-DIRLMEIER, Noch einmal zu den „Kriegergräbern" von Knossos, in: JRGZM 32 (1985) 196–214.

1101. J. BENNET, The Structure of the Linear B Administration at Knossos, in: AJA 81 (1985) 231–249.

1102. C. GATES, Rethinking the Building History of Grave Circle A at Mycenae, in: AJA 81 (1985) 263–274.

1103. F. SCHACHERMEYR, Mykene und das Hethiterreich, Wien 1986.

1104. S. HILLER, Die Ethnogenese der Griechen aus der Sicht der Vor- und Frühgeschichte, in: W. BERNHARD/A. KANDLER-PALSSON (Hrsgg.), Ethnogenese europäischer Völker, Stuttgart und New York 1986, 21–37.

1105. DERS./O. PANAGL (Hrsgg.), Die frühgriechischen Texte aus mykenischer Zeit, 2. Aufl., Darmstadt 1986.

1106. M. MARAZZI/S. TUSA/L. VAGNETTI (Hrsgg.), Traffici micenei nel Mediterraneo. Problemi storici e documentazione archeologica, Atti Palermo, Taranto 1986.

1107. J. VANSCHOONWINKEL, Thera et la jeune civilisation mycénienne, in: AC 55 (1986) 5–41.

1108. C. TRÜMPY, Vergleich des Mykenischen mit der Sprache der Chorlyrik. Bewahrt die Chorlyrik eine von Homer unabhängige Sprachtradition?, Bern u. a. 1986.

1109. S. F. HOOD, Mycenaeans in Chios, in: 829: BOARDMAN/VAPHOPOULOU-RICHARDSON, 169–180.

1110. M. J. MELLINK (Hrsg.), Troy and the Trojan War, 1986.

1111. H. G. GÜTERBOCK, Troy in Hittite Texts? Wilusa, Ahhiyawa, and Hittite History, in: 1110: MELLINK, 33–44.

1112. W. M. Calder III./D. A. Traill, Myth, Scandal, and History. The Heinrich Schliemann Controversy and a First Edition of the Mycenaean Diary, Detroit 1986.

1113. E. F. Bloedow, Schliemann on his Accusers, in: Tyche 1 (1986) 30–40.

1114. G. S. Korres, Der Beitrag von Heinrich Schliemann zur Kenntnis der griechischen historischen Vergangenheit, in: Der Philhellenismus und die Modernisierung in Griechenland und Deutschland, Erstes Symposium, Thessaloniki 1986, 153–187.

1115. I. Kilian-Dirlmeier, Beobachtungen zu den Schachtgräbern von Mykenai und zu den Schmuckbeigaben mykenischer Männergräber. Untersuchungen zur Sozialstruktur in späthelladischer Zeit, in: JRGZM 33,1 (1986) 159–198.

1116. G. S. Korres, Neue Ausgrabungen im Gebiet von Pylos, in: EAZ 28 (1987) 711–743.

1117. D. Hagel/H. Lauter, Die frühmykenische Burg von Kiapha Thiti/Attika, in: Marburger Winckelmann-Programm 1987, 3–13.

1118. J.-C. Courtois, Enkomi und Ras Schamra, zwei Außenposten der mykenischen Kultur, in: 970: Buchholz, 182–216.

1119. S. Hiller, Die Mykener auf Kreta, ein Beitrag zum Knossos-Problem und zur Zeit nach 1400 v. Chr. auf Kreta, in: 970: Buchholz, 388–405.

1120. S. E. Iakovides, Perati, eine Nekropole der ausklingenden Bronzezeit in Attika, in: 970: Buchholz, 437–477.

1121. Th. G. Palaima, The Scribes of Pylos, Roma 1988.

1122. E. F. Bloedow, Schliemann on his Accusers II: A Study in the Reuse of Sources, in: AC 57 (1988) 5–30.

1123. R. Drews, The Coming of the Greeks. Indo-European Conquests in the Aegean and the Near East, Princeton 1988.

1124. S. Hiller, Dependent Personnel in Mycenaean Texts, in: M. Heltzer/E. Lipiński (Hrsgg.), Society and Economy in the Eastern Mediterranean (c. 1500–1000 B. C.), Leuven 1988, 53–68.

1125. K. Kilian, Mycenaeans Up To Date, Trends and Changes in Recent Research, in: 972: French/Wardle 115–152.

1126. S. Diamant, Myceanean Origins: Infiltration from the North?, in: 972: French/Wardle, 153–159.

1127. Ch. Mee, A Mycenaean Thalassocracy in the Eastern Aegean?, in: 972: French/Wardle, 301–306.

1128. S. Deger-Jalkotzy, Landbesitz und Sozialstruktur im mykenischen Staat von Pylos, in: M. Heltzer/E. Lipiński (Hrsgg.), Society and Economy in the Eastern Mediterranean (c. 1500–1000 B. C.), Leuven 1988, 31–52.

1129. T. R. Bryce, The Nature of Mycenaean Involvement in Western Anatolia, in: Historia 38 (1989) 1–21.

1130. W. M. Calder III./J. Cobet (Hrsgg.), Heinrich Schliemann nach hundert Jahren, Frankfurt a. M. 1990.

1131. R. Drews, The End of the Bronze Age. Changes in Warfare and the Catastrophe ca. 1200 B. C., Princeton 1993.

1132. P. A. Mountjoy, Mycenaean Pottery. An Introduction, Oxford 1993.

1133. P. Carlier, Qa-si-re-u et qa-si-re-wi-ja, in: 976: Laffineur/Niemeier, 355–364.

1134a. J. Cobet, Heinrich Schliemann. Archäologe und Abenteurer, München 1997.

1134b. M. L. B. Gregersen, Craftsmen in the Linear B Archives, in: C. Gillis u. a. (Hrsgg.), Trade and Production in Premonetary Greece, Göteborg 1997, 43–55.

1134c. Dies., Pylian Craftsmen: Payment in Kind/Rations or Land? in: 977: Laffineur, 397–405.

1135. M. Korfmann/D. Mannsperger, Troia. Ein historischer Überblick und Rundgang, Darmstadt 1998.

1136. S. H. Allen, Finding the Walls of Troy. Frank Calvert and Heinrich Schliemann at Hissarlik, Berkeley u. a. 1999.

1137a. S. Deger-Jalkotzy/St. Hiller/O. Panagl (Hrsgg.), Floreant Studia Mycenaea, 2 Bde., Wien 1999.

1137b. Archäologisches Landesmuseum Baden-Württemberg u. v. a. (Hrsgg.), Troia – Traum und Wirklichkeit, Stuttgart 2001.

d) Dunkle Jahrhunderte und Homer

1138. H. Strasburger, Der soziologische Aspekt der homerischen Epen, in: Gymnasium 60 (1953), 97–114.

1139. M. I. Finley, Homer and Mycenae: Property and Tenure, in: Historia 6 (1957) 133–159.

1140. Ders./J. L. Caskey/G. S. Kirk/D. L. Page, The Trojan War, in: JHS 84 (1964) 1–20.

1141. A. Lesky, Homeros, in: 169: RE, Suppl. 9 (1967) 1–160.

1142. F. Matz/H.-G. Buchholz (Hrsgg.), Archaeologia Homerica, Göttingen 1967 ff.

1143. H. Drerup, Griechische Baukunst in geometrischer Zeit, Göttingen 1969 (in: 1142: Archaeologia Homerica).

1144. J. Chadwick, Who were the Dorians?, in: PP 31 (1970) 103–117.

1145. A. M. Snodgrass, The Dark Ages of Greece. An Archaeological Survey of the Eleventh to the Tenth Centuries, B. C., Edinburgh 1971.

1146. V. R. d'A. Desborough, The Greek Dark Ages, New York 1972.

1147. P. A. L. Greenhalgh, Early Greek Warfare. Horsemen and Chariots in the Homeric and Archaic Ages, Cambridge 1973.

1148. A. Heubeck, Die homerische Frage, Darmstadt 1974.

1149. A. M. Snodgrass, An Historical Society?, in: JHS 94 (1974) 114–125.

1150. F. Hampl, Die „Ilias" ist kein Geschichtsbuch, in: Ders., Geschichte als kritische Wissenschaft, Bd. 2, Darmstadt 1975, 51–99.

1151. J. V. Andreev, Volk und Adel bei Homer, in: Klio 57 (1975) 281–291.

1152. G. S. Kirk, Homer and the Oral Tradition, Cambridge 1976.

1153. J. Latacz, Kampfparänese, Kampfdarstellung und Kampfwirklichkeit in der Ilias, bei Kallinos und Tyrtaios, München 1977.

1154. J. N. Coldstream, Geometric Greece, London 1977.

1155. A. Heubeck, Schrift, Göttingen 1979 (in: 1142: Archaeologia Homerica).

1156. J. Latacz (Hrsg.), Homer. Tradition und Neuerung, Darmstadt 1979.

1157. M. I. Finley, Die Welt des Odysseus, München 1979.

1158. Ders., Schliemanns Troja nach hundert Jahren, in: 1157: Ders., 169 – 187.

1159. J. V. Andreev, Könige und Königsherrschaft in den Epen Homers, in: Klio 61 (1979) 361–384.

1160. Ders., Die politischen Funktionen der Volksversammlung im homerischen Zeitalter, in: Klio 61 (1979) 385–405.

1161. M. R. Popham/L. H. Sackett/P. G. Themelis, Lefkandi I. The Iron Age. The Settlement and the Cemeteries, 2 Bde., Athens und London 1979, 1980.

1162. P. G. Van Soesbergen, The coming of the Dorians, in: Kadmos 20 (1981) 38–51.

1163. S. und H. Hodkinson, Mantineia and the Mantinike: Settlement and Society in a Greek Polis, in: ABSA 76 (1981) 239–296.

1164. P. J. Riis, Griechen in Phönizien, in: 1377: Niemeyer 237–260.

1165. J. N. Coldstream, Greeks and Phoenicians in the Aegean, in: 1377: Niemeyer, 261–275.

1166. M. R. Popham/E. Touloupa/L. H. Sackett, The hero of Lefkandi, in: Antiquity 56 (1982) 169–174.

1167. M. Dreher, Sophistik und Polisentwicklung, Frankfurt a. M. und Bern 1983.

1168. R. Drew, Basileus. The Evidence for Kingship in Geometric Greece, New Haven und London, 1983.

1169. S. Deger-Jalkotzy (Hrsg.), Griechenland, die Ägäis und die Levante während der „Dark Ages", Wien 1983.

1170. P. G. Themelis, Die Nekropolen von Lefkandi-Nord auf Euböa, in: 1169: Deger-Jalkotzy, 145–155.

1171. S. Deger-Jalkotzy, Das Problem der „Handmade Burnished Ware", in: 1169: Dies., 161–176.

1172. A. M. Snodgrass, The Greek Early Iron Age: A Reappraisal, in: DHA 9 (1983) 73–86.

1173. O.-H. Frey, Zur Seefahrt im Mittelmeer während der Früheisenzeit (10. bis 8. Jh. v. Chr.), in: H. Müller-Karppe (Hrsg.), Zur geschichtlichen Bedeutung der frühen Seefahrt, München 1982, 21–43.

1174. J. N. COLDSTREAM, The Formation of the Greek Polis: Aristotle and Archaeology, Opladen 1984.

1175. P. BLOME, Lefkandi und Homer, in: WJA 10 (1984) 9–22.

1176. J. V. ANDREEV, The Historical Background of the Homeric Epic, in: VDI 1984, 4,3–11 (russ.).

1177. H. G. NIEMEYER, Die Phönizier und die Mittelmeerwelt im Zeitalter Homers, in: JRGZM 31 (1984) 1–84.

1178. A. G. GEDDES, Who's who in Homeric society, in: CQ 34 (1984) 17–36.

1179. J. M. HURWIT, The Art and Culture of Early Greece, 1100–480 B. C., Ithaca und London 1985.

1180. D. MUSTI (Hrsg.), Le origini dei Greci. Dori e mondo egeo, Roma und Bari 1985.

1181. J. HAVERSON, Social Order in the „Odyssey", in: Hermes 113 (1985) 129–145.

1182. H. LAUTER, Lathuresa. Beiträge zur Architektur und Siedlungsgeschichte in spätgeometrischer Zeit, Mainz 1985.

1183. M. GRAS, Trafics tyrrhéniens archaïques, Rome 1985.

1184. W. DONLAN, The Social Groups of Dark Age Greece, in: CPh 80 (1985) 293–308.

1185. H. LAUTER, Der Kultplatz auf dem Turkovuni, Berlin 1985.

1186. H. VAN WEES, Leaders of men? Military organisation in the Iliad, CQ 36 (1986) 285–303.

1187. I. MORRIS, The Use and Abuse of Homer, in: CA 5 (1986) 81–138.

1188. T. RIHLL, ‚Kings' and ‚commoners' in Homeric society, in: LCM 11 (1986) 86–91.

1189. I. MORRIS, Burial and ancient society. The rise of the Greek city-state, Cambridge u. a. 1987.

1190. E. LIPIŃSKI (Hrsg.), Phoenicia and the East Mediterranean in the First Millennium B. C., Leuven 1987.

1191. J. V. ANDREEV, Die homerische Gesellschaft, in: Klio 70 (1988) 5–85.

1192. J. LATACZ, Homer, 2. Aufl., München und Zürich 1989.

1193. CH. ULF, Die homerische Gesellschaft. Materialien zur analytischen Beschreibung und historischen Lokalisierung, München 1990.

1195. M. R. POPHAM/P. G. CALLIGAS/L. H. SACKETT/R. W. V. CATLING/I. S. LERNOS, Lefkandi II. The Protogeometric Building at Toumba. Part. I. The Pottery, Athen und London 1990.

1196. D. MUSTI u. a. (Hgg.), La transizione dal miceneo all' alto arcaismo. Dal palazzo alla città, Roma 1991.

1197. B. B. POWELL, Homer and the origin of the Greek Alphabet, Cambridge 1991.

1198. B. PATZEK, Homer und Mykene. Mündliche Dichtung und Geschichtsschreibung, München 1992.

1199. G. KOPCKE/I. TOKUMARU (Hgg.), Greece between East and West: 10th-8th Centuries BC, Mainz 1992.

1200. M. POPHAM u. a., Lefkandi 2, London 1993.

1201. P. FUNKE, Stamm und Polis. Überlegungen zur Entstehung der griechischen Staatenwelt in den „Dunklen Jahrhunderten", in: J. BLEICKEN (Hrsg.), Colloquium aus Anlaß des 80. Geburtstages von Alfred Heuß, Kallmünz 1993, 29–48.

1202. CH. MAREK, Euboia und die Entstehung der Alphabetschrift in: Klio 75 (1993) 27–44.

1203. M. R. POPHAM/P. G. CALLIGAS/L. H. SACKETT, Lefkandi II Part 2. The Excavation, Architecture and Finds, Athen 1993.

1204. CH. PENGLASE, Greek Myths and Mesopotamia. Parallels and Influence in the Homeric Hymns and Hesiod, London und New York 1994.

1205. V. PARKER, Zur Datierung der Dorischen Wanderung, in: MH 52 (1995) 130–154.

1206. C. M. ANTONACCIO, Lefkandi and Homer, in: O. ANDERSEN/M. DICKIE, Homer's World, Bergen 1995, 5–27.

1207. G. A. LEHMANN, Umbrüche und Zäsuren im östlichen Mittelmeerraum und Vorderasien zur Zeit der „Seevölker"-Invasionen um und nach 1200 v. Chr. Neue Quellenzeugnisse und Befunde, in: HZ 262 (1996) 1–38.

1208. J. BOUZEK, Greece, Anatolia and Europe. Interrelations during the Early Iron Age, Stockholm 1997.

1209. B. POWELL/I. MORRIS (Hrsgg.), A new Companion to Homer, Leiden 1997.

1210. S. LANGDON (Hrsg.), New Light on a Dark Age. Exploring the Culture of Geometric Greece, Columbia und London 1997.

1211. R. D. WOODARD, Greek Writing from Knossos to Homer, Oxford 1997.

1212. K. A. RAAFLAUB, Homeric Society, in: 1209: POWELL/MORRIS, 624–648.

1213a. U. GEHRIG/H. G. NIEMEYER (Hgg.), Die Phönizier im Zeitalter Homers, Mainz 1990.

1213b. W. KULLMANN, Homer and Historical Memory, in: E. A. MCKAY (Hrsg.), Signs of Orality, Leiden u. a. 1999, 95–113.

1213c. DERS., Homer und Kleinasien, in: Euphrosyne: Studies in Ancient Epic and its legacy in honor of Dimitris N. Maronitis, hrsg. v. J. N. KAZAZIS, Stuttgart 1999, 189–201.

1214. A. O. HELLMANN, Die Schlachtszenen der Ilias. Das Bild des Dichters vom Kampf in der Heroenzeit, Stuttgart 2000.

1215. J. LATACZ, Troia und Homer. Der Weg zur Lösung eines alten Rätsels, München und Berlin 2001.

e) Archaikum

Mutterland

1216. P. N. URE, The Origin of Tyranny, Cambridge 1922 (ND New York 1962).
1217. V. EHRENBERG, Neugründer des Staates, München 1925.
1218. C. M. KRAAY, The Archaic Owls of Athens: Classification and Chronology, in: NC, Ser. 6, 16 (1956) 43–68.
1219. F. HEIDBÜCHEL, Die Chronologie der Peisistratiden in der Atthis, in: Philologus 101 (1957) 70–89.
1220. E. RUSCHENBUSCH, Patrios politeia, in: Historia 7 (1958) 398–424.
1221. G. L. HUXLEY, Early Sparta, London 1962.
1222. R. M. COOK, Spartan History and Archaeology, in: CQ N. S. 12 (1962) 156–158.
1223. F. KIECHLE, Lakonien und Sparta, München 1963.
1224. D. M. LEWIS, Cleisthenes and Attica, in: Historia 12 (1963) 22–40 (auch in DERS., Selected Papers in Greek and Near Eastern history, Cambridge 1997 77–98).
1225. C. M. KRAAY, Hoards, Small Change and the Origin of Coinage, in: JHS 84 (1964) 76–91.
1226. ED. WILL/C. ROEBUCK, Trade and Politics in the Ancient World: La Grèce archaïque, in: Deuxième conférence d'histoire économique Aix-en-Provence 1962, Paris 1965, 41–115.
1227. A. M. SNODGRASS, The Hoplite Reform and History, in: JHS 85 (1965) 110–122.
1228. D. HEGY, Notes on the Origins of Greek Tyrannis, in: AAntHung 13 (1965) 303–318.
1229. H. BERVE, Die Tyrannis bei den Griechen, 2 Bde., München 1967.
1230. G. PFOHL (Hrsg.), Das Alphabet. Entstehung und Entwicklung der griechischen Schrift, Darmstadt 1968.
1231. K. KINZL, Miltiades-Forschungen, Wien 1968.
1232. A. HEUSS, Die archaische Zeit Griechenlands als geschichtliche Epoche, in 371: GSCHNITZER, 36 – 96.
1233. H. W. PLEKET, The Archaic Tyrannis, in: Talanta 1 (1969) 19–61.
1234. H. BERVE, Wesenszüge der griechischen Tyrannis, in: 371: GSCHNITZER 161–183.
1235. V. EHRENBERG, Eine frühe Quelle der Polisverfassung, in: 371: GSCHNITZER 26–35.
1236. F. GHINATTI, I gruppi politici ateniesi fino alle guerre persiane, Rom 1970.
1237. M. M. AUSTIN, Greece and Egypt in the Archaic Age, Cambridge 1970.
1238. M. L. WEST, Early Greek Philosophy and the Orient, Oxford 1971.
1239. C. ROEBUCK, Some Aspects of Urbanization in Corinth, in: Hesperia 4 (1972) 96–127.

1240. H. A. CAHN, Dating the Early Coinages of Athens, in: DERS., Kleine Schriften zur Münzkunde und Archäologie, Basel 1975, 81–97.

1241. L. WEIDAUER, Probleme der frühen Elektronprägung, Fribourg 1975.

1242. E. RUSCHENBUSCH, Die Quellen zur älteren griechischen Geschichte, in: Symposion 1971, Köln und Wien 1975, 67–77.

1243. M. PRICE/N. WAGGONER, Archaic Greek Coinage: The Asyut Hoard, London 1975.

1244. L. H. JEFFERY, Archaic Greece, London und Tonbridge 1976.

1245. H. VAN EFFENTERRE, Clisthène et les mesures de mobilisation, in: RÉG 89 (1976) 1–17.

1246. U. KRON, Die zehn attischen Phylenheroen, Berlin 1976.

1247. R. J. HOPPER, The Early Greeks, London 1976.

1248. P. J. RHODES, Pisistratid Chronology again, in: Phoenix 30 (1976) 219–233.

1249. F. KOLB, Die Bau-, Religions- und Kulturpolitik der Peisistratiden, in: JDAI 92 (1977) 99–138.

1250. P. CARTLEDGE, Hoplites and Heroes: Sparta's Contribution to the Technique of Ancient Warfare, in: JHS 97 (1977) 11–27.

1251. A. M. SNODGRASS, Archaeology and the rise of the Greek state, Cambridge u. a. 1977.

1252. C. G. STARR, The Economic and Social Growth of Early Greece 800–500 B. C., New York 1977.

1253. A. H. HOLLADAY, Spartan Austerity, in: CQ N. S. 27 (1977) 111 – 126.

1254. P. SPAHN, Mittelschicht und Polisbildung, Frankfurt a. M. u. a. 1977.

1255. J. SALMON, Political Hoplites?, in: JHS 97 (1977) 84–101.

1256. K. KRAFT, Zur Übersetzung und Interpretation von Aristoteles, Athenaion politeia Kap. 10 (Solonische Münzreform), in: DERS., Gesammelte Aufsätze zur antiken Geldgeschichte und Numismatik I, Darmstadt 1978, 145–170.

1257. J. FONTENROSE, The Delphic Oracle: Its Responses and Operations, with a Catalogue of Responses, Berkeley u. a. 1978.

1258. F. GSCHNITZER, Ein neuer spartanischer Staatsvertrag und die Verfassung des Peloponnesischen Bundes, Meisenheim am Glan 1978.

1259. K. H. KINZL (Hrsg.), Die ältere Tyrannis bis zu den Perserkriegen. Beiträge zur griechischen Tyrannis, Darmstadt 1979.

1260. R. DREWS, Die ersten Tyrannen in Griechenland, in: 1259: KINZL, 256–280.

1261. E. KLUWE, Das Problem von Einzelpersönlichkeit und athenischem Staat in der modernen Literatur, gekürzte Fassung mit Nachtrag 1977 in: 1259: KINZL 281 – 297.

1262. K. H. KINZL, Betrachtungen zur älteren Tyrannis, in: 1259: DERS., 298–325.

1263. F. PRINZ, Gründungsmythen und Sagenchronologie, München 1979.

1264. A. SNODGRASS, Archaic Greece. The Age of Experiment, London u. a. 1980.

1265. W. RÖSLER, Dichter und Gruppe, München 1980.

1266. P. OLIVA, The Birth of Greek Civilization, London 1981.

1267. R. GLYNN, Herakles, Nereus and Triton: A Study of Iconography in Sixth Century Athens, in: AJA 85 (1981) 121–132.

1268. J. COBET, König, Anführer, Herr; Monarch, Tyrann, in: E. CH. WELSKOPF (Hrsg.), Soziale Typenbegriffe im alten Griechenland, Bd. 3, Berlin 1981, 11–66.

1269. J. H. KROLL, From Wappenmünzen to Gorgoneia to Owls, in: ANSMusN 26 (1981) 1–32.

1270. P. SIEWERT, Die Trittyen Attikas und die Heeresform des Kleisthenes, München 1982.

1271. A. SCHNAPP-GOURSEILLON, Naissance de l'écriture et fonction poétique en Grèce archaïque: quelques points de repère (Note critique), in: Annales 37 (1982) 714–723.

1272. J. BOARDMAN, Herakles, Theseus and Amazons, in: D. KURTZ/B. SPARKES (Hrsgg.), The Eye of Greece, Cambridge u. a. 1982, 1–28.

1273. A. J. HOLLADAY, Hoplites and heresies, in: JHS 102 (1982) 94–103.

1274. R. SEALEY, How Citizenship and the City Began in Athens, in: AJAH 8 (1983) 97–129.

1275. H. A. SHAPIRO, Painting, Politics, and Genealogy: Peisistratos and the Neleids, in: W. G. MOON (Hrsg.), Ancient Greek Art and Iconography, Madison 1983, 87–96.

1276. M. J. PRICE, Thoughts on the beginnings of coinage, in: Studies in Numismatic Method presented to Philip Grierson, Cambridge u. a. 1983, 1–10.

1277. F. PINTORE, seren, tarwanis, tyrannos, in: Studi orientalistici in ricordo di Franco Pintore, Pavia 1983, 285–322.

1278. P. OLIVA, Die Tyrannis und die Kultur, in: Actes du VIIe Congrès de la F. I. E.C. I, 1983, 53–67.

1279. R. HÄGG (Hrsg.), The Greek Renaissance of the Eighth Century, Stockholm 1983.

1280. D. U. SCHILARDI, The Decline of the Geometric Settlement of Koukounaries at Paros, in: 1279: HÄGG, 173–183.

1281. R. OSBORNE, The Myth of Propaganda and the Propaganda of Myth, in: Hephaistos 5/6 (1983/84) 61–70.

1282. J. H. KROLL/N. M. WAGGONER, Dating the Earliest Coins of Athens, Corinth and Aegina, in: AJA 88 (1984) 325–340.

1283. F. DE POLIGNAC, La naissance de la cité grecque, Paris 1984.

1284. J. BOARDMAN, Image and Politics in Sixth Century Athens, in: H. A. G. BRIJDER (Hrsg.), Ancient Greek and Related Pottery, Amsterdam 1984, 239–247.

1285. P. CARLIER, La royauté en Grèce avant Alexandre, Strasbourg 1984.

1286. G. AHLBERG-CORNELL, Herakles and the Sea-monster in Attic Black-figure Vase-painting, Stockholm 1984.

1287. W. BURKERT, Die orientalisierende Epoche in der griechischen Religion und Literatur, Heidelberg 1984.

1288. G. R. STANTON, The Tribal Reform of Kleisthenes the Alkmeonid, in: Chiron 14 (1984) 1–41.

1289. P. KRENTZ, The Nature of Hoplite Battle, in: ClAnt 4 (1985) 50–61.

1290. F. FROST, Toward a History of Peisistratid Athens, in: The Craft of the Ancient Historian (Festschrift Starr), Lanham u. a. 1985, 57–78.

1291. M. VICKERS, Early Greek coinage, a reassessment, in: NC 145 (1985) 1–44.

1292. M. B. MOORE, Athena and Herakles on Exekias' Calyxkrater, in: AJA 90 (1986) 35–39

1293. J. L. O'NEIL, The Semantic Usage of tyrannos and Related Words, in: Antichthon 20 (1986) 26–40.

1294. E. A. HAVELOCK, The Muse learns to write, Reflections on Orality and Literacy from Antiquity to the Present, New Haven und London 1986.

1295. N. ROBERTSON, Solon's Axones and Kyrbeis, and the Sixth-Century Background, in: Historia 35 (1986)147–176.

1296. R. M. COOK, Pots and Pisistratan propaganda, in: JHS 107 (1987) 167–169.

1297. M. H. HANSEN, Did Kleisthenes Use the Lot when Trittyes were Allocated to Tribes?, in: AncW 15 (1987) 43 f.

1298. M. PIPILI, Laconian Iconography of the Sixth Century B. C., Oxford 1987.

1299. M. STAHL, Aristokraten und Tyrannen im archaischen Athen. Untersuchungen zur Überlieferung, zur Sozialstruktur und zur Entstehung des Staates, Stuttgart 1987.

1300. D. VIVIERS, La conquête de Sigée par Pisistrate, in: AC 56 (1987) 5–25.

1301. D. LOTZE, Grundbesitz- und Schuldverhältnisse im vorsolonischen Attika, in: J. HERRMANN/J. KÖHN (Hrsgg.), Familie, Staat und Gesellschaftsformation, Berlin 1988, 442–447 (auch in: 160: LOTZE, 49–55).

1302. D. MUSTI, Recenti studi sulla regalità greca: prospettive sull' origine della città, in: RFIC 111 (1988) 99–121.

1303. M. DETIENNE (Hrsg.), Les savoirs de l'écriture en Grèce ancienne, Lille 1988.

1304. P. OLIVA, Solon. Legende und Wirklichkeit, Konstanz 1988.

1305. M. C. ROOT, Evidence from Persepolis for the Dating of Persian and Archaic Greek Coinage, in: NC 1988, 1–12.

1306. G. AUDRING, Zur Struktur des Territoriums griechischer Poleis in archaischer Zeit (nach den schriftlichen Quellen), Berlin 1989.

1307. H. BRANDT, Γῆς ἀναδασμός und ältere Tyrannis, in: Chiron 19 (1989) 207–220.

1308. M. B. SAKELLARIOU, The polis-state. Definition and origin, Athens 1989.

1309. W. V. HARRIS, Ancient Literacy, Cambridge, Mass. und London 1989.

1310. H. A. SHAPIRO, Art and Culture under the Tyrants in Athens, Mainz 1989.

1311. J.-P. DESCOEUDRES (Hrsg.), Greek Colonists and Native Populations, Canberra und Oxford 1990.

1312. L. H. Jeffery/A. Johnston, The Local Scripts of Archaic Greece. A Study of the Greek Alphabet and its Development from the Eighth to the Fifth Centuries B. C., Oxford 1990.

1313. C. Morgan, Athletes and Oracles. The Transformation of Olympia and Delphi in the eighth century, Cambridge u. a. 1990.

1314. W. Burkert, The Orientalizing Revolution, Cambridge, Mass., 1992.

1315. U. Walter, Aristokraten und Hopliten im frühen Griechenland. Eine Interpretation der sogenannten „Chigi-Kanne", in: GWU 43 (1992) 41–51.

1316. D. Ridgway, The First Western Greeks, Cambridge 1992.

1317. A. Bresson/P. Rouillard (Hrsgg.), L'emporion, Paris 1993.

1318. U. Walter, An der Polis teilhaben. Bürgerstaat und Zugehörigkeit im archaischen Griechenland, Stuttgart 1993.

1319. A. Zajcev, Das griechische Wunder, Konstanz 1993.

1320. J. McGlew, Tyranny and Political Culture in Ancient Greece, Ithaca und London 1993.

1321. H.-J. Gehrke, Konflikt und Gesetz. Überlegungen zur frühen Polis, in: J. Bleicken (Hrsgg.), Colloquium aus Anlaß des 80. Geburtstages von Alfred Heuß, Kallmünz 1993, 49–67.

1322. V. Fadinger, Griechische Tyrannis und Alter Orient, in: 401: Raaflaub/Müller-Luckner, 263–316.

1323. F. de Polignac, Cults, Territory and the Orgins of the Greek City-State, Chicago 1995.

1324. R. Osborne, Pots, trade and the archaic Greek economy in: Antiquity 70 (1996) 31–44.

1325. V. Parker, Vom König zum Tyrannen. Eine Betrachtung zur Entstehung der älteren griechischen Tyrannis, in: Tyche 11 (1996) 165–186.

1326. Ch. Ulf (Hrsg.), Wege zur Genese griechischer Identität. Die Bedeutung der früharchaischen Zeit, Berlin 1996.

1327. F. Lang, Archaische Siedlungen in Griechenland, Berlin 1996.

1328. L. De Libero, Die archaische Tyrannis, Stuttgart 1996.

1329. H. A. Shapiro, Art and cult under the tyrants in Athens, Mainz 1989; Supplement ebd. 1996.

1330. D. Ogden, The Crooked Kings of Ancient Greece, London 1997.

1331. D. W. Tandy, Warriors into Traders. The Power of the Market in Early Greece, Berkeley u. a. 1997.

1332. L. G. Mitchell/P. J. Rhodes (Hrsgg.), The Development of the Polis in Archaic Greece, London und New York 1997.

1333. H. Brandt, Herakles und Peisistratos, oder: Mythos und Geschichte. Anmerkungen zur Interpretation vorklassischer Vasenbilder, in: Chiron 27 (1997) 315–334.

1334. Ders., Apollon und die älteren griechischen Tyrannen, in: Chiron 28 (1998) 193–212.

1335. A. SNODGRASS, Homer and the Artists. Text and picture in early Greek art, Cambridge 1998.

1336. T. HÖLSCHER, Öffentliche Räume in frühen griechischen Städten, Heidelberg 1998.

1337. R. M. COOK/P. DUPONT, East Greek Pottery, London und New York 1998.

1338. K.-J. HÖLKESKAMP, Schiedsrichter, Gesetzgeber und Gesetzgebung im archaischen Griechenland, Stuttgart 1999.

1339. H. SANCISI-WEERDENBURG (Hrsg.), Peisistratos and the Tyranny. A Reappraisal of the Evidence, Amsterdam 2000.

Kolonisation

1340. T. J. DUNBABIN, The Western Greeks, Oxford 1948.

1341. R. JOFFROY, Le trésor de Vix, Paris 1954.

1342. W. G. FORREST, Colonisation and the Rise of Delphi, in: Historia 6 (1957) 160–175

1343. H. NEUBAUER, Die griechische Schwarzmeerkolonisation in der sowjetischen Geschichtsschreibung, in: Saeculum 11 (1960) 132–156.

1344. J. SEIBERT, Metroplis und Apoikie, Diss. Würzburg 1963.

1345. E. LEPORE, Problemi dell' organizzazione della chora coloniale, in: M. I. FINLEY (Hrsg.), Problèmes de la terre en Grèce ancienne, Paris und Den Haag 1963, 15–47.

1346. A. J. GRAHAM, Colony and Mother City in Ancient Greece, Manchester 1964.

1347. L. LACROIX, Monnaies et colonisation dans l'Occident grec, Bruxelles 1965.

1348. F. BENOIT, Recherches sur l'hellénisation du midi de la Gaule, Aix-en-Provence 1965.

1349. J. M. COOK, The Greeks in Ionia and the East, 2. Aufl., London 1965.

1350. A. WASOWICZ, A l'époque grecque: le peuplement des côtes de la Mer Noire et de la Gaule méridionale, in: Annales 21 (1966) 553–572.

1351. E. LANGLOTZ, Die kulturelle und künstlerische Hellenisierung der Küsten des Mittelmeers durch die Stadt Phokaia, Köln und Opladen 1966.

1352. E. LEPORE, Rapporti ed analogie di colonizzazione tra Sicilia e Magna Grecia, in: Kokalos 14/15 (1968/69) 60–85.

1353. F. RAINEY, The Location of Archaic Greek Sybaris, in: AJA 73 (1969) 261–273.

1354. E. LEPORE, Strutture della colonizzazione focea in occidente, in: PP 25 (1970) 19–54.

1355. R. WERNER, Probleme der Rechtsbeziehungen zwischen Metropolis und Apoikie, in: Chiron 1 (1971) 19–73.

1356. A. J. GRAHAM, Patterns in Early Greek Colonisation, in: JHS 91 (1971) 35–47.

1357. E. Lepore, Per una fenomenologia storica del rapporto città-territorio in Magna Grecia, in: Atti del settimo convegno di studi sulla Magna Grecia 1967, Napoli 1968 (1971) 29–66, 359–367.

1358. E. Condurachi, Problemi della polis e della chora nelle città greche del Ponto sinistro, in: Atti del settimo convegno di studi sulla Magna Grecia 1967, Napoli 1968 (1971) 143–163, 350–356.

1359. G. Foti, La ricerca del sito di Sibari, in: ASMG, N. S. 13–14 (1972–1973) 9–15.

1360. S. Dimitriu/P. Alexandrescu, L'importation de la céramique attique dans les colonies du Pont-Euxin avant les guerres médiques, in: RA 1973, 23–38.

1361. E. Sjöquist, Sicily and the Greeks. Studies in the Interrelationship between the Indigenous Populations and the Greek Colonists, Ann Arbor 1973.

1362. P. G. Guzzo, Scavi a Sibari, in: PP 28 (1973) 278–314.

1363. G. Colonna, I Greci di Adria, in: RSA 4 (1974) 1–21.

1364. J.-P. Morel, L'expansion phocéenne en Occident: dix années de recherches (1966–1975), in: BCH 99 (1975) 853–896.

1365. D. M. Pippidi, Le problème de la main-d'oeuvre agricole dans les colonies grecques de la mer Noire, in: Ders., Scythica minora, Bucarest 1975, 65–80.

1366. S. C. Bakhuizen, Chalcis-in-Euboea, Iron and Chalcidians Abroad, Leiden 1976.

1367. D. M. Pippidi, Gètes, Grecs et Romains en Scythie Mineure: coexistence politique et interférences culturelles, in: Assimilation et résistance à la culture gréco-romaine dans le monde ancien. Travaux du VIe Congrès International d'Études Classiques, Bucureşti und Paris 1976, 445–453.

1368. L. Braccesi, Grecità adriatica. Un capitolo della colonizzazione greca in occidente, 2. Aufl., Bologna 1977.

1369. M. Clavel-Lévêque, Marseille grecque: la dynamique d'un imperialisme marchand, Marseille 1977.

1370. G. Nenci/G. Vallet (Hrsgg.), Bibliografia topografica della colonizzazione greca in Italia e nelle isole tirreniche, Pisa und Roma 1977 ff.

1371. G. Lopez Monteagudo, Panorama actual de la colonización griega en la Península Ibérica, in: Archivo Español de Arqueología 50/51 (1977/78) 3–14.

1372. N. Alfieri, Spina. Museo archeologico nazionale di Ferrara, 1, Bologna 1979.

1373. H. G. Niemeyer, Auf der Suche nach Mainake: Der Konflikt zwischen literarischer und archäologischer Überlieferung, in: Historia 29 (1980) 165–185.

1374. A. J. Graham, Religion, Women and Greek Colonization, in: Atti 11 (1980–1981) 293–314.

1375. R. Drews, The Coming of the City to Central Italy, in: AJAH 6 (1981) 133–165.

1376. J. BOARDMAN, Kolonien und Handel der Griechen. Vom späten 9. bis zum 6. Jahrhundert v. Chr., München 1981.

1377. H. G. NIEMEYER (Hrsg.), Phönizier im Westen, Mainz 1982.

1378. G. BUCHNER, Die Beziehungen zwischen der euböischen Kolonie Pithekoussai auf der Insel Ischia und dem nordwest-semitischen Mittelmeerraum in der zweiten Hälfte des 8. Jhs. v. Chr., in: 1377: NIEMEYER, 277–306.

1379. W. D. E. COULSON/A. LEONARD, JR., Investigations at Naukratis and Environs, 1980 and 1981, in: AJA 86 (1982) 361–380.

1380. Modes de contacts et processus de transformation dans les sociétés anciennes, Pisa und Rome 1983.

1381. M. CRISTOFANI, I Greci in Etruria, in: 1380: Modes de contacts, 239–255.

1382. R. VAN COMPERNOLLE, Femmes indigènes et colonisateurs, in: 1380: Modes de contacts, 1033–1049.

1383. A. WĄSOWICZ, Les facteurs de la civilisation et de l'urbanisation des côtes de la Mer Noire à l'époque de la colonisation grecque, in: La città antica come fatto di cultura, Como 1983, 67–77.

1384. Autori Vari, Metaponto II, Roma 1983.

1385. N. EHRHARDT, Milet und seine Kolonien. Vergleichende Untersuchung der kultischen und politischen Einrichtungen, 2. Aufl., Frankfurt a. M. u. a. 1987.

1386. W. KIMMIG, Die griechische Kolonisation im westlichen Mittelmeergebiet und ihre Wirkung auf die Landschaften des westlichen Mitteleuropa, in: JRGZM 30 (1983) 3–78.

1387. J.-P. MOREL, Présences et influences grecques en Italie centrale (VIIe-VIe siècles), in: Actes du VIIe congrès de la F. I. E. C. I., Budapest 1983, 221–235.

1388. DERS., Greek Colonization in Italy and in the West (Problems of Evidence and Interpretation), in: T. HACKENS u. a. (Hrsgg.), Crossroads of the Mediterranean, Providence und Louvain 1983, 123–161.

1389. CH. DEHL-VON KAENEL, Die korinthische Keramik des 8. und frühen 7. Jhs. v. Chr. in Italien. Untersuchungen zu ihrer Chronologie und Ausbreitung, Berlin 1984.

1390. N. EHRHARDT, Zur Gründung und zum Charakter der ostpontischen Griechensiedlungen, in: ZPE 56 (1984) 153–158.

1391. F. BOSL, „Polis" ed „Emporio" nella colonizzazione greco pontica: Sciti, Sarmati e Greci alle foci del Don, in: RendLinc 381, 39 (1984) 79–99.

1392. W. LESCHHORN, „Gründer der Stadt". Studien zu einem politisch-religiösen Phänomen der griechischen Geschichte, Stuttgart 1984.

1393. P. CABRERA/R. OLMOS, Die Griechen in Huelva, in: MDAI (M) 26 (1985) 61–74

1394. M. CASEVITZ, Le vocabulaire de la colonisation en Grec ancien. Étude lexicologique: les familles de κτίζω et de οἰκέω – οἰκίζω, Paris 1985.

1395. J. DES COURTILS/B. REMY, Remarques sur l'implantation des colonies grecques au Sud-Est du Pont Euxin, in: EpAn 8 (1986) 53–64.

1396. I. MALKIN, Apollo Archegetes and Sicily, in: ASNP 3, 16 (1986) 959–972.
1397. I. E. M. EDLUND, The Gods and the Place. Location and Function of Sanctuaries in the Countryside of Etruria and Magna Graecia (700–400 B. C.), Stockholm 1987.
1398. I. MALKIN, Religion and Colonization in Ancient Greece, Leiden u. a. 1987.
1399. D. RIDGWAY, The Pithekoussai Shipwreck, in: Studies in honor of T. B. L. Webster, 2, 1988, 97–107.
1400. P. BARCELÒ, Aspekte der griechischen Präsenz im westlichen Mittelmeerraum, in: Tyche 3 (1988) 11–24.
1401. J. M. BLAZQUEZ, Los griegos en la Península Ibérica. Siglos VII-V a. C. Analogías con la colonización griega en el Mar Negro. Colquida, in: Añejos de Gerión, I, 1988 (Homenaje a García y Bellido, V) 9–18.
1402. P. ROUILLARD, Les Grecs et la Péninsule Ibérique du VIIIe au IVe s.av. J.-C., Paris 1991.
1403. N. LURAGHI, Tirannici arcaiche in Sicilia e Magna Grecia. Da Panezio di Leontini alla caduta dei Dinomenidi, Firenze 1994.
1404. G. R. TSETSKHLADZE/F. DE ANGELIS (Hrsgg.), The Archaeology of Greek Colonization, Oxford 1994.
1405. G. R. T. TSETSKHLADZE (Hrsg.), The Greek Colonization of the Black Sea. Historical Interpretation and Archaeology, Stuttgart 1998.
1406. I. MALKIN, The Returns of Odysseus, Berkeley u. a. 1998.
1407. Th. MILLER, Die griechische Kolonisation im Spiegel literarischer Zeugnisse, Tübingen 1999.
1408a. J. G. VINOGRADOV/M. I. ZOLOTAREV, L'ostracismo e la storia della fondazione di chersonesos Taurica. Analisi con gli ostraka dal kerameikos di Atene, in: Minima epigrafica et papyrologica 2 (1999) 111–132.
1408b. L. SUMMERER, Hellenistische Terrakotten aus Amisos. Ein Beitrag zur Kunstgeschichte des Pontosgebietes, Stuttgart 1999.

f) 5. Jahrhundert

Allgemeines

1409. B. D. MERITT/H. T. WADE-GERY/M. F. MCGREGOR, The Athenian Tribute Lists, 4 Bde., Princeton 1939–1953.
1410. V. EHRENBERG, Sophokles und Perikles, München 1956.
1411. F. SARTORI, Le eterie nella vita politica ateniese del VI e V secolo a. C., Roma 1957.
1412. A. HEUSS, Hellas, in: 127: Propyläen Weltgeschichte, Bd. 3, 69–400.
1413. D. ADAMESTEANU, L'ellenizzazione della Sicilia ed il momento di Ducezio, in: Kokalos 8 (1962) 167–198.
1414. M. WÖRRLE, Untersuchungen zur Verfassungsgeschichte von Argos im 5. Jahrhundert vor Christus, Diss. Erlangen-Nürnberg 1964.

1415. A. J. PODLECKI, The Political Background of Aeschylean Tragedy, Ann Arbor 1966.

1416. H. D. MEYER, Thukydides Melesiou und die oligarchische Opposition gegen Perikles, in: Historia 16 (1967) 141–154.

1417. V. EHRENBERG, Aristophanes und das Volk von Athen. Eine Soziologie der altattischen Komödie, Zürich und Stuttgart 1968.

1418. G. ZUNTZ, Euripides und die Politik seiner Zeit, in: E.-R. SCHWINGE (Hrsg.), Euripides, Darmstadt 1968, 417–427.

1419. G. DONNAY, La date du procès de Phidias, in: AC 37 (1968) 19–36.

1420. W. GAUER, Die griechischen Bildnisse der klassischen Zeit als politische und persönliche Denkmäler, in: JDAI 83 (1968) 118–179.

1421. E. MANNI, Sicilia e Magna Grecia nel V secolo, in: Kokalos 14/15 (1968/69) 95–111.

1422. J. S. BOERSMA, The Athenian Building Policy from 561/0 to 405/4 B. C., Groningen 1970.

1423. E. BADIAN, Archons and Strategoi, in: Antichthon 5 (1971) 1–34.

1424. J. SCHWARZE, Die Beurteilung des Perikles durch die attische Komödie und ihre historische und historiographische Bedeutung, München 1971.

1425. P. BICKNELL, Studies in Athenian Politics and Genealogy, Wiesbaden 1972.

1426. K. J. DOVER, Aristophanic Comedy, London 1972.

1427. R. MEIGGS, The Athenian Empire, 2. Aufl., Oxford 1973 (mehrere NDe).

1428. A. HEUSS, Das Revolutionsproblem im Spiegel der antiken Geschichte, in: HZ 216 (1973) 1–72.

1429. P. BICKNELL, Athenian Politics and Genealogy; some Pendants, in: Historia 23 (1974) 146–163.

1430. W. SCHULLER, Die Herrschaft der Athener im Ersten Attischen Seebund, Berlin und New York 1974.

1431. E. BAYER/J. HEIDEKING, Die Chronologie des perikleischen Zeitalters, Darmstadt 1975.

1432. M. LANDFESTER, Aristophanes und die politische Krise Athens, in: G. ALFÖLDY u. a. (Hrsgg.), Krisen in der Antike, Düsseldorf 1975, 27–45.

1433. T. HÖLSCHER, Die Aufstellung des Perikles-Bildnisses und ihre Bedeutung in: WJA N. F. 1 (1975) 187–199 (auch in: 296: FITTSCHEN, 377 – 391).

1434. A. A. MOSSHAMMER, Themistocles' Archonship in the Chronographic Tradition, in: Hermes 103 (1975) 222–234.

1435. H.-J. NEWIGER (Hrsg.), Aristophanes und die Alte Komödie, Darmstadt 1975.

1436. A. J. PODLECKI, The Life of Themistocles, Montreal und London 1975.

1437. J. M. BALCER, Imperial Magistrates in the Athenian Empire, in: Historia 25 (1976) 257–287.

1438. M. M. HENDERSON, The Decree of Themistocles, in: AClass 20 (1977) 85–103.

1439. D. M. Lewis, Sparta and Persia, Leiden 1977.

1440. J. M. Balcer, The Athenian Regulations for Chalcis, Wiesbaden 1978.

1441. R. J. Lenardon, The Saga of Themistocles, London 1978.

1442. G. A. Lehmann, Besprechung von 1430: Schuller, in: HZ 226 (1978) 664–671.

1443. W. Schuller, Die Stadt als Tyrann – Athens Herrschaft über seine Bundesgenossen, Konstanz 1978.

1444. G. Wirth (Hrsg.), Perikles und seine Zeit, Darmstadt 1979.

1445. R. Klein, Die innenpolitische Gegnerschaft gegen Perikles, in: 1444: Wirth, 494 – 533.

1446. H. Knell, Perikleische Baukunst, Darmstadt 1979.

1447. E. Ruschenbusch, Athenische Innenpolitik im 5. Jahrhundert v. Chr. Ideologie oder Pragmatismus?, Bamberg 1979.

1448. B. Fehr, Zur religionspolitischen Funktion der Athena Parthenos im Rahmen des delisch-attischen Seebundes, in: Hephaistos 1–3 (1979–1981) 71–91, 113–125, 55–93.

1449. J. G. Vinogradov, Die historische Entwicklung der Poleis des nördlichen Schwarzmeergebietes im 5. Jahrhundert v. Chr., in: Chiron 10 (1980) 63–100 (auch in: 843: Ders., 100–132).

1450. C. Patterson, Pericles' Citizenship Law of 451–50 B. C., New York 1981.

1451. W. Schuller, Über die ἰδιῶται-Rubrik in den attischen Tributlisten, in: ZPE 42 (1981) 141–151.

1452. T. J. Quinn, Athens and Samos, Lesbos and Chios, 478–404 B. C., Manchester 1981.

1453. H. B. Mattingly, Coins and amphoras – Chios, Samos and Thasos in the fifth century B. C., in: JHS 101 (1981) 78–86 (auch in: 1502: Ders., 435–451).

1454. W. Ameling, Komödie und Politik zwischen Kratinos und Aristophanes: Das Beispiel Perikles, in: CQ 3 (1981) 383–424.

1455. N. Demand, Thebes in the Fifth Century. Heracles Resurgent, London u. a. 1982.

1456. K. Meister, Die Ungeschichtlichkeit des Kalliasfriedens und deren historische Folgen, Wiesbaden 1982.

1457. J. Pečírka, Athenian Imperialism and the Athenian Economy, in: Eirene 19 (1982) 117–125.

1458. G. R. Stanton, The aristocratic promoters of Athenian democracy, in: Ancient Society. Resources for Teachers 12 (1982) 5–14.

1459. B. Wesenberg, Wer erbaute den Parthenon?, in: MDAI (A) 97 (1982) 99–125.

1460. L. Piccirilli, Themistoclea, in: MH 39 (1982) 157–164.

1461. Ders., „Eisangelia" e condanna di Temistocle, in: CCC 4 (1983) 333–363.

1462. E. Ruschenbusch, Tribut und Bürgerzahl im ersten athenischen Seebund, in: ZPE 53 (1983) 125–143.

1463. DERS., Das Machtpotential der Bündner im ersten athenischen Seebund, in: ZPE 53 (1983) 144–148.
1464. TH. J. GALPIN, The Democratic Roots of Athenian Imperialism, in: CJ 79 (1983/84) 100–109.
1465. J. M. BALCER, Sparda by the Bitter Sea: Imperial Interaction in Western Anatolia, Chico 1984.
1466. E. BERGER (Hrsg.), Parthenon-Kongreß Basel, 2 Bde., Mainz 1984.
1467. J. M. BALCER u. a. (Hrsgg.), Studien zum Attischen Seebund, Konstanz 1984.
1468. H.-J. GEHRKE, Zwischen Freundschaft und Programm. Politische Parteiung im Athen des 5. Jahrhunderts v. Chr., in: HZ 239 (1984) 529–564.
1469. E. KEARNS, Change and Continuity in Religious Structures after Cleisthenes, in: Crux (Festschrift Ste. Croix), 1985, 189–207.
1470. P. J. RHODES, The Athenian Empire, Oxford 1985.
1471. M. STEINBRECHER, Der Delisch-Attische Seebund und die athenisch-spartanischen Beziehungen in der kimonischen Ära (ca. 478/7–462/1), Stuttgart 1985.
1472. W. SCHULLER, Die Krisen des Attischen Seebunds, in: SCI 8–9 (1985–1988) 16–24.
1473. P. SIEWERT, Die Entstehung des athenischen Großmachtbewußtseins nach historischen und mythologischen Zeugnissen, in: Studien zur Alten Geschichte (Festschrift Lauffer), Bd. 3, Roma 1986, 855–873.
1474. D. LOTZE, Neues und Altes im Bilde des Wirkens von Kleisthenes und Perikles, in: Klio 68 (1986) 233–242.
1475. W. AMELING, Zu einem neuen Datum des Phidias-Prozesses, in: Klio 68 (1986) 63–66.
1476. S. HORNBLOWER/M. C. GREENSTOCK, The Athenian Empire, 3. Aufl., London 1986.
1477. L. A. JONES, The Role of Ephialtes in the Rise of Athenian Democracy, in: ClAnt 6 (1987) 53–76.
1478. D. VIVIERS, Historiographie et propagande politique au Vème siècle avant notre ère: les Philaïdes et la Chersonèse de Trace, in: RFIC 115 (1987) 288–313.
1479. M. F. MCGREGOR, The Athenians and their empire, Vancouver 1987.
1480. E. M. CARAWAN, Eisangelia and Euthyna: the Trials of Miltiades, Themistocles, and Cimon, in: GRBS 28 (1987) 167–208.
1481. D. M. LEWIS, The Athenian Coinage Decree, in: 264: CARRADICE, 53–63 (auch in: DERS., Selected Papers in Greek and Near Eastern history, Cambridge 1997, 116–130).
1482. L. SCHUMACHER, Themistokles and Pausanias. Die Katastrophe der Sieger, in: Gymnasium 94 (1987) 218–246.
1483. E. BADIAN, The Peace of Callias, in: JHS 107 (1987) 1–39 (auch in: 1493: BADIAN, 1–72).

1484. DERS., Towards a chronology of the Pentekontaetia down to the renewal of the Peace of Callias, in: EMC 32 (1988) 289–320 (auch in: 1493: DERS., 73–107).

1485. H. A. CAHN/D. GERIN, Themistocles at Magnesia, in: NC 148 (1988) 13–20.

1486. H. D. WESTLAKE, Studies in Thucydides and Greek History, Bristol 1989.

1487. B. SMARCZYK, Untersuchungen zur Religionspolitik und politischen Propaganda Athens im Delisch-Attischen Seebund, München 1990.

1488. M. CHAMBERS/R. GALLUCCI/P. SPANOS, Athens' Alliance with Egesta in the Year of Antiphon, in: ZPE 83 (1990) 38–63.

1489. CH. KOCH, Volksbeschlüsse in Seebundsangelegenheiten. Das Verfahrensrecht Athens im Ersten Attischen Seebund, Frankfurt a. M. u. a. 1991.

1490. D. CASTRIOTA, Myth, Ethos and Actuality. Official Art in Fifth-Century B. C. Athens, Madison 1992.

1491. TH. J. FIGUEIRA, Athens and Aigina in the Age of Imperial Colonization, Baltimore und London 1991.

1492. A. HENRY, Through a Laser Beam Darkly, in: ZPE 91 (1992) 137–146.

1493. E. BADIAN, From Plataea to Potidaea. Studies in the History and Historiography of the Pentecontaetia, Baltimore und London 1993.

1494. A. HENRY, Athens and Egesta, in: AHB 7 (1993) 49–53.

1495. M. CHAMBERS, The Archon's Name in the Athens-Egesta Alliance, in: ZPE 98 (1993) 171–174.

1496. K. E. PETZOLD, Die Gründung des Delisch-Attischen Seebundes, in: Historia 42 (1993) 418–443, 43 (1994) 1–31.

1497. CH. KOCH, Die Herrschaft der Athener im Ersten Attischen Seebund: Rechtsvereinheitlichung im Verwaltungsverfahren, in: RIDA 40 (1993) 139–182.

1498. CH. SCHUBERT (Hrsg.), Perikles, Darmstadt 1994.

1499. A. HENRY, Pour encourager les autres. Athens and Egesta encore, in: CQ 45 (1995) 237–240.

1500. S. E. DAWSON, The Egesta Decree, in: ZPE 112 (1996) 248–252.

1501. M. VICKERS, Fifth century chronology and the Coinage Decree, in: JHS 116 (1996) 171–174.

1502. H. MATTINGLY, The Athenian Empire Restored. Epigraphic and Historical Studies, Ann Arbor 1996.

1503. J. MARR, The Death of Themistocles, G & R 42, 1996, 159–167.

1504. A. GIOVANNINI, La participation des alliés au financement du Parthénon: aparchè ou tribut?, in: Historia 45 (1997) 145–157.

1505a. A. J. PODLECKI, Pericles and his circle, London 1997.

1505b. D. WILES, Tragedy in Athens. Performance, space and theatrical meaning, Cambridge 1997.

1506. TH. FIGUEIRA, The Power of Money. Coinage and Politics in the Athenian Empire, Philadelphia 1998.

1507. K.-W. WELWEI, Das klassische Athen. Demokratie und Machtpolitik im 5. und 4. Jahrhundert, Darmstadt 1999.

1508. M. RAUSCH, Isonomia in Athen. Veränderungen des öffentlichen Lebens vom Sturz der Tyrannis bis zur zweiten Perserabwehr, Frankfurt a. M. u. a. 1999.

1509. M. MUNN, The School of History. Athens in the Age of Socrates, Berkeley u. a. 2000.

1510. K. RAAFLAUB, Den Olympier herausfordern? Prozesse im Umkreis des Perikles, in: 503: BURCKHARDT/UNGERN-STERNBERG, 96–113.

1511. L. J. SAMONS II., Empire of the Owl. Athenian Imperial Finance, Stuttgart 2000.

Perserkriege

1512. H. BERVE, Miltiades, Berlin 1937.

1513. M. H. JAMESON, A Decree of Themistocles from Troizen, in: Hesperia 29 (1960) 198–223.

1514. A. R. BURN, Persia and the Greeks. The Defence of the West, c. 546–478 B. C., London 1962.

1515. C. HIGNETT, Xerxes' Invasion of Greece, Oxford 1963.

1516. P. GREEN, The Year of Salamis 480–479 BC, London 1970 (die gleichzeitige amerikanische Ausgabe: Xerxes at Salamis).

1517. D. HEGYI, Der Ionische Aufstand und die Regierungsmethoden Dareios' I., in: Das Altertum 17 (1971) 142–150.

1518. P. SIEWERT, Der Eid von Plataiai, München 1972.

1519. K. KRAFT, Bemerkungen zu den Perserkriegen, in: DERS., Gesammelte Aufsätze zur antiken Geschichte und Militärgeschichte, Darmstadt 1973, 1–28.

1520. J. WOLSKI, Médismos et son importance en Grèce à l'époque des guerres médiques, in: Historia 22 (1973) 3–15.

1521. A. R. BURN, Thermopylai Revisited and some Topographical Notes on Marathon and Plataiai, in: Greece and the Eastern Mediterranean in Ancient History and Prehistory (Festschrift Schachermeyr), hrsg. v. K. H. KINZL, Berlin und New York 1977, 89–105.

1522. P. TOZZI, La rivolta ionica, Pisa 1978.

1523. D. GILLIS, Collaboration with the Persians, Wiesbaden 1979.

1524. J. A. G. VAN DER VEER, The battle of Marathon: A Topographical Survey, in: Mnemosyne ser. 4,35 (1982) 290–321.

1525. N. ROBERTSON, The Decree of Themistocles in its Contemporary Setting, in: Phoenix 36 (1982) 1–44.

1526. N. G. L. HAMMOND, The narrative of Herodotus VII and the decree of Themistocles at Troezen, in: JHS 102 (1982) 75–93.

1527. D. LATEINER, The Failure of the Ionian Revolt, in: Historia 31 (1982) 129–160.

1528. H. WANKEL, Thukydides 1,74,1 und die Schiffszahlen von Salamis, in: ZPE 52 (1983) 63–66.

1529. H. T. WALLINGA, The Ionian Revolt, in: Mnemosyne ser. 4, 37 (1984) 401–437.

1530. E. D. FRANCIS/M. VICKERS, The Oenoe Painting in the Stoa Poikile, and Herodotus' Account of Marathon, in: ABSA 80 (1985) 99–113.

1531. G. FIRPO, Impero universale e politica religiosa. Ancora sulle distruzioni dei templi greci ad opera dei Persani, in: ASNP 3, 16,2 (1986) 331–393.

1532. B. SHIMRON, Miltiades an der Donaubrücke und in der Chersonesos, in: WS 100 (1987) 23–34.

1533. A. J. HOLLADAY, The forethought of Themistocles, in: JHS 107 (1987) 182–187.

1534. J. M. BALCER, Persian Occupied Thrace, in: Historia 37 (1988) 1–21.

1535. DERS., The Persian Wars against Greece: A Reassessment, in: Historia 38 (1989) 127–143.

1536. H. KLEES, Zur Entstehung der Perserkriege, in: W. DAHLHEIM u. a. (Hrsgg.), Festschrift für Robert Werner, Konstanz 1989, 21–39.

1537. J. F. LAZENBY, The Defence of Greece 490–479 B. C., Warminster 1993.

1538. T. L. SHEAR JR., The Persian Destructions of Athens. Evidence of Agora Deposits, in: Hesperia 62 (1993) 383–482.

1539. J. M. BALCER, The Persian Conquest of the Greeks 545–450 B. C., Konstanz 1995.

1540. TH. GELZER, Woher kommt Schillers Wanderer nach Sparta? Etappen der Geschichte eines berühmten Epigramms, in: Festschrift für A. Schneider, Neuchâtel und Genève 1997, 409–428.

Peloponnesischer Krieg

1541. A. FUKS, The Ancestral Constitution. Four Studies in Athenian Party Politics at the End of the Fifth Century B. C., London 1953 (NDe).

1542. U. HACKL, Die oligarchische Bewegung in Athen am Ausgang des 5. Jahrhunderts v. Chr., Diss. München 1960.

1543. A. G. WOODHEAD, Thucydides' Portrait of Cleon, in: Mnem. Ser. 4,13 (1960) 289–317.

1544. D. LOTZE, Lysander und der Peloponnesische Krieg, Berlin 1964.

1545. M. I. FINLEY, Athenische Demagogen, in: Das Altertum 11 (1965) 67–79.

1546. H. D. WESTLAKE, Essays on the Greek Historians and Greek History, Manchester und New York 1969.

1547. DERS., Hermocrates the Syracusan, in: 1546: DERS., Essays, 174–202.

1548. DERS., Thucydides and the Uneasy Peace – A Study in Political Incompetence, in: CQ N. S. 21 (1971) 315–325.

1549. W. R. CONNOR, The new politicians of fifth century Athens, Princeton 1971.

1550. G. E. M. DE STE. CROIX, The Origins of the Peloponnesian War, London 1972.

1551. M. LANG, Cleon as the Anti-Pericles, in: CPh 67 (1972) 159–169.

1552. G. A. LEHMANN, Die revolutionäre Machtergreifung der „Dreißig" und die staatliche Teilung Attikas (404–401/0 v. Chr.), in: Antike und Universalgeschichte (Festschrift Stier), Münster 1972, 201–233.

1553. E. F. BLOEDOW, Alcibiades reexamined, Wiesbaden 1973.

1554. O. AURENCHE, Les groupes d'Alcibiade, de Léogoras et de Teucros. Remarques sur la vie politique athénienne en 415 avant J. C., Paris 1974.

1555. D. KAGAN, The Archidamian War, Ithaca und London 1974.

1556. ÉD. WILL, Au sujet des origines de la guerre du Peloponnèse, in: RPh, sér. 3, 49 (1975) 93–100.

1557. F. SARTORI, Una pagina di storia ateniese in un frammento dei „Demi" Eupolidei, Rom 1975.

1558. V. M. STROCKA, Athens Kunst im Peloponnesischen Krieg, in: G. ALFÖLDY u. a. (Hrsgg.), Krisen in der Antike, Düsseldorf 1975, 46–61.

1559. E. LÉVY, Athènes devant la défaite de 404, Athènes 1976.

1560. H. WOLFF, Die Opposition gegen die radikale Demokratie in Athen bis zum Jahre 411 v. Chr., in: ZPE 36 (1979) 279–302.

1561. H. D. WESTLAKE, Decline and Fall of Tissaphernes, in: Historia 30 (1981) 257–279.

1562. D. KAGAN, The Peace of Nicias and the Sicilian Expedition, Ithaca und London 1981.

1563. E. G. PEMBERTON, Dedications by Alkibiades and Thrasyboulos, in: ABSA 76 (1981) 309–321.

1564. P. KRENTZ, The Thirty at Athens, Ithaca und London 1982.

1565. F. BOURRIOT, La famille et le milieu social de Cléon, in: Historia 31 (1982) 404–435.

1566. A. MEHL, Für eine neue Bewertung eines Justizskandals. Der Arginusenprozeß und seine Überlieferung vor dem Hintergrund von Recht und Weltanschauung im Athen des ausgehenden 5. Jh. v. Chr., in: ZRG 99 (1982) 32–80.

1567. B. R. MACDONALD, The Megarian Decree, in: Historia 32 (1983) 385–410.

1568. M. H. B. MARSHALL, Cleon and Pericles: Sphacteria, in: G & R 31 (1984) 19–36.

1569. G. HAFNER, Alkibiades und Nikias, in: MDAI (M) 25 (1984) 9–19.

1570. R. OSBORNE, The erection and mutilation of the Hermae, in: PCPhS 211 (1985) 47–73.

1571. H. D. WESTLAKE, Tissaphernes in Thucydides, in: CQ 35 (1985) 43–54.

1572. B. SMARCZYK, Bündnerautonomie und athenische Seebundspolitik im Dekeleischen Krieg, Frankfurt a. M. 1986.

1573. L. EDMUNDS, The Aristophanic Cleon's ‚Disturbance' of Athens, in: AJPh 108 (1987) 233–263.

1574. G. A. LEHMANN, Überlegungen zur Krise der attischen Demokratie im Peloponnesischen Krieg: vom Ostrakismos des Hyperbolos zum Thargelion 411 v. Chr., in: ZPE 69 (1987) 33–73.

1575. D. KAGAN, The Fall of the Athenian Empire, Ithaca und London 1987.

1576. TH. C. LOENING, The reconciliation agreement of 403/402 B. C. in Athens, Stuttgart 1987.

1577. B. M. LAVELLE, Adikia, the Decree of Kannonos and the Trial of the Generals, in: C & M 39 (1988) 19–41.

1578. L. KALLET-MARX, Money, Expense, and Naval Power in Thucydides' History 1 – 5.24, Berkeley u. a. 1993.

1579. I. G. SPENCE, Thucydides, Woodhead, and Kleon, in: Mnemosyne 48 (1995) 411–437.

1580a. E. F. BLOEDOW, The Speeches of Hermocrates and Athenagoras at Syracuse in 415 B. C.: Difficulties in Syracuse and in Thucydides, in: Historia 45 (1996) 141–158.

1580b. W. D. FURLEY, Andokides and the Herms. A Study in fifth-century Athenian Religion, London 1996.

1581. B. BLECKMANN, Athens Weg in die Niederlage. Die letzten Jahre des Peloponnesischen Krieges, Stuttgart und Leipzig 1998.

1582. D. GRIBBLE, Alcibiades and Athens. A Study in Literary Presentation, Oxford 1999.

1583. W. SCHULLER, Alkibiades, in: 157: BRODERSEN, 337–346.

g) 4. Jahrhundert

Athen

1584. J. BELOCH, Die attische Politik seit Perikles, Leipzig 1884 (ND Darmstadt 1967).

1585. J. SUNDWALL, Epigraphische Beiträge zur sozial-politischen Geschichte Athens im Zeitalter des Demosthenes, Leipzig 1906.

1586. R. SEALEY, IG II2 1609 and the Transformation of the Second Athenian Sea-League, in: Phoenix 11 (1957) 95–111.

1587. A. G. WOODHEAD, Chabrias, Timotheos and the Aegean Allies, 375–373 B. C., in: Phoenix 16 (1962) 258–266.

1588. J. J. BUCHANAN, Theorika. A Study of Monetary Distributions to the Athenian Citizenry during the Fifth and Fourth Centuries B. C., Locust Valley und New York 1962.

1589. C. MOSSÉ, La fin de la démocratie athénienne, Paris 1962.

1590. G. L. CAWKWELL, Eubulus, in: JHS 83 (1963) 47–67.

1591. R. SEALEY, Callistratos of Aphidna and his Contemporaries, in: DERS., Essays in Greek Politics, New York 1965, 133–163.

1592. R. SEAGER, Lysias against the Corndealers, in: Historia 15 (1966) 172–184.

1593. DERS., Thrasybulus, Conon and Athenian Imperialism, 396–386 B. C., in: JHS 87 (1967) 95–115.

1594. S. PERLMAN, Athenian Democracy and the Revival of Imperialistic Expansion at the Beginning of the Fourth Century B. C., in CPh 63 (1968) 257–267.

1595. P. MACKENDRICK, The Athenian Aristocracy 399 to 31 B. C., Cambridge, Mass. 1969.

1596. C. PECORELLA LONGO, „Eterie" e gruppi politici nell Atene del IV sec. a. C., Firenze 1971.

1597. C. MOSSÉ, La vie économique d'Athénes au IVe siècle: crise ou renouveau?, in: F. SARTORI (Hrsg.), Praelectiones Patavinae, Rom 1972, 135–144.

1598. G. L. CAWKWELL, The Foundation of the Second Athenian Confederacy, in: CQ N. S. 23 (1973) 47–60.

1599. F. W. MITCHEL, Lykourgan Athens: 338–322, in: Lectures in Memory of Louise Taft Semple, Second Series, 1966–1970, Cincinnati 1973, 163–214.

1600. R. S. STROUD, An Athenian Law on Silver Coinage, in: Hesperia 43 (1974) 157–188.

1601. M. H. HANSEN, The Sovereignty of the People's Court in Athens in the Fourth Century B. C. and The Public Action against Unconstitutional Proposals, Odense 1974.

1602. G. AUDRING, Grenzen der Konzentration von Grundeigentum in Attika während des 4. Jh. v. u. Z., in: Klio 56 (1974) 445–456.

1603. V. N. ANDREYEV, Some Aspects of Agrarian Conditions in Attica in the Fifth to Third Centuries B. C., in: Eirene 12 (1974) 5–46.

1604. L. M. GLUSKINA, Studien zu den sozial-ökonomischen Verhältnissen in Attika im 4. Jh. v. u. Z., in: Eirene 12 (1974) 111–138.

1605. R. KOERNER, Die Entwicklung der athenischen Demokratie nach dem Peloponnesischen Kriege in Verfassung, Verwaltung und Recht, in: 1696: WELSKOPF 1, 132–146.

1606. C. MOSSÉ, Die politischen Prozesse und die Krise der athenischen Demokratie, in: 1696: WELSKOPF 1, 160–187.

1607. H.-D. ZIMMERMANN, Der Zweite Attische Seebund, in: 1696: WELSKOPF 1, 188–198.

1608. E. SCHÖNERT-GEISS, Die Geldzirkulation Attikas im 4. Jahrhundert v. u. Z., in: 1696: WELSKOPF 1, 531 – 550.

1609. S. ISAGER/M. H. HANSEN, Aspects of Athenian Society in the Fourth Century B. C., Odense 1975.

1610. J. T. CHAMBERS, The Fourth-Century Athenians' View of their Fifth Century Empire, in: PP 30 (1975) 177–191.

1611. M. H. HANSEN, Eisangelia. The Sovereignty of the People's Court in Athens in the Fourth Century B. C. and the Impeachment of Generals and Politicians, Odense 1975.

1612. A. GIOVANNINI, Athenian Currency in the Late Fifth and Early Fourth Century B. C., in: GRBS 16 (1975) 185–195.

1613. C. MOSSÉ, Le IVe siècle (403–336), in: 133: WILL/MOSSÉ/GOUKOWSKI, 9–244.

1614. DIES., Métèques et étrangers à Athènes aux IVe-IIIe siècles avant notre ère, in: H. J. WOLFF (Hrsg.), Symposion 1971, Köln und Wien 1975, 205–213.

1615. D. M. MACDOWELL, Law-Making at Athens in the Fourth Century, in: JHS 95 (1975) 62–74.

1616. J. PEČÍRKA, The Crisis of the Athenian Polis in the Fourth Century B. C., in: Eirene 14 (1976) 5–29.

1617. D. G. RICE, Xenophon, Diodorus and the year 379/378 B. C. Reconstruction and reappraisal, in: YClS 24 (1975) 95–130.

1618. G. L. CAWKWELL, The Imperialism of Thrasybulus, in: CQ N. S. 26 (1976) 270–277.

1619. H.-J. GEHRKE, Phokion. Studien zur Erfassung seiner historischen Gestalt, München 1976.

1620. M. M. MARKLE III., Support of Athenian intellectuals for Philip: a study of Isocrates' Philippus and Speusippus' Letter to Philip, in: JHS 96 (1976) 80–99.

1621. M. H. HANSEN, Apogoge, Endeixis and Ephegesis against Kakourgoi, Atimoi and Pheugontes. A Study in the Athenian Administration of Justice in the Fourth Century B. C., Odense 1976.

1622. E. RUSCHENBUSCH, Die athenischen Symmorien des 4. Jhs. v. Chr., in: ZPE 31 (1978) 275–284.

1623. M. H. HANSEN, Nomos and Psephisma in Fourth-Century Athens, in: 666: DERS., 161–177.

1624. DERS., Did the Athenian Ecclesia Legislate after 403/2?; in: 666: DERS., 179–206.

1625. C. MOSSÉ, Der Zerfall der athenischen Demokratie (404–86 v. Chr.), München und Zürich 1979.

1626. P. FUNKE, Homonoia und Arche. Athen und die griechische Staatenwelt vom Ende des Peloponnesischen Krieges bis zum Königsfrieden (403- 387/6 v. Chr.), Wiesbaden 1980.

1627. J. CARGILL, The Second Athenian League. Empire or Free Alliance?, Berkeley u. a. 1981.

1628. G. L. CAWKWELL, Notes on the failure of the Second Athenian Confederacy, in: JHS 101 (1981) 40–55.

1629. TH. V. BUTTREY, More on the Athenian Coinage Law of 375/4 B. C., in: Quaderni ticinesi di numismatica e antichità classiche 10 (1981) 71–94.

1630. PH. GAUTHIER, De Lysias à Aristote (Ath. pol. 51,4): le commerce du grain a Athènes et les fonctions des sitophylaques, in: RD 59 (1981) 5–28.

1631. P. J. RHODES, Problems in Athenian Eisphora and Liturgies, in: AJAH 7 (1982) 1–19.

1632. H. D. WESTLAKE, Friends and Successors of Dion, in: Historia 32 (1983) 161–172.
1633. H. MONTGOMERY, The way to Chaeronea. Foreign Policy, Decision-Making and Political Influence in Demosthenes' Speeches, Bergen u. a. 1983.
1634. J. CARGILL, IG II²1 and the Athenian Kleruchy on Samos, in: GRBS 24 (1983) 321–332.
1635. P. BRUN, Eisphora – Syntaxis – Stratiotika. Recherches sur les finances militaires d'Athènes au IVe siècle av. J.-C., Paris 1983.
1636. L. KALLET, Iphikrates, Timotheos, and Athens, in: GRBS 24 (1983) 239–252.
1637. H. WANKEL, Bemerkungen zu dem attischen Münzgesetz von 375/4, in: ZPE 52 (1983) 69–74.
1638. S. ALESSANDRÌ, Il significato della legge di Nicofonte sul dokimastes monetario, in: ASNP 3,14,2 (1984) 369–393.
1639. G. L. CAWKWELL, Athenian naval power in the fourth century, in: CQ 34 (1984) 334–345.
1640. E. M. BURKE, Eubulus, Olynthus, and Euboea, in: TAPhA 114 (1984) 111–120.
1641. PH. GAUTHIER, Le programme de Xénophon dans les „Poroi", in: RPh 58 (1984) 181–199.
1642. M. WHITBY, The Union of Corinth and Argos: A Reconsideration, in: Historia 33 (1984) 295–308.
1643. C. BEARZOT, Focione tra storia e trasfigurazione ideale, Milano 1985.
1644. S. HUMPHREYS, Lycurgus of Butadae: An Athenian Aristocrat, in: The Craft of the Ancient Historian (Festschrift Starr), Lanham u. a. 1985, 199–252.
1645. R. M. KALLET-MARX, Athens, Thebes, and the Foundation of the Second Athenian League, in: CA 4 (1985) 127–151.
1646. J. OBER, Fortress Attica. Defense of the Athenian Land Frontier 404–322 B. C., Leiden 1985.
1647. G. STUMPF, Ein athenisches Münzgesetz des 4. Jh. v. Chr., in: JNG 36 (1986) 23–40.
1648. H. MONTGOMERY, „Merchants Fond of Corn": Citizens and Foreigners in the Athenian Grain Trade, in: SO 61 (1986) 43–61.
1649. E. M. BURKE, Lycurgan Finances, in: GRBS 26 (1986) 251–264.
1650. H. BEISTER, Zur Beweiskraft der Zahlenübereinstimmungen in Thomsens Rekonstruktionsversuch der attischen Eisphora, in: Studien zur Alten Geschichte (Festschrift Lauffer), Bd. 1, 1986, 13–26.
1651. D. BELLINGER, Währungsordnung im griechischen Altertum: Das Münzgesetz Athens, in: Die Bank, 1986, Heft 12, 644–650.
1652. D. M. MACDOWELL, The law of Periandros about symmories, in: CQ 36 (1986) 438–449.
1653. T. FIGUEIRA, Sitopolai and sitophylakes in Lysias' „Against the Grain dealers": Governmental Intervention in the Athenian Economy, in: Phoenix 40 (1986) 149–171.

1654. H. D. WESTLAKE, Spartan Intervention in Asia 400–397 B. C., in: Historia 35 (1986) 405–426.

1655. R. BOGAERT, La banque à Athènes au IVe siècle avant J.-C., in: MH 43 (1986) 19–49.

1656. B. S. STRAUSS, Athens after the Peloponnesian War. Class, Faction and Policy 403–386 B. C., Ithaca 1987.

1657. E. RUSCHENBUSCH, Das Datum von IG II/III^2 1611 und der Bundesgenossenkrieg, in: ZPE 67 (1987) 160–163.

1658. L. GALLO, Salari e inflazione: Atene tra V e IV sec. a. C., in: ASNP 3,17,1 (1987) 19–63.

1659. G. L. CAWKWELL, Nomophulakia and the Areopagus, in: JHS 108 (1988) 1–12.

1660. V. GABRIELSEN, A Naval Debt and the Appointment of a Syntrierarch in IG IIe 1623, in: C & M 39 (1988) 63–87.

1661. W. SCHMITZ, Wirtschaftliche Prosperität, soziale Integration und die Seebundpolitik Athens. Die Wirkung der Erfahrungen auf die athenische Außenpolitik in der ersten Hälfte des 4. Jahrhunderts v. Chr., München 1988.

1662. J. ENGELS, Das Eukratesgesetz und der Prozeß der Kompetenzerweiterung des Areopages in der Eubulos- und Lykurgära, in: ZPE 74 (1988) 181–209.

1663. A. L. TRITLE, Phocion the Good, London u. a. 1988.

1664. J. ENGELS, Studien zur politischen Biographie des Hypereides. Athen in der Epoche der lykurgischen Reformen und des makedonischen Universalreiches, 2. Aufl., München 1993.

1665. M. H. HANSEN, Solonian Democracy in Fourth-Century Athens, in: C & M 40 (1989) 71–99.

1666. D. M. LEWIS, The financial offices of Eubulus and Lycurgus, in: DERS., Selected papers in Greek and Near Eastern history, Cambridge 1997, 212–229 (zuerst 1993).

1667. K. TRAMPEDACH, Platon, die Akademie und die zeitgenössische Politik, Stuttgart 1994.

1668. M. H. HANSEN, The Trial of Sokrates – from the Athenian Point of View, Copenhagen 1995.

1669. M. DREHER, Hegemon und Symmachoi. Untersuchungen zum Zweiten Athenischen Seebund, Berlin und New York 1995.

1670. B. HINTZEN-BOHLEN, Die Kulturpolitik des Eubulos und des Lykurg. Die Denkmäler- und Bauprojekte in Athen zwischen 355 und 322 v. Chr., Berlin 1997.

1671. R. J. BUCK, Thrasybulus and the Athenian Democracy, Stuttgart 1998.

1672. D. GRIESER-SCHMITZ, Die Seebundpolitik Athens in der Publizistik des Isokrates, Bonn 1999.

1673. J. ENGELS, „Der Streit um den unbeliebten Frieden". Der Gesandtschaftsprozeß 343 v. Chr., in: 503: BURCKHARDT/UNGERN-STERNBERG, 174–189. 279 f.
1674. J. v. UNGERN-STERNBERG, „Die Revolution frißt ihre eigenen Kinder". Kritias vs. Theramenes, in: 503: BURCKHARDT/UNGERN-STERNBERG, 144–156.

Außerathenisches

1675. W. JUDEICH, Kleinasiatische Studien, Marburg 1892.
1676. R. E. SMITH, The Development of the Second Spartan Empire, in: JHS 50 (1930) 37–79.
1677. H. W. PARKE, Lysander and the Spartan Empire, in: CPh 43 (1948) 145–156.
1678. G. T. GRIFFITH, The Union of Corinth and Argus (392–386 B. C.), in: Historia 1 (1950) 236–256.
1679. H. BERVE, Dion, Mainz 1956.
1680. K. F. STROHEKER, Dionysios I. Gestalt und Geschichte des Tyrannen von Syrakus, Wiesbaden 1958.
1681. D. KAGAN, The Economic Origins of the Corinthian War (395–387 B. C.), in: PP 16 (1961) 321–341.
1682. DERS., Corinthian Politics and the Revolution of 392 B. C., in: Historia 11 (1962) 447–457.
1683. S. PERLMAN, The Causes and the Outbreak of the Corinthian War, in: CQ N. S. 14 (1964) 64–81.
1684. T. T. B. RYDER, Koine Eirene, Oxford 1965.
1685. V. EHRENBERG, The Fourth Century B. C. as Part of Greek History, in: 129: DERS., 32–41.
1686. K. v. FRITZ, Platon in Sizilien und das Problem der Philosophenherrschaft, Berlin 1968.
1687. C. MOSSÉ, Le rôle politique des armées dans le monde grec à l'époque classique, in: 553: VERNANT, 221–229.
1688. K. F. STROHEKER, Sizilien und die Magna Graecia zur Zeit der beiden Dionysii, in: Kokalos 14/15 (1968/69) 119–131.
1689. A. BURFORD, The Greek Temple Builders at Epidauros, Liverpool 1969.
1690. J. K. ANDERSON, Military theory and practice in the age of Xenophon, Berkeley und Los Angeles 1970.
1691. M. ZAHRNT, Olynth und die Chalkidier, München 1971.
1692. C. D. HAMILTON, The Politics of Revolution in Corinth, 395–386 B. C., in: Historia 21 (1972) 21–36.
1693. H. BRAUNERT/T. PETERSEN, Megalopolis: Anspruch und Wirklichkeit, in: Chiron 2 (1972) 57–90.
1694. A. FUKS, Isokrates and the Social-Economic Situation in Greece, in: AncSoc 3 (1972) 17–44.
1695. G. L. CAWKWELL, Epaminondas and Thebes, in: CQ N. S. 22 (1972) 254–278.

1696. E. C. WELSKOPF (Hrsg.), Hellenische Poleis. Krise – Wandlung – Wirkung, 4 Bde., Berlin 1974.

1697. E. FROLOV, Das Problem der Monarchie und der Tyrannis in der politischen Publizistik des 4. Jahrhunderts v. u. Z., in: 1696: WELSKOPF 1, 401–434.

1698. DERS., Die späte Tyrannis im Balkanischen Griechenland, in: 1696: WELSKOPF, 1, 231–400.

1699. G. BOCKISCH, Die sozialökonomische und politische Krise der Lakedaimonier und ihrer Symmachoi im 4. Jahrhundert v. u. Z., in: 1696: WELSKOPF, 1, 199–230.

1700. F. SARTORI, Verfassungen und soziale Klassen in den Griechenstädten Unteritaliens seit der Vorherrschaft Krotons bis zur Mitte des 4. Jahrhunderts v. u. Z., in: 1696: WELSKOPF, 2, 700–773.

1701. J. OELSNER, Krisenerscheinungen im Achaimenidenreich im 5. und 4. Jahrhundert v. u. Z., in: 1696: WELSKOPF, 2, 1041–1073.

1702. R. J. A. TALBERT, Timoleon and the Revival of Greek Sicily 344–317 B. C., Cambridge 1974.

1703. A. FUKS, Patterns and Types of Social-Economic Revolution in Greece from the Fourth to the Second Century B. C., in: AncSoc 5 (1974) 51–81.

1704. M. MOGGI, Il sinecismo di Megalopoli (Diod., 15, 72, 4; Paus., 8,27, 1–8), in: ASNP 3, 4, 1 (1974) 71–107.

1705. H. METZGER/E. LAROCHE/A. DUPONT-SOMMER, La stèle trilingue récemment découverte au Létôon de Xanthos, in: CRAI 1974, 89–93.

1706. R. SEAGER, The King's Peace and the Balance of Power in Greece, 386–362 B. C., in: Athenaeum N. S. 52 (1974) 36–63.

1707. H. BENGTSON, Die griechische Polis bei Aeneas Tacticus, in: DERS., Kleine Schriften, München 1974, 178–189.

1708. P. DEMARGNE, Xanthos et les problèmes de l'hellénisation au temps de la Grèce classique, in: CRAI 1974, 584–590.

1709. E. LANZILLOTTA, La fondazione di Megalopoli, in: RSA 5 (1975) 25–46.

1710. L. M. GLUSKINA, Zur Spezifik der klassischen griechischen Polis im Zusammenhang mit dem Problem ihrer Krise, in: Klio 57 (1975) 415–431.

1711. J. BORCHHARDT, Die Bauskulptur des Heroons von Limyra, Berlin 1976.

1712. G. L. CAWKWELL, Agesilaus and Sparta, in: CQ N. S. 26 (1976) 62–84.

1713. J. P. WEINBERG, Bemerkungen zum Problem „Der Vorhellenismus im Vorderen Orient", in: Klio 58 (1976) 5–20.

1714. CH. G. STARR, Greeks and Persians in the Fourth Century B. C. A Study in Cultural Contacts before Alexander, in: Iranica Antiqua 11 (1336) 39–99; 12 (1977) 49–115.

1715. L. DE BLOIS, Dionysius II, Dion and Timoleon, in: Mededelingen van het Nederlands Instituut te Rome 40 (1978) 113–149.

1716. N. ROBERTSON, The Myth of the First Sacred War, in: CQ N. S. 28 (1978) 38–73.

1717. R. K. SINCLAIR, The King's Peace and the Employment of Military and Naval Forces 387–378, in: Chiron 8 (1978) 29–54.
1718. G. A. LEHMANN, Spartas Arché und die Vorphase des Korinthischen Krieges in den Hellenica Oxyrhynchia, in: ZPE 28 (1978) 109–126; 30 (1978) 73–93.
1719. J. BORCHHARDT, Eine Doppelaxtstele aus Limyra. Zur Herrschaft der Karer in Lykien, in: Studien zur Religion und Kultur Kleinasiens (Festschrift Dörner), Bd. 1, Leiden 1978, 183–191.
1720. O. PICARD, Chalcis et la Confédération Eubéenne: Étude de numismatique et d'histoire (IVe-I^e siecle), Athenes 1979.
1721. G. ROUX, L'Amphictionie, Delphes et le temple d'Apollon au IVe siecle, Lyon 1979.
1722. C. D. HAMILTON, Sparta's Bitter Victories: Politics and Diplomacy in the Corinthian War, 1979.
1723. J. BUCKLER, The Theban Hegemony 371–362 BC, Cambridge und London 1980.
1724. T. R. BRYCE, The other Pericles, in: Historia 29 (1980) 377–381.
1725. G. A. LEHMANN, Krise und innere Bedrohung der hellenischen Polis bei Aeneas Tacticus, in: Studien zur antiken Sozialgeschichte (Festschrift Vittinghoff), Köln und Graz 1980, 71–86.
1726. H. WANKEL, Bemerkungen zur delphischen Amphiktyonie im 4. Jh. und zum 4. Heiligen Krieg, in: ZPE 42 (1981) 153–166.
1727. G. L. CAWKWELL, The King's Peace, in: CQ 31 (1981) 69–83.
1728. A. FROLIKOVÁ, Isokrates und die Entwicklungstendenzen Griechenlands im 4. Jh. v. u. Z., in: Eirene 19 (1982) 17–29.
1729. CH. TUPLIN, The date of the union of Corinth and Argos, in: CQ 32 (1982) 75–83.
1730. S. JU. SAPRYKIN, The Tyrants of Heraclea, in: VDI 1982, 1, 134–149 (russ.).
1731. M. PIÉRART, Argos, Cleonai et le Koinon des Arcadiens, in: BCH 106 (1982) 119–138.
1732. S. HORNBLOWER, Mausolus, Oxford 1982.
1733. G. L. CAWKWELL, The decline of Sparta, in: CQ 33 (1983) 385–400.
1734. H. F. MILLER, The Practical and Economic Background to the Greek Mercenary Explosion, in: G & R 31 (1984) 153–160.
1735. CH. TUPLIN, Timotheos and Corcyra: Problems in Greek History 375–373 B. C., in: Athenaeum 62 (1984) 537–568.
1736. T. R. BRYCE, The Lycians in Literary and Epigraphic Sources, Copenhagen 1986.
1737. R. URBAN, Zur inneren und äußeren Gefährdung griechischer Städte bei Aeneas Tacticus, in: Studien zur Alten Geschichte (Festschrift Lauffer), Bd. 3, 1986, 991–1002.
1738. T. R. BRYCE, The Lycians, Vol. 1, Copenhagen 1986.
1739. W. E. THOMPSON, The Stasis at Corinth, in: SIFC 3,4 (1986) 155–171.

1740. L. J. SANDERS, Dionysius I of Syracuse and Greek Tyranny, London u. a. 1987.
1741. P. CARTLEDGE, Agesilaos and the Crisis of Sparta, London 1987.
1742. B. JACOBS, Griechische und persische Elemente in der Grabkunst Lykiens zur Zeit der Achämenidenherrschaft, Jonsered 1987.
1743. A. B. BREEBAART, Tyrants and monarchs in the Greek world of the fourth century B. C., in: DERS., Clio and Antiquity, Hilversum 1987, 9–31.
1744. CH. J. TUPLIN, The Leuctra Campaign: Some Outstanding Problems, in: Klio 69 (1987) 72–107.
1745. M. ZAHRNT, Die Verträge zwischen Dionysios I. und den Karthagern, in: ZPE 71 (1988) 209–228.
1746. L. P. MARINOVIC, Le mercenariat grec au IVe siècle avant notre ère et la crise de la polis, Paris 1988.
1747. J. v. UNGERN-STERNBERG, Zur Beurteilung Dionysios I. von Syrakus, in: Zu Alexander d. Gr. (Festschrift Wirth), II, 1988, 1123–1151.
1748. M. WEISKOPF, The so-called „Great Satraps' Revolt", 366–360 B. C. Concerning Local Instability in the Achaemenid Far West, Stuttgart 1989.
1749. S. HORNBLOWER, When was Megalopolis founded?, in: BSA 85 (1990) 71–74.
1750. M. SORDI, La dynasteia in Occidente (Studi su Dionigi I), Padova 1992.
1751. S. LINK, Das griechische Kreta. Untersuchungen zu seiner staatlichen und gesellschaftlichen Entwicklung vom 6. bis zum 4. Jahrhundert v. Chr., Stuttgart 1994.
1752. M. JAMESON u. a. (Hrsgg.), A Greek Countryside. The Southern Argolid from Prehistory to the Present Day, Stanford 1994.
1753. S. C. BAKHUIZEN, Thebes and Boeotia in the Fourth Century, in: Phoenix 48 (1994) 307–330.
1754. W. G. CAVANAGH/M. CURTIS (Hrsgg.), Post-Minoan Crete, Athens 1995.
1755. TH. SPYROPOULOS/H. LAUTER/U. KREILINGER/H. LAUTER-BUFE, Megalopolis. Vorbericht 1991–1993 sowie Vorbericht 1994 und 1995, in: AA 1995, 119–128; 1996, 269–286.
1756. A. D. RIZAKOS, Achaie, 2 Bände, Athènes 1995, 1998.
1757. P. BERKTOLD u. a., Akarnanien. Eine Landschaft im antiken Griechenland, Würzburg 1996.
1758. P. CARLIER (Hrsg.), Le IVe siècle av. J.-C. Approches historiographiques, Nancy und Paris, 1996.
1759. J. M. FOSSEY, Proceedings of the First International Conference on the Archaeology and History of the Black Sea, Amsterdam 1997.
1760. L. A. TRITLE (Hrsg.), The Greek World in the Fourth Century. From the Fall of the Athenian Empire to the Successors of Alexander, London 1997.
1761. H.-J. GEHRKE, Die soziale und politische Ordnung Kretas in der Archaischen und Klassischen Zeit, in: Klio 79 (1997) 23–68.
1762. G. R. TSETSKHLADZE, Die Griechen in der Kolchis, Amsterdam 1998.

1763. P. Debord, L' Asie Mineure au IVe siècle (412–323 a. C.). Pouvoirs et jeux politiques, Bordeaux 1999.

1764. P. Cartledge, Boiotian Swine F(or)ever? The Boiotian Superstate 395 BC, in: 420: Polis & Politics, 397–418.

Makedonien

1765. N. G. L. Hammond, A History of Macedonia, Vol. I. Historical geography and prehistory, Oxford 1972.

1766. D. Kienast, Philipp II. von Makedonien und das Reich der Achämeniden, Wiesbaden 1973.

1767. S. Perlman (Hrsg.), Philip and Athens, Cambridge und New York 1973.

1768. E. Frolov, Der Kongreß von Korinth im Jahre 338/337 v. u. Z. und die Vereinigung von Hellas, in: 1696: Welskopf 1, 435–459.

1769. J. R. Ellis, Philip II and Macedonian Imperialism, London 1976.

1770. K. Rosen, Die Gründung der makedonischen Herrschaft, in: Chiron 8 (1978) 1–27.

1771. R. M. Errington, The Nature of the Macedonian State under the Monarchy, in: Chiron 8 (1978) 77–133.

1772. G. L. Cawkwell, The Peace of Philocrates again, in: CQ N. S. 28 (1978) 93–104.

1773. Ders., Philip of Macedon, London und Boston 1978.

1774. N. G. L. Hammond/G. T. Griffith, A History of Macedonia, Vol. II 550–336 B. C., Oxford 1979.

1775. W. L. Adams/E. N. Borza (Hrsgg.), Philip II, Alexander the Great and the Macedonian Heritage, Washington 1982.

1776. J. R. Ellis, Philip and the Peace of Philocrates, in: 1775: Adams/Borza, 1982, 43–59.

1777. N. G. L. Hammond, The Evidence for the Identity of the Royal Tombs at Vergina, in: 1775: Adams/Borza, 111–127.

1778. P. Green, The Royal Tombs at Vergina: A Historical Analysis, in: 1775: Adams/Borza, 129–151.

1779. M. B. Hatzopoulos/L. D. Loukopoulos (Hrsgg.), Ein Königreich für Alexander. Sein Leben, sein Werk und die erregende Entdeckung seines Grabschatzes in Vergina, Bergisch-Gladbach 1982.

1780. B. Bar-Sharrar/E. N. Borza (Hrsgg.), Macedonia and Greece in Late Classical and Early Hellenistic Times, Washington 1982.

1781. E. Badian, Greeks and Macedonians, in: 1780: Barr-Sharar, 33–51.

1782. S. M. Burstein, The Tomb of Philip II and the Succession of Alexander the Great, in: EMC 26 (1982) 141–163.

1783. M. Andronicos, Vergina. The Royal Tombs and the Ancient City, Athens 1984.

1784. A. J. N. W. Prag/J. H. Musgrave/R. A. H. Neaver, The skull from Tomb II at Vergina: King Philip II of Macedon, in: JHS 104 (1984) 60–78.

1785. M. ZAHRNT, Die Entwicklung des makedonischen Reiches bis zu den Perserkriegen, in: Chiron 14 (1984) 325–368.

1786. S. PERLMAN, Greek Diplomatic Tradition and the Corinthian League of Philip of Macedon, in: Historia 34 (1985) 153–174.

1787. G. WIRTH, Philipp II. Geschichte Makedoniens Bd. 1, Stuttgart u. a. 1985.

1788. M. ERRINGTON, Geschichte Makedoniens. Von den Anfängen bis zum Untergang des Königreichs, München 1986.

1789. K.-W. WELWEI, Zum Problem der frühmakedonischen Heeresversammlung, in: Zu Alexander dem Großen (Festschrift Wirth), I, 1988, 1–24.

1790. E. N. BORZA, The Royal Macedonian Tombs and the Paraphernalia of Alexander the Great, in: Phoenix 41 (1987) 105–121.

1791. E. N. BORZA, In the Shadow of Olympus. The Emergence of Macedon, Princeton 1990.

1792. ST. A. THOMAS, Makedonien und Preußen. Die Geschichte einer Analogie, Egelsbach u. a. 1994.

1793. E. N. BORZA, Makedonika, Claremont 1995.

1794. J. R. ASHLEY, The Macedonian Empire. The Era of Warfare Under Philip II and Alexander the Great, 359–323 B. C., Jefferson und London 1998.

Bibliographischer Nachtrag

A. QUELLEN

2. Einzelne Autoren

Herodot

N. Luraghi (Hrsg.), The Historian's Craft in the Age of Herodotus, Oxford 2001.

W. Schuller, Zu den Quellenangaben bei Herodot und den Brüdern Grimm, Studia Antiqua et Archaeologica 9 (2003) 173–185.

W. Blösel, Themistokles bei Herodot. Studien zur Geschichte und historiographischen Konstruktion des griechischen Freiheitskampfes, Stuttgart 2004.

M. Giangiulio (Hrsg.), Erodoto e il „modello Erodoteo". Formazione e trasmissione delle tradizioni storiche in Grecia, Trento 2005.

Thukydides

N. Luraghi, Author and Audience in Thucydides' Archaeology. Some Reflections, HSCPh 100 (2000) 227–239.

W. Will, Thukydides und Perikles. Der Historiker und sein Held, Bonn 2003.

Pseudo-Xenophon

S. Hornblower. The Old Oligarch (Pseudo-Xenophon's Athenaion Politeia) and Thucydides. A Fourth-Century Date for the Old Oligarch?, in: Festschrift für M. H. Hansen, Kopenhagen 2000, 369-384.

S. Cataldi, Democrazia e facoltà di parola nel ‚Vecchio Oligarca', Ktema 27 (2002) 173–118.

Xenophon

B. Huss, Xenophons Symposion. Ein Kommentar, Suttgart/Leipzig 1999.

Diodor

M. Corsaro, Ripensando Diodoro. Il problema della storia universale nel mondo antico (II), Mediterraneo antico 2 (1999) 117–169.

Lysias

U. Manthe, Die Tötung des Ehebrechers, in: L. Burckhardt/J. v. Ungern-Sternberg (Hrsg.), Große Prozesse im antiken Athen, München 2000, 219–233.

Isokrates

W. Orth (Hrsg.), Isokrates. Neue Ansätze zur Bewertung eines politischen Schriftstellers, Trier 2003.

P. Roth, Der Panathenaikos des Isokrates. Übersetzung und Kommentar, München 2003.

Demosthenes

W. Zürcher. Demosthenes. Rede für Ktesiphon über den Kranz, Darmstadt 1983.

St. Usher, Demosthenes. On the Crown (De Corona). Translated with an Introduction and Commentary, Warminster 1993.

I. Worthington (Hrsg.), Demosthenes. Statesman and Orator, London/New York 2000.

G. A. Lehmann, Demosthenes. Ein Leben für die Freiheit, München 2004.

Aristoteles

Aristoteles, Staat der Athener. Übersetzung und Anmerkungen Mortimer Chambers, Berlin 1990.

Aristoteles, Politik, 3 Bde., Übersetzung und Anmerkungen von Eckart Schütrumpf und Hans-Joachim Gehrke, Berlin 1991–1996.

G. A. Lehmann, Ansätze zu einer Theorie des griechischen Bundesstaates bei Aristoteles und Polybios, Göttingen 2001.

Plutarch

T. Duff, Plutarch's Lives. Exploring Virtue and Vice, Oxford 1999.

Sonstige

M. Gagarin, Antiphon. The Athenian Oratory, Law and Justice in the Age of the Sophists, Austin 2002.

Inschriften

P. J. Rhodes/R. Osborne, Greek Historical Inscriptions, 404–323 BC, Oxford 2003.

B. LITERATUR

1. Allgemeines

a) Griechische Geschichten und Sammelwerke

M. Dreher, Athen und Sparta, München 2001.

D. Papenfuss/V. M. Strocka (Hrsgg.), Gab es das griechische Wunder? Griechenland zwischen dem Ende des 6. und der Mitte des 5. Jahrhunderts v.Chr., Mainz 2001.

W. Schuller, Das Erste Europa, Stuttgart 2004.

b) Einführungen

S. Hornblower/E. Matthews (Hrsgg.), Greek Personal Names. Their Value as Evidence, Oxford 2000.

H. Leppin, Einführung in die Alte Geschichte, München 2005.

c) Nachschlagewerke

Thesaurus Cultus et Rituum Antiquorum (ThesCRA), I–V, Los Angeles 2004ff.

2. Systematisches

a) Konzeptionen und Richtungen

H.-J. Gehrke, Zwischen Altertumswissenschaft und Geschichte. Zur Standortbestimmung der Alten Geschichte am Ende des 20. Jahrhunderts, in: E.-R. Schwinge (Hrsg.), Die Wissenschaften vom Altertum am Ende des 2. Jahrtausends n.Chr., Stuttgart/Leipzig 1995, 160–196.

K. A. Raaflaub, Greece, in: K. A. Raaflaub u.a., Ancient History: Recent Work and New Directions, Claremont 1997, 1–35.

M. Bernal, Black Athena Writes Back, Durham 2001.

b) Wissenschaftsgeschichte

K. Christ, Alexander von Stauffenberg, München 2008.

f) Archäologie

W.-D. HEILMEYER (Hrsg.), Die griechische Klassik, Berlin 2002.

A. PAPAGEORGIOU-VENETAS, The Athenian Walk and the Historic Site of Athens, Athen 2004.

h) Sprache und Literatur

CH. PELLING (Hrsg.), Greek Tragedy and the Historian, Oxford 1997.

I. STARK, Die hämische Muse. Spott als soziale und mentale Kontrolle in der griechischen Komödie, München 2004.

D. MICALELLA, I giovani amano il riso. Aspetti della riflessione aristotelica sul comico, Lecce 2004.

i) Philosophie, Naturwissenschaften, Technik

J. LONGRIGG, Greek Medicine. From the Heroic to the Hellenistic Age, London 1998.

M. ERLER/A. GRAESER (Hrsgg.), Philosophen des Altertums, 2 Bde., Darmstadt 2000.

j) Staat und Gesellschaft

M. H. HANSEN (Hrsg.), A Comparative Study of Six City-State Cultures. An Investigation Conducted by the Copenhagen Polis Center, Copenhagen 2002.

M. H. HANSEN, 95 Theses about the Greek Polis in the Archaic and Classical Periods, Historia 52, 2003, 257–282.

K. BURASELIS/K. ZOUMBOULAKIS (Hrsgg.), The Idea of European Community in History. II. Aspects of Connecting poleis and ethne in Ancient Greece, Athen 2003.

M. H. HANSEN/TH. H. NIELSEN (Hrsgg.), An Inventory of Archaic and Classical Greek Poleis, Oxford 2004.

M. H. HANSEN (Hrsg.), The Imaginary Polis, Copenhagen 2005.

D. MUSTI, Lo scudo di Achille. Idee e forme di città nel mondo antico, Roma-Bari 2008.

k) Wirtschaft und Gesellschaft

U. BULTRIGHINI, Elementi di dinamismo nell'economia greca tra VI e IV secolo, Alessandria 1999.

W. SCHEIDEL/S. V. REDEN (Hrsgg.), The Ancient Economy, Edinburgh 2002.

l) Sklaven

L. SCHUMACHER, Sklaverei in der Antike, München 2001.

H. BELLEN/H. HEINEN, Fünfzig Jahre Forschungen zur antiken Sklaverei an der Mainzer Akademie 1950–2000, Stuttgart 2001.

m) Recht

I. ARNAOUTOGLOU, Ancient Greek Laws. A Sourcebook, London/New York, 1998.

E. LEVY (Hrsg.), La codification des lois dans l'antiquité, Paris 2000.

n) Religion

M. DILLON, Girls and Women in Classical Greek Religion, London/New York 2002.

o) Krieg

D. TIMPE, Stadtstaat und Krieg in der Antike, in: W. BÖHM/M. LINDAUER (Hrsgg.), Welt ohne Krieg?, Stuttgart u.a. 2002, 137–168.

B. MEISSNER, Krieg und Strategie bei den Griechen, Seminari Romani di Cultura Greca 5, 1, 2002, 107–135.

p) Frauen

B. PATZEK, Quellen zur Geschichte der Frauen 1, Stuttgart 2000.

A. LARDINOIS/L. MCCLURE, Making Silence Speak. Women's Voices in Greek Literature and Society, Princeton und Oxford 2001.

S. LEWIS, The Athenian Women. An Iconographic Handbook, London 2002.

S. B. POMEROY, Spartan Women, New York 2002.

E. HARTMANN, Heirat, Hetärentum und Konkubinen im klassischen Athen, Frankfurt a.M./New York 2002.

H. P. FOLEY, Female Acts in Greek Tragedy, Princeton 2003.

M. LEFKOWITZ/M. B. FANT (Hrsgg.), Women's Life in Greece and Rome, London 2005.

W. SCHULLER, Zwischen Verachtung und Hochachtung: die Hetären, in: M. G. ANGELI BERTINELLI/A. DONATI (Hrsgg.), Il cittadino, lo straniero, il barbaro fra integrazione ed emarginazione nell'antichità, Roma 2005, 21–29.

W. SCHULLER, Die Welt der Hetären. Berühmte Frauen zwischen Legende und Wirklichkeit, Stuttgart 2008.

q) Athen und die Demokratie

R. MARTINI, Il decreto d'investitura dei nomoteti, Dike 3 (2000) 113–125.

W. LENGAUER, La qualification d'âge pour les membres de la boulé athénienne, Antiquitas 26, 2002, 43–50.

P. SIEWERT (Hrsg.), Ostrakismos-Testimonien I. Die Zeugnisse antiker Autoren, der Inschriften und Ostraka über das athenische Scherbengericht aus vorhellenistischer Zeit (487-322 v.Chr.), Stuttgart 2002.

K. STÜWE/G. WEBER, Antike und moderne Demokratie. Ausgewählte Texte, Stuttgart 2004.

E. CULASSO GASTALDI (Hrsg.), La prassi della democrazia ad Atene. Voci di un seminario, Torino 2004.

E. CULASSO GASTALDI, Le prossenie ateniesi del IV secolo a.C. Gli onorati asiatici, Torino 2004.

M. BERTI, Fra tirannide e democrazia. Ipparco figlio di Carmo e il destino dei Pisistratidi ad Atene, Alessandria 2005.

C. MANN, Die Demagogen und das Volk. Zur politischen Kommunikation im Athen des 5. Jahrhunderts v.Chr., Berlin 2007.

r) Sparta

N. BIRGALIAS, L'odyssée de l'éducation spartiate, Athen 1999.

S. HODKINSON, Property and Wealth in Classical Sparta, London 2000.

M. LUPI, L'ordine delle generazioni. Classi di età e costumi matrimoniali nell'antica Sparta, Bari 2000.

A. POWELL/ST. HODKINSON (Hrsgg.), Sparta. Beyond the Mirage, Swansea/London, 2002.

L. THOMMEN, Sparta. Verfassungs- und Sozialgeschichte einer griechischen Polis, Stuttgart/Weimar 2003.

s) Andere griechische Staaten und Landschaften

G. R. TSETSKHLADZE, Die Griechen in der Kolchis, Amsterdam 1998.

G. R. TSETSKHLADZE (Hrsg.), The Greek Colonization of the Black Sea, Stuttgart 1998.

O. LORDKIPANIDZÉ / P. LÉVÊQUE (Hrsgg.), La Mer noire comme zone de contacts, Paris 1999.

A. AVRAM, Inscriptions grecques et latines de Scythie Mineure, Bd. 3, Callatis et son territoire, Bucuresti/Paris 1999.

P. GULDAGER BILDE/V. F. STOLBA, Surveying the Greek Chora. The Black Sea Region in a Comparative Perspective, Aarhus 2006.

M. DREHER, Das antike Sizilien, München 2008.

t) Perser und Karthager

V. KRINGS, Carthage et les Grecs c. 580–480 av. J.-C., Leiden u.a. 1998.

J. WIESEHÖFER, Das frühe Persien. Geschichte eines Weltreichs, München 1999.

J. BOARDMAN, Persia and the West. An Archaeological Investigation of the Genesis of Achaemenid Art, London 2000.

u) Anthropologie

H. BRANDT, Wird auch silbern mein Haar. Eine Geschichte des Alters in der Antike, München 2002.

v) Sport

M. GOLDEN, Sport and Society in Ancient Greece, Cambridge 1998.

C. MANN, Athlet und Polis im archaischen und frühklassischen Griechenland, Göttingen 2001.

S. MILLER, Arete. Greek Sports from Ancient Sources, Berkeley u.a. 2004.

3. CHRONOLOGISCHES

b) Minoisches Kreta

P. A. MOUNTJOY/M. A. PONTZING, The Minoan Thalassocracy Reconsidered, BSA 95, 2000, 141-184.

c) Mykene

ARCHÄOLOGISCHES LANDESMUSEUM BADEN-WÜRTTEMBERG u.a. (Hrsg.), Troia – Traum und Wirklichkeit, Stuttgart 2001.

d) Dunkle Jahrhunderte und Homer

D. HERTEL, Troia. Archäologie, Geschichte, Mythos, München 2001.

F. KOLB, Ein neuer Troia-Mythos? Traum und Wirklichkeit auf dem Grabungshügel von Hisarlik, in: H.-J. BEHR/G. BIEGEL/B H. CASTRITIUS (Hrsgg.), Troia – Traum und Wirklichkeit, Braunschweig 2002, 8–40.

D. HERTEL/F. KOLB, Troy in Clearer Perspective, AS 53 (2003) 71-89.

F. KOLB, Troy VI. A Trading Center and Commercal City?, AJA 208 (2004) 577–612.

f) 5. Jahrhundert

W. SCHULLER, Folgen einer Umdeutung des Egesta-Dekrets (IG I^3, 11), in: Festschrift für Jürgen Deininger, Stuttgart 2002, 41–47.

M. BEARD, The Parthenon, Cambridge Mass. 2005.

S. CATALDI, La costituzione ateniese e gli alleati nel V secolo, in: A. D'ATENA/E. LANZILOTTA (Hrsgg.), Da Omero alla costituzione europea, Torino 2003, 97–132.

G. CAWKWELL, The Greek Wars. The Failure of Persia, Oxford 2005.

S. CATALDI, L'audacie di Alcibiade e di Trasillo e le Elleniche di Ossirinco, Sileno 27, 2001, 47–84.

g) 4. Jahrhundert

L. A. TRITLE (Hrsg.), The Greek World in the Fourth Century. From the Fall of the Athenian Empire to the Successors of Alexander, London 1997.

H. KNELL, Athen im 4. Jahrhundert v.Chr. – eine Stadt verändert ihr Gesicht. Archäologisch-kulturgeschichtliche Betrachtungen, Darmstadt 2000.

M. B. HATZOPOULOS, Macedonian Institutions under the Kings, I–II, Athen 1996.

J. R. ASHLEY, The Macedonian Empire. The Era of Warfare Under Philip II and Alexander the Great, 359–323 B.C., Jefferson/London, 1998.

S. PSOMA, Olynthe et les Chalcidiens de Thrace, Stuttgart 2001.

N. BIRGALIAS/K. BURASELIS/P. CARTLEDGE (Hrsgg.), The Contribution of Ancient Sparta to Political Thought and Practice, Athen 2007.

B. BLECKMANN (Hrsg.), Herodot und die Epoche der Perserkriege. Realitäten und Fiktionen, Köln/Weimar/Wien 2007.

ANHANG

Zeittafel

um 2000	Beginn der minoischen Palastzeit
	Beginn der Einwanderung der Indoeuropäer nach Griechenland
ca. 2000-1650	Mittelhelladisch
um 1700	erste Zerstörung der minoischen Paläste; sofortiger Wiederaufbau
ca. 1650–1200	Späthelladisch (= Mykenisch)
ca. 1650–1550	Schachtgräber
um 1450	Zerstörung der minoischen Paläste; Beginn der mykenischen Herrschaft auf Kreta
ca. 1500–1250	Kuppelgräber
ca. 1400–1200	mykenische Paläste
ca. 1200–1050	Zerstörung des mykenischen Griechentums; „Dorische Wanderung"
um 1100	Ende der Bronze- und Beginn der Eisenzeit
ca. 1050–800	Dunkle Jahrhunderte; „Ionische Wanderung"
ca. 800-500	Archaische Zeit
ab 800	Befahrung der Mittelmeerküsten
750	Beginn der Kolonisation
8./7. Jh.	Eroberung Messeniens durch Sparta
7. Jh.	Besiedlung der Schwarzmeerküsten; Beginn der Tyrannis
594/3	Solonische Reformen
561–510	Tyrannis in Athen
6. Jh.	Sparta wird Militärstaat
um 540	Ionien wird persisch
513/12	Perser ziehen bis zur Donau
507	Kleisthenische Reformen
Ende 6. Jh.	Beginn der Tyrannis auf Sizilien; Peloponnesischer Bund
500–494	Ionischer Aufstand
490	Schlacht bei Marathon
487/86	Archontenlosung und Ostrakismos
481	Hellenenbund
480	Schlachten bei den Thermopylen, bei Salamis und bei Himera
479	Schlachten bei Plataiai und Mykale
478	Gründung des Ersten Attischen Seebundes; Dauerkrieg des Bundes gegen Persien
464	Messenischer Aufstand
462	Durch Ephialtes und Perikles endgültig Demokratie in Athen; danach Erster Peloponnesischer Krieg
458	Orestie des Aischylos

455	Seebund erleidet Niederlage in Ägypten; Zentralisierung des Bundes in Athen
449	Friede des Kallias
446	30jähriger Friede mit Sparta
446–431	Friedenszeit; Neugestaltung der Akropolis in Athen
442	Antigone des Sophokles
431–404	Peloponnesischer Krieg
431	Medea des Euripides
vor 425	König Ödipus des Sophokles
421	Nikiasfriede
415–413	Sizilische Expedition
414	Die Vögel des Aristophanes
412	Persien hilft Sparta
411/410	Oligarchenherrschaft in Athen
406	Dionysios Tyrann in Syrakus
404/3	Herrschaft der Dreißig in Athen
400–394	Sparta kämpft gegen Persien
399	Sokrates hingerichtet
387	Platon gründet die Akademie
395–386	Korinthischer Krieg
386	Königsfriede (Friede des Antalkidas)
378	Zweiter Attischer Seebund
372	Iason von Pherai
371	Schlacht bei Leuktra; Theben Großmacht
362	Schlacht bei Mantineia, Tod des Epaminondas
359	Philipp II. Regent in Makedonien
357–355	Bundesgenossenkrieg
346	Friede des Philokrates
338	Schlacht bei Chaironeia; Korinthischer Bund
337	Timoleon †
336	Philipp II. ermordet, Nachfolger Alexander

Abkürzungsverzeichnis

AA	Archäologischer Anzeiger
AAHG	Anzeiger für die Altertumswissenschaften
AAnt Hung	Acta Antiqua Academiae Scientiarum Hungaricae
ABSA	Annual of the British School at Athens
AC	L'Antiquité Classique
AClass	Acta Classica
AfA	Anzeiger für die Altertumswissenschaft
AJA	American Journal of Archaeology
AJAH	American Journal of Ancient History
AJPh	American Journal of Philology
AKG	Archiv für Kulturgeschichte
AKorrBL	Archäologisches Korrespondenzblatt
AncSoc	Ancient Society
AncW	The Ancient World
ANSMusN	The American Numismatic Society. Museum Notes
AS	Anatolian Studies
ASMG	Atti e memorie della Società Magna Grecia
ASNP	Annali della Scuola Normale Superiore di Pisa, Classe di Lettere e Filosofia
Ath. Mitt.	Mitteilungen des Deutschen Archäologischen Instituts, Athenische Abteilung
AW	Antike Welt
BASOR	Bulletin of the American Schools of Oriental Research
BCH	Bulletin de Correspondance Hellénique
BICS	Bulletin of the Institute of Classical Studies of the University of London
CAH	The Cambridge Ancient History
CCC	Civiltà classica e cristiana
CE	Chronique d'Égypte
CJ	The Classical Journal
ClAnt	Classical Antiquity
CPh	Classical Philology
CQ	Classical Quarterly
CR	Classical Review
CRAI	Comptes Rendus de l'Académie des Inscriptions et Belles-Letres
CSCA	California Studies in Classical Antiquity
CW	The Classical World
ders.	derselbe
DHA	Dialogues d'histoire ancienne
dies.	dieselbe(n)
dtv	Deutscher Taschenbuch Verlag

EAZ	Ethnographisch-Archäologische Zeitschrift
EMC	Échos du Monde classique. Classical News and Views
EpAn	Epigraphia Anatolia
GdA	Eduard Meyer, Geschichte des Altertums
GG	Griechische Geschichte
GGA	Göttingische Gelehrte Anzeigen
G & R	Greece and Rome
GRBS	Greek, Roman and Byzantine Studies
Hrsg.	Herausgeber(in
HSPh	Harvard Studies in Classical Philology
HZ	Historische Zeitschrift
JDAI	Jahrbuch des Deutschen Archäologischen Instituts
JHS	Journal of Hellenic Studies
JJP	The Journal of Juristic Papyrology
JNG	Jahrbuch für Numismatik und Geldgeschichte
JRGZM	Jahrbuch des Römisch-Germanischen Zentralmuseums Mainz
JRS	Journal of Roman Studies
JWG	Jahrbuch für Wirtschaftsgeschichte
LAW	Lexikon der Alten Welt
LCM	Liverpool Classical Monthly
MBAH	Münstersche Beiträge zur antiken Handelsgeschichte
MDAI (A)	Mitteilungen des Deutschen Archäologischen Institutes (Athenische Abteilung)
MDAI (M)	Mitteilungen des Deutschen Archäologischen Institutes, Abteilung Madrid
mém.	mémoire
MH	Museum Helveticum
Mnem.	Mnemosyne
NC	Numismatic Chronicle
ND	Neudruck
N.F.	Neue Folge
N.S.	Neue Serie
OAth	Opuscula Atheniensia
PCPhS	Proceedings of the Cambridge Philological Society
PP	La Parola del Passato
QC	Quaderni Catanesi di Studi classici e medievali
QS	Quaderni di storia
QUCC	Quaderni Urbinati di Cultura classica

RA	Revue Archéologique
RD	Revue Historique de Droit français et étranger
RE	Real-Encyclopädie der classischen Altertumswissenschaft
REA	Revue des Études Anciennes
REG	Revue des Études Grecques
RendLinc	Atti della Accademia nazionale dei Lincei, Rendiconti
RFIC	Rivista di Filologia e d'Istruzione Classica
RH	Revue Historique
RIDA	Revue Internationale des Droits de l'Antiquité
RPh	Revue de Philologie
RSA	Rivista storica dell'Antichità
S & C	Scrittura e Civiltà
SIFC	Studi Italiani di Filologia Classica
SO	Symbolae Osloenses
StudClas	Studii Clasice
Suppl.	Supplement
TAPhA	Transactions and Proceedings of the American Philological Association
VDI	Vestnik Drevnej Istorii
VSWG	Vierteljahrschrift für Sozial- und Wirtschaftsgeschichte
WJA	Würzburger Jahrbücher für die Altertumswissenschaft
WS	Wiener Studien
YCIS	Yale Classical Studies
ZPE	Zeitschrift für Papyrologie und Epigraphik
ZRG	Zeitschrift der Savigny-Stiftung für Rechtsgeschichte (Romanistische Abteilung)
Zs.	Zeitschrift
Zs. f. Pol.	Zeitschrift für Politik

REGISTER

Die Betonung der griechischen Wörter und Namen richtet sich nach der keinen einheitlichen Regeln folgenden Konvention; bei Diphthongen steht der Akzent auf dem zweiten Laut. Gibt es von einem Begriff mehrere Ausformungen, so sind diese nicht einzeln benannt, z. B. betrifft „Persien" auch „Perser" und „persisch".

Geographisches und Sachen

Ábdera 43
Absatzmärkte 73, 116, 140
Abstimmung 33, 36, 123
Ábydos 14
Acháer 14
Acháischer Bund 53
Adel 9, 10, 11, 12, 15, 16, 17, 18, 19, 23, 24, 25, 27, 32, 38, 42, 49, 89, 97, 105, 112, 119, 120, 125, 126, 135, 136
Ádria 14, 51, 110, 116
Afrika 1, 14
Ägäis 1, 4, 7, 13, 14, 30, 31, 39, 47, 48, 49, 55, 96, 98, 103, 105, 110, 118, 133, 146
Ägina 44, 45, 131, 134, 157
Ágios Andréas 7
Agogé 22, 123
Agón 29
agonáler Geist 90
Agorá von Athen 34, 75, 95
Agrigént 14, 28
Ägypten 2, 3, 5, 6, 19, 20, 30, 31, 54, 56, 57, 70, 77, 86, 98, 99, 118, 132, 163
Ägyptische Expedition 132
Aḫḫijáwa 5, 106, 107
Aígeira 109 f
Aigospotamoí, Schlacht 40
Aisymnétes 17
Akademie 57, 166
Akarnánien 7, 158
Akrágas s. auch Agrigent 14, 41, 42
Akrópolis von Athen 44, 45, 138, 139
Akrotíri 98
Al Mina 13, 116, 117
Alalía 14
Alltag siehe tägliches Leben
Alphabet siehe Schrift
Altar 28
Alter Orient 2, 6, 77
Amazonenschlacht 75
Amnestie 47, 56, 142

Amphiktyonie 81
–, delphische 50, 147
Amphípolis 39, 50
Ampúrias 14
Ämter 11, 12, 15, 17, 35, 36
Anábasis 54, 57, 162
Ándros 7, 11
Annales 77, 83, 95
Authentizität 69
Anthropologie 78–81, 82, 88, 90
Antibes 14
Antípolis 14
Aóden 8
Äoler, äolisch 7, 14
Apélla 21
Aphaíatempel Ägina 44, 45
Apoikíe 117, 134
Apóllontempel, Délphi 25
Apóllontempel, Phigalía 45
archaische Zeit 10–29, 42, 55, 86, 87, 88, 92, 93, 107, 112–128, 153,
Archanés 3
Archäologie 2, 3, 4, 6, 7, 11, 15, 23, 77, 83, 96, 97, 98, 101, 104, 105, 107, 109, 110, 111, 114, 115, 116, 119, 122, 127, 130, 157, 177 f
Archidámischer Krieg 39
Architekten 10, 29
Árchon Epónymos 11, 25, 30
Archónten 11, 23, 24, 34, 35
Archóntenlosung 32, 35, 130
Arginúsen, Schlacht 40, 142
Árgolis 4, 6, 102, 109
Árgos 7, 16, 22, 28, 39, 45, 47, 51, 53, 54, 136, 147, 157, 158
Aristokratie 29, 42, 90
Arkáder 7, 53
Arkádischer Bund 50
Arkádo-kyprisch 7
Areopág 12, 24, 32, 135 f, 151

Asien 59
Assýrien 20, 30
Atarneús 54, 58
Athen 4, 7, 10, 11, 14, 16, 17, 18, 23–26, 27, 29, 30, 31, 32, 36, 37, 39, 40, 42, 43, 44, 45, 46, 47, 48, 49, 50, 51, 52f, 54, 55, 57, 58, 59, 67, 69, 73, 84, 85, 88, 89, 90, 93, 95, 113, 121, 123, 128, 129–143, 144, 146, 149, 150–155, 157, 159, 160, 162, 164, 165
Athenatempel, Athen 25
Atlanten 95
Ätólien 7
Ätolischer Bund 53
Atthís, Atthíden 58, 69, 123, 152f, 167
Attika 6, 7, 11, 23, 25, 30, 39, 101, 110, 112, 113, 125, 126, 127, 139
Attisch-Delischer Seebund siehe Attischer Seebund, Erster
Attischer Seebund, Erster 31, 32, 33, 38, 39, 45, 46, 55, 90, 92, 132, 133f, 136, 139, 146, 152
Attischer Seebund, Zweiter 48, 50, 52, 146f
Autonomie 47, 53
Außenhandel 122

Babylónien 20
Banken 84
Barbaren 20f
basileús 8, 105
Basileús (Árchon) 11
Bássai 45
Bauern 16, 17, 19, 23, 25, 27, 39, 49, 55, 85, 119, 120, 124
Baupolitik 138, 139
Beamte 35, 128
Begräbnisse siehe Gräber
Behinderte 81
Behistún 129
Bergbau (siehe auch Silberbergwerke) 85
Beute 32
Bevölkerungszahl 7, 8, 11, 13, 15, 21, 36, 38, 72, 84, 97, 111, 114, 137f
Bibliothek 54
Bildhauer 10, 45, 59
Billigkeit 94
Binnenkolonisation 11, 13, 114
Bipolarität 114
Bisexualität 80
Black Athena 62
Bodenkonzentration 15, 55, 154f

Böótien 4, 5, 7, 16, 27, 30, 39, 47, 48, 50, 147, 167
Böótischer Bund 47, 48, 53, 147, 163
Bosporánisches Reich 14, 52, 116
Bósporos 47, 50, 53, 54, 81, 145, 148
Bronzezeit 2, 7
Bügelkannen 5
Bulgarien 116
Bünde, 53, 54, s. auch Acháischer Bund, Arkádischer Bund, Ätólischer Bund, Attischer Seebund, Böótischer Bund, Chalkídischer Bund, Italiótischer Bund, Korínthischer Bund, Peloponnésischer Bund,
Bundesgenossenkrieg 49, 57, 147
Bürgerlisten 26
Bürgerrecht 33, 38, 138, 155
Byzántion 14

Chaironeía 167
–, Schlacht 50, 149, 151
Chalkídike 14, 47, 53, 58, 140, 147, 166
Chalkídischer Bund, Staat 47, 50, 53
Chálkis 8, 13, 14, 16, 27, 158
Chaníá 3, 5
Chersonés, taúrische 131
–, thrakische 23, 25, 32, 129
Chíos 7, 66, 158, 167
Chorlyrik 104
Chronologie 2
Constánţa 14
Copenhagen Polis Center 81, 113
Cúmae 27
Cyrenaíca 1

DDR-Forschung 62, 85
Dekarchíe 46, 49
Dekeleía 40
Dekeléischer Krieg 40
Délos 31
Délphi 13, 18, 20, 25, 28, 29, 50, 114, 118, 147
demagogós 32, 141
Demárch 26
Démen 26, 126, 127
Demographie, siehe auch Bevölkerungszahl, 114, 134
Demokratía 38
Demokratie 25, 31, 32, 33, 33–39, 40, 42, 43, 44, 45, 46, 54, 55f, 66, 67, 74, 76, 86, 92, 94, 123, 126, 127, 128, 134–139, 142, 143, 144, 150, 151, 152, 153, 158

–, Parteien 35, 55
–, Verfahren 35 f
–, Wertung 38 f
–, Zwischeninstanzen 35
Démos 16, 17, 19, 25, 31, 33, 36, 38, 39, 43, 44, 87, 88, 105 f, 120, 150
Demotikón 26, 127
Diallaktés 17
Diäten 34
Dichtung 22, 27 f, 42 f, 59, 138
Dikastérien 34
Dionýsien 42 f
Dioskúrias 14
Dokimasía 35
Don 116
Donoússa 7
Dorer, dorisch 1, 7, 9, 14, 21, 109, 110, 111
dorische Ordnung 28, 45
Dorische Wanderung 1, 6, 109
Dráma 42
Dreißig Tyrannen 44, 46, 56, 142
Dréros 11
Dúlos 106
Dunkle Jahrhunderte 13, 20, 23, 26, 27, 29, 72, 107, 111 f, 117

Elimiótis 49
Ehe 87
Eid von Plataiaí 128
Eisen 7
Eisphorá 154
Ekklesía (siehe auch Volksversammlung) 24, 33, 34, 35, 137, 150
Élam 129
Eléa 14, 28
Élektron 121
Eleúsis 23, 27, 142
Élis 7
Empório 7, 112
Empórion 14, 117
Éphesos 28
Ephóren 21
Epidaúros 19, 59
Epigraphik 68–70
Epiníkien 42
Erdbeben 3, 6, 109, 110
Erechtheíon 44, 141
Erétria 8, 11, 16, 158
Ernährung 13
Erz 13
Ethnographie, Ethnologie, 7, 13, 43, 88, 89

Etrurien, Etrusker, 14, 15, 40, 41, 73, 117
Eubóa 7, 8, 11, 16, 102, 158
Eupatríden 11
Eurýmedon, Schlacht 31, 132
Euthýnai 32, 35
Export 55, 73

Familie 87
Feste 89
Finanzverwaltung 94, 139, 154, 162
Frankreich 1, 29, 115
Frauen 4, 9, 12 f, 14 16, 22, 36 f, 38, 65, 79 f, 98, 111, 116, 118, 137, 190–192
Frauenhaß 16
Freiheit 88, 120
Fremde 81, 86, 117, 118, 155
Freundschaft 87, 141

Gamóren 11, 41
Gaugaméla, Schlacht 57
Géla 14, 41
Geld siehe Münzen
gender studies siehe Geschlechtergeschichte
Gene 12, 87
Genealogie 127 f
Generationsrechnung 28
Geographie 7, 13, 43, 95
geometrischer Stil 7, 20, 29
Geomóren 11
Georgien (siehe auch Kólchis) 14, 115, 116
Gerichte 34, 35
Gerichtsreden 164, 165
Gerónten 21
Gerusía 12, 21
Geschichtsschreibung 22, 28, 43, 58, 143, 157
Geschlechtergeschichte 79 f
Gesetz 81, 93, 94, 136, 150
Gesetzgebung 17, 23 f, 56, 93, 114
Geten 52
Getreide 50, 117, 154
Gewaltenteilung 35
Gewerbe 37, 121
gift-giving society 9
Gla 4
Górtyn 17
Götter 11, 25, 27, 28, 44, 45, 88, 89, 106
Gräber 114
Gräzisierung des Orients 57, 148

griechische Sprache 3, 4, 5, 6, 7, 29, 99, 101, 103 f
griechisches Volk 1, 2, 7, 29, 49, 101
Große Rhétra 122
Gymnásion 90, 91

Hádria 14
Hagía Triáda 96
Halikarnáss 43, 159
Hallstatt-Kultur 15, 118
Handel, Händler 14, 15, 17, 19, 20, 26, 37, 55, 72, 73, 82 f, 97, 98, 101, 103, 111, 115, 116, 117, 120, 121, 125, 140
Handwerk, Handwerker 9, 10, 17, 19, 83, 97, 101, 120, 125, 149
Harmósten 46, 47
Haushalt 81
Haussklaven 38, 85
Hegemonie 31, 51, 52
Heliaía 24, 34
Hellenenbund 30, 41
Helleniká von Oxyrhýnchos 66, 146, 163
Hellenismus 1, 41, 46, 70, 77, 90, 144, 148, 149, 150
Helóten 21 f, 48, 122, 123
Helótenaufstände 22, 31, 32, 47, 48, 132
Helótenfurcht 22, 123, 140
hepétas 109
Herakleía am Pontos 54
Hermokopíden 40, 142
Heróen 12
Hetaíroi 49
Hetären 12, 16, 80
Hetairíe 67, 141, 142
Hethíter 5, 102, 106
Hieroglýphen, minoische 3
Himéra 41
– Schlacht 41
Hístria 14
Homosexualität (siehe auch Knabenliebe) 12, 16, 22, 80, 123
Hoplíten, Hoplítenstaat 16, 17, 24, 30, 38, 44, 92, 94, 119 f, 136
Huelva 115
Hurríter 102

Iálysos 98
Ílias 5, 8, 107, 108, 112
Indien 102
Individuum, individuell, 10, 27, 28 f, 45, 59, 137

Indogermanen 4, 102
Initiative und Entscheidung 35, 136
Initiativrecht 36
Inschriften 33, 114, 126, 129, 130, 133 f, 135, 142, 143, 147, 149, 168
Iólkos 4
Ióner, ionisch 7, 9, 14, 28, ... 118, 134
Iónische Ordnung 45
Iónische Wanderung 7, 27, 110
Iónischer Aufstand 29, 30, 32, 129
Iónischer Krieg 40
Iran siehe Persien
Íschia 13, 117
İstanbul 14
Isthmische Spiele 29, 90
Italien 1, 3, 5, 10, 14, 15, 17, 28, 40, 41, 51, 52, 54, 98, 115, 116, 143
Italiker 40, 52
Italiótischer Bund 52

Jenseits 8, 27
Juristen 34, 93

Kadmeía 47
Kálchedon 14
Kalapódi 7
Kállatis 116
Kállias-Frieden 31, 132 f
Kállias-Dekrete 139
Kárien 49, 57, 148
Karthágo 14, 41, 42, 51, 52, 117
Kástri 98
Katáne 14, 17
Kaufsklaverei 85
Kéa 3
Kelten 15, 118
Kéos 42
Kerameíkos 131
Keramik (siehe auch Vasen) 2, 7, 13, 29, 73, 99, 100, 102, 103, 110, 125, 150
Kérkyra 14, 19, 28, 140, 143
Kertsch 52
Kindbett 79
Kinder 16
Klassische Philologie 77
Klassische Zeit 30–60, 120, 128–158
Kleinasien 2, 3, 4, 5, 7, 19, 21, 27, 30, 31, 40, 43, 47, 48, 56, 66, 95, 110, 145, 148, 159
Kleonaí 158
Knóssos 2, 5, 98, 99, 100

koiné eiréne 48, 51, 52, 53, 145f, 147
koinón siehe Bund
Kólchis (siehe auch Georgien) 115
Kolonisation 16, 21, 23, 27, 72, 111, 113, 114, 115–118
Kolophón 28, 59
Kómmos 7
Komödie 43, 137, 138, 139, 141
König 4, 6, 8, 9, 10, 11, 21, 31, 41, 49, 50, 53, 97, 105, 111, 112, 123
Königsfrieden 47, 53, 146
Kóren, Kórai 12, 16, 28
Korínth 7, 11, 14, 15, 17, 18, 19, 23, 28, 29, 39, 46, 51, 53, 54, 73, 114, 136, 140, 145, 147, 158, 162
Korínthischer Bund 51, 53, 156
Korínthischer Krieg 47, 145, 153
Korruption 123
Korsika 14
Koukounáries 7
Kreta 1, 2, 3, 4, 5, 7, 11, 14, 17, 23, 80, 96, 97, 98, 99
Krieg 11, 12, 16, 21, 43, 49, 89, 91f, 112, 147f, 149, 159, 161, 189f
Kriegsgefangene 85, 91
Krim 14, 131
Krise der Polis 46, 56, 144, 150f
Króton 14, 40
Kult 11, 12, 13, 18, 19, 25, 26, 27, 42, 87, 88, 89, 90, 105, 114, 117, 126, 136
Kulturwissenschaft 78
Kúnaxa, Schlacht 162
Kunst 12, 15, 16, 20, 22, 28, 29, 45, 59, 72, 79, 80, 122, 123
Kupfer 2
Kuppelgräber 4
Kurgáne 102
Kúroi 20, 28
Kykláden 31, 49, 96
Kýme 14, 27, 40, 58, 66
– Schlacht 41
Kynuría 16
Kýpros siehe Zypern
Kyréne 14, 20, 54, 69, 117
Kythéra 3, 98
Kýzikos 14
–, Schlacht 40

Lakedaimonier 21
Lámpsakos 14
Landverteilung 25

Landwirtschaft 9, 10, 21, 24, 37, 38, 55, 84, 85, 121, 153, 155
Lange Mauern 31, 39, 47
laós 6
Lathurésa 11
Laúreion 32
Lawagétas 6, 105
Lefkandí 7, 8, 11, 112
Leiturgíe 155
Lelántisches Feld 16
Lenäen 43
Leontínoi 14, 42, 43
Lésbos 14, 15, 16, 17, 18, 27, 67
Leúktra, Schlacht 48
Líbyen 2
Liebe 27, 80
Linear A 3, 97
Linear B 3, 4, 5f, 7, 27, 69, 99f, 102, 103f, 107, 119, 129
Lipárische Inseln 5
Lókris 14
Lókroi Epizephýrioi 14, 17
Los 34, 35, 36, 41, 94, 127, 135
Lukáner 52
Luxusgüter 13, 117
Lýdien 15, 20, 30, 118, 121
Lykeíon 58
Lýkien 57
Lynkéstis 49
Lyrik 27, 28

Mäander 31, 32
Magie 88, 89
Magnésia am Mäander 32
Maináke 115
Makedonien 48, 49, 50, 53, 58, 59, 71, 144, 151, 156f
Maler 10, 28, 45, 59
Mallía 2, 96, 97, 98
Männergeschichte 80, 112
Mantineía 39, 47, 53, 136
– Schlacht 48, 162
Márathon 4
–, Schlacht 25, 30, 32, 129, 131
Marseille 14
Marxismus 78, 83, 84, 86, 149
Massalía 14
Maße und Gewichte 124
Matriarchat 80
Maussoleíon 59
Mederreich 30

Medismós 128, 129
Medizin 79, 81
Meeresstil 99
Megalópolis 53, 147
Mégara 14, 16, 17 f, 27, 39
Mégara Hyblaía 14
megárisches Pséphisma 140
Mélierdialog 40
Mélos 3, 7, 40, 98, 112
Mentalität 87
Messána, Messína 14, 41, 116
Messénien 4, 7, 16, 21, 23, 39, 48, 109
messénische Kriege 21 f, 27
Metall 13, 117
Metapónt 14, 116
Methóne 49, 50
metoíkion 37
Metőken 37, 55, 58, 83, 137, 155, 164
Midéa 4
Milét 3, 7, 14, 28, 30, 116, 117
minóische Kultur 1, 2–4, 6, 72, 77, 96–100, 101
minýische Ware 102
Mittelschicht 119, 120
Monarchie (siehe auch König) 53, 113, 149, 152
Mündlichkeit 107
Münzen 15, 22, 41, 70 f, 121 f, 124, 125, 153
Münzgesetz von 375/74 153
Münzschneider 29
Mykále, Schlacht 31
Mykéne 3, 4, 5, 7, 14, 28, 30, 101, 102, 107, 108, 110
– Kriegsgräber 99
mykenisches Griechenland 69 f, 72, 77, 98, 99 f, 101–106, 107, 108, 109 f, 111, 113
Mysterien 27, 89, 142
Mysterienfrevel 40, 142
Mythologie, Mythos, mythisch 20, 28, 29, 74, 79, 88
Mytiléne 17

Nationalsozialismus 76
Naúkratis 20, 116
Náxos 14, 18
Neméa 29
Neméische Spiele 29, 90
Neubabylonisches Reich 30
Nichtgriechen 14 f
Nikaía 14
Níketempel 44

Níkias-Frieden 39
Nizza 14
Nómos siehe Gesetz
Nomothéten 35, 56, 93, 150
Nordwestgriechisch 7, 110
Numismatik siehe Münzen

Odyssée 8, 28
Oikíst 13
oíkos 12, 37, 82
óka-Tafeln 106
Öl 125
Ólbia 14, 116
Oligarchíe 40, 41, 44, 47, 54, 55, 56, 81, 136, 137, 139, 141 f, 142, 143
Olýmpia 13, 28, 29, 44, 45, 114
Olympioníke 18
Olýmpische Spiele 29, 49, 90 f
Olýmpischer Friede 90 f
Olýnth 47, 50, 53
Opfer 89
Orakel 13 f, 18, 50, 89
oral poetry 108, 111
Orchómenos in Böotien 4, 5
Oréstis 49
Orgeónen 87
Orient, orientalisch 8, 13, 19–21, 29, 56 f, 90, 117, 118 f, 120
„orientalische Abgeschlossenheit" 37, 79
orientalisierender Stil 10, 20, 29
Órphik 27
Óstia 130
Ostrakismós 26, 32, 33, 36, 42, 70, 130, 131, 135, 139, 141

Paestum 14, 28, 52
Panathenäen 25, 29, 90
Panhellenische Spiele 29, 42, 90
Papýri 169
Páros 7, 11, 14, 16, 27
Párthenon 44, 45, 138
Párthenonfries 45
Partizipation 35 f, 38 f
Peloponnés 1, 4, 21, 22, 40, 48, 53, 99, 109, 147, 162
Peloponnésischer Krieg 39 f, 43, 44, 45, 47, 54, 56, 132, 133, 134, 139–143, 145, 157, 160, 162
Peloponnésischer Bund 22 f, 31, 39, 40, 52, 123
Pentekontaetíe 32, 132, 157

Peráti 112
Perínth 50
Perióken 21, 48, 123
Perípatos 58
Persépolis 129
Perserkriege 20, 30f, 43, 45, 47, 48, 49, 92, 128f, 135, 159
Persien 14, 18, 19 20, 25, 28, 30, 31 32, 40, 44, 47, 51 54, 56f, 118, 129, 131, 132, 134, 145, 146, 148, 156, 159
Personenverbandsdenken 11, 23, 114, 127
Pest 39
Petalismós 42
Pezhetaíroi 49
Pferd 7, 8
Phaistós 2, 96
Phálanx 9, 16
Phásis 14
Phérai 49, 54
Phigalía 45, 74
Philippoi 53
Philippópolis 53
Philókrates-Frieden 50, 128, 156
Philosophie 10, 20, 22, 28, 43f, 57f, 118
Phliús 29
Phokaía 14, 28, 115f
Phókis 7, 14, 50, 53, 54
Phöniker 13, 20, 26, 30, 115, 116, 117, 118, 148
Phratríen 12, 87, 89, 127
Phrýgien 20
Phylakópi 3, 98
Phýlen 9, 12, 24, 34, 87, 89, 126, 127
Phylenheróen 26
Phylenreform 19, 25f
Piräus 31, 74, 130, 138, 158
Pithekússai 13, 116, 117, 118
Plataiaí 30
– Schlacht 30, 129
Pnyx 33
Polémarchos 12
Polis 7, 10f, 13, 16, 23, 44, 47, 54, 55, 58, 59, 81, 87, 97, 113–115, 117, 120, 144, 149, 151, 153, 155
Politik passim
politisches Denken 81, 114, 135, 152f
Pornographie 80
Porträt 45, 130
Poseidonía 14, 28, 52
Poteidaía 19, 50, 140
práxis 94

Preußen 151
Priester 12, 27
Priesterin 79
probuleúmata 34
Propóntis 1, 14, 30, 50
Propyläen 44, 45
Prosopographie 127f, 148
prostátes tu dému 32
Prozess 92, 93, 138, 142, 150
Prytaníe 34, 56
Pséphisma 150
pséphoi, siehe auch Stimmsteine 33
Pýdna 49
Pýlos 4, 5, 6, 39, 99, 104, 107
Pýthische Spiele 29, 90

Rache 88
Rat 12
Rat der 400 24
Rat der 500 26, 34f, 36, 135, 137
Recht 23, 34, 86, 87, 92–94, 123, 187f
Rechtsdenken 92
Rechtsprechung 11, 12, 15, 34
Rechtssicherheit 92
Reden (siehe auch Rhetorik) 68, 140f
Redenschreiber 93
Redner 55, 93, 165
Religion (siehe auch Kulte, Mythologie) 8, 27, 28, 44, 72, 86, 88–90, 97f, 126, 127, 187–189
Rentnermentalität 84, 86
Rezeption 63
Rhamnús 23
Rhégion 14, 41, 116
Rhetórik (siehe auch Reden) 42, 43, 58, 94
Rhódos 1, 3, 7, 14, 53, 98
Richterlosung 34, 36
Riten 27, 88
Rom 11, 15, 27, 47, 77, 92, 93, 94, 156, 163, 167
rotfiguriger Stil 29
Rückkehr der Heraklíden 109
Rumänien 14, 116
Rußland 14, 15

Sagen (siehe auch Mythologie) 111, 117, 125
Sálamis 16
– Schlacht 30, 32, 129, 130
Sámos 11, 16, 18, 19, 28, 147, 158
Santorín 3, 98

Sárdes 20, 27
Sardinien 5
Satrápenaufstände 56, 57
Satrapíen 30
Sátyrspiel 42
Schachtgräber 4, 101
Schamanen 88
Scherbengericht siehe Ostrakismos
Schiedsrichter 17, 19, 23
Schiffskatalog 108
Schmiede 9, 105
Schrift (siehe auch Linear A, Linear B) 2, 10, 15, 20, 26 f, 29, 111, 118
Schwarzes Meer 1, 10, 14, 52, 85, 115, 116, 117, 118, 153
schwarzfiguriger Stil 29
Seevölker 6, 99, 109, 110
Segésta 40, 42
Seisáchtheia 24
Selinús 14, 28, 42, 45
Sexualität (siehe auch Liebe) 79, 80
Sieben Weise 18
Siedlungsarchäologie 113 f
Siegerepigramme 91
Sigeíon 19, 23
Síkuler 41, 42
Síkyon 17, 18, 54, 59, 158
Silberbergwerke 32, 38
Silbermünzen 121
Sinópe 14
Síphnos 7
Sizilien 1, 5, 10, 14, 17, 40, 41, 42, 43, 51, 52, 54, 72, 116, 117, 140, 143, 163, 164
Sizilische Expedition 40
Sklaven 9, 21, 30, 37 f, 83, 84–86, 92, 106, 124, 137, 185 f
Skytalismós 54
Skýthen 15, 22
Smýrna 7
Söldner 19, 20, 25, 41, 54, 55, 57, 122, 148, 149, 162
Sophistik 43 f
Spanien 1, 115
Spárta 4, 7, 10, 12, 14, 16, 17, 18, 21–23, 25, 27, 29, 30, 31, 39, 40, 45, 46, 47, 48, 49, 51, 52, 53, 54, 58, 67, 79, 80, 113, 116, 122 f, 132, 140, 142, 143, 145, 146, 155, 157, 162
Spartiáten 21, 22, 48, 122, 155
Spätantike 28
Späthelladisch 4, 101

Spína 14, 116
Sport 29, 86, 90 f
Sportler 91
Staat 81, 121, 126, 147
Staatsverträge 68
Stadt 7, 49, 113
Stadtgründer 13, 41, 117
Stadtstaat 10, 46, 81, 113
Stágeira 58, 166
Stammesstaat 10, 113
Stásis 87
Status 83
Steuern 154
Stier 2, 88, 97
Stimmsteine 33, 34
Stoá poikíle 75
Stratégen 35, 130
Streitwagen 6
Sukás 13, 116
Sýbaris 14, 40, 116
Symmachíe 81
Symmoríen 154
Sympósion 81
Synoikismós 53, 54, 147, 148
Syrakús 14, 40, 41, 42, 51, 52, 57, 58, 143, 148
Syrien 13

tägliches Leben 72, 79, 80
Tagós 50
Tánais 116
Tarént 14, 21, 29
Taúrer 52
Tempel 7, 10, 11, 28, 43 f, 45, 72, 114, 122, 139, 149
Tempel B, Selinús 45
Ténos
Thalassokratie 3, 98
Thásos 14, 45
Theater 42, 59, 89, 136 f
thebánische Hegemonie 48
Thében 4, 5, 30, 42, 46, 47, 48, 50, 53, 54, 55, 79, 147, 157
Theben, Ägypten 99
Théra 3, 14, 69, 96, 98, 117
Thermopýlen, Schlacht 30, 69, 129
Thessálien 4, 7, 49, 50
Théten 24
Thóloi 96
Thorikós 23
Thrákien 39, 50, 52

Timokratie 24,
Tíryns 4, 5, 11, 108, 109, 110
Tod 79, 81
Todesstrafe 44
Tómis 14
Töpfer 10, 28
Topographie 84, 95
Totenkult 8, 89
Tragödie 42, 67f, 79, 137, 138
Trapezúnt 14
Tributlisten 132
Trierarchie 154
Trittýs, Trittýen 25f, 126, 127
Troizéne 130
Troja 5, 102, 106, 107, 108
Trojanischer Krieg 5, 8, 106, 108, 109
Turkovúni 11
Tylíssos 3
Typenhäuser 74, 138
Tyránn, Tyránnis 10, 17–19, 23, 24f, 27, 28, 30, 32, 40, 41, 42, 51, 52, 53f, 58, 67, 74, 87, 118, 120f, 124–126, 130, 143, 148, 149, 152
Tyrrhénisches Meer 115, 116

Übersetzungen 64f, 159
Umland 114
Unfreiheit 85, 91, 106
Universalgeschichte 58

Vasen 15, 19, 20, 22, 28, 45, 72, 73, 74f, 119, 125
Vatersname 26
Vathypétron 3
Versorgung 83, 154
Vierhundert, Herrschaft der 400
Vix 15, 29, 118
Volksbeschlüsse 33, 36, 68, 69, 81, 89, 92
Volksgericht (siehe auch Gericht) 34, 44, 56, 93

Volksversammlung (siehe auch Ekklesia) 32, 33, 34, 36, 38, 56, 68, 93, 135, 141, 165
– Abstimmung 33, 36
– Beteiligung 33
– Dauer 33f
Vorderasien 5, 89, 110, 148
Vroúlia 7
Vulkanausbruch von Théra 98f, 100

Waffen 111, 119
Wánax 6, 8, 104f
Wanderer, kommst du nach Sparta 128
Wappenmünzen 124
Wasseruhr 34
Wein 125
Werte 83, 84, 86, 128
Wettkämpfe 10, 18, 29
Wettspiele siehe Wettkämpfe
Wilúsa 106, 108
Wirtschaft 4, 6, 9, 13, 19, 23f, 37, 38, 58, 67, 72, 73, 82–84, 97, 114, 121f, 123, 125, 133, 134, 140, 149f, 153–155
Wissenschaftsgeschichte 62, 76f, 84f, 102f, 113, 122, 137, 141, 174f
Wohltäter 87
Wohnen 81

Xánthos 148
Xoboúrgo 7

Zagóra 7
Zákros 2, 96
Zákynthos 14
Zánkle 14, 41
Zeitgeschichte 43
Zeugíten 24
Zeustempel, Athen 25
Zeustempel, Olympia 44
Zóon politikón 67
Zypern 1, 4, 7, 53, 56, 118

NAMEN

Achämeníden 30
Aenéas Tácticus 149, 167
Agamémnon 5, 105
Agaríste 18
Agesílaos 47, 53, 54, 57, 162
Agiáden 21

Aíschines 50, 55, 58, 68, 152, 156, 165f
Aíschylos 41, 42f, 67, 128, 138
Alexander I. 49
Alexander d. Gr. 1, 46, 51, 57, 58, 59, 143, 148, 151, 156
Alkaíos 18, 27, 67, 120

Alkibíades 40, 54, 141, 142
Alkmán 22, 27, 122
Alkmeoníden 25, 126
Ámasis (König) 20
Ámasis (Töpfer) 29
Amazónen 74
Anaxágoras 138
Anaxílaos 41
Anaximánder 28
Anaxímenes 28
Andrótion 167
Apélles 59
Aphaía 44, 45
Apóllon 13, 45
Archídamos 39
Archílochos 16, 24, 120
Archýtas 41
Argeáden 49
Aristágoras 30
Aristódemos 40
Aristóphanes 37, 43, 44, 67, 79, 138, 140, 141
Aristóteles 10, 35, 54, 58, 67, 70, 114, 124, 125, 130, 131, 135, 141, 142, 149, 152, 153, 154, 166f
Artaphérnes 30
Artaxérxes III. óOchos 56
Aspásia 138
Átatürk, Kemal 7
Athéna 133
Athéna Parthénos 44, 45
Athenaíos 84, 85
Atríden 108

Bakchiáden 15
Bakchýlides 41, 91
Bereníke 49
Berliner Maler 45
Brásidas 39
Brýgosmaler 45

Chábrias 54, 57
Charóndas 17

Dareíos I. 129
Dátis 30
Deinómenes 41
Deinomeníden 41
Demósthenes (Feldherr) 39
Demósthenes (Redner) 37, 50, 55, 58, 68, 151f, 156, 165
Diodór 66, 146, 163f

Díon 51, 148
Dionýsios 51, 148
Dionýsios II. 51, 53
Diónysos 27, 126
Drákon 17, 23, 153
Dukétios 42, 143
Dúris 45

Epaminóndas 48, 54
Ephiáltes 32, 136
Éphoros 58, 66, 164
Euágoras 53, 56
Eúbulos 55, 152
Eúphron 54
Eurípides 42f, 138, 140
Eurypontíden 21
Exékias 29

Gélon 41
Górgias 42, 43
Gýges 20

Hekataíos 28
Héra 13
Hérakles 74, 125
Heraklít 28
Hermías 54, 58
Hermókrates 143
Herodót 15, 18, 43, 65f, 95, 117, 123, 125, 128, 129, 130, 157, 159f
Hesiód 12f, 16, 27, 28
Híeron I. 41
Hípparchos 18, 25
Híppias 18, 25
Hippókrates 41
Homér 5, 8, 12, 16, 27, 28, 49, 72, 79, 89, 101, 102, 104, 105, 119
– Quellenwert 106–109, 110, 111f
Hypérbolos 141
Hypereídes 152

Iáson von Pherai 49, 54
Iktínos 45
Iphíkrates 55
Iságoras 25
Isókrates 50, 53, 58, 68

Kállias 31
Kallíkrates 45
Kallístratos 55, 152
Kambýses 30

Kímon 32, 75, 132
Kléandros 41
Kleárch 54
Kleísthenes von Athen 25 f, 33, 87, 89, 125, 126–128, 130, 131, 153
Kleísthenes von Síkyon 17, 18
Kleómenes 25
Kléon 39, 137, 141
Kónon 47, 54
Krítias 142
Kroísos 20, 30
Kýlon 18, 23
Kypselíden 17, 19, 29
Kýpselos 17
Kýros d. Gr. 20, 30, 53, 162
Kýros d. J. 47, 57, 162

Lakedaimónios 32
Leónidas 30
Leotýchidas 31
Lýgdamis 18
Lykúrg von Athen 152
Lykúrg von Sparta 17
Lysánder, Lýsandros 40, 46, 47, 54, 145
Lýsias 58, 164
Lysípp 59

Mardónios 30
Maússollos 49, 57, 59, 147, 148
Mélanchros 18
Mémnon 57
Menánder 59
Méntor 57
Merenptáh 6
Mídas 20
Miltíades d. Ä. 25
Miltíades d. J. 25, 30, 32, 129
Mínos 1
Mnésikles 45
Mýron 45
Mýrsilos 18

Néaira 37
Nereíden 125
Níkias 39, 40
Nikókles 53

Odýsseus 8
Onómarchos 54
Orósius 40
Orthagoríden 17

Parménides 28
Pausánias 30, 45, 132
Peisistratíden 18, 19, 24 f, 124–126
Peisístratos 18, 19, 25, 124
Pelópidas 48
Penthesiléamaler 45
Penthilíden 15
Períandros, Periánder 17, 18, 19
Périkles von Athen 32, 35, 37, 39, 40, 44, 45, 133, 135, 136, 138, 139, 141
Périkles von Lýkien 57, 148
Phídias 45, 138
Philaíden 25, 32
Phílipp II. 48, 49, 50, 51, 53, 54, 58, 77, 152, 156, 157
Philóchoros 131
Philókrates 50
Phokíon 152
Píndar 41, 42, 91, 128
Píttakos 17, 18
Pláton 41, 44, 53, 57, 67, 141, 152, 166
Plutárch 66, 122, 124, 167
Polygnót 45
Polyklét 45
Polýkrates 18, 19, 20 28, 30
Praxíteles 59
Protágoras 43
Psámmetich 19
Pseudo-Xénophon 66, 161 f
Pythágoras 28
Pythagoréer 28, 40, 143

Rámses II.
Rechmiré 99

Sáppho 16, 27
Schliemann, Heinrich 102 f
Semónides 16
Simónides 42, 128
Sókrates 43, 45, 57, 58, 89, 137, 141, 142, 162
Sólon 17, 18, 23 f, 25, 27, 67, 120, 123 f, 153
Sóphilos 29
Sóphokles 42 f, 138
Speusípp 152

Térillos 41
Tháles 28
Theágenes von Mégara 17 f
Themístokles 30, 31, 32, 33, 35, 45, 69, 129–131, 132

Théognis 27, 120
Theophrást 80, 167
Theopómp 66, 163, 167
Therámenes 142
Théron 41
Théseus 74, 75, 153
Thrasýbulos von Athen 47, 152
Thrasýsbulos von Syrakus 41
Thukýdides 39, 40, 43, 44, 45, 58, 65f, 72,
    125, 128, 132, 133, 134, 137, 139, 140,
    141, 142, 143, 160f, 162
Thukýdides, Sohn des Melesias 139
Timoléon 51f, 54, 148

Timóphanes 54
Tissaphérnes 140
Tyrtaíos 22, 27, 119, 120, 122

Xenóphanes 28
Xénophon 53, 54, 57, 58, 66, 68, 122, 140,
    143, 146f, 152, 154, 155, 162f
Xérxes 30

Zaleúkos 17
Zeus 13, 29, 44, 45
Zeúxis 45

Karten 273

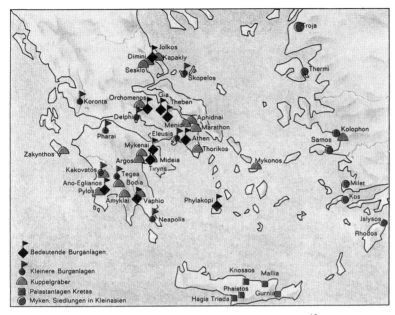

1 Die Mykenische Zeit (dtv-Atlas zur Weltgeschichte, 1979[15], S. 46)

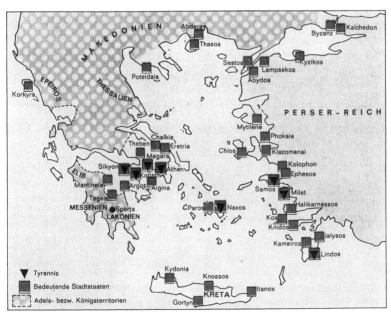

2 Griechische Stadtstaaten (dtv-Atlas zur Weltgeschichte, 1979[15], S. 48)

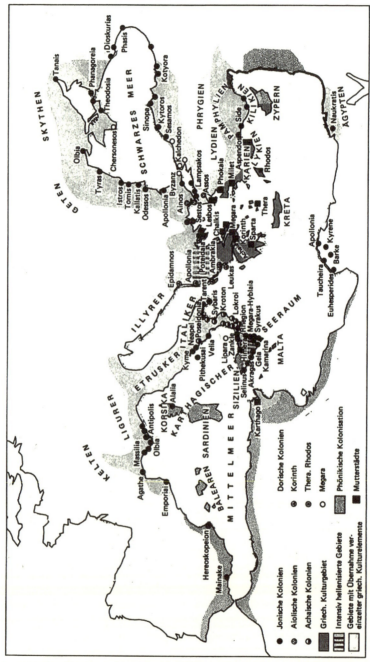

3   Die griechische Kolonisation 750–550 v. Chr.

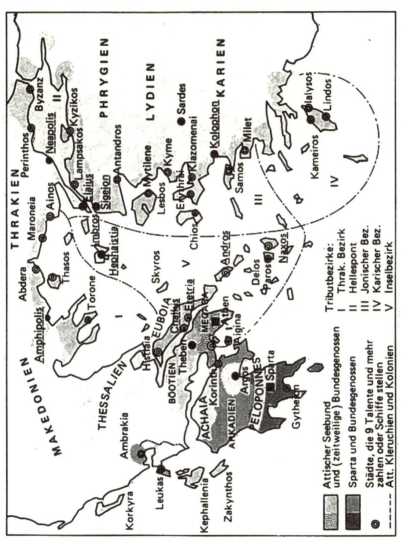

4 Der Attische Seebund

OLDENBOURG GRUNDRISS DER GESCHICHTE

Herausgegeben von Lothar Gall, Karl-Joachim Hölkeskamp und Hermann Jakobs

Band 1a: *Wolfgang Schuller*
Griechische Geschichte
6. akt. Aufl. 2008. 275 S., 4 Karten
ISBN 978-3-486-58715-9

Band 1b: *Hans-Joachim Gehrke*
Geschichte des Hellenismus
4. durchges. Aufl. 2008. 328 S.
ISBN 978-3-486-58785-2

Band 2: *Jochen Bleicken*
Geschichte der Römischen Republik
6. Aufl. 2004. 342 S.
ISBN 978-3-486-49666-6

Band 3: *Werner Dahlheim*
Geschichte der Römischen Kaiserzeit
3., überarb. und erw. Aufl. 2003. 452 S., 3 Karten
ISBN 978-3-486-49673-4

Band 4: *Jochen Martin*
Spätantike und Völkerwanderung
4. Aufl. 2001. 336 S.
ISBN 978-3-486-49684-0

Band 5: *Reinhard Schneider*
Das Frankenreich
4., überarb. u. erw. Aufl. 2001. 224 S., 2 Karten
ISBN 978-3-486-49694-9

Band 6: *Johannes Fried*
Die Formierung Europas 840–1046
3. überarb. Aufl. 2008. 359 S.
ISBN 978-3-486-49703-8

Band 7: *Hermann Jakobs*
Kirchenreform und Hochmittelalter 1046–1215
4. Aufl. 1999. 380 S.
ISBN 978-3-486-49714-4

Band 8: *Ulf Dirlmeier/Gerhard Fouquet/ Bernd Fuhrmann*
Europa im Spätmittelalter 1215–1378
2003. 390 S.
ISBN 978-3-486-49721-2

Band 9: *Erich Meuthen*
Das 15. Jahrhundert
4. Aufl., überarb. v. Claudia Märtl 2006. 343 S.
ISBN 978-3-486-49734-2

Band 10: *Heinrich Lutz*
Reformation und Gegenreformation
5. Aufl., durchges. und erg.
v. Alfred Kohler 2002. 288 S.
ISBN 978-3-486-49585-0

Band 11: *Heinz Duchhardt*
Barock und Aufklärung
4., überarb. u. erw. Aufl. des Bandes „Das Zeitalter des Absolutismus" 2007. 302 S.
ISBN 978-3-486-49744-1

Band 12: *Elisabeth Fehrenbach*
Vom Ancien Régime zum Wiener Kongreß
5. Aufl. 2008. 323 S., 1 Karte
ISBN 978-3-486-58587-2

Band 13: *Dieter Langewiesche*
Europa zwischen Restauration und Revolution 1815–1849
5., Aufl. 2007. 260 S., 3 Karten
ISBN 978-3-486-49765-6

Band 14: *Lothar Gall*
Europa auf dem Weg in die Moderne 1850–1890
4. Auflage 2004. 332 S., 4 Karten
ISBN 978-3-486-49774-8

Band 15: *Gregor Schöllgen*
Das Zeitalter des Imperialismus
4. Aufl. 2000. 277 S.
ISBN 978-3-486-49784-7

Band 16: *Eberhard Kolb*
Die Weimarer Republik
6., überarb. u. erw. Aufl. 2002. 335 S., 1 Karte
ISBN 978-3-486-49796-0

Band 17: *Klaus Hildebrand*
Das Dritte Reich
6. neubearb. Aufl. 2003. 474 S., 1 Karte
ISBN 978-3-486-49096-1

Band 18: *Jost Dülffer*
Europa im Ost-West-Konflikt
1945 bis 1991
2004. 304 S., 2 Karten
ISBN 978-3-486-49105-0

Band 19: *Rudolf Morsey*
Die Bundesrepublik Deutschland
Entstehung und Entwicklung bis 1969
5., durchges. Aufl. 2007. 343 S.
ISBN 978-3-486-58319-9

Band 19a: *Andreas Rödder*
Die Bundesrepublik Deutschland
1969–1990
2003. XV, 330 S., 2 Karten
ISBN 978-3-486-56697-0

Band 20: *Hermann Weber*
Die DDR 1945–1990
4., durchges. Aufl. 2006. 355 S.
ISBN 978-3-486-57928-4

Band 21: *Horst Möller*
Europa zwischen den Weltkriegen
1998. 278 S.
ISBN 978-3-486-52321-8

Band 22: *Peter Schreiner*
Byzanz
3., völlig überarb. Aufl. 2008.
340 S., 2 Karten
ISBN 978-3-486-57750-1

Band 23: *Hanns J. Prem*
Geschichte Altamerikas
2., völlig überarb. Aufl. 2008.
386 S., 5 Karten
ISBN 978-3-486-53032-2

Band 24: *Tilman Nagel*
Die islamische Welt bis 1500
1998. 312 S.
ISBN 978-3-486-53011-7

Band 25: *Hans J. Nissen*
Geschichte Alt-Vorderasiens
1999. 276 S., 4 Karten
ISBN 978-3-486-56373-3

Band 26: *Helwig Schmidt-Glintzer*
Geschichte Chinas bis zur mongolischen
Eroberung 250 v. Chr.–1279 n. Chr.
1999. 235 S., 7 Karten
ISBN 978-3-486-56402-0

Band 27: *Leonhard Harding*
Geschichte Afrikas im 19. und
20. Jahrhundert
2., durchges. Aufl. 2006. 272 S., 4 Karten
ISBN 978-3-486-57746-4

Band 28: *Willi Paul Adams*
Die USA vor 1900
2. Aufl. 2009. 294 S.
ISBN 978-3-486-58940-5

Band 29: *Willi Paul Adams*
Die USA im 20. Jahrhundert
2., Aufl., aktual. u. erg. v. Manfred Berg
2008. 302 S.
ISBN 978-3-486-56466-0

Band 30: *Klaus Kreiser*
Der Osmanische Staat 1300–1922
2., aktual. Aufl. 2008. 262 S., 4 Karten
ISBN 978-3-486-58588-9

Band 31: *Manfred Hildermeier*
Die Sowjetunion 1917–1991
2. Aufl. 2007. 238 S., 2 Karten
ISBN 978-3-486-58327-4

Band 32: *Peter Wende*
Großbritannien 1500–2000
2001. 234 S., 1 Karte
ISBN 978-3-486-56180-7

Band 33: *Christoph Schmid*
Russische Geschichte 1547–1917
2003. 261 S., 1 Karte
ISBN 978-3-486-56704-5

Band 34: *Hermann Kulke*
Indische Geschichte bis 1750
2005. 275 S., 12 Karten
ISBN 978-3-486-55741-1

Band 35: *Sabine Dabringhaus*
Geschichte Chinas 1279–1949
2006. 282 S., 1 Karte
ISBN 978-3-486-55761-9